LE MONDE
DE MICHEL TREMBLAY

Sous la direction de
Gilbert David et Pierre Lavoie

Le Monde
de Michel Tremblay

Des *Belles-Sœurs* à *Marcel poursuivi par les chiens*

Avec la collaboration de

André Brochu, Micheline Cambron, Lorraine Camerlain, Jean-François Chassay, Gilbert David, Lise Gauvin, Pierre Gobin, Jean Cléo Godin, Madeleine Greffard, Yves Jubinville, Dominique Lafon, Jérôme Langevin, Jean-Marc Larrue, Pierre Lavoie, Alexandre Lazaridès, Paul Lefebvre, Stéphane Lépine, Laurent Mailhot, Joseph Melançon, Pierre Popovic, Hélène Richard, Lucie Robert, Jean-Pierre Ryngaert, Georges-André Vachon, Louise Vigeant

Cahiers de théâtre Jeu/Éditions Lansman

1993

Coordination de l'édition :
Lorraine Camerlain et Pierre Lavoie

Éditique et préparation du manuscrit final : .
Paul Forcier et Nicole Lavoie

Recherche iconographique :
Lorraine Camerlain et Pierre Lavoie

Correction d'épreuves :
Lorraine Camerlain, Paul Forcier,
Pierre Lavoie, Michel Vaïs,
avec la collaboration de Patricia Belzil

Graphisme (iconographie et couverture) :
Luc Mondou

Couverture recto :
Fantaisie sur un thème pascal
Lithographie rehaussée de Jean-Pierre Langlais

Couverture verso :
Michel Tremblay
Photo : Les Paparazzi

CAHIERS DE THÉÂTRE JEU / ÉDITIONS LANSMAN

426, rue Sherbrooke Est, bureau 202
Montréal (Québec)
Canada H2L 1J6
Téléphone :   (514) 288-2808
Télécopieur : (514) 982-0711

Rue Ferrer, 6
B-7141 Carnières (Morlanwelz)
Communauté française de Belgique
Téléphone :   (32) 64 44 28 60
Télécopieur : (32) 64 44 31 02

DISTRIBUTION

Amérique du Nord :
Agence de distribution populaire
955, rue Amherst
Montréal (Québec)
Canada H2L 3K4
Téléphone :   (514) 523-1600
Télécopieur : (514) 933-1871

Europe :
Éditions Lansman
Rue Royale, 63
B-7141 Carnières (Morlanwelz)
Communauté française de Belgique
Téléphone :   (32) 64 44 75 11
Télécopieur : (32) 64 44 31 02

Dépôt légal : troisième trimestre 1993
Bibliothèque nationale du Québec
Bibliothèque nationale du Canada
D/1993/5438/59

Table des matières

6

INTRODUCTION

GILBERT DAVID
PIERRE LAVOIE

Une écriture québécoise inattendue

> Je décris le seul milieu que j'ai[e] jamais connu,
> le milieu que j'aime, le milieu d'où je viens. [...]
> On était trois familles dans la même maison :
> 13 dans sept pièces. Je veux me rendre le plus loin
> possible et continuer à décrire les gens tels qu'ils
> sont, qu'on aime ça ou qu'on n'aime pas ça.
> Michel Tremblay[1]

> L'œuvre de Tremblay n'est pas une œuvre margi-
> nale, dont on peut disposer en l'associant à quelque
> courant minoritaire ; elle est au contraire centrale,
> à la fois dans notre théâtre et dans notre société.
> C'est une œuvre « miroir », dans laquelle se re-
> connaît un peuple, en même temps qu'une œuvre
> « modèle », qui a entraîné derrière elle des dizaines
> d'auteurs, s'imposant comme une façon très
> particulière de concevoir le théâtre. Si d'autres
> styles se sont développés au Québec depuis vingt
> ans, aucun n'a encore eu un impact aussi grand
> sur le public et sur la dramaturgie.
> Carole Fréchette[2]

Né le 25 juin 1942 à Montréal, rue Fabre, dans un quartier ouvrier, le Plateau Mont-Royal, Michel Tremblay a, selon ses dires, eu une enfance heureuse, entourée de nombreuses femmes. Le destin de l'auteur dont l'œuvre a nourri la réflexion des signataires du présent ouvrage apparaît d'emblée comme indissociable de son ancrage géographique, familial et culturel singulier. Il faut notamment tenir compte des origines modestes

---

1. « Mon Dieu que je les aime, ces gens-là », entrevue par Claude Gingras, *La Presse,* 16 août 1969, p. 26.
2. « Les femmes de Tremblay et l'amour des hommes », Cahiers de théâtre *Jeu,* n° 47, Montréal, 1988.2, p. 93.

et de l'identité homosexuelle de Tremblay. Il n'est que de penser, par ailleurs, à la rue Fabre et à la fameuse *Main* montréalaise qui allaient ainsi devenir un espace de référence privilégié de l'écriture dramatique et romanesque de Tremblay, et offrir une ample métaphore de la réalité socioculturelle du Québec, aux résonances universelles.

Ce fils cadet d'un simple ouvrier et d'une femme du peuple, au verbe coloré, a déjà donné – et sans préjuger de la suite d'une œuvre qui se déploie à un rythme soutenu – un corpus substantiel qu'il était temps, croyons-nous, de relire dans sa globalité, pour tenter d'en dégager les lignes de force. Premier ouvrage du genre à voir le jour, *le Monde de Michel Tremblay* se propose donc de faire le point sur la trajectoire exceptionnelle de l'un des écrivains majeurs du Québec contemporain, et de contribuer à en reconnaître la profondeur de vue, l'originalité et la vigueur stylistique et formelle.

L'œuvre de Tremblay occupe une place considérable dans le paysage culturel québécois, et bien au-delà de ses frontières, car il a ce don inimitable de faire entendre aussi bien les voix contradictoires et poly-phoniques d'une multitude de personnages aux dimensions archétypales que la grandeur et les petitesses de toute une collectivité, longtemps marquée par ses atavismes de peuple défait et intériorisé… Peu d'écrivains ont, dans l'histoire de notre littérature, réussi en effet comme Tremblay une telle symbiose entre l'humus populaire, les interrogations les plus actuelles et les arcanes intérieurs de leur propre existence, en y consacrant toute leur énergie, en devenant – chose assez rare dans nos parages – écrivain à temps plein.

Les premiers pas dans la vie de cet auteur, que son milieu modeste ne conduit pas naturellement vers l'écriture, sont à ce titre significatifs d'une nature combative et d'un caractère d'exception, et ce dès la prime adolescence. Ainsi, en 1955, Michel Tremblay mérite une bourse d'études de la Province de Québec qui lui permet d'entreprendre un « cours classique », offert par la Commission des écoles catholiques de Montréal ; mais, après seulement trois mois, rebelle à l'élitisme que lui semblent manifester ses professeurs, il se tourne vers l'école régulière et y obtient son diplôme de niveau secondaire. Fils d'un pressier, il choisit alors lui-même le métier de linotypiste, voué à disparaître… Il exerce ce travail durant trois ans, de 1963 à 1966, puis il est magasinier au département des costumes de la Société Radio-Canada, avant de se consacrer entièrement et une fois pour toutes à l'écriture.

À seize ans, il noircit ses premiers cahiers et il y va d'un premier « roman », intitulé *Les loups se mangent entre eux.* Sa première pièce, *le Train,* écrite dès 1959, lui vaut le premier prix du Concours des jeunes auteurs de Radio-Canada, auquel il ne participe qu'en 1964. Il commence la rédaction des *Belles-Sœurs* en 1965, frappé qu'il est par une affiche d'un concours publicitaire qui promettait mer et monde à qui découvrirait le nombre exact de vaches dans une photo d'un immense troupeau de bovins ; l'année suivante, la pièce est refusée par le jury régional du Festival d'art dramatique. Toujours en 1966, Tremblay publie son premier livre, *Contes pour buveurs attardés,* et André Brassard, qu'il a rencontré en 1964 et qui sera le metteur en scène attitré de la quasi-totalité de ses pièces [3], présente sous le titre de *Cinq* une première version de ce qui deviendra *En pièces détachées,* en 1969.

Le 4 mars 1968 a lieu une lecture publique des *Belles-Sœurs,* organisée par le Centre d'essai des auteurs dramatiques [4] et qui fait sensation auprès du milieu théâtral qui y assiste ; après des tentatives infructueuses pour convaincre un producteur, la pièce est finalement créée le 28 août 1968 au Théâtre du Rideau Vert à Montréal, à la suite de l'infatigable travail de persuasion de la comédienne Denise Filiatrault ; la création fait événement en soulevant la controverse sur la langue parlée, le joual, un idiome populaire typiquement montréalais qui fait s'entrechoquer sacres, jurons et expressions vulgaires, dans un français fortement anglicisé ; en dépit, justement, de certaines accusations de vulgarité [5], cette pièce incantatoire qui, dans une veine tragicomique poussée jusqu'à

---

3. Dès 1965, André Brassard avait utilisé quelques-uns des récits fantastiques de Tremblay, dans un spectacle intitulé *Messe noire,* dans une production du Mouvement Contemporain, sa compagnie de l'époque.

4. Cet important organisme de soutien à la dramaturgie de création a été fondé en 1965. À partir de 1991, il s'est amputé du terme « essai » et est dorénavant appelé le Centre des auteurs dramatiques (CEAD).

5. Le critique Martial Dassylva, dans *La Presse,* émet de sérieuses réserves à cet effet, alors que son confrère du *Devoir,* Jean Basile, n'a que des éloges pour le fond et la forme des *Belles-Sœurs.*

1

l'absurde, lève le voile sur l'aliénation d'une quinzaine de femmes de la classe populaire, impose aussitôt Tremblay comme auteur dramatique important… et inattendu[6].

Depuis cette date, il y a maintenant vingt-cinq ans, Michel Tremblay n'a fait que confirmer son statut d'écrivain majeur : d'une part, par l'abondance et la qualité de sa production de dramaturge (plus de vingt-cinq pièces) et de traducteur-adaptateur (Aristophane, Paul Zindel, Dario Fo, Tennessee Williams, Nicolas Gogol, Anton Tchekhov…), de conteur et de romancier (dont les cinq volets de ses « Chroniques du Plateau Mont-Royal »), de scénariste, de parolier et de librettiste ; d'autre part, par le rayonnement national et international de son œuvre : à partir de leur création, la grande majorité de ses pièces sont jouées régulièrement au Québec, et on ne compte plus aujourd'hui les traductions et les productions de celles-ci au Canada anglais et à l'étranger[7].

Imposante par sa richesse thématique et formelle, l'œuvre de Tremblay n'avait curieusement pas encore été l'objet, au Québec, d'un ouvrage qui essaie d'en cerner les grands axes et les problématiques essentielles. Non pas qu'il y ait eu une carence d'écrits sur l'auteur de *la Maison suspendue*. Nous sommes en présence de l'un de ces paradoxes où

---

6. La tradition théâtrale et la dramaturgie de création sont, en 1968, encore fort jeunes. La pratique professionnelle francophone au Québec ne remonte en fait qu'à la toute fin du XIXe siècle. Du côté de la création dramatique, il faut attendre les années quarante, avec *les Fridolinades* puis *Tit-Coq* (1948) de Gratien Gélinas, pour que s'impose le premier dramaturge doté d'un style propre, annonçant une veine populaire qui n'allait pas se démentir jusqu'à nos jours et qui n'est pas entièrement absente de l'écriture, par ailleurs nettement plus moderniste, de Tremblay. À la suite de Gélinas, il faudrait mentionner les noms des deux principaux dramaturges à avoir précédé l'auteur des *Belles-Sœurs*, soit Claude Gauvreau (1925-1971), très lié au mouvement automatiste et auteur de plusieurs pièces poétiques d'une grande puissance libertaire mais dont l'œuvre ne commencera à être mieux connue que tardivement dans les années soixante-dix, et Marcel Dubé (né en 1930) dont l'œuvre, d'inspiration réaliste, marque particulièrement les années soixante. Tout cela pour suggérer que l'apparition de Tremblay est l'équivalent d'un coup de tonnerre dans un ciel dramaturgique plutôt tranquille… comme la Révolution du même nom qui le précède.

7. Les différentes pièces de l'auteur ont en effet été traduites en plus de vingt langues (dont en allemand, en finlandais, en turc, en japonais, en « scots », en yiddish…) et jouées un peu partout à travers le monde, y compris en Europe francophone, dans leur version originale ou dans une légère adaptation.

une œuvre d'envergure s'accompagne forcément d'une abondance de commentaires, de toute provenance et de toute teneur, notamment d'origine journalistique, sans que, pour autant, on puisse vraiment y déceler une vision d'ensemble et un fil conducteur... Un tel émiettement du discours critique et analytique s'explique en partie par la proximité et l'ampleur du corpus en cause, et du fait même que cette œuvre n'est pas close. Il n'empêche qu'on peut s'étonner à bon droit qu'il ait fallu attendre si longtemps pour voir se mettre en branle un projet comme le nôtre[8]. Quelques exceptions, malheureusement déjà un peu anciennes ou en langue étrangère[9], montrent bien, s'il en était besoin, que notre projet n'a rien de prématuré.

---

8. Pour ne pas alourdir indûment un ouvrage qui fait déjà son poids de données et d'analyses, nous avons dû renoncer à publier une bibliographie critique de l'œuvre de Tremblay. Celle-ci aurait, sans aucun doute, rempli une bonne centaine de pages... De même, le lecteur ne trouvera pas, en fin de volume, un Index qui aurait probablement ravi les chercheurs, mais qui aurait accentué l'impression d'avoir affaire à un ouvrage destiné aux seuls spécialistes, ce qui n'était pas notre priorité. Dans le même ordre d'idées, nous nous sommes bien gardés de la prétention d'aboutir à un ouvrage « définitif ». Plus urgemment et modestement, nous avons souhaité faire œuvre utile, en réunissant un ensemble d'études qui inciteraient à aller au-delà d'une appréciation de surface et de la simple synthèse des analyses passées, sans croire avoir ainsi « épuisé » le sujet et en espérant ouvrir de nouvelles pistes de réflexion, dans un domaine qui, s'il n'est pas vierge, est resté peu fréquenté.

9. Rappelons parmi les premières études significatives de l'œuvre de notre auteur, celles de Michel Bélair, dans son petit livre intitulé *Michel Tremblay* (Montréal, Presses de l'Université du Québec, coll. « Studio », 1972, 95 p.), et dans le chapitre 3 (p. 109-127) de son ouvrage consacré au *Nouveau Théâtre québécois* (Montréal, Leméac, coll. « Dossiers », 1973, 205 p.). Yolande Villemaire a signé une analyse éclairante du « premier » Cycle des *Belles-Sœurs*, sous le titre : « Il était une fois dans l'Est : l'empire des mots » (Cahiers de théâtre *Jeu*, n° 8, Montréal, Quinze, printemps 1978, p. 61-75). Signalons également l'étude consacrée au dramaturge par Jean Cléo Godin, « Tremblay : marginaux en chœur » (dans *Théâtre québécois II, Nouveaux auteurs, autres spectacles,* de Jean Cléo Godin et Laurent Mailhot, Montréal, Hurtubise HMH, 1980, p. 165-188). Enfin, un important dossier, « Michel Tremblay : Délégués du Panthéon au plateau Mont-Royal », a été publié par la revue *Voix & Images*, vol. VII, n° 2, Presses de l'Université du Québec, hiver 1982, p. 213-326 (on y trouvera une substantielle « Bibliographie commentée », par Pierre Lavoie et Lorraine Camerlain, p. 225-306). L'universitaire canadienne Renate Usmiani a, par ailleurs, fait paraître en anglais deux ouvrages : *Michel Tremblay* (Vancouver, Douglas & McIntyre, 1982, 177 p.) et *The Theatre of Frustration. Super Realism in the Dramatic Work of F.X. Kroetz and Michel Tremblay* (New York & Londres, Garland Publishing, coll. « Comparative Literature », 1990, 215 p.). Remarquons qu'il n'existe pas, à ce jour, d'ouvrage consacré à l'écriture romanesque, ou plus largement narrative, de Michel Tremblay.

Par ailleurs, Michel Tremblay lui-même n'a pas été avare de réflexions sur sa vie et son œuvre. Les entrevues et entretiens qu'il a accordés depuis deux décennies et demie, dont la liste couvrirait facilement une bonne dizaine de pages, le montrent toujours soucieux d'orienter fermement la réception de ses œuvres [10], sans parler de sa présence régulière au petit écran et à la radio. Au Québec, la figure de l'auteur et homosexuel déclaré qu'est Michel Tremblay est hypermédiatisée. Ce n'est pas le lieu ici d'examiner d'un peu plus près la stratégie d'un « écrivain par lui-même » au sein d'une institution littéraire (et théâtrale) québécoise, elle-même en pleine période de restructuration. Il s'agit là d'un chantier qui ne demande qu'à être investi, et qui permettrait d'éclairer, par exemple, les rapports qu'entretient Tremblay à l'égard de la culture française, et de l'élite québécoise dite cultivée (non sans qu'il ait, parfois, versé dans un certain populisme…).

Aussi, y a-t-il en permanence, chez Tremblay, l'expression du désir d'un rapport sans médiation avec « son » public. Il revendique avec fierté – et non sans raisons – son statut d'auteur populaire – gagné, il est vrai, de haute lutte – et il veille avec un soin jaloux à départager auprès du large public qui est le sien ce qu'il estime recommandable ou non dans les nombreuses évaluations de son œuvre, qui n'ont pas manqué de se manifester au fil des années, compte tenu également de son talent, qui en fait l'un des écrivains les plus prolifiques du Québec, que ce soit avant ou après la Révolution tranquille. Pour certains puristes de la Grande Littérature, la faconde de l'auteur de *La grosse femme d'à côté est enceinte*, jumelée à son aura d'écrivain régulièrement célébré par les médias, est en soi un signe suspect. Ce n'est pas, on s'en doute, notre opinion.

En revanche, notre démarche n'a surtout pas visé à répéter ce que Tremblay lui-même, malgré toute la persuasion dont il est capable, avance volontiers comme éléments interprétatifs de son œuvre. Là n'était pas notre but – accréditer les explications fournies par l'auteur –, sans non plus, bien entendu, les exclure *a priori*. Une œuvre, croyons-nous, une fois

---

10. Signalons, à tout le moins, l'entretien que Tremblay a accordé en 1988 à Pierre Lavoie, à l'occasion du vingtième anniversaire de la création des *Belles-Sœurs* : « Par la porte d'en avant… », Cahiers de théâtre *Jeu*, n° 47, Montréal, 1988.2, p. 57-74.

en circulation dans le circuit des biens culturels, appartient au patrimoine commun, dans sa symbolique et son articulation propres. Le destin de cette œuvre, pour le meilleur et, parfois il est vrai, pour le pire [11] – mais qu'y faire ? –, est collectif. Nul ne saurait se soustraire à cette dynamique de l'appropriation. De sorte que la vie même des œuvres littéraires se nourrit de couches sédimentaires successives, faites de cet ensemble disparate de discours dits secondaires, qui ont fonction d'en examiner, sans complaisance et avec la plus grande compétence possible, les différents réseaux expressifs qui les constituent.

Tout cela pour dire que notre projet a eu pour moteur la volonté de traverser une œuvre d'envergure en cherchant à lui rendre justice et à lui donner sens, à même un outillage analytique qui emprunte à divers savoirs (esthétique, histoire du théâtre, sémiologie, sociocritique, anthropologie, rhétorique, psychanalyse, histoire des mentalités, narratologie, etc.). Certes, il n'a jamais été dans notre intention, dans un ouvrage qui est le résultat de choix éditoriaux difficiles face à l'abondante matière à notre disposition, de produire une Somme, et pas davantage un florilège ou un livre d'hommages. Préparé de longue date – depuis 1989, ce qui a permis, les délais d'une telle entreprise collective aidant, d'intégrer des œuvres plus récentes qui éclairent sous un jour nouveau le monde de l'auteur –, le recueil d'essais que nous présentons se veut une première exploration de l'écriture de Michel Tremblay, centrée sur la « cosmogonie » originale qui s'est peu à peu mise en place et structurée à travers, d'une part, le Cycle des *Belles-Sœurs* et, d'autre part, les « Chroniques du Plateau Mont-Royal ».

À ce corpus central s'est greffée une analyse des pièces qui ne pouvaient, selon nous, figurer au sens strict dans le Cycle en tant que tel, mais que le souci de présenter exhaustivement la dramaturgie de l'auteur justifiait amplement. Comme on pourra le constater sans peine, l'œuvre dramatique a été ici privilégiée – ce qu'indique le sous-titre : « Des

11. L'exemple d'un Jean-Paul Sartre scrutant à la loupe de sa philosophie existentialiste l'œuvre d'un Jean Genet – au point d'avoir acculé celui-ci au silence pendant un temps considérable – peut venir à l'esprit de ceux qui jugent les approches herméneutiques absolument menaçantes pour l'intégrité d'une œuvre. Il va sans dire que notre ouvrage n'a pas pour fonction de « faire réfléchir » Michel Tremblay mais ses lecteurs.

Belles-Sœurs à *Marcel poursuivi par les chiens* » –, sans que, pour autant, on ignore une part importante de l'œuvre romanesque, en fonction des échanges interactifs que l'auteur n'a eu de cesse d'effectuer entre son théâtre et sa prose narrative. Cela a eu, par ailleurs, quelques consé-quences en forme d'exclusions. Ont été ainsi écartées les possibilités d'étudier des œuvres plus ouvertement autobiographiques, comme *le Cœur découvert, les Vues animées, Douze Coups de théâtre* et *le Cœur éclaté,* ou encore les courtes proses de *Contes pour buveurs attardés,* le roman fantastique *la Cité dans l'œuf,* les textes de chansons, les scénarios de films... De même, il a fallu renoncer à étudier le travail significatif de Tremblay dans le champ de la traduction et de l'adaptation de textes dramatiques étrangers.

Même s'il nous a fallu ainsi renoncer à prendre en compte une part non négligeable de la production de l'auteur, pour des raisons d'orien-tation éditoriale tout autant que pour satisfaire à des contraintes matérielles devant un ouvrage qui risquait, autrement, de devenir monumental, il nous semble néanmoins que *le Monde de Michel Tremblay* propose une relecture pertinente de ce qui constitue le noyau dur de l'œuvre, au moment où, d'une part, l'auteur vient de franchir le cap de la cinquantaine et que, d'autre part, la reprise, cette année, de sa pièce-bombe, *les Belles-Sœurs,* créée voilà vingt-cinq ans, invite à prendre la mesure du chemin parcouru.

Notre souci constant, en tant que maîtres d'œuvre de la structuration de l'ouvrage, a été d'offrir au lectorat le plus large possible l'occasion d'une reconnaissance de la trajectoire d'une écriture qui, pour paraître familière à force d'occuper à demeure le paysage culturel du Québec, n'en recèle pas moins des dimensions méconnues, des points aveugles et des ambiguïtés génératives, comme autant d'invitations à y aller voir de plus près. Nous avons ainsi voulu rassembler des contributions qui se risquent à des interprétations nouvelles, qui soumettent à la réflexion des interro-gations originales, et qui ouvrent sur une meilleure connaissance de l'univers complexe et vibrant de Michel Tremblay.

Entre la rue Fabre et la *Main* :
une écriture autre (postmoderne ?)

Bien que tous les collaborateurs et collaboratrices du *Monde de Michel Tremblay* aient été laissés tout à fait libres dans leur manière d'aborder, chacun, leur objet, il nous revient d'esquisser ce qui nous semble traverser, tel un fil invisible, l'ensemble des textes qui en forment la matière. Il ne s'agit pas, bien entendu, de chercher à imposer dans l'après-coup une interprétation surplombante, encore moins de laisser entendre que nous avions, au départ, un programme heuristique dont il revenait à chaque contribution de remplir l'un des « trous ».

Forte de la diversité des points de vue de vingt-cinq collaborateurs – où se retrouvent les noms d'universitaires et d'essayistes reconnus, de même que ceux de quelques recrues de la génération montante –, la table des matières de l'ouvrage comprend six sections : I – Le Cycle des *Belles-Sœurs,* premier et deuxième temps ; II – Autres textes dramatiques ; III – « Chroniques du Plateau Mont-Royal », études du cycle romanesque ; IV – Chemins d'une écriture ; V – Trajectoires ; VI – Bio-bibliographie. L'ensemble de ces essais [12] et de leurs sources documentaires permettront, selon nous, de saisir l'arrière-plan socio-culturel et de décrire, de manière diversement analytique, les tenants et aboutissants d'une œuvre sans pareille, étonnante par son registre et l'ampleur de ses préoccupations, et ce en dépit des coupes sombres dans le corpus considéré, auxquelles il a fallu se résoudre au départ.

Tentons maintenant de tirer de l'exercice forcément composite d'un tel ouvrage collectif quelques indications sur ce qui en constitue la portée et les implications herméneutiques. Notre intention est ici de faire valoir que l'œuvre de Michel Tremblay est exemplaire du passage de la culture québécoise traditionnelle à une socialité postmoderne, avec ce que cela a pu engendrer de crises, de conflits et de remises en question des valeurs collectives et individuelles. Et pour tout dire, l'écriture elle-même de l'auteur montréalais contribue selon nous, de manière souvent éblouissante,

---

12. Nous avons privilégié l'approche textuelle, renonçant à prendre en considération, à cette étape du moins, les différentes approches scéniques des textes dramatiques.

à exacerber les tensions engendrées par une telle mutation, décriée par les uns, célébrée par les autres. En ce sens, Michel Tremblay ne serait ni un auteur « réaliste » ni un écrivain « moderne », il serait un polygraphe postmoderne – et, à ce titre, un phénomène sans équivalent dans la culture québécoise contemporaine.

Il y a un avant et un après *les Belles-Sœurs,* on ne le répétera jamais assez. L'année 1968 est également importante, sur le plan politique et social, qui, au Québec mais aussi en France et aux États-Unis, annonce un point de non-retour. Le vent nouveau qui soufflait sur le Québec depuis 1960 avait entraîné dans son sillage des changements profonds tant dans les structures économiques et étatiques que dans les mentalités. La modernisation de l'État québécois, affirmée par une série d'actions majeures (loi sur l'assurance-hospitalisation, création des ministères de la Famille et du Bien-être social, des Richesses naturelles, des Affaires culturelles, nationalisation de l'électricité, création du ministère de l'Éducation, etc.), n'allait pas sans créer de vives tensions, aussi bien à l'intérieur de la société québécoise que dans les rapports entre la province de Québec et le gouvernement canadien, rapports envenimés par les manifestations indépendantistes qui ne cessaient de prendre de l'ampleur.

Ces changements, associés à un climat permanent d'incertitude politique (crise d'Octobre 1970, élection du Parti québécois, d'obédience souverainiste, en 1976, victoire du Non au référendum de 1980 sur la souveraineté, etc.), allaient servir de toile de fond à une œuvre qui s'édifiait, d'une certaine manière, en réaction à une double perte : celle de la sécurisante Famille traditionnelle, enveloppante, aimante quoique étouffante, et celle d'un Idéal collectif, homogène et porteur d'espoir. Parallèlement à la modernisation de l'appareil étatique, et à une vitesse foudroyante, la société québécoise s'atomise et elle vit intensément des expériences diversement heureuses, associées à la prétendue libération sexuelle et au consumérisme effréné qui accompagne la société occidentale dite d'abondance. Voilà, on peut le croire, un terreau propice à l'expérimentation de nouvelles tensions entre l'individu et la collectivité, l'être, le paraître et l'avoir, la liberté et la nécessité.

Ce terreau rencontre en la personne de Michel Tremblay, et compte tenu du prisme de son histoire personnelle, un auteur qui se saisit de ces données culturelles en mouvance en même temps qu'il est traversé par des questions proprement existentielles. Il en résulte une écriture significativement *autre* qui puise à toutes les ressources conscientes / inconscientes de l'hétérogène, que ce soit à travers les matériaux langagiers ou dans les formes et dans les différentes structures topiques du monde de Tremblay. Aussi, verrons-nous peu à peu s'élaborer une œuvre où va se déployer un imaginaire littéralement aimanté par l'expression des *différences,* aussi bien intimes que collectives.

Ainsi, pour s'en tenir ici au seul aspect topographique, repérable dans le « Cycle » dramatique comme dans les « Chroniques », Tremblay départage géographiquement et symboliquement son univers entre la rue Fabre et la *Main.* Cette dernière, le boulevard central de Montréal, constitue la frontière entre l'Est (francophone) et l'Ouest (anglophone), et elle est un véritable lieu-limite, infernal et destructeur mais rempli d'êtres de séduction (prostituées, travestis, chanteuses et danseuses, etc.) et de plaisirs interdits par la bonne société. À l'autre extrême, en plein cœur du Plateau Mont-Royal, la rue Fabre représente le haut-lieu de la Sainte Famille, sous la surveillance des divinités maternantes que sont Florence et ses filles, Rose, Mauve et Violette.

Ces deux blocs, monolithiques en apparence, forment plutôt l'envers et l'endroit d'une même réalité : celle d'une société divisée entre sa nostalgie des valeurs tutélaires et la fascination pour la délinquance, la rébellion contre l'autorité, la transgression des tabous sociaux. Mais, en même temps, la rue Fabre se décompose en « cellules de tu-seul » et la *Main* n'en finit plus d'assassiner ses rêveuses et ses duchesses. Ce monde n'est jamais, il faut le remarquer, banalement manichéen, comme chez tant d'autres auteurs, moins préoccupés de la complexité du réel et des exigences de l'écriture… Toujours, chez Tremblay, attraction et répulsion, le « Haut » et le « Bas », la culture du pauvre et les citations « savantes » se font face et s'entremêlent. Si bien que son œuvre reste éminemment accessible, tout en convoquant, l'air de rien, un vaste ensemble de référents qui, en creux, construisent un discours inhabituel, très révélateur d'un état d'âme *in situ* et d'une société en crise.

Ne faut-il pas, dans les circonstances, appeler un chat un chat – pour ne pas dire un Duplessis, Duplessis – et parler carrément d'un discours postmoderne ? Le terme agace. Il fait « à la mode », alors qu'il pointe, en fait et malgré qu'on en ait, quelque chose d'inéluctable. Car c'est notre perception que le Projet moderne s'est déglingué, celui des Lendemains qui chanteront comme celui du Progrès continu et sans fin. Mais ce n'est ni le lieu ni la place pour discuter en profondeur de la légitimité d'une appellation qui, malgré notre profonde conviction quant à sa pertinence ici, n'est pas, sinon en sous-main, le propos principal des textes de cet ouvrage. Il importe davantage ici de dire ce qui fait l'originalité d'une écriture, et en quoi elle participe de ce que nous désignons comme postmoderne, sinon comme lieu manifeste de différences.

Sanctificateur et trivial, grotesque et sublime, tragique et farcesque, sordide et onirique, réaliste et surnaturel, instinctif et pragmatique, le monde de Michel Tremblay affectionne l'impur, les mélanges et les hybridations. Si l'impact de sa dramaturgie et de sa prose narrative tient en partie à une forte identification des spectateurs et des lecteurs aux personnages que Tremblay a su non seulement créer mais également faire vivre pendant vingt-cinq ans, il tient encore plus à la maîtrise de son écriture consciente d'elle-même et distanciée par un constant regard critique, à l'habileté avec laquelle l'auteur a su adapter les structures et les schémas classiques du théâtre de l'Antiquité grecque, à cette musicalité qu'il a su tirer du joual, au rythme intense qu'il a su donner à chacune de ses pièces et de ses romans, à son talent pour les monologueries, à la vivacité et au caractère percutant de ses dialogues, finalement à un humour ravageur, cynique, lucide, qui transfigure les moments les plus noirs, les plus désâmants de l'existence de ses créatures.

Souvent qualifiée de misérabiliste, de noire, de naturaliste, son œuvre, au contraire, *se joue* toujours du réalisme, le travestit, le désamorce en faisant éclater toute tentation de psychologisme et en utilisant constam- ment des procédés anti-réalistes : chœurs, monologues, retours en arrière, démultiplication des personnages et des situations, mise en abyme, transposition de structures musicales, etc. Michel Tremblay possède au premier chef l'art du réalisme hyperbolique, décomposé, *déréalisé*, hypertrophié. C'est en quoi son œuvre est unique.

Mais il y a plus encore. Dans cette œuvre dédiée à l'Homme-sans-qualités québécois, l'existence des personnages est sous-tendue par la fatigue des valeurs communautaires qu'une société étroite et « fatiguée », comme intoxiquée par ses idées reçues et ses propres mythes, ne réussit plus à régénérer. « Pour le bonheur, contre la société », c'est ainsi que le dramaturge aime à résumer sa position critique globale, en dévoilant implicitement son orientation tragique : le bonheur de l'individu, sa liberté même, n'est jamais qu'un moment vite menacé par les forces aveugles du conditionnement social et, au-delà, par la force nivelante d'une causalité mystérieuse qui asservit le passionné à sa passion jusqu'à l'annihiler, comme c'est le cas pour Manon et Sandra, cette figure de Janus qui est au cœur du Cycle.

L'auteur cherche ainsi, pensons-nous, à faire éclore un questionnement qui ait prise sur notre temps, plutôt que d'asséner un message univoque. Par exemple, le joual, dans sa vulgarité même, est une mutilation que l'auteur parvient parfaitement à transcender en en secouant rageusement la vacuité, tout en en assumant l'origine jubilatoire et vengeresse, ce qui déclenche un rire libérateur. Partant d'un constat impitoyable et d'une langue « diminuée », Tremblay a pu aller très loin sur le thème de la méconnaissance de soi, de l'aliénation collective et de l'incommunicabilité accablante, jusqu'à morceler, par exemple, son matériau dramatique en fragments épars, incisifs, qu'il monte ensuite en microséquences saccadées.

C'est pourtant le monologisme qui structure fondamentalement cette écriture (y compris dans le roman) : narrateur ou personnage soliloquant, chacun est investi de son idée fixe ; le dynamisme émotif de la situation se développe par coulées monologiques successives, qui s'interpénètrent et engendrent un dialogue de sourds, essentiellement polémique en assurant le locuteur d'une position défensive à l'égard des autres. Au théâtre, notamment, la lutte est à qui fera taire l'autre, ou à qui réussira à annuler cette parole « étrangère » ; cependant, le personnage n'est jamais aussi lucide et aussi franc que lorsqu'il est le seul à parler : sa rumination, souvent hargneuse, le *constitue* en sujet, en même temps qu'elle le vide, l'exténue. Le seul espace libre est fait de cette intériorité blessée qui agit comme un rempart et sert d'ultime refuge contre la platitude et la méchanceté du monde. Le monde de Michel Tremblay est ainsi celui d'une blessure irréparable, d'un vide immense que rien, sinon le plaisir de continuer de parler, ne saurait combler.

Parler/ne pas parler, ce dilemme du théâtre racinien, selon Barthes, trouve un écho imprévisible dans la dramaturgie violemment implosive et provocante de Michel Tremblay : ses personnages multiplient les stratégies de diversion, fuient longtemps leur vérité, se débattent avec leurs aliénations. C'est leur combat avec la destinée, avec l'opacité de leur être propre, qui nous émeut et nous renvoie à notre condition humaine, faillible et dévastée. Dans le théâtre et le roman dramatisé de l'impureté et de la souillure (par la langue estropiée, par la fausseté sociale et familiale), émerge le scandale de la perte irrémédiable de l'unicité de l'être, irréconciliable avec le monde figé des conventions et des apparences. C'est finalement à cette tragédie universelle de l'être-au-monde que l'écriture de Michel Tremblay, par ailleurs si indissociable de la contemporanéité québécoise, nous convie.

Nos remerciements les plus vifs vont à l'auteur, Michel Tremblay, qui a accueilli avec sympathie notre démarche éditoriale et a bien voulu répondre à nos demandes de renseignements. Nous tenons aussi à marquer toute notre reconnaissance à Madame Camille Goodwin, agente de l'auteur, qui nous a donné accès à une documentation factuelle qui a contribué à clarifier de nombreux points de détail sur la carrière de l'auteur. Nous remercions également Monsieur Pierre Filion, codirecteur de Leméac Éditeur où la totalité de l'œuvre de l'auteur est publiée, qui nous a accordé sa confiance en nous permettant de puiser au corpus de l'auteur, selon l'usage, toutes les citations nécessaires à une analyse rigoureuse. Par ailleurs, nous voulons remercier tous et chacun des signataires du présent ouvrage, qui ont vu s'étirer les délais de publication, en nous manifestant leur appui d'une manière constante. Que ceux et celles, enfin, qui ont à un moment ou à un autre de notre travail répondu à nos questions ou apporté un soutien concret à notre entreprise de longue haleine, se sentent ici l'objet de toute notre gratitude.

LISTE DES ABRÉVIATIONS
DES ŒUVRES DE MICHEL TREMBLAY

ACT	:	*Albertine, en cinq temps*	**LC** :	*C't'à ton tour, Laura Cadieux*
AO	:	*les Anciennes Odeurs*	**LY** :	*Lysistrata*
AT	:	*À toi, pour toujours, ta Marie-Lou*	**MA** :	*…Et Mademoiselle Roberge boit un peu…*
AU	:	*Au pays du dragon*	**MB** :	*Mistero Buffo*
B	:	*Berthe*	**MM** :	*Mademoiselle Marguerite*
BLB	:	*Bonjour, là, bonjour*	**MN** :	*Messe noire*
BS	:	*les Belles-Sœurs*	**MP** :	*Marcel poursuivi par les chiens*
			MS :	*la Maison suspendue*
CD	:	*le Cœur découvert*		
CO	:	*la Cité dans l'œuf*	**NE** :	*Des nouvelles d'Édouard*
CR	:	*Camino Real*	**NL** :	*Nelligan*
DL	:	*la Duchesse de Langeais*	**OV** :	*Oncle Vania*
DM	:	*Demain matin, Montréal m'attend*		
DR	:	*la Duchesse et le Roturier*	**PA** :	*les Paons*
DS	:	*Damnée Manon, Sacrée Sandra*	**PQL** :	*le Premier Quartier de la lune*
EF	:	*l'Effet des rayons gamma sur les vieux-garçons*	**SCM** :	*Sainte Carmen de la Main*
EPD	:	*En pièces détachées*	**SH** :	*Six Heures au plus tard*
			SM :	*Six Monologues en forme de mots d'auteur*
GF	:	*La grosse femme d'à côté est enceinte*	**SO** :	*les Socles*
GQ	:	*le Gars de Québec*	**SS** :	*Surprise ! Surprise !*
GS	:	*Gloria Star*		
GV	:	*les Grandes Vacances*	**TP** :	*Thérèse et Pierrette à l'école des Saints-Anges*
			TPT :	*Trois Petits Tours…*
HE	:	*les Héros de mon enfance*	**TR** :	*le Train*
HO	:	*Hosanna*		
			VM :	*le Vrai Monde ?*
IO	:	*l'Impromptu d'Outremont*	**VMR** :	*Ville Mont-Royal ou « Abîmes »*
IP	:	*l'Impromptu des deux « Presse »*	**VW** :	*Qui a peur de Virginia Woolf ?*
JM	:	*Johnny Mangano and His Astonishing Dogs*		
JR	:	*J'ramasse mes p'tits pis j'pars en tournée*		

I

LE CYCLE DES *BELLES-SŒURS,*

PREMIER ET DEUXIÈME TEMPS

ÉTUDES DE PIÈCES

LES BELLES-SŒURS

MADELEINE GREFFARD

Le triomphe de la tribu

On se souvient de l'émoi provoqué par *les Belles-Sœurs* à leur apparition sur la scène du Rideau Vert en août 1968. Des réticences, des protestations, des condamnations. De l'enthousiasme aussi. « *Les Belles-Sœurs*, c'était ça[1] ! » Brandie comme un étendard par les uns, pour les autres, objet honteux qui souillait la scène et l'image publique de la société québécoise, la pièce du jeune Michel Tremblay agit comme un catalyseur pour la société montréalaise et québécoise des années soixante-dix[2]. Querelle du joual, refus de subventions à l'exportation : le milieu culturel se divisa. Pendant ce temps, l'auteur poursuivait son œuvre et réussissait ce tour de force d'imposer sa propre vision du monde comme une représentation authentifiée de la société québécoise.

Les Belles-Sœurs, faut-il le rappeler, sont avant tout une œuvre, c'est-à-dire une structure composée d'éléments qui ne trouvent justification et sens que par leur place et leurs relations dans ce système. En dehors de toutes interprétations ou considérations sociologiques (prolétariat urbain, joual) ou esthétiques (réalisme, naturalisme, théâtralité[3]), le texte qui suit cherchera à établir le système des valeurs qui sous-tend la pièce.

---

1. Jean-Claude Germain, « J'ai eu le coup de foudre », dans Michel Tremblay, *les Belles-Sœurs*, Montréal, Leméac, coll. « Théâtre », n° 26, [1972] 1992, p. 121. Toutes les références à cette pièce renvoient à cette édition.

2. Il n'entre pas dans notre propos d'étudier la fonction symbolique des *Belles-Sœurs* dans la société québécoise, c'est-à-dire de nous demander pourquoi une partie de la société (public, critique), engagée dans la Révolution tranquille, s'est projetée dans ces femmes et identifiée à la représentation de la partie la plus figée d'elle-même. Voir l'étude d'Élaine F. Nardocchio, « *Les Belles-Sœurs* et la Révolution tranquille », *L'Action nationale*, décembre 1980, p. 343-350. Selon l'auteure, la pièce de Michel Tremblay « véhicule [...] l'idéologie de *contestation-rattrapage* ».

3. Voir l'article de Jean-Pierre Ryngaert, « Réalisme et théâtralité dans *les Belles-Sœurs* de Michel Tremblay », *Co-Incidences*, vol. I, n° 3, Ottawa, novembre 1971, p. 3-12.

Univers polarisé

Fondamentalement, *les Belles-Sœurs* parlent de jouissance et de frustration[4] ; c'est par rapport à la vie pulsionnelle que le système qui constitue la pièce s'organise[5]. Par jouissance, il faut entendre ici le plaisir engendré par la conjonction du sujet avec l'objet de son désir, qu'il s'agisse de l'objet propre de la pulsion, d'un objet substitutif ou compensatoire, de pulsions libidinales ou de pulsions du moi. Par contraste, la frustration s'entend comme le sentiment de déplaisir consécutif à l'absence de l'objet, par perte, interdiction ou incapacité de l'atteindre. Tous les personnages se définissent par rapport à cet axe : les actions secondaires, comme l'action principale, ont pour but et souvent pour effet de déplacer les principaux personnages d'un côté à l'autre de cet axe. Germaine Lauzon passera de la jouissance que lui procure la possession anticipée de tous les objets du catalogue à la frustration consécutive à sa dépossession. Pierrette, qui vient chez sa sœur dans l'espoir d'être réintégrée dans la famille, verra son exclusion maintenue. Angéline Sauvé, découverte, devra renoncer à la satisfaction secrète de fréquenter le *club* une fois par semaine pour y trouver chaleur humaine et plaisir de rire. Lise Paquette, entravée dans son désir de « s'en sortir » par l'abandon de son *chum* au moment même où elle est enceinte, verra cet obstacle levé grâce à Pierrette. Quant aux voleuses de timbres, elles passent du déplaisir que leur cause le bonheur de Germaine à la satisfaction de l'en avoir privée.

Le sens de l'action principale

L'action qui structure la pièce est menée par un sujet collectif, les femmes : sœurs, belle-sœur, voisines de Germaine. Poussées par l'envie, elles détruisent son rêve : remplacer tout ce qu'elle possède par les objets du catalogue. Mais le million de timbres-primes volés, puis disputés entre

---

4. Lise Duquette-Perrier propose de lire la pièce à partir de l'axe de l'identité, selon les pôles antithétiques être et avoir, dans « Langage et paraître », *Journal canadien de recherche sémiotique*, vol. 2, automne 1974, p. 41-53. Cet axe ne rend pas pleinement compte de l'univers de l'œuvre.

5. Selon l'hypothèse du modèle constitutionnel de Greimas, tout univers, pour être significatif, s'organise à partir d'une structure élémentaire et binaire.

elles, ne constitue plus le même objet ; partagé, il ne peut donner la même satisfaction ni singulariser un individu. Le but de l'action serait donc moins de s'approprier l'objet que possède Germaine que de le lui enlever. Sa satisfaction, ostentatoire il est vrai, leur est insupportable. Elles deviennent donc, instinctivement, des agents de frustration. Licite, le gain des timbres contrevient cependant aux règles tacites qui gèrent le groupe, soit, au niveau libidinal, l'état de frustration de ses membres et, au niveau individuel, l'absence de traits qui les singulariseraient.

Quinze femmes : deux acteurs

Un regroupement des personnages caractérisés par le même procès – voler des timbres – et les mêmes traits distinctifs – femmes mariées et intégrées au groupe – fait apparaître deux groupes d'acteurs[6]. Le premier comprend : Rose Ouimet, Gabrielle Jodoin, Marie-Ange Brouillette, Thérèse et Olivine Dubuc et, enfin, Yvette Longpré ; elles constituent, comme acteur collectif, ce qu'on peut appeler la tribu[7]. Le deuxième groupe comprend les femmes non mariées, non voleuses et non intégrées ; il réunit Pierrette Guérin, Lise Paquette et Angéline Sauvé. Ce sont les déviantes. Reste à classer Des-Neiges Verrette, Rhéauna Bibeau, Lisette de Courval et Germaine Lauzon, à qui manque un des traits de l'une ou l'autre catégorie[8]. Des-Neiges Verrette, non mariée et voleuse, est attirée par la déviance à travers sa relation avec Monsieur Simard. Elle n'a cependant pas encore cédé et affirme son appartenance à la tribu. On peut donc considérer qu'elle fait partie du premier groupe. De même pour Rhéauna Bibeau : voleuse et intégrée, elle n'est pas mariée au sens strict, mais forme avec Angéline un couple qui l'assimile aux femmes mariées. Le rôle d'agent de frustration qu'elle joue vis-à-vis d'Angéline au deuxième acte enlève tout doute quant à son appartenance au groupe

---

6. L'acteur est « un élément caractérisé par un fonctionnement identique, au besoin sous divers noms et dans différentes situations ». Voir Anne Ubersfeld, *Lire le théâtre*, Paris, Éditions Sociales, 1982, p. 99.

7. Ce mot est employé ici dans le sens général de groupe nombreux, mais aussi dans le sens de groupe cohérent, régi par certaines règles.

8. Linda et Ginette, non mariées et non voleuses, ne participent pas vraiment à l'action. Elles font partie de la tribu parce qu'elles logent au pôle frustration.

tribal. Lisette de Courval, mariée et voleuse, ne reconnaît pas son appartenance au groupe, et celui-ci la rejette. Sa déviance est culturelle et non morale ; son statut, ambigu, sans doute parce que la déviance culturelle n'a pas vraiment de place dans le système de la pièce [9], construit suivant l'axe jouissance/frustration. Enfin, Germaine : mariée et intégrée, elle s'oppose au plan de l'action. Le million de timbres-primes qu'elle vient de gagner la singularise en lui donnant ce que les autres n'ont pas, des objets matériels, certes, mais surtout une satisfaction triomphale. Or tout fonctionne comme si le signe principal de l'appartenance au groupe était le pôle négatif de la vie pulsionnelle, c'est-à-dire la frustration ou la non-jouissance. Seules les déviantes se situent au pôle positif, et elles sont exclues. L'action de l'acteur collectif a donc pour but, au niveau tribal, de ramener Germaine dans le groupe, opération réussie, puisque, à la fin, la victime interrompt l'expression de son désespoir pour entonner, avec les autres, l'hymne national du Canada.

Les Belles-Sœurs, à travers quinze personnages, mettent donc en jeu deux classes opposées d'acteurs : l'acteur tribal, agent de frustration auprès de ses membres (le vol des timbres n'est qu'une des modalités de cette action), et l'acteur déviant, qui a recherché une satisfaction et est exclu, de fait ou potentiellement, du groupe [10]. Voyons maintenant comment s'articule et se manifeste, à travers la parole, cet univers polarisé par la jouissance et son contraire, la frustration, quand il est mis en jeu par l'acteur tribal et l'acteur déviant.

Le tissu textuel

Deux voix tissent la trame textuelle des *Belles-Sœurs* : celle de la tribu en tant qu'entité et celle de ses membres, pris isolément, déviants ou intégrés. Chacune prend une forme précise dans le texte. La tribu parle à travers la conversation et les chœurs ; les individus par les monologues,

---

9. L'échappée, chez Tremblay, se fait par la transgression morale, sexuelle, et par la marginalisation, non par le changement de classe sociale.

10. L'exclusion, si elle prive du groupe, n'abolit pas l'appartenance à ce groupe.

singuliers ou pluriels (à plus d'une voix). L'affrontement de l'individu et de la tribu ou, plutôt, la pression du groupe sur ses membres s'inscrit dans le dialogue dramatique [11].

La voix de la tribu

L'action principale, définie comme le passage de l'état de satisfaction que connaît Germaine au début de la pièce à l'état de frustration qu'elle clame au dénouement, s'opère par le vol clandestin des timbres. Le performatif, ici, échappe à la parole. Il s'accomplit directement, sans la médiation du langage. La parole, libre de tout enjeu dramatique, se déploie en pure conversation, c'est-à-dire qu'elle se développe comme un échange spontané de propos qui n'ont pas pour but d'agir sur l'interlocuteur, et dont la structure ne relève d'aucune nécessité interne [12]. Elle s'enchaîne à partir d'éléments extérieurs (heure du chapelet, arrivée intempestive d'Olivine Dubuc [13], entrée successive des personnages, etc.), mais aussi de l'arbitraire des associations, ce qui donne une impression de coq-à-l'âne. Elle a pourtant un fil d'Ariane, souligné par Laurent Mailhot [14] : la parenté ou la référence parentale.

---

11. Laurent Mailhot identifie trois formes dramatiques dans *les Belles-Sœurs* : le dialogue, le monologue et le chœur (voir « *Les Belles-Sœurs* ou l'enfer des femmes », *Études françaises*, vol. VI, n° 1, Montréal, février 1970, p. 101 ; voir aussi Jean Cléo Godin et Laurent Mailhot, *le Théâtre québécois. Introduction à dix dramaturges contemporains*, Montréal, Hurtubise HMH, 1970, p. 191-203). Jean-Pierre Ryngaert, dans l'article cité précédemment, fait un repérage des séquences théâtrales par opposition à la trame réaliste de la parole. Du point de vue adopté ici, la conversation et le dialogue dramatique ne proviennent pas de la même voix ; de même, les monologues pluriels, expression de l'individu, ne peuvent être assimilés aux voix de la tribu.

12. Par la substitution de la « conversation » au dialogue dramatique, *les Belles-Sœurs* participent à la modernité et frôlent, par le vide des échanges, l'avant-garde, en particulier *la Cantatrice chauve* d'Eugène Ionesco. Les points de rencontre avec cette œuvre sont d'ailleurs nombreux.

13. Le traitement de ce personnage : son entrée spectaculaire, les coups qu'on lui assène, le fait qu'il morde, n'est pas sans rappeler Lucky d'*En attendant Godot* de Samuel Beckett et le Schmurtz des *Bâtisseurs d'Empire* de Boris Vian.

14. Laurent Mailhot, *loc. cit.*, p. 98-99.

Une fonction phatique inversée

« Jasez [...], jasez », dit Germaine aux femmes venues l'aider à coller ses timbres. Les propos échangés accompagneront « un travail simplement manuel d'un bavardage sans rapport avec ce qu'[elles] font[15] ». Leur fonction principale, selon la théorie de Malinovski, devrait être alors « d'instaurer une communion phatique, un type de discours dans lequel les liens de l'union sont créés par un simple échange de mots[16] ». Or la conversation, dans *les Belles-Sœurs*, opère à l'inverse. À tout moment, le contact qu'elle a théoriquement pour but d'établir entre les membres du groupe, comme pure jouissance de la grégarité, menace d'être rompu : « Si vous continuez, moé, je r'travarse la ruelle, pis j'rentre chez nous ! » (*BS*, 26) déclare Rose Ouimet dès le début. « D'abord que c'est comme ça, j'm'en vas ! » (*BS*, 42) dit un peu plus loin Marie-Ange Brouillette. Les menaces de départ (jamais réalisées) ne sont pas les seuls indices de l'échec de la relation. On peut y inclure aussi les sentiments négatifs suscités par les locuteurs : « A commence à me tomber sur les nerfs avec ses timbres, elle ! » (*BS*, 46) dit Des-Neiges Verrette de Germaine, qui énumère les objets qu'elle pourra se procurer. « Si a se farme pas tu-suite, j'la tue ! » (*BS*, 100) s'exclame Lise Paquette en entendant Rose Ouimet dénigrer les filles-mères. « La v'là qui recommence avec son Europe, elle ! » (*BS*, 24) gémit Rose devant un commentaire de Lisette de Courval. On veut faire taire l'interlocuteur : « mêlez-vous de ce qui vous regarde ! » (*BS*, 31), « farmez-là ben juste, parce que sans ça, m'en va vous la fermer ben juste, moé ! » (*BS*, 57), « taisez-vous donc ! » (*BS*, 56)... La liste serait longue des interventions de ce type.

L'éclatement du groupe, à la fin, dans la bataille pour ramasser le plus de timbres possible, est déjà inscrit dans l'inversion de la fonction phatique. La tribu qui s'impose comme le seul lieu où vivre exclut pourtant la convivialité, le plaisir de ses membres dans leur relation avec le groupe.

---

15. Malinovski, cité par Émile Benvéniste, *Problèmes de linguistique générale 2*, Paris, Gallimard, 1983, p. 87.

16. *Ibid*.

Un discours de dénigrement

Même si la conversation, détachée de l'action principale, n'a pas pour but premier d'informer ou d'exprimer une pensée, une foule de gens et beaucoup de choses y sont évoqués. André Brassard a relevé « environ cent vingt-deux personnages, en majorité des hommes […] dont on parle [17] ». Signe d'ouverture, d'élargissement, de pénétration du monde dans la cuisine exiguë de Germaine Lauzon ? Pas du tout. Sauf de rares exceptions, toute personne nommée l'est pour être dénigrée, rejetée, condamnée. Pour Germaine, le *chum* de Linda est « un bon-rien », ses propres enfants sont « bouchés », le mari de Rose est un « cochon », sa belle-fille est « une vraie folle », le beau-père est synonyme de « farces plates », l'Italienne d'à côté « pue ». Le procédé ne vaut pas seulement pour les absents. Il commande aussi ce que les personnages en scène disent les uns des autres : Germaine est « grosse comme une cochonne » selon Marie-Ange Brouillette ; Rose n'est « rien que ma tante Rose » pour Linda ; les amies de Linda sont, pour sa mère, des « coureuses de restaurants » ; Lisette de Courval est une « maudite pincée » ; Rose, une « commère » ; Pierrette, une « démonne »…

S'il arrive qu'un personnage soit présenté de façon positive, un autre se charge de le démolir : alors que Rose vient de vanter la conduite de sa fille Carmen, Lise Paquette déclare qu'elle « vaut pas cher la varge ! » (*BS*, 101) ; le petit Raymond, qui chante si bien, d'après Lisette de Courval, « a un peu trop l'air d'une fille avec sa p'tite bouche en trou de cul de poule… » (*BS*, 85) ; l'abbé Gagné, présenté comme un saint, est « un peu trop à'mode » (*BS*, 84). L'admiration que le groupe manifeste au début envers Thérèse Dubuc qui prend soin (!) de sa belle-mère, se transforme en irritation et en insultes. La dépréciation d'un personnage, au lieu de se faire par un interlocuteur scénique, se fait parfois directement du scripteur au destinataire-public : les mauvaises liaisons de Lisette de Courval, qui se vante de bien parler, passent inaperçues de ses interlo-

17. Cité par Alonzo Le Blanc, « *Les Belles-Sœurs* », *Dictionnaire des œuvres littéraires du Québec 1960-1969*, tome IV, Montréal, Fides, 1984, p. 92. Cette liste des « Personnages dont on parle, mais qu'on ne voit pas dans *les Belles-Sœurs* », établie par André Brassard, figure aux pages 113-117 de l'édition de référence.

2

3

cutrices, mais la ridiculisent auprès de la salle ; Yvette Longpré, qui se réjouit de pouvoir conserver un morceau du gâteau de noces de sa fille puisqu'elle a percé un trou dans la cloche qui l'abrite, fait rire le public par son ignorance. (Le plaisir du public pour qui on démolit le personnage s'apparente-t-il à celui qu'éprouve la tribu dans le dénigrement ou joue-t-il pour lui un rôle cathartique ?) La volonté de discrédit qui commande le regard et la parole des personnages exprime le mépris, le manque d'estime de soi et des autres qui prévaut chez les membres de la tribu.

La dénonciation

Le dénigrement va parfois jusqu'à la dénonciation. Lisette de Courval, par ses insinuations, amènera Marie-Ange Brouillette à répéter devant Germaine ses propos malveillants sur les concours (sans doute signe-t-elle ainsi son appartenance à la tribu plus profondément que par ses mauvaises liaisons). Germaine, par dépit contre sa fille, la discrédite aux yeux de Rose, sa marraine ; Pierrette, sans le vouloir, en saluant Angéline Sauvé, dévoile au groupe sa fréquentation secrète du *club*. La tribu a la puissance et l'omniprésence de l'œil de Dieu qui « était dans la tombe et regardait Caïn[18] ». L'individu ne peut soustraire ni à ces regards ni à ces oreilles multiples la moindre parcelle de lui-même. Même ses prières tombent sous son emprise : « Que c'est qu'a peut ben vouloir à sainte Thérèse, donc elle ?» (*BS*, 30) se demande Rose Ouimet quand Germaine fait allusion à la neuvaine qu'elle a commencée. Aucune intimité ne peut être ménagée au sein du groupe.

Le rejet

Les membres de la tribu manifestent donc le plus profond mépris d'eux-mêmes et des autres, mais il n'est cependant pas question que quelqu'un soit différent ni que l'on puisse vivre autrement. « Ça doit être plat vrai, en Europe !» (*BS*, 25) conclut Des-Neiges Verrette, apprenant qu'on n'y trouve pas de timbres-primes. La fille de l'Italienne :

---

18. Victor Hugo, « La Conscience », *la Légende des Siècles*, Paris, Gallimard, coll. « La Pléiade », 1950, p. 26.

« C't'effrayant c'qu'elle fait, cette fille-là ! » (*BS*, 28) La musique classique à laquelle le fils de Gabrielle Jodoin essaie d'initier sa famille « est pas écoutable » (*BS*, 36). Tout ce qui est différent est rejeté sans appel.

La parole comme moyen d'action sur l'autre

Même délestée d'enjeu dramatique, la conversation n'est pas dépourvue de la fonction conative, ce par quoi le langage devient un moyen d'agir sur l'interlocuteur. Elle se caractérise par l'abondance d'ordres ponctuels : « Jasez » (*BS*, 26), « raidissez-vous » (*BS*, 58), « Farme donc le radio » (*BS*, 32), « Reste donc tranquille », (*BS*, 31), « Toé, mêle-toé pas encore des affaires des autres ! » (*BS*, 54), etc. Ces ordres, quand ils ne sont pas immédiatement exécutés, donnent naissance à des « chicanes » qui actualisent la dysphorie latente au sein de la tribu. Chacun tend à régir le comportement d'autrui au gré de ses humeurs.

La dépréciation, la dénonciation, le rejet, l'ingérence révèlent le système de valeurs paradoxal de la tribu : le mépris de soi en même temps que l'élection de soi comme norme absolue. Tout élément extérieur est rejeté à cause de sa différence, tout ce qui est interne est dévalorisé : l'individu ne jouit d'aucun espace où s'affirmer. La conversation, reflet de ce système sur le plan de la parole, ne peut donc être que dévastatrice.

Les chœurs

La voix de la tribu se fait aussi entendre dans deux chœurs, celui des sœurs Guérin, qui pleurent le destin de Pierrette, incarné par le « maudit Johnny » (*BS*, 69), et celui de toutes les femmes (sauf les jeunes et Pierrette) contre Angéline, dont on vient d'apprendre qu'elle fréquente le *club* (*BS*, 76-79). Cette voix collective est celle des préjugés moraux et religieux. Elle prononce l'exclusion des membres qui ont transgressé. Alors que la conversation est la voix quotidienne du groupe, le chœur est sa voix officielle.

Le dialogue dramatique
ou l'affrontement de la tribu et de l'individu

Le dialogue dramatique se distingue de la conversation par la présence d'un enjeu. Son but est d'influencer l'interlocuteur, d'agir sur lui. L'action principale des *Belles-Sœurs*, le vol des timbres, s'accomplit sans recourir à la parole, mais trois dialogues sont porteurs d'enjeux dramatiques [19]. Un examen rapide permettra de les dégager et de voir les moyens de persuasion des protagonistes.

Le premier dialogue ouvre la pièce ; il a lieu entre Germaine et Linda (*BS*, 15-19) ; Germaine veut amener sa fille à renoncer au plaisir d'une soirée avec son *chum* pour partager la corvée du collage de timbres. Aux hésitations de Linda, Germaine répond aussitôt par une rupture du dialogue : « Parle-moé pus... » (*BS*, 17), suivi de l'étalage de ses propres frustrations. Elle revient ensuite à la charge en dénigrant le *chum* de sa fille, puis Linda elle-même ; celle-ci cède : elle restera à la maison. Elle essaie cependant d'adapter son désir (voir son *chum*) à celui de sa mère : elle proposera donc à son ami de venir coller des timbres. Contrariée, Germaine repart de plus belle dans la dépréciation de Linda – « Ma grand-foi du bon Dieu, t'as pas de tête su'es épaules, ma pauv'fille ! » (*BS*, 18) –, puis reprend l'étalage de contrariétés qui ne dépendent pas de l'interlocutrice. La jeune fille renonce, accablée par les sentiments négatifs que la poursuite de son propre plaisir éveille chez sa mère. En exhibant ses insatisfactions, Germaine agit comme agent de frustration envers sa fille. Le renoncement forcé de cette dernière donnera lieu, entre les deux femmes, à d'autres altercations (*BS*, 54-58 ; 60 et 61) où se répète le premier modèle : même relation entre la poursuite du plaisir par Linda (sortie temporaire au restaurant, substitution de ses amies à son *chum*) et la frustration de Germaine ; réaction identique : dénigrement des amies et culpabilisation de Linda.

---

19. Le dialogue d'entrée d'Angéline et de Rhéauna, p. 63-69, relève de la conversation : il est la voix de la tribu, moins caustique ; enfilade de clichés sur la mort et le salon mortuaire, il représente le projet initial des *Belles-Sœurs*. Voir Jean-Claude Germain, « Michel Tremblay : le plus joual des auteurs ou vice versa », *Digeste-Éclair*, vol. V, n° 10, octobre 1968, p. 17.

Le deuxième dialogue intervient au deuxième acte. Il a pour principale protagoniste Angéline Sauvé. Dénoncée accidentellement par Pierrette, elle est immédiatement condamnée par le chœur de la tribu. Elle essaie alors de s'expliquer, de négocier un espace où elle puisse vivre sans renoncer à son plaisir. Peine perdue. « Vous avez pas d'excuses ! » (*BS*, 79) déclare la tribu. Il n'y a pas de lieu de parole pour le sujet qui a transgressé. Déclarée coupable, Angéline se tourne alors vers son amie Rhéauna. Celle-ci réagit comme le groupe : « Touche-moé pas ! Recule ! » (*BS*, 77) ; « T'es pus mon amie, Angéline. J'te connais pus ! » (*BS*, 77) Angéline tente de s'exprimer : « Rhéauna, écoute-moé, toé ! » (*BS*, 79), mais cette dernière ne veut rien entendre. Tout ce qui la préoccupe, c'est d'arracher à son amie la promesse qu'elle ne retournera plus au *club*. « Y faut qu'tu m'promettes, sans ça, j'te parle pus jamais ! » (*BS*, 79) Le dialogue demandé par la protagoniste n'a pas lieu. L'interlocutrice y substitue une sommation. Angéline doit renoncer au plaisir de connaître des gens, de rire. C'est le prix à payer pour rester dans la tribu, dont Rhéauna ne se dissocie pas. Angéline capitulera, mais plus profondément que Linda. L'espace interpersonnel que le dialogue tentait de conquérir n'a pu s'imposer contre la loi tribale, qui exige la mort du sujet libidinal.

Le troisième dialogue dramatique, amorcé entre Lise Paquette et Linda, s'achève avec Pierrette (*BS*, 88-91). Lise Paquette avoue sa détresse à son amie : son *chum* l'a abandonnée et elle est enceinte. Au nom des principes moraux de la tribu, Linda refuse d'entendre son désarroi et, surtout, d'envisager des solutions. Pierrette, à qui on ne s'adressait pas, se substitue à Linda et donne à la jeune fille l'adresse d'un médecin par qui elle pourra se faire avorter. Cet épisode constitue le seul moment où quelqu'un est entendu et reconnu dans son désir : Lise veut avoir la possibilité de repartir à la conquête de l'homme riche, médiateur des autres satisfactions que sont « un char, un beau logement, du beau linge » (*BS*, 90). Pierrette accomplit un des seuls gestes positifs de la pièce[20]. Alors que les représentants de la tribu sont agents de frustration, elle, la déviante, l'exclue, opère le passage de l'état de frustration à celui de non-frustration.

---

20. L'autre geste positif, fait également par Pierrette, est celui de réconforter sa sœur Germaine lorsque celle-ci découvre le vol de ses timbres.

4

Elle préfigure, malgré son échec personnel, le pôle positif de l'univers de Tremblay, première de cette longue série de marginaux qui auront gagné, dans la transgression, la liberté de poursuivre leurs désirs et d'échapper ainsi à la mort libidinale et à la mort du moi qu'exige la tribu.

À travers la conversation, les chœurs et les bribes de dialogues dramatiques des *Belles-Sœurs*, il apparaît que le signe d'appartenance à la tribu est la frustration dont les membres sont agents et victimes. Toute société connaît des interdits moraux, religieux ou sociaux (meurtre, relations extra-maritales, mésalliance, etc.). La tribu des *Belles-Sœurs* frappe d'interdit le plaisir, même banal (aller au restaurant) ou licite (gagner des timbres). L'interdit ne marque pas la frontière de son territoire, il en est le sol même. Avec la frustration, ce qui est offert en partage à ses membres, c'est la dévalorisation de soi et des autres.

Une voix isolée : le monologue

La voix dominante des *Belles-Sœurs*, celle qui tend à occuper tout l'espace, est donc celle de la tribu ; elle s'étale dans la conversation, se condense dans les chœurs, mais refuse le dialogue dramatique dans lequel l'individu voudrait l'engager. Une autre voix se fait entendre, cependant, dans une série de monologues. Largement utilisé dans le théâtre élisabéthain, plus rare et déjà suspect dans le théâtre classique français, le monologue, à moins d'être justifié par le contexte, est exclu de l'esthétique réaliste. L'invraisemblance de la situation selon laquelle quelqu'un parle à haute voix alors qu'il est seul heurte de front l'objectif qui vise à confondre réalité scénique et réalité quotidienne. *Les Belles-Sœurs* qui, par la situation de base, les caractères des personnages et la langue, se rattachent à l'esthétique naturaliste, recourent pourtant au monologue, et la mise en scène qui en est proposée : « *Noir* » sur la scène et projecteur sur le personnage, en souligne l'effet théâtral [21].

Contrairement aux monologues que l'on trouve dans le théâtre de Brecht, ceux des *Belles-Sœurs* ne comportent aucune adresse formelle au

---

21. Jean-Pierre Ryngaert a identifié quatorze séquences ainsi théâtralisées ; dix monologues, singuliers ou pluriels, s'y trouvent inclus.

public qui, en l'interpellant comme destinataire du discours, renforcerait la communication salle-scène et opérerait la dénégation de l'illusion référentielle[22]. Le personnage ne parle à personne, ni sur scène ni dans la salle. L'absence d'indices phatiques où s'inscrirait l'intention de communiquer du monologue est-elle le fait d'un dialogue avec soi-même, d'une communication interne et dynamique malgré son apparence statique, comme le théâtre classique en donne des exemples ? Un regard sur le contenu permet de conclure que le personnage ne s'y efforce pas d'éclaircir des sentiments ou des hésitations nées de la scène précédente, pas plus qu'il ne délibère sur une éventuelle action où s'engager[23]. Le monologue intervient comme une échappée du personnage, impromptue, insolite, non justifiée, inattendue. L'intériorité qu'il exprime est jetée au spectateur sans qu'aucun lien d'intimité ait pu s'établir de part et d'autre de la scène. Parfois le personnage vient à peine de faire son entrée. Dans la plupart des cas, la conversation de groupe à laquelle il a pris part n'a pas permis au spectateur de le distinguer de la tribu ; le monologue opère une coupure brusque dans la trame principale et s'interrompt aussi abruptement qu'il a commencé. La conversation reprend comme si la parole qui vient d'être dite ou même criée – révolte, écœurement, angoisse, désespoir – n'avait jamais été proférée. Aucun changement, si minime soit-il, ne se produit dans le personnage, ou dans sa relation avec les autres interlocuteurs scéniques. Cette voix, refoulée de l'espace social où elle n'a pas de place, est isolée dans l'individu, au sens de l'isolation névrotique[24]. Elle est donc inutilisable. Proférée sur scène, elle n'a d'existence que pour la salle.

Les monologues et l'axe jouissance/frustration

Les dix monologues singuliers ou pluriels de la pièce peuvent être regroupés en deux catégories : ceux qui parlent à l'évidence de la frustration

---

22. Sur la question de la dénégation au théâtre, voir Anne Ubersfeld, *op. cit.*, p. 45-49.

23. Les monologues de Pierrette Guérin et de Lise Paquette sont les plus classiques. Les sentiments qu'ils expriment sont en relation avec la situation scénique. Les déviantes ne sont coupées ni de leur monde pulsionnel ni de leurs émotions.

24. Sur l'isolation définie comme une « rupture de connexions associatives », voir Jean Laplanche et J.-B. Pontalis, *Vocabulaire de la psychanalyse*, Paris, P.U.F., 1968, p. 215-217. L'impuissance du personnage est inscrite dans cette coupure.

ou du plaisir – ils s'apparentent à des monologues lyriques : « moment [...] d'émotion d'un personnage qui se laisse aller à des confidences [25] » – ; les autres, par leur sujet apparemment insolite ou banal, semblent se situer en marge de ce regroupement – ils ont l'apparence de monologues techniques : « exposé par un personnage d'événements passés ou ne pouvant être présentés directement [26] ». L'espace manque pour les étudier, mais une lecture attentive permet d'affirmer qu'ils expriment tous le rapport entre l'individu et la tribu, ou celui de l'individu à son monde pulsionnel [27].

Les Belles-Sœurs marquent le triomphe de la tribu sur l'individu, de la frustration sur la jouissance, elles signent l'exclusion quasi totale du sujet pulsionnel et du sujet de parole. L'univers mis en scène est inhumain. La société s'y définit exclusivement par ce qu'elle rejette (choses craintes ou non désirées [28]), d'où la frustration exigée de ses membres comme condition de leur appartenance au groupe [29]. La transgression qui délivre l'individu de l'aliénation en lui permettant d'affirmer ses valeurs le ramène cependant à la frustration par fuite de l'objet (l'homme, pour Pierrette Guérin et Lise Paquette [30]). Sur le plan formel comme sur celui du sens, *les Belles-Sœurs* sont uniques dans l'œuvre de Tremblay. L'ac-

---

25. Voir Patrice Pavis, *Dictionnaire du théâtre*, Paris, Éditions Sociales, 1980, p. 261. On peut classer dans ce premier groupe le monologue de Marie-Ange Brouillette et le quintette de la « maudite vie plate », ceux de Des-Neiges Verrette, de Lisette de Courval, d'Angéline Sauvé sur le *club*, l'ode au bingo et, enfin, les monologues entrecroisés de Pierrette Guérin et de Lise Paquette.

26. *Ibid.*, p. 261. Ce deuxième groupe comprend des monologues insolites : celui de Rose Ouimet sur « les oiseaux », et ceux d'Yvette Longpré sur le gâteau de noces de sa fille et sur la fête de sa belle-sœur, et un monologue proprement technique, celui des trois sœurs de Pierrette.

27. Voir l'excellente étude de René Juéry, « Michel Tremblay : une interprétation psychanalytique des *Belles-Sœurs* », *Études littéraires*, vol. XI, n° 3, décembre 1978, Presses de l'Université Laval, p. 473-489.

28. Voir A. J. Greimas, « Les jeux des contraintes sémiotiques », *Du sens*, Paris, Seuil, 1970, p. 135-154.

29. Dans *À toi, pour toujours, ta Marie-Lou*, la frustration imputée à l'autre donne la victime : Marie-Lou ; érigée en valeur, elle crée la fausse sainte : Manon.

30. Dans les œuvres ultérieures, la transgression ne visera plus un objet (homme). Celui-ci ne servait d'ailleurs que de médiation dans la quête d'une double affirmation : celle de l'individu contre la tribu, du droit à la jouissance contre la règle de la frustration.

teur tribal qui y triomphe verra sa voix diminuer au fil des œuvres dramatiques où s'affronteront le sujet qui a transgressé pour échapper à l'enfer tribal et retrouver l'estime de soi, et celui qui n'a pu en sortir ou a choisi d'y demeurer ; il se taira ensuite au profit de l'acteur déviant.

EN PIÈCES DÉTACHÉES

JÉRÔME LANGEVIN

La communauté en souffrance

> Une communauté qui ne peut pas devenir son objet, qui ne peut se jouir et se dire, n'est effectivement pas une communauté.
> Paolo Virno, « Limites du langage et communauté réelle [1] »

On connaît trois états du texte *En pièces détachées*. La première version, jouée en 1966, s'intitule *Cinq* et, vu son hétérogénéité formelle, elle peut être considérée comme « expérimentale ». La troisième version, destinée au petit écran et télédiffusée en 1971 et en 1972 sur les ondes de Radio-Canada, se caractérise, elle, par une homogénéité formelle qui modifie la portée sinon le sens de l'œuvre.

Bien que le titre *En pièces détachées* naisse avec la deuxième version théâtrale, la structure de celle-ci apparaît moins éclatée que dans la première version. Présentée en 1969 au Théâtre de Quat'Sous, la deuxième version se situe, et c'est en cela qu'elle m'intéresse, entre un certain formalisme qui, visiblement, attire l'auteur, et une structuration que l'on peut juger plus accessible, voire traditionnelle. Ainsi placée entre la première et la troisième version, la version théâtrale d'*En pièces détachées* devrait permettre de mieux voir comment joue le théâtre chez Tremblay, de saisir le rapport entre les moyens dramaturgiques utilisés et les fins de la représentation.

Pour ce faire, il importe d'y regarder à deux fois, au-delà de ce que la structure et la facture d'une telle pièce laissent d'abord à penser : « pièces

---

1. Paolo Virno, « Limites du langage et communauté réelle », *la Radicalité du quotidien, Communauté et informatique*, Textes réunis et présentés par André Corten et Marie-Blanche Tahon, Montréal, VLB éditeur, 1987, p. 79.

détachées » ou tableaux, le fait qu'il s'agit d'un « drame social » paraît tomber sous le sens. Par son langage, le joual, l'œuvre peut en effet sembler vouloir coller à la réalité, du moins à un certain réel. Mais cela serait sans prendre en compte une tout autre dynamique qui s'y développe et qui, de différentes façons, cherche à investir cette même réalité. En fait, plus qu'une simple « monstration » – le miroir naturalisant d'une certaine société –, la pièce relèverait plutôt de la démonstration en ce qu'elle manifeste chez Tremblay la volonté d'une saisie de l'Histoire et la douleur d'en être, à l'instar des personnages, exclu.

Dans un premier temps, il faut donc déployer en aplat l'histoire et la situation des personnages, afin de comprendre de quelle façon, par la suite, le discours de l'auteur peut se construire à partir d'une matière théâtrale dont il se sert comme repoussoir.

Une famille sous observation

La pièce met principalement en scène les membres d'une famille, celle de Robertine. Cependant, c'est la fille de celle-ci, Hélène, à laquelle tous les autres personnages se rapportent, qui en est la figure centrale : Hélène s'est mariée avec Henri il y a quinze ans, et elle a eu une fille, Francine, qui doit avoir bientôt seize ans… Elle a aussi un frère, Claude, interné dans un asile depuis dix ans. À l'exception de ce dernier, tous vivent ensemble[2]. Le premier tableau, « Duo », montre deux hommes-sandwichs, dont Henri, au travail. Tous deux se plaignent, à l'unisson, de cet emploi et de la vie trop dure. Il s'agit là d'un *flash-back* puisque dès le tout début on aura su, par la femme du deuxième homme-sandwich, une voisine de la famille en question, qu'Henri, à la suite d'un accident dont personne, cependant, n'a été témoin, ne sort plus guère de la maison. Hélène, au contraire, sort de la maison le plus souvent possible : elle travaille comme serveuse, rue Papineau, et ne rentre que très tard chez elle. Au restaurant, où ses compagnes admirent son sens de la repartie, Hélène

---

2. Dès la troisième version, et plus tard dans l'œuvre de l'auteur, ces personnages n'ont plus les mêmes noms : Robertine devient Albertine ; Hélène, Thérèse ; Claude, Marcel ; Henri, Gérard ; Francine, Joanne.

cherche, en discutant métier, à améliorer son sort de serveuse aux dépens d'une autre, plus naïve ou tout simplement moins « faite » pour ça. Ce deuxième tableau, nommé « Trio », se termine avec les trois serveuses qui font face au public et qui prennent à l'unisson des « commandes » de clients. Là encore, la Voisine nous aura précédemment instruits du passé du personnage. On apprend donc qu'à cause de son problème d'alcool Hélène a été renvoyée du *club* où elle travaillait auparavant, rue Saint-Laurent. Intitulé « Quatuor », le troisième tableau a lieu dans le salon de Robertine où on attend avec appréhension, vu son retard, l'arrivée d'Hélène. Le portrait de toute la famille qu'a dressé la Voisine nous permet de nous attendre, cette fois-ci, à une dispute. C'est effectivement ce qui se passe entre Thérèse et Robertine, tandis qu'Henri, essuyant les sarcasmes de sa femme, puis le mépris de sa fille, ne bronche pas, rivé à la télévision où sont diffusées des émissions pour enfants. « Quintette », quatrième et dernier tableau, réunira toute la famille dans le salon : Claude vient en effet d'arriver chez lui, alors qu'il n'est pas censé quitter l'asile. Au départ, il est persuadé que ses verres fumés le rendent invisible et qu'il retrouvera ainsi la position « privilégiée » qu'il occupait dans son enfance – quand on ne se préoccupait pas de sa présence, tous préférant croire qu'il ne comprenait rien à ce qui se disait. Une fois en présence de Robertine, Claude y va de ses peurs et d'étranges reproches. D'abord, il retourne la situation : il prétend qu'il avait déjà demandé qu'on ne vienne le visiter qu'habillé en blanc et il allègue en plus qu'il n'attendait personne ! Il aurait également fallu que la maison soit vidée de ses meubles pour être acceptable à ses yeux (qu'elle prenne l'apparence de l'asile ?). Il se plaint qu'on l'ait vendu, qu'on ne vienne jamais le visiter. Sous prétexte qu'il a peur d'être empoisonné par le frère chargé de le surveiller, Claude affirme aussi avoir été violent à son endroit. Pour le calmer, tous s'habilleront finalement de blanc (comme lors d'une précédente visite à l'hôpital). La famille mettra ainsi en scène le retour de l'asile à la maison tandis que, dans les faits, c'est exactement l'inverse qui se produit. Face au départ imminent de Claude (le taxi attend devant la porte), tous feront, à tour de rôle, un examen de conscience qui finira par la même constatation : personne n'est plus capable de rien faire. Seul Claude se dit en mesure de pouvoir tout faire.

De la condition dramatique des personnages
ou d'une certaine inhumanité

En quoi y a-t-il démonstration ? On doit considérer d'abord que, dans cette œuvre, les personnages ne sont pas tous de même « valeur ». Bien que le personnage de la Voisine soit de facture réaliste, par exemple, on ne devine derrière cet archétype aucun monde particulier, aucune zone d'ombre marquée ou susceptible de l'individualiser. Cette condition dramatique d'un personnage peut aussi évoluer. Le caractère tout d'abord unidimensionnel d'Henri, dans sa fonction d'homme-sandwich, fera ensuite place à une identité plus complexe. Est-il ou non vraiment estropié ? Pourquoi cette passivité devant Hélène et une telle fascination pour les « petits bonshommes » à la télévision ?

Deuxièmement, le passage radical d'une valeur à une autre – quand des personnages présentés jusqu'alors comme des êtres distincts se transforment en éléments interchangeables (le chœur des serveuses à la fin de « Trio ») – illustre on ne peut mieux ce procès de désindividualisation. Ainsi, en contrepoint des préoccupations factuelles des personnages, ce jeu dialectique entre des figures purement collectives et des personnages individués articule un discours sur le *propre* du sujet, sur ce qui fonde, finalement, l'autonomie d'un être et de la société dans laquelle il se trouve.

Trois des quatre tableaux d'*En pièces détachées* se terminent par un chœur mécanisé : « Duo » constitue en soi un monologue à deux voix où deux hommes-sandwichs marchent de long en large et commentent leur triste condition ; « Trio », on l'a dit, se termine lorsque trois *waitress* répètent en chœur des « commandes » qui leur parviennent d'une salle de restaurant, tandis que, dans « Quintette », tous les personnages diront tour à tour, avant que quatre d'entre eux ne le fassent ensemble : « Chus pus capable de rien faire ! » De plus, la place qu'occupe la télévision pour Henri dans « Quatuor » relève aussi, mais à l'intérieur du récit cette fois, d'un tel phénomène de déshumanisation. Toutes ces manifestations de perte d'identité du sujet ont aussi pour corollaire une mise en crise de l'action qui, d'ailleurs, s'actualise dans la phrase fataliste, déjà citée, du dernier tableau. Les deux effets, perte d'identité et crise de l'action, apparaissent donc indissociables. On verra qu'il n'est pas fortuit que ce soit sous l'impulsion du fou que cet aveu d'impuissance prenne forme. Ce dernier symboliserait en quelque sorte l'« Abîme », ce dont l'imaginaire social est le prolongement et qui est nécessaire, inhérent, à la création de toute société. Comme on l'expliquera plus tard, ce « Sans-Fond » – potentiel permanent de changement – est le plus souvent occulté par les sociétés elles-mêmes qui, de cette façon, font de leur institution un phénomène sur lequel on ne peut intervenir, échappant à toute volonté ou action, intouchable. Dans la pièce qui nous concerne, ce sont précisément les effets d'une telle rigidité qui, tout de suite, se donnent à voir. Pour que l'œuvre soit digne d'intérêt, il faut donc que la cause fondamentale d'une telle rigidité – cette coupure entre une communauté et les moyens d'accéder à elle-même – ait des chances d'y transparaître. Dans cette veine, la progression du traitement dramaturgique, allant de l'univers on ne peut plus profane de « Duo » et « Trio » (où l'être est chosifié, l'esprit mercantilisé) au quasi-rituel de « Quintette » (d'une criante subjectivité), produit un retournement essentiel.

La structure qui parle 1

Le personnage de la Voisine intervient, dans la structure dramatique, au début de chacun des tableaux. Elle les met, d'une certaine façon, en contexte. La plupart des événements qui ont déterminé la position qu'occupent maintenant les personnages, les uns par rapport aux autres (quand subsistait en eux un certain capital de désir), sont relatés par elle. Mais l'éclairage que l'auteur fait porter sur la famille par la Voisine, loin d'en révéler plusieurs dimensions, l'aplatit, la ramène au rang d'une « bande de fous ». Ainsi purgée du passé des personnages, l'action dramatique proprement dite devient encore plus quotidienne, et le monde qui s'y rapporte, statique.

Dans la perspective d'une esthétique épique, la Voisine a donc un rôle clé : ce ne sont pas les personnages qui évoluent dans *En pièces détachées* (cela a déjà eu lieu), mais bien la logique d'une structure, un ordre de succession des « pièces détachées » surdéterminé par une structure d'exécution musicale (« Duo », « Trio », « Quatuor » et « Quintette »).

Non seulement la Voisine n'a pour identité que ce rôle fonctionnel (à l'exception d'une réplique où elle se désigne comme Madame L'Heureux), mais c'est en tant qu'instrument d'objectivation qu'elle agit : « A l'a encore fermé son blind... Joseph, la folle d'à côté a encore fermé son blind vénitien ! Y doivent préparer une bataille, c'est comme rien ! [3] »

Ainsi, la situation de départ expose un point de vue extérieur aux deux personnages dont il sera question : Robertine et Henri sont d'emblée désignés comme « fous ». « Sa femme, sa belle-mère vont y crier dans les oreilles toute la soirée pis y dira rien ! Maudit fou ! Ça fait longtemps que j's'rais parti [*sic*], moé, à sa place... », dit la Voisine (*EPD*, 13).

Avant même que ces personnages ne prennent la parole, ils sont oblitérés par une identification qui leur échappe. Se tenant à la fenêtre, sa plus précieuse source d'information, et écoutant de façon ininterrompue la radio – elle « *écoute C.J.M.S. durant toute la pièce* » (*EPD*, 12) –, la Voisine est essentiellement une colporteuse qui communique de façon grossière tout ce qui vient à lui tomber sous les yeux et tout ce qu'elle entend. Tout prend pour elle une valeur d'échange. Ce personnage se situe dans une sphère où l'information, comme n'importe quelle marchandise, doit circuler le plus librement possible ; le *blind* qui se ferme chez ses voisins s'apparente ainsi à une mesure protectionniste qui, du même coup, révèle l'instabilité intérieure de ce foyer. À cet archétype qui n'établit aucune frontière entre ce qui serait de l'ordre du privé ou du public correspondent deux autres figures relevant, l'une, de l'attitude prostitutionnelle, l'autre, de la folie, et qui permettent d'ancrer plus profondément encore la question du *propre* – ou de cette *unité* problématique entre l'être d'un individu et une « identité » qui se crée, la plupart du temps, à partir des seules représentations et actions qui lui semblent possibles.

Les dépossédés

Dans « Duo » et « Trio », la dissolution du caractère individuel des personnages se fait dans la masse ; bien que pareils, tous y sont séparés,

―――――――――

3. Michel Tremblay, *En pièces détachées*, suivi de *la Duchesse de Langeais*, Montréal, Leméac, coll. « Répertoire québécois », n° 3, 1970, p. 13. Toutes les autres références renvoient à cette édition.

divisés. Ces deux tableaux se déroulent à l'extérieur de la cellule familiale et font tous deux le procès du travail. C'est dans ce contexte que surgit la figure de la prostituée (ou de la prostitution).

« Duo » montre des individus anéantis par leur travail : deux hommes-sandwichs, totalement réifiés, font littéralement le trottoir, et la seule personne qu'ils vont rencontrer est une jeune prostituée : « Y'me semble qu'est trop jeune pour faire ça... » (*EPD*, 18). Alors que tous deux souhaitent que quelqu'un, un jour, vienne leur dire qu'ils ne sont pas faits pour le travail qu'ils occupent, aucun d'eux ne peut jouer un tel rôle face à la prostituée qui, pourtant, leur inspire une réflexion semblable. En fait, le discours unitaire des deux hommes ne peut être imputé ni à l'un ni à l'autre, mais doit forcément émaner de leur condition. Puisqu'ils sont privés d'un discours propre en tant que sujets, aucune autre action que celle qui sert à légitimer leur rengaine, leitmotiv de l'accablement – « Que la vie est dure ! » (*EPD*, 18) – ou symptôme de leur conditionnement, ne peut en résulter. Pis, les hommes sont privés de toute pulsion. Simples supports publicitaires, ce qu'ils représentent se situe en dehors d'eux et, de ce fait, les exclut : ils sont annihilés, dépossédés.

La métaphore travail-prostitution s'achève autrement dans « Trio ». Quand Hélène exerce des pressions pour s'emparer d'une section de restaurant plus avantageuse et prendre ainsi la place de Lise, celle-ci finit par céder ; elle téléphone à son ami, André, pour qu'il accepte « sa » décision de ne plus travailler au restaurant. Malgré les supplications de Lise, André, qui tient en quelque sorte le rôle de « souteneur », lui refuse ce choix à cause du manque à gagner qui en résulterait.

Par l'argumentation d'Hélène, qui attaque Lise sur le plan de sa fragile identité, on voit à nouveau émerger le motif du souteneur, attribué cette fois au propriétaire du restaurant : « J'sais c'que c'est une waitress. Pis toi, t'en es pas une. [...] Nick a l'œil sur toi, pis toi, t'as pas l'air d'avoir le goût de sortir avec... De toute façon, si tu y refuses, tu garderas pas ta job icitte [...][4] »

---

4. Michel Tremblay, « Trio », Bibliothèque nationale du Canada, Division des manuscrits, Ottawa, p. 3. Je préfère citer ce passage tiré de *Cinq*, qui condense la même idée, développée dans la deuxième version de « Trio ».

Lise paraît donc coincée entre deux figures d'oppression masculine ; elle est déjà sous l'emprise de ce qu'elle croit n'être encore qu'une menace. Elle a peur de ce qu'elle est déjà devenue : une femme qui travaille pour un homme ! Le choix qu'elle veut se donner se présente ainsi comme illusion de liberté : André et Nick se valent l'un l'autre.

Dans la même veine, Mado, le troisième personnage de ce tableau, confirme cette attitude prostitutionnelle en devenant responsable de la caisse dans la version télévisuelle. Elle aura sans doute accepté les avances de Nick et cherchera – à la manière d'une tenancière ? – à protéger uniquement ses acquis. Aucune des trois serveuses ne met donc en cause le système ; on fait ou non l'affaire, c'est tout. À la totale résignation (« Duo ») succède une volonté aliénée : Hélène, qui a perdu sa place au Coconut Inn, refuse de se laisser marcher sur les pieds par les clients, mais elle s'accorde le droit d'écraser Lise… Nous assistons là à une petite lutte de pouvoir qui prend le masque de la solidarité : « Ben non, ben non, 'coute, braille pas, là, c'que j'dis, c'est pour toé ! C'est pas pour moé […] » (*EPD*, 25)

Pas un instant, on ne doute que le travail ait ici pour fondement ontologique l'attitude prostitutionnelle, et que la conscience de classe y fasse cruellement défaut. Heureusement, cette perspective ne se développe pas de façon unidimensionnelle. Elle ouvre sur autre chose que les bonnes intentions de l'auteur.

La structure qui parle 2

Plutôt que de s'en tenir au seul étalage d'une vision de « prostitution généralisée » ou de « désaffection pour l'humain[5] », le regard critique de Tremblay s'actualise dans une action performative dirigée vers le public. Si elle accentue apparemment le caractère militant de la pièce, cette action permet déjà de lui attribuer une portée moins simpliste. Bien qu'issu de la fiction proprement dite, le chœur *mécanisé* des serveuses ne vient pas

5. « […] le mouvement de généralisation de la valeur d'échange auquel est en proie notre société […] que Marx ne pouvait encore définir qu'en termes moralisants de « prostitution généralisée » et de désaffection pour l'humain. » Gianni Vattimo, *la Fin de la modernité, Nihilisme et herméneutique dans la culture post-moderne*, Paris, Seuil, 1987, p. 29.

commenter ou objectiver celle-ci. Au contraire, marqué par le discours qui sous-tend la fiction, ce chœur en devient plutôt l'objet, ce qui oblige le spectateur à se demander qui est le destinateur, à savoir qui parle.

Dans ce cas-ci, le recours à un tel procédé antiréaliste distancie non seulement le spectateur de la fiction, mais fait aussi violence aux personnages et, au-delà, à tout ce qui constitue la représentation d'un sujet. Par cette désindividualisation, le théâtre devient métaphore d'un système social transcendant, répressif, dont les sujets-spectateurs ne peuvent que souhaiter la fin. Mais comment en finir ? Alors que le public pourrait virtuellement chercher à se démarquer du rôle passif qui lui est ordinairement dévolu, « Quatuor » propose, *via negativa*, une première solution : la fuite.

Le huis clos familial : syndrome du linge sale ou à qui la faute ?

Apparemment impotent, en tout cas « hors d'usage », Henri tue le temps devant la télévision, tandis qu'Hélène, ne parvenant pas à se faire arrêter par la police pour ne pas (à ce qu'elle nous confie à la fin) se retrouver face à sa famille, revient complètement soûle du travail. Cercle vicieux, « éternel recommencement », dit Robertine…

Dans cet enfer des relations, personne ne veut se reconnaître responsable de quoi que ce soit. Chacun voudrait faire porter à un autre le fardeau de la faute ou, sinon, ignorer qu'on s'en prend à lui (Henri). Dans « Quatuor », les personnages sont pour ainsi dire laissés à eux-mêmes, sans autre ancrage, pour Robertine, que son rôle de mère, au demeurant dépassée par les événements, ou, pour Henri, que le mythe régressif de Popeye… Images dérisoires, façades, que l'iconoclaste Hélène, dans sa fuite dans l'alcool, ne manque pas d'attaquer.

> HÉLÈNE – […] C'est de ta faute si on est toutes malheureux dans la famille. Si tu nous avais élevés comme du monde, j'aurais marié quelqu'un qui avait du bon sens, mais non… (*EPD*, 39)
> […]
> ROBERTINE – […] Quand tu bois, tu fais exprès de tout conter de travers à tout le monde pour me mettre ta vie manquée sur le dos ! […] Chus tannée de passer pour une maudite folle par ta faute. Si je t'ai pas élevée c'est parce que t'étais pas élevable ! (*EPD*, 40-41)

Par ce besoin de trouver un responsable, une raison, une justification extérieure à leur situation, les personnages de Tremblay révèlent le caractère *hétéronome* [6] de la société dans laquelle ils évoluent, une société qui n'aurait pas compris qu'elle est sa propre création.

> On trouve [dans les sociétés hétéronomes] la représentation imposée aux individus que l'institution de la société ne dépend pas d'eux, qu'ils ne peuvent pas poser eux-mêmes leur loi – car c'est ce que veut dire autonomie –, mais que cette loi est déjà donnée par quelqu'un d'autre [7].

On sait qu'il n'y a pas besoin de faute, originelle ou autre, pour qu'un événement se produise ; la cause d'un phénomène n'est pas toujours d'ordre moral [8]. Ce n'est pas parce qu'Hélène n'était pas habillée en blanc à son mariage, quoi que sous-entende la Voisine (*EPD*, 20), que celui-ci échoue… Bien d'autres facteurs, on l'a vu, ont pu concourir à un tel échec, et le premier, qui aurait permis de faire face à tous les autres, tient sans conteste à une question de représentation. Henri est subjugué par Popeye et le Capitaine Bonhomme ; aucun autre modèle ne lui permet de médiation entre lui et un idéal masculin. Il n'est pas écrasé par les femmes mais plutôt par le rôle que lui assigne la société traditionnelle. Encore une fois, l'état physique d'Henri le caractérise profondément. Il ne se tient pas debout. Et sans autonomie – celle de l'individu et celle de la société sont indissociables –, comment prendre sa place dans l'Histoire, comment avoir une identité qui ne se limite pas au regard que posent les autres sur soi ?

---

6. « Dans les sociétés hétéronomes, *i.e.* dans l'écrasante majorité des sociétés qui ont existé jusqu'ici – presque toutes –, on trouve institutionnellement établie et sanctionnée la représentation d'une source de l'institution de la société qui se trouverait hors société : chez les dieux, chez Dieu, les ancêtres, dans les lois de la Nature, dans les lois de la Raison, dans les lois de l'Histoire. » Cornélius Castoriadis, *Domaines de l'homme*, Paris, Seuil, 1986, p. 315.

7. *Ibid.*, p. 315.

8. « Il faut distinguer la "faute" et l'"échec" : la faute a une signification morale ; nous sommes responsables de nos fautes. L'échec n'a qu'une signification technique, il marque la limite de l'activité individuelle, l'"écart entre les fins visées et les fins réalisées" (Nabert, *Éléments pour une éthique*). » Didier Julia, *Dictionnaire de la philosophie*, Paris, Larousse, 1991, p. 69.

L'Histoire en hors champ 1

Robertine ne peut se représenter les choses autrement que par son rôle de mère. Si, « faisant exister de l'être, [...] l'orgueil c'est la conscience d'être autonome et créateur[9] », la honte qui la hante – « C'est moi qui avait [*sic*] honte de toi ! » (*EPD*, 41) – (sa peur de ce que diront une fois de plus les voisins ?) traduit une absence d'autonomie semblable à celle d'Henri par les causes. Alors qu'« une société autonome est une société qui s'auto-institue explicitement [...], qui sait que les significations dans et par lesquelles elle vit et elle est comme société sont son œuvre, et qu'elles ne sont ni nécessaires ni contingentes[10] », la situation à laquelle donne lieu ces personnages, c'est « une Histoire qui n'est pas Histoire, un progrès piétinant, une explication totale par le nécessaire et totale par le contingent[11] ». Ainsi, la vie d'Henri s'explique totalement par le néces-saire (le travail) et le contingent (l'accident) : elle n'a ni sens ni direction. Cette non-histoire trouve d'ailleurs son prolongement dans l'univers télévisuel... Robertine, quant à elle, pense sincèrement avoir fait tout le nécessaire pour élever ses enfants et, à cet égard, trouve les reproches d'Hélène, sa mauvaise foi, intolérables. La venue de Claude comme enfant déficient, cet « accident », fait aussi d'elle une victime de la contingence. Elle n'a pas les moyens d'interpréter autrement la situation.

Face à ces modèles de résignation, Hélène a très peu de choix ; il n'existe pas de « Popeye » féminin. À quoi peut-elle aspirer ? Tout au plus à une place de serveuse dans un *club*, et encore... En se soûlant, elle peut au moins espérer s'approprier une part de responsabilité dans ce qui lui arrive. Elle en est réduite à une quête de la faute.

Une suicidée de la société

HÉLÈNE [...] – Aie, chus rendue basse rare ! Quand une waitress de club retontit dans un « Smoked Meat » d'la rue Papineau, a peut pas descendre ben ben plus bas... (*EPD*, 62)

---

9. Jean-Paul Sartre, *Cahiers pour une morale*, Paris, Gallimard, 1983, p. 25.

10. Cornélius Castoriadis, *op. cit.*, p. 383.

11. Jean-Paul Sartre, *op. cit.*, p. 27.

Si Hélène n'est pas tout à fait le sujet autonome capable de changer sa vie et d'apporter une contrepartie aux modèles féminins existants – il n'est, par exemple, jamais question de divorce –, elle le préfigure : c'est le seul personnage qui n'ait pas peur et qui ne passe pas la médiocrité sous silence. Dans ces conditions, sa révolte ne peut déboucher sur rien d'autre que la destruction perpétuelle de rôles trop étroits pour elle, que ce soit ceux de mère, d'épouse ou de serveuse. La faiblesse d'Henri est insupportable à Hélène qui a pris conscience que la jeunesse et la beauté de son mari ont été une forme de fausse représentation, un mensonge dont elle est devenue la victime. Aussi provoque-t-elle sans cesse Henri, en lui offrant, par exemple, de tirer au poignet contre lui… Elle avoue même avoir d'autres velléités :

> Des fois, j'aurais envie de tuer Henri, de l'écraser comme une punaise, rien que pour me faire arrêter ! Mais j'le fais pas parce que j'veux pas finir au bout d'une corde ! Finir en prison, j'm'en sacre ! On est logé, nourri, pis on finit par se faire des chums… Mais pas au bout d'une corde… (*elle regarde Henri*) y le mérite pas… (*EPD*, 62).

La seule façon pour Hélène de se réapproprier une identité semble être de se faire arrêter, d'être mise hors jeu. Elle cherche par tous les moyens à transgresser l'ordre établi, à casser le moule, mais pas au point de s'annihiler. Elle sait qu'elle vaut mieux que son mari (qui ne mériterait pas qu'elle meure). Et puisque ce qu'elle souhaite le plus, une fois les besoins les plus élémentaires assurés, est de « se faire des chums » (ce qu'elle ne réussit visiblement pas), on peut juger que, face à cette absence de perspective et, surtout, de communauté, son autodestruction par l'alcool paraît être la seule voie que puisse emprunter sa révolte. Cette circularité tragique en fait une sorte de « suicidée de la société ».

Mais une fois créée cette impasse dramatique – ou l'impuissance des personnages menée à ce terme – va s'ouvrir, sur le plan dramaturgique, un nouveau champ : à la condition des êtres dans le monde succède la qualité du monde dans les êtres [12] ; à la figure de l'être prostitué succède celle du fou.

---

12. J'utilise, dans une autre perspective, cette formule d'Elisabeth Young-Bruel, citée par Françoise Collin : « Quand Hannah Arendt racontait des histoires, elle ne faisait pas de commérage […] : elle parlait des êtres dans le monde et non pas du monde dans les êtres. » Françoise Collin, « Événement et quotidienneté », *la Radicalité du quotidien, Communauté et informatique*, *op. cit.*, p. 39-40.

Le possédé ou « l'autre inhumain »

> […] et si les humains, au sens de l'humanisme, étaient en train, contraints, de devenir inhumains, d'une part ? Et si, de l'autre, le « propre » de l'homme était qu'il est habité par de l'inhumain ? Ce qui ferait deux sortes d'inhumain. Il est indispensable de les tenir dissociés. L'inhumanité du système en cours de consolidation, sous le nom de développement (entre autres), ne doit pas être confondue avec celle, infiniment secrète, dont l'âme est l'otage [13].

Alors que « Quatuor » débutait par l'attente de l'arrivée d'Hélène, après son travail, le tableau « Quintette » débute, lui, par l'arrivée de celui qu'on n'attend surtout pas, Claude, qui s'est échappé du lieu où on le confine, l'asile. Et c'est Robertine, figure d'autorité, qui, encore, y fait face la première. Le cadre, l'ordre qu'elle défend, est transgressé, d'une part, par Hélène qui cherche à en sortir et, d'autre part, par Claude qui y pénètre !

Ce genre de retournement trouve sa source non pas dans la fable – l'arrivée de Claude ne révèle rien de particulier aux autres personnages – mais se situe dans l'espace du discours. L'entrée en jeu de cette « autre inhumanité » vient donc éclairer les causes de la première, dont la logique instrumentale finit par produire une négation du sujet.

Cela permet tout d'abord de constater la nouvelle forme de montée dramatique qu'a su créer Tremblay. Après le plan général que constitue le début, chacune des « pièces » subséquentes établit un plan plus rapproché : de la rue au restaurant, de celui-ci au salon de Robertine et, finalement, l'inscription dans ce dernier lieu de l'univers mental de Claude. Ces cadrages successifs, qui font glisser progressivement la pièce de l'espace public à l'espace privé (de deux à trois, de trois à quatre, de quatre à cinq), ne se font pas sans qu'une autre progression, celle du nombre de personnages dans chaque pièce, ne crée apparemment un paradoxe. Cette double progression a pour effet de faire du moment le plus privé, le plus « vrai », un moment collectif (au sens où cette épithète, vu la dimension performative de l'œuvre, inclut tous les spectateurs) qui se rapproche du rituel ! Moment qui se crée grâce à la nature même de ce

---

13. Jean-François Lyotard, *l'Inhumain, Causeries sur le temps*, Paris, Éditions Galilée, 1988, p. 10.

retournement. Quand, dans « Quintette », tous avouent leur impuissance, pourquoi le fou, à qui appartient le dernier mot, peut-il tout faire, selon ses dires ? « HENRI – […] Claude, lui, au moins, y'est fou pour vrai ! Y'ont pas eu besoin de le rendre fou, celui-là ! Lui, y'est fou, pis y'est ben ! » (*EPD*, 61)

Claude est fou *vrai* ; il ne connaît pas la facticité du rôle. Son authenticité a pour corollaire une absence totale de valeur d'échange : contrairement à la prostituée, le fou ne peut se vendre. On ne peut l'employer pour quoi que ce soit. Il n'est pas « hors d'usage » comme Henri, il est de l'ordre de l'incontrôlable, du Chaos. Ce n'est pas le travail qui instaure pour lui une médiation avec le monde [14], il est déjà, pour ainsi dire, « médiation ». Claude représente ce qui, pour Castoriadis, est « la seule dotation universelle des êtres humains », soit « la psyché en tant qu'imagination radicale. Mais, cette psyché ne peut se manifester, ni même subsister et survivre si la forme de l'individu social ne lui est pas imposée [15]. » À la psyché de l'individu correspond donc un « imaginaire social créateur de la signification et de l'institution » qui fait que « l'humanité prolonge sous deux formes [individuelle et sociale] le Chaos, l'Abîme, le Sans-Fond dont elle émerge [16] ». Contrairement à une société autonome, la société hétéronome « ne peut faire face à l'Abîme qu'elle représente elle-même, à la manifestation du Chaos que constitue sa propre création [17] ». Ce serait donc l'auto-occultation de cette faille par la société que la présence du fou viendrait révéler en s'inscrivant dans un espace-temps à la fois privé et collectif. Contrairement à Henri, qui apparaît comme un sujet dépossédé et fondu dans la masse, Claude, le *possédé*, celui par lequel le non-dit, l'inconscient se manifeste, surgit de la marge.

Mais si l'origine du discours de Claude se situe effectivement à l'opposé d'une source transcendante, il faut maintenant voir comment ce

---

14. « Entre l'homme et le monde, la médiation est, selon Marx, le travail, et seule une "dialectique" du travail peut expliciter la nature de l'action humaine. » Didier Julia, *op. cit.*, p. 169.

15. Cornélius Castoriadis, *op. cit.*, p. 316-317.

16. *Ibid.*, p. 369.

17. *Ibid.*, p. 370-371.

discours excède la personne de Claude, ne se limite pas à son aspect pathologique, sans quoi il n'y aurait aucune relation à faire avec le *climax* politico-social de la fin.

Pour Claude, deux choses établissent sa supériorité : des lunettes noires censées le rendre invisible, et le fait d'avoir récemment appris l'anglais. Deux pouvoirs, deux impuissances : parler une autre langue et disparaître ! Toutefois, avant de tirer de cette parole particulière toute la portée collective qu'on peut aisément y deviner, il faut déceler ailleurs dans l'œuvre la trace d'un tel refoulé.

L'Histoire en hors champ 2

Quand, dans « Trio », Hélène est admirée par les deux autres serveuses pour avoir remis à sa place un Français dont elle n'avait pas compris la « commande », la dénonciation de cet « impérialisme » – « c'tait un p'tit Français cheap qui a pas une cenne en avant de lui mais toute la France en arrière… » (*EPD*, 23) – a tout de même lieu dans un restaurant appelé Nick's ! Cette défense de son identité culturelle procède donc aussi d'une forme d'occultation. Dans le monde représenté par l'auteur, l'impérialisme anglo-américain (dont les effets aliénants sont pourtant beaucoup plus importants) n'est pas actualisé par les personnages. Alors qu'on est en présence d'une dramaturgie où les personnages ont déjà brûlé leur capital de désir et que l'univers apparaît fermé, voilà un germe potentiel de « réalisation » : quelque chose est à faire ! Quelque chose qui, compte tenu de la montée dramatique pouvant inclure les spectateurs, reviendrait virtuellement au public.

Comment ne pas voir alors, dans la séquence où tous consentent à s'habiller en blanc pour tranquilliser Claude, une forme d'union symbolique provoquée par la représentation de cet élément dont l'occultation empêche l'institution d'une véritable communauté autonome (c'est-à-dire se reconnaissant comme telle) ? Dans les accusations que Claude porte contre Hélène – « C'est elle qui m'a vendu ! » (*EPD*, 52) – et contre le frère chargé de le surveiller – « Y me donne des affaires pour boire, Hélène ! Y veut m'empoisonner ! » (*EPD*, 55) –, deux éléments viennent renforcer l'idée qu'il métaphorise une forme d'inconscient collectif. Bien qu'Hélène résiste comme elle peut à un monde sans perspective et à un milieu favorisant l'attitude prostitutionnelle, elle y *vend* toujours un peu son âme et s'éloigne, malgré sa volonté d'affirmation, de plus en plus de ce qu'elle désire, comme l'ont déjà fait tous les autres. L'accusation de Claude envers le religieux renvoie presque automatiquement, quant à elle, à la notion d'« opium du peuple ». Encore là, Claude personnifie l'abîme que la religion aurait pour fonction de chosifier [18].

Si on devait exclure l'ajout de ce dernier « Quintette » – qui n'existait pas dans *Cinq* –, si on devait oublier la création, lors de cette deuxième version, du personnage de la Voisine – véritable « conscient collectif » – et l'élimination par l'auteur de deux autres « pièces », au demeurant séduisantes, faisant partie de *Cinq*, et si le choix de conserver « Duo » (malgré le cliché des hommes-sandwichs robotisés) pouvait se défendre esthétiquement, on pourrait peut-être ne saluer, dans ce fameux « Quintette », que « la présence du fantastique […] chez Claude [19] » et la création d'un univers plus poétique chez l'auteur. En fait, tous les bouleversements que l'écriture a connus d'une version à l'autre tendent plutôt à confirmer que ce biais poétique cristallise un univers résolument politique.

L'Histoire en hors champ 3

Plus que de chercher un effet dramatique, Tremblay semble avoir eu pour objet la fin d'une certaine représentation qui, au lieu d'engendrer une action dans la « cité », n'aurait pour but que de perpétuer l'institution (théâtrale, par exemple) ou l'ordre établi d'une société dite hétéronome [20]. Ainsi, il joue le réalisme – l'entrée en scène de la Voisine – contre le réalisme.

---

18. « La religion chosifie l'abîme […] : elle l'exporte dans un ailleurs et le réimporte de nouveau dans ce monde sous la forme du sacré. » Cornélius Castoriadis, *op. cit.*, p. 318.

19. Alonzo Le Blanc, « *En pièces détachées*, drame de Michel Tremblay », *Dictionnaire des œuvres littéraires du Québec 1960-1969*, tome IV, Montréal, Fides, 1984, p. 305.

20. Toujours au sujet de la société hétéronome, Castoriadis précise : « L'essentiel revient à ceci : l'auto-occultation de la société, la méconnaissance par la société de son propre être comme création et créativité, lui permet de poser son institution comme hors d'atteinte, échappant à sa propre action. » Cornélius Castoriadis, *op. cit.*, p. 381.

L'Histoire, dit Sartre, est une « continuité idéale perpétuellement brisée par le discontinu réel[21] ». La Voisine est bel et bien celle qui, dans l'œuvre, remplit les vides et doit maintenir le fil de l'histoire, car l'Histoire est toujours une organisation, « ce dans et par quoi émerge le sens[22] ». Mais comment la Voisine remplit-elle ce rôle ? Elle ne voit en cette famille qu'une bande de fous. Il faut donc distinguer entre l'observation et la surveillance. La Voisine n'observe pas au sens fort, elle épie, elle colporte, elle ne vaut pas mieux que ce qu'elle regarde et, à ce titre, elle vaut peut-être moins. Elle est incapable de recréer l'Histoire parce qu'elle n'arrive pas à se détacher de ce qu'elle voit. Le public avait-il besoin d'une telle médiatrice pour comprendre ce qui se passe ? On peut en douter. En revanche, ce personnage exhibe, sans échappatoire possible, l'incapacité où se trouvent tous les personnages regardant/regardés de tirer du réel, du quotidien, une histoire :

> Inondés d'objets [aujourd'hui], nous rêvons aux relations comme au paradis perdu. Ce paradis faisait un enfer très ordinaire, peuplé de voyeurs et de policiers volontaires, gluant de soupçon, où la paresse le disputait à la politique[23].

L'élimination du premier « Quatuor » et la substitution de l'ancien « Quintette » (*Cinq*) au nouveau (*En pièces détachées*), montrent bien que l'auteur n'a pas toujours eu recours au même ancrage social pour objectiver cet « enfer des relations ». L'approche dramaturgique de *Cinq* est essentiellement négative. Elle n'ouvre pas sur une possibilité de faire l'Histoire, elle en révèle au contraire la fin. Comme chez Beckett, les personnages, aliénés sur le plan métaphysique, ne peuvent évoluer : ils ne font que piétiner. On ne trouve, dans une telle esthétique de « post-Histoire », où plus rien ne saurait arriver, aucun espoir de réappropriation pour le sujet. Cette réappropriation devient une utopie déclarée (comme dans *En attendant Godot*), et tous les personnages sont des formes d'unités sociales où le « je » apparaît ni plus ni moins comme illusion du propre ou comme identité résiduelle.

---

21. Jean-Paul Sartre, *op. cit.*, p. 33.
22. Cornélius Castoriadis, *op. cit.*, p. 368.
23. Michel Serres, *les Cinq Sens*, Paris, Grasset et Fasquelle, 1985, p. 40.

Ainsi, à l'intérieur du premier « Quatuor » (il y en avait deux dans *Cinq*) et du premier « Quintette », la crise de l'action se loge ailleurs que dans les identités : le mari, la femme, l'amant, la maîtresse du mari, l'ancienne maîtresse de l'amant de « Quintette », par exemple, sont avant tout des archétypes. Unités masculines, unités féminines, où le « je » apparaît en tant que seule illusion du propre. Loin de reproduire de quelque manière que ce soit le quotidien (les costumes de ville dans « Quatuor », l'anachronisme voulu entre ceux-ci dans « Quintette », l'abondance de phrases s'entrecoupant ou de voix se superposant) se crée, tel un rituel absurde, un univers froid, aux références bourgeoises, exécutoire de la parole. Dans « Quatuor », un homme et une femme sont assis face au public. Derrière l'homme, il y a une femme, derrière la femme un autre homme. Ainsi, pour chaque réplique un homme et une femme se trouvent à répondre en même temps, dans un français très correct, à une autre femme et à un autre homme. Leur discours porte sur la fin d'une relation amoureuse et s'établit en « séquences » : des « noirs » séparent la demande de pardon, le refus d'être quitté, l'aveu amoureux et l'irrémédiable rupture, jusqu'à ce qu'une substitution des rôles – ce qui objectivement ne change rien à la situation décrite – donne l'idée que tout recommence *ad infinitum*. Le « Quintette » de l'époque montre aussi les relations de couples sous un aspect séculaire. Cette fois, un air de valse joué au piano revient périodiquement, de sorte que la pièce se termine quand les cinq personnages crient plusieurs fois : « Arrêtez cette musique ! » Mais, une fois en enfer, il ne sert à rien de crier… Les autres personnages des pièces plus réalistes, dont celui de Berthe dans « Solo » (« pièce » qui disparaît à la création d'*En pièces détachées* mais que l'on retrouve dans *Trois Petits Tours...*, sous le titre de *Berthe*), peuvent toujours s'agiter pour trouver leur identité, il n'y a rien à faire, car nous serions tous, déjà, des « clones » en puissance, interchangeables.

Il n'y a là aucun temps historique, aucune « situation » particulière. Dans les deux cas, on assiste à la démonstration du cercle vicieux des relations humaines, au radicalisme apparent de tous les autres schèmes ou codes sociaux. Jamais « l'éternel retour », dont se plaindra par exemple Robertine, n'est aussi péremptoire et n'a, sur le plan d'une perception de l'Histoire, les mêmes implications dans la deuxième version :

ROBERTINE – Ça recommence… ça recommence… Un éternel recommencement… […] Je suppose que va encore falloir toute encaisser sans rien dire !
Les bêtises, les reproches, les blasphèmes, les caresses… (*EPD*, 37)

Par l'ancrage réaliste, on maintient la possibilité, pour les personnages
concernés, qu'il en soit autrement… En se défaisant de ces deux « exercices
de style » lors de la création d'*En pièces détachées*, l'auteur fait donc un
choix qui apparaît plus éthique qu'esthétique. Par l'ancrage réaliste et
l'articulation de l'« unité sociale » opposée à l'« identité », Tremblay
invite à l'autonomie individuelle et collective. Ce faisant, il se place dans
une position inaugurale où il ne saurait être question de *nostalgie*[24], mais
bien davantage d'une aspiration à l'Histoire. Si seuls des motifs esthétiques avaient déterminé tous ces choix, « Duo » aurait disparu également.
Les deux hommes-sandwichs produisent, il faut le dire, une convention
théâtrale d'un intérêt très limité.

Cette pièce, « Duo », se situe en *flash-back* (avant qu'Henri ne devienne estropié), et les trois enfants que les personnages disent avoir ne se
rapportent même pas au reste de la fiction (Henri n'a qu'une fille). Puisque
le titre de l'ensemble des pièces ne saurait justifier à lui seul pareille
incohérence, ce choix ne s'explique encore que par la création de l'axe
« dépossédé/possédé » qui articule, en opposition au personnage de la
Voisine, la question du « propre ». D'ailleurs, « Duo » n'existera plus lors
de la version télévisuelle. Dans cette dernière, on peut d'ailleurs se
demander si la profusion des identités ne vient pas considérablement
anecdotiser le propos et déséquilibrer la structure de la pièce, altérant la
polarisation formelle qui caractérise un tel procès de réappropriation.
Comme si Tremblay, en multipliant le nombre de petites histoires, était
passé d'une esthétique épique à des préoccupations plus anecdotiques.

---

24. Vattimo se demande s'il ne faut pas « décrire la résistance à cette désaffection [pour
l'humain], dans les formes […] d'une critique de la culture de masse (à ne pas confondre
avec celle du totalitarisme), encore et toujours en termes de nostalgie pour la réappropriation, pour Dieu, pour l'*ontôs on* ; ou, en termes psychanalytiques, comme nostalgie pour
un moi imaginaire qui réussirait à résister à la mobilité, à l'insécurité et au jeu de
permutations du Symbolique ». Gianni Vattimo, *op. cit.*, p. 29-30.

La structure qui se tait

Dans cette troisième version, les tableaux perdent leur dénomination à caractère musical (l'ordre de progression des pièces n'a plus de valeur que narrative), et le rôle de la Voisine se trouve disséminé en un réseau de neuf commères, dont les apparitions constituent trois des sept « parties ». La partie qui s'ajoute, et qui vient immédiatement après l'ancien « Trio », a lieu au bar du Coconut Inn. Lucille, la *barmaid*, s'occupe également de la caisse. Elle est vraisemblablement la « protégée » de Maurice, grand patron de l'établissement. Thérèse (anciennement Hélène) va la rencontrer avec l'espoir de travailler de nouveau dans ce *club* où elle est devenue *persona non grata*. La présence, notamment, d'un « maître de céré-monie », du groupe les Aurores Sisters (qui exécutent une chanson traitant d'une Hélène partie de chez elle et qui aurait dû rester avec sa famille…), de Tooth Pick, subalterne de Maurice, et puis l'arrivée de ce dernier, renforcent la dimension réaliste de l'œuvre. L'allusion à Marcel (et celle que celui-ci, anciennement Claude, fait à l'endroit de ces *maffiosi* dans un « Quintette » légèrement modifié), les menaces voilées de Maurice diri-gées contre la famille de Thérèse, bref, tous ces nouveaux liens entre les pièces, créent une représentation qui se referme sur elle-même. L'œuvre n'apparaît plus ouverte.

L'asile ou le royaume

> L'effort accompli pour dépasser l'aliénation, entendue comme réification ou obnubilation de la subjectivité effective, s'est toujours développé, au cours du siècle, dans la direction de la réappropriation. Mais la réification généralisée, la réduction de tout à la valeur d'échange, qu'est-ce, sinon le monde devenu fable ? Toute tentative de rétablissement d'un « propre » face à cette dissolu-tion [de l'être dans la valeur d'échange, dans le langage] n'est encore et toujours qu'un nihilisme réactif ; effort en vue de renverser la domination (et le domaine) de l'objet pour y installer la maîtrise d'un sujet, qui se représente cependant comme réactivement doté des mêmes caractères de force coercitive propres à l'objectivité [25].

À l'intérieur d'*En pièces détachées*, ce n'est pas à travers l'évolution d'un sujet maître de lui ou confronté à différents choix que s'exerce un tel procès de réappropriation. Le type de sujet représenté, et c'est là son

---

25. Gianni Vattimo, *op. cit.*, p. 30.

intérêt, en est un en « souffrance ». Incapable de conférer du sens à sa vie, il oblige le spectateur, de par la structuration de la pièce, à assumer autrement une présence à l'Histoire – une part de création du sens qui, fondée sur l'autonomie, maintient celui-ci ouvert, au lieu de le fermer en se faisant, « réactivement », coercitive.

Dans *Albertine, en cinq temps,* le sujet ne sera pas non plus doté d'une telle « maîtrise ». Cependant, vu la « faille » du personnage, qui nous est rendue sous la forme d'une ubiquité temporelle, l'auteur nous montre cette fois un procès de réappropriation en forme de fantasme : il y a toujours ce désir persistant d'un moi unifié mais qui, par la façon dont la pièce se structure, ne peut être saisi qu'en tant que nostalgie ou fantasme. Ce théâtre fait du psychologisme son objet. Il met en scène un être en *morceaux* ; à la fois entiers et toujours partiels, fixés dans des époques différentes, ces morceaux cherchent à se « réconcilier ». Le réel serait-il pour l'auteur bel et bien devenu fable ? Pensons à la problématique de la pièce subséquente, *le Vrai Monde ?*, où fiction et réalité deviennent très relatives.

Dans la pièce qui nous concerne, c'est par le fou, « l'Autre », que se pose la question de l'identité singulière et collective : si, pour lui, l'asile aux murs blancs signifie la maison, il faut chercher à redéfinir celle-ci. Dans la dernière pièce de Tremblay, *la Maison suspendue*, un professeur, Jean-Marc, neveu d'Albertine (dénommée auparavant Robertine), cher-che à se réapproprier l'histoire de sa famille tout en prenant congé de l'université qui fait de lui, de son propre aveu, « un acteur qui a joué le même personnage toute sa vie pis qui a fini par le haïr » (*MS*, 83). Encore ici, rôles et institution (même valorisants ou positifs) étouffent l'être d'un individu qui, cependant, en prend conscience : « J'vais m'installer avec une plume, du papier, là où tout a commencé. À la source de tout » (*MS*, 84), annonce-t-il. Illusoire origine ? Procès naïf opposant à la ville l'authenticité de la campagne ? Nostalgie ?

Toutefois, après la forme de réconciliation d'Albertine avec elle-même, le projet de Jean-Marc d'en faire autant avec l'Histoire indique que le souci d'une réappropriation de l'être et d'une communauté réelle fait toujours partie des préoccupations de l'auteur. On peut voir, dans l'axe de cette œuvre, toutes les « voisines » imaginables sous la forme d'épou-vantails ayant trop longtemps gardé la maison suspendue…

LA DUCHESSE DE LANGEAIS

ALEXANDRE LAZARIDÈS

Le cœur obscène

Il y a, dans *la Duchesse de Langeais*, une polyphonie tout à fait étonnante par laquelle l'héroïne, une « vieille pédale d'une soixantaine d'années [1] », convoque une foule fantôme qu'elle harangue, cajole ou conspue, alors qu'elle-même est, du début à la fin, toute seule en scène. C'est un endroit déserté et anonyme où elle se trouve en vacances, une terrasse de café à l'heure de la sieste, « quelque part dans les pays chauds [2] » (*DL*, 81), lieu qu'elle transforme en tréteaux pour y rejouer apparemment sa vie : lieu de passage, lieu passant, sans secret, sans fantasme. Elle divague, pérore, raconte, se confesse, erre de souvenir en souvenir en vidant verre sur verre et, dans cette fuite, ne sait pas ce qu'elle va dire, le sait de moins en moins au fur et à mesure qu'elle creuse sa confession. Elle semble bien étonnée, parfois, de ce qui émerge de sa logorrhée…

Ce courant au fil duquel elle se laisse aller, c'est, le plus souvent, la chasse aux mâles, sauf qu'il n'y en a guère à cette heure. Tous « doivent […] être couchés, là, la queue ben au repos… "Tendrement posée sur la cuisse" comme je dirais si j'étais poétesse… » (*DL*, 84) La verdeur et la violence du langage de la duchesse expliquent que cette œuvre, écrite sans

---

1. Cette description apparemment méprisante du personnage fait partie de la didascalie préliminaire du premier acte de *la Duchesse de Langeais*. Voir Michel Tremblay, *la Duchesse de Langeais*, précédée de *Hosanna*, Montréal, Leméac, coll. « Théâtre », n° 137, [1973] 1984, p. 81. Toutes les références ultérieures renvoient à cette édition.

2. On apprend par Henri, dans *En pièces détachées* (la version théâtrale), que la duchesse « y'était 'après se faire rôtir le cul à Acapulco » (*EPD*, 60).

doute au milieu des années soixante [3], n'ait pu être représentée qu'en 1970, après la révolution tranquille des *Belles-Sœurs* ; on peut même croire que la vertu corrosive n'en est toujours pas épuisée. Ce personnage de Tremblay semble bien rabelaisien par l'énormité et la truculence de sa boulimie sexuelle, dont on peut croire qu'elle est maintenant plus fantasmée que réelle. Quant au passé, accordons-lui le bénéfice du doute et de la fiction. Jadis, une tentative de décompte s'était arrêtée à deux cent trente-huit marins avant que la duchesse ne perde le calepin qui lui servait de « record » (*DL*, 101), et, même si elle ne nous dit rien des autres professions et métiers dont les représentants auraient pu être ses clients, nous savons que le grand total doit s'élever à quelques milliers d'initiés. Relevons ce clin d'œil vers le fameux « catalogue » que Leporello tenait pour son maître dans le *Don Giovanni* de Mozart, sauf que la duchesse nous apparaît bien plus comme la Gargamelle que comme le Don Juan des travestis. Sa démesure tient plus de la mystification que du mythe.

Malicieux ou complice, le dramaturge précise qu'« aucun balancement de hanche, [...] aucune œillade "perverse" ne doivent être épargnés. La caricature doit être complète, parfaite... et touchante ». (*DL*, 81) L'auteur trouve pour son personnage le regard clinique, à la fois émerveillé, protecteur et impitoyable, de l'entomologiste pour son insecte préféré [4]. Que la duchesse boive, rie, chante ou tousse, tout est matière à précision ; d'où le nombre élevé de didascalies, une centaine, ce qui, compte tenu de la brièveté de la pièce, constitue un phénomène exceptionnel dans le théâtre de Tremblay. Tous les menus gestes de la duchesse égarent le spectateur (ou le lecteur). On ne prend que lentement conscience des aspects troublants du personnage, qui, à force de lucidité cruelle, voire masochiste, réussit à toucher une sorte de tuf psychologique où vivre, c'est d'abord désirer, c'est-à-dire souffrir. La duchesse elle-même mettra quelque

---

3. Laurent Mailhot, (*Théâtre québécois I*, Montréal, Bibliothèque québécoise, coll. « Littérature », 1988, p. 275) situe *la Duchesse de Langeais* entre *le Train* (1960) et *Cinq* (1966). Cette précision chronologique jette un éclairage différent sur la manière dont Tremblay a conçu le Cycle des *Belles-Sœurs* après coup, comme Balzac le retour des personnages dans *la Comédie humaine*.

4. « Les plus beaux sujets de drame nous sont proposés par... l'entomologie », disait Gide. Cité par *le Petit Robert* à l'article *entomologie*.

temps à s'apercevoir des contradictions qui l'habitent comme une foule aux voix intempestives et diversifiées.

Monologue à trois

Le terme de monologue, qui a souvent été employé pour ce texte, n'en désigne qu'une faible part, et décrit plutôt mal la complexité de son énonciation. C'est que la duchesse est tout un monde ; c'est même beaucoup de monde. Une sorte de femme-orchestre. La maîtrise du langage dramatique permet à Tremblay de passer d'une instance à l'autre sans que soient jamais brouillées la compréhension de ce qui se dit, ni l'identité des interlocuteurs imaginaires. Ainsi, la duchesse se penche avec une bienveillance toute spéciale sur la « p'tite fille » qu'elle sent en elle, à qui elle dit « tu » et qu'elle appelle « ma noire », « ma chérie » ou, plus simplement, « tite-fille [5] ». Elle a pour cette part d'elle-même des attentions maternelles. Elle tente de lui faire profiter de son expérience de la vie, enfin, du genre de vie qu'elle a connu. Elle fait son éducation en lui demandant de boire un verre pour un « Monsieur » invisible, et la p'tite fille, en la personne de la duchesse, de s'exécuter. L'obéissance est d'autant plus méritoire qu'il n'y a plus de glaçons (même le garçon du café est parti faire sa sieste) et qu'il faut boire l'alcool tout âcre. Parfois, cette enfant, si sage d'habitude, devient vulgaire, dit des choses inconvenantes ou se comporte de façon déplacée ; elle sera donc promue bouc émissaire des frasques de la duchesse, qui doit patiemment la souffrir, comme il faut qu'une mère subisse les excès de sa fille au plus aigu de son adolescence, en attendant que « ça lui passe ».

Pour sa part, la duchesse est l'hypostase snob du personnage, celle qui croit mériter honneurs et révérences, prétendant être la seule de toutes les « poudrées », des « folles » et des « tapettes » à pouvoir se faire passer pour une femme du monde, étant la seule aussi à avoir accompli le voyage,

---

5. La psychanalyse rapporte que, dans le travestissement mâle, « un facteur accidentel fréquent est que cette identification féminine ne se fait pas avec la mère mais avec une "petite fille" – par exemple avec une petite sœur (réelle ou imaginaire) ou à un niveau plus profond avec son propre pénis ». Otto Fenichel, *la Théorie psychanalytique des névroses*, Paris, Presses universitaires de France, 1979, p. 417.

sinon le pèlerinage obligé en Europe et autres continents (excepté l'Océanie qu'elle n'a jamais pu trouver…) pour acquérir le savoir et le mérite liés à son titre. Et cela, tout en manifestant, voyez-vous, beaucoup de gentillesse et de sollicitude pour celles qui n'ont pas encore acquis son savoir-faire (mais le pourront-elles jamais ?) et qu'elle aide gracieusement dans leurs premiers pas de demi-mondaines.

Parfois, la duchesse et son double juvénile s'effacent, et c'est simplement une femme un peu fatiguée qui se parle en dehors de toute pose. Elle se morigène, se tance, se lance des avertissements, s'interroge à mi-voix dans l'intimité retrouvée avec elle-même, comme tout un chacun. Et son langage lui-même se transforme et devient comme neutre, alors que le verbe de la duchesse était plutôt flamboyant et se prêtait volontiers à l'hyperbole. Ainsi, le personnage est présent dans le texte sous trois formes, presque trois niveaux de langue, dont les index pronominaux sont « je » (la femme en tête-à-tête avec soi), « tu » (l'enfant vulnérable qu'il faut protéger) et « elle » (la glorieuse duchesse à qui seule convient la distance respectueuse de la troisième personne). Un seul être déchiré en trois personnes, il n'en fallait pas moins pour la duchesse. Et cette trinité coïncide curieusement avec la topique freudienne de l'inconscient. En la duchesse, *ça* parle.

Une femme du monde

À vrai dire, l'inventaire de ce *one man show* n'est pas épuisé. Les références culturelles sont nombreuses et touchent au cinéma, au théâtre, à la danse, à la poésie, à la chanson… De Sarah Bernhardt à Pauline Carton, et de *Britannicus* à *l'Aiglon*, nous saurons que la duchesse a des lettres, quelque peu rapaillées à vrai dire. Plus encore, elle se livrera devant nous à une imitation de Galina Oulanova dans *le Lac des Cygnes* et nous chantera, vers la fin du premier acte, un texte de Mac Orlan. Inépuisable duchesse ! À ce brouillage carnavalesque des cultures se superpose le va-et-vient entre les niveaux de langue, du français plutôt châtié au joual le plus provocant. Ainsi, un vague alexandrin aux accents baudelairiens (*le Guignon* ?) : « Enfoui dans ma mémoire comme un joyau précieux… » sera cassé net par un burlesque : « Le niaiseux ! C'est pas possible ! » (*DL*, 84), et le premier vers du songe d'Athalie fera une chute originale sur un insoucieux « Entéka ! » (*DL*, 90)

Les expressions drolatiques ne manquent pas non plus : les fruits de mer sont assimilés à une « bebitte dans la bouche » (*DL*, 86), une ouvreuse est une « déchireuse de tickets » (*DL*, 85), un amant sera baptisé « à la verge d'airain » (*DL*, 85), etc. Le recours à des mots, à des expressions ou même à des phrases en anglais semble le fait d'une vraie femme du monde, qui aurait transcendé définitivement ses origines sociales et les barrières linguistiques, et qui, de plus, a beaucoup voyagé et peut le démontrer. D'autant plus que les rivales les plus méprisantes à son égard sont les « estivantes de la C.B.C. » (*DL*, 85-86), les « princess from Montreal, Canada » (*DL*, 86), qui ne lui font « pus peur », mais à qui elle envoie, par acquit de conscience, ses tomates les plus pourries. La portée sociologique de ces détails est à souligner : toute une époque et un certain Québec sont ainsi recréés, non sans quelque nostalgie.

C'est surtout le groupe des « filles » qui constitue l'auditoire privilégié de la duchesse. Elle l'évoque par un certain nombre d'appellations, telles que, dans la veine pastorale, « mes brebis » ou « mes agneaux », ou bien, dans un registre plus mondain, « chères amies » ou « les Filles », ou encore, « trésors-chéris » et « mes p'tites filles ». Lorsque les souvenirs du destin commun et des tribulations partagées l'émeuvent, la duchesse accepte de s'intégrer au *vulgus pecus* et use d'un « nous » grégaire. Elle s'adresse parfois à des clients supposés, qu'elle interpelle par des termes câlins, tels que « mon bijou », « trésor chéri » ou « mon petit ». D'autres fois surgissent un « tu » ou un « vous » dont on ne sait trop qui en constitue le référent. N'importe : le monde entier est son territoire de chasse, tout est pour elle sous-bois où il ne faut jamais désespérer de trouver « quequ'gibier » (*DL*, 84). La duchesse voit toujours grand, mais jamais bien loin. C'est ce qui fait qu'elle tourne en rond autour d'elle-même. Mais elle vient de découvrir que quelque chose en elle lui avait jusqu'à présent échappé.

7

8

Procès pour crime d'amour

C'est que le cœur s'en est mêlé. Dès les premières phrases, nous avons été informés de l'argument : « Ce soir, on ne fait pas l'amour, on se soûle ! [...] Oui, les filles ! Fini, l'amour, ni-, ni, fi-ni ! Final-bâton, on n'en parle pus ! » (*DL*, 82) L'information était plus déterminante qu'elle n'en avait l'air. À cette terrasse de café, en tête-à-tête avec une bouteille de scotch-whisky déjà à moitié vide au début de la pièce, la duchesse est en train de se soûler comme une tique non pas tant pour oublier que pour ne pas se rappeler. La blessure est toute fraîche, elle date en fait de la veille. Le jeune garçon dans la vingtaine dont elle est éperdument amoureuse, chose qui ne lui était pas arrivée depuis une quarantaine d'années, a pris la clé des champs avec un adolescent. Et la duchesse, qui se croyait à jamais prévenue, en est chavirée :

> « La duchesse », une peine d'amour ! Comme si c'était possible ! Après quarante ans de métier ! Ben moé aussi j'pensais qu'après quarante ans de métier on n'avait pus de cœur, imaginez-vous donc ! Ben, écoutez-moé ben, les p'tites filles, après quarante ans d'expérience, quand on se rend compte qu'on a encore un cœur... (*DL*, 88)

Ce n'est pas tant la trahison qui la tarabuste que l'impression de déchoir ou, pis que cela, de démériter. Elle n'a plus droit à ce titre auquel elle tient désespérément, celui de duchesse, qui ne doit couronner qu'une femme hors du commun. Elle qui croyait se connaître apprendra donc à faire les derniers renoncements. Elle va grotesquement s'arracher les ultimes restes de cœur en réduisant au ridicule tout ce qui avait été sa vie et ses amours ; elle ne s'épargnera l'aveu d'aucune faille, d'aucune faiblesse, d'aucune folie. La voici s'exhibant sur la place publique afin de reconquérir son titre et l'estime de son milieu par une autoflagellation sans merci. Qui pourrait rivaliser avec elle dans cette ascèse implacable et bouffonne ? Elle le sait : personne. Cette stupéfiante absence de retenue, cet exhibitionnisme insoucieux des bienséances font la force et le pouvoir de la duchesse, parce qu'elle s'y risque totalement, à la manière d'une trapéziste qui refuserait la sauvegarde d'un filet pour subjuguer la foule en jouant à tout coup sa vie. Il y a une certaine grandeur dans son entreprise.

C'est ce procès insolent et démystificateur qui assure en fait le caractère dramatique du monologue. Celui que la duchesse instruit contre elle-même, à la fois juge et partie, n'est pas, au fond, différent de celui d'Œdipe : enrayer un mal par le châtiment du coupable. Si la duchesse s'est attachée au sujet qui lui paraissait le plus éloigné de son obsession, le plus vide d'amour : sa propre vie, c'est pour couvrir et racheter son crime d'amour. Il faudrait croire aussi que ses innombrables clients sont des témoins à décharge qu'elle convoque à la barre pour confirmer, devant le jury averti et jaloux des « filles », qu'elle a bien défendu sa réputation, et que les hommes ont toujours trouvé chez elle le *nec plus ultra* de la profession ; cette conscience professionnelle garantit l'honnêteté foncière de la duchesse. C'est peut-être même à quelque juge qu'elle s'adresse tout au début de la pièce, sans qu'on y prenne trop garde, pour le convaincre qu'elle n'a pas démérité en tombant amoureuse, qu'elle est restée, malgré tout, fidèle à cet Idéal du Moi auquel elle avait consacré sa vie : « Oui, votre honneur, quarante ans de service et toutes mes cartes de compétence ! À la française, à la grecque, tout c'que vous voudrez ! Et de première classe ! » (*DL*, 82) Ce juge n'est autre, comme il fallait s'y attendre, qu'un surmoi peu soluble dans l'alcool, qui va faire une irruption cruelle vers la fin, pour rendre son verdict :

> Duchesse, ton orgueil devrait te bloquer dans la gorge pis t'empêcher de respirer ! Tu devrais étouffer bleu ! Mais après deux bouteilles de Whisky, t'en n'as plus d'orgueil, hein ma chérie ? Tout s'est envolé ! Même ton faux goût pour un marin Péruvien se sauve cul par-dessus tête ! Ben souffre, ma sacrement. C'est de ta faute ! Paye, ma câlice, paye ! Tu le savais que ça finirait comme ça ! Tu le savais ! Tu te vantes partout d'avoir quarante ans d'expérience, ben pourquoi t'as pas faite c'que ton expérience te disait de faire ! Ben crève, asteur ! Essaie pas de lutter, ça sert à rien ! (*DL*, 105)

On découvre dans cette sortie, dont la gravité véhémente et le lyrisme sont surprenants, un mélange d'orgueil naïf (il faut toujours *pouvoir*), de la mauvaise conscience (le goût immodéré pour les marins, c'est du chiqué), du sadisme (les souhaits de souffrance et de mort sont explicites), du désespoir (tout est perdu), et, pour la première fois, de la culpabilité. Et puis, le vide, la solitude, le désert du dedans, tout cela que représentait au dehors la terrasse entièrement désertée de ce café à l'heure brûlante du midi, lieu et moment symboliques de cette infernale découverte de soi. Son amour doit être châtié à l'égal d'un crime ; il a bafoué la loi imprescriptible du milieu, selon laquelle le cœur est bien plus obscène que le cul, parce qu'il asservit à l'Autre, comme le reconnaît la duchesse : « J'ai régné pendant trop longtemps pour pas me rendre compte comme c'est écœurant de toujours courber l'échine... pis servir... » (*DL*, 104). On pourrait croire que la revendication de la duchesse revêt ici quelque connotation sociale... Mais, à cette obscénité du cœur qui fait de l'amour un crime, n'y aurait-il pas aussi quelque raison plus essentielle ?

Le nom de la mort

Car que peut signifier cette entreprise de mutilation affective ? Quelle est donc cette gloire de ne pas avoir de cœur, d'être incapable d'aimer ? La peur de souffrir d'amour semble-t-elle à la duchesse plus intolérable que le jeu de massacre féroce auquel elle se livre ? Même si elle affirme : « Faut croire que j'ai toujours été masochiste... » (*DL*, 99), cherchons la réponse ailleurs, dans le fait primordial que la duchesse refuse obstinément de reconnaître l'homme qu'elle est (ou qui est en elle, on ne sait trop). Elle se morigène après un lapsus et s'écrie : « Seigneur-Dieu ! J'commencerais-tu à parler de moé au masculin ? Quelle horreur ! » (*DL*, 83-84) Émule de Sarah Bernhardt, elle joue *l'Aiglon* et s'étonne candidement : « Ben, c'est ben simple, j'avais quasiment l'air d'un homme ![6] » (*DL*, 90)

Sauf que ni l'humour ni la grivoiserie ne réussiront à gommer le tragique. La duchesse plaisante bien moins qu'elle ne le croit quand, à la fin du premier acte, contrainte par la nature d'interrompre son numéro pour « se poudrer le bout du nez » (*DL*, 94), elle s'en justifie de façon gouailleuse en précisant que c'est pour « aller tirer une pisse comme la plus commune des mortelles... » (*DL*, 95). Elle, la duchesse ! Mais ce modeste tribut rendu à la nature sera comme racheté et annulé par la première phrase qu'elle dira à son retour, un seau de glaçons à la main,

---

6. Ce qui est en question ici n'est certes pas l'hermaphrodisme, comme cela a été parfois affirmé ; chez la duchesse, le travestissement est bien plus indicateur de transsexualité ; sa personnalité repose sur une négation assumée jusqu'au bout. Sur la dérobade du masculin dans *la Duchesse de Langeais*, voir l'article de Pierre Lavoie dans le *Dictionnaire des œuvres littéraires du Québec 1960-1969*, tome IV, Montréal, Fides, 1984, p. 277.

au début du second acte : « Seigneur, rendez mon cœur semblable au vôtre ! » (*DL*, 97) Il faut quelque attention pour comprendre qu'avec le refus de son identité sexuelle (quelle que soit l'imprécision de cette expression), c'est aussi, mais astucieusement, subrepticement, sa condition mortelle que récuse la duchesse.

Toutes les mythologies le disent bien : les dieux et les déesses qui s'éprennent des mortels doivent renoncer à leur propre immortalité ; le secret divin n'est autre que le refus d'aimer, parce que le cœur, en donnant l'amour, donne la mort. Ne plus en avoir sera l'apothéose du travesti qui triomphe de la nature en ignorant les voies humiliantes de la condition humaine. Entendons : on ne meurt que d'être sexué… La banale oraison jaculatoire qui ouvre le second acte nous éclaire sur la phobie de la duchesse d'avoir un cœur, et l'entracte, dont la justification triviale semblait, à première vue, plutôt désinvolte, met, sous cet éclairage, dans le mille.

On peut maintenant comprendre pourquoi les allusions à la mort se multiplient pendant le second acte, en même temps que la peine d'amour, gardée jusqu'alors à moitié secrète, comme le coupable retient l'aveu de son crime (suspense oblige), va être entièrement confessée. La duchesse clame qu'elle n'affronterait la mort que sur la table d'opération, au seul cas où il faudrait lui « remonter le visage une quatrième fois » (*DL*, 100) : être belle n'est qu'une autre façon de briguer l'immortalité. Mais quand, pour se rassurer, elle ajoute tout à trac : « Tu mourras pas, c'est ben ça qu'y'est effrayant ! » (*DL*, 106), la phrase frappe juste, mais dans l'inconscient de la duchesse[7]. Toujours, c'est la même ambition démesurée qui est exprimée, le même désir inconscient de déjouer la nature par un comble d'artifice ou de vice, puisqu'à six ans, elle « agaçait » déjà un sien grand cousin, pour qu'il lui « fasse mal » (*DL*, 99), et ce souvenir, qui

---

7. D'ailleurs, le Cycle des *Belles-Sœurs* devait s'achever en 1977 par une inénarrable assomption, celle de Manon, dans *Damnée Manon, Sacrée Sandra*. Et Tooth Pick, l'assassin de la duchesse, ne prête-t-il pas, dans *Sainte Carmen de la Main*, de façon mensongère et d'autant plus significative, les paroles suivantes à Carmen : « j'vas sacrer mon camp, j'vas disparaître dans les airs, comme une fumée » (*SCM*, 78) ? De même que la réalité dépasse la fiction, la création, ici, dépasse la critique que l'on croyait en plein délire interprétatif.

l'attendrit, lui fait aussitôt donner un coup de poing sur la table, dans un geste de colère contre tant de faiblesse *humaine*. Quand, ailleurs, elle joue les faraudes en se décrivant comme « une mante religieuse, une mangeuse de mâles », qu'elle affirme être dangereuse : « Mais ma chérie, t'as toujours été dangereuse ! Pis tu l'es encore ! » (*DL*, 100), ou qu'elle se flatte, mère phallique, d'être « encore capable d'en épuiser des p'tits jeunes… » (*DL*, 102), c'est bien toujours la même entreprise de glorification de soi qu'elle poursuit différemment, mais obstinément, comme une taupe creuse son terrier. Au-delà, on croirait pressentir quelque chose comme l'ombre dansante de la mort, toujours présente, toujours conjurée. L'amour, ou la peur de l'amour, c'est le retour de ce refoulé-là.

Dans le bal costumé où la diva avait paru déguisée en Belle au bois dormant, elle avait dominé toutes ses rivales en paraissant « plus femme que toutes les femmes ! » (*DL*, 101) Son comportement est à l'opposé de celui d'Hosanna, dont la déconfiture, lors du même bal masqué où celui-ci croyait devoir faire un malheur en Cléopâtre, l'amène, au contraire, à renier le travestisme pour accepter l'identité de son corps, de son corps physiologique, s'entend. Hosanna signifie par là l'acceptation de la castration dont l'insupportable menace avait été jusque-là masquée par des oripeaux fétichistes, la réconciliation avec le Nom-du-Père qui peut seule le faire accéder à son propre nom : Claude. La réconciliation subséquente avec Cuirette leur permettra de se retrouver en tant que Claude et Raymond, simples mortels sans titres ni surnoms, mais, peut-être, plus heureux.

Quant à la duchesse, elle ne retrouvera son vrai nom – Édouard – qu'à son rendez-vous avec la mort et mourra, peut-on croire, de l'avoir retrouvé[8]. On dit que, chez certains peuples, le nom du nouveau-né est gardé secret pour ne pas donner prise au mauvais œil, à la mort. C'est peut-être la raison, littéralement *indicible*, pour laquelle la duchesse s'obstine à taire le sien. D'une certaine manière, son titre de duchesse fonctionnait comme un paratonnerre ; il protégeait son vrai nom comme ses habits

---

8. Voir *Des nouvelles d'Édouard*, Montréal, Leméac, 1984. Rappelons que, dans le roman de Balzac, l'héroïne se fait carmélite après un grand chagrin d'amour dont sa coquetterie et son orgueil avaient été la cause.

dérobaient son vrai sexe. Tous ses aveux font croire que sa vie se confond avec une chasse aux mâles menée avec panache, mais cette chasse insatiable n'aurait-elle pas été une manœuvre de diversion, une fuite en avant incoercible dont la duchesse vient de comprendre le chiffre : aimer, c'est (accepter de) mourir ? C'est pourquoi la duchesse avait troqué son nom contre un titre, même si elle ne pouvait régner qu'en s'aliénant. Elle qui avait « toujours rêvé de mourir sœur, Carmélite… En buvant du thé ! » (*DL*, 106) avait pour cela embrassé la putasserie comme elle serait entrée dans les ordres : absolument.

Mais la duchesse est une impénitente. Désespérée que l'alcool lui fasse oublier cet amour « quasiment pur » qui l'a visitée (« c'est comme si c'était mon enfant… » (*DL*, 104), précisc-t-elle au sujet de son amant), la duchesse veut rechercher un marin péruvien ; mais il lui en faut un « avec une braguette ben remplie, là, t'sais, une braguette ben remplie avec une grosse bosse… que je peux poigner à deux mains ! » (*DL*, 102) Ce qu'elle tient à deux mains, pour l'instant, ce n'est qu'une bouteille vide… Le thé n'était qu'un idéal, autant dire une extravagance.

TROIS PETITS TOURS…
DEMAIN MATIN, MONTRÉAL M'ATTEND

JEAN-MARC LARRUE

Du déplacement
comme procédé dramatique

Trois Petits Tours… et *Demain matin, Montréal m'attend* sont respectivement la quatrième et la cinquième œuvre du Cycle des *Belles-Sœurs* et font partie du sous-groupe des pièces qui traitent plus spécifiquement de l'univers du spectacle. Les deux œuvres nous entraînent en effet dans les coulisses de *clubs* de la *Main* en même temps qu'elles nous plongent dans l'intimité de ceux et celles qui en animent les scènes. Elles révèlent leurs angoisses qui sont, en fait, celles de créateurs face à leur création, réelle ou à venir. Mais ces œuvres, produites en 1969 et 1970, ont deux autres caractéristiques communes qui les distinguent du reste des pièces de Tremblay. Dans les deux cas, l'auteur déplace l'action, spatialement ou symboliquement ainsi que nous allons le voir, et dans *Trois Petits Tours…* comme dans *Demain matin, Montréal m'attend*, ce déplacement s'effectue en trois temps bien distincts.

Trois Petits Tours…
ou les trois phases de la création

Trois Petits Tours… est un triptyque composé de *Berthe*, de *Johnny Mangano and His Astonishing Dogs* et de *Gloria Star*. Présentée dans la série des « Beaux Dimanches » de Radio-Canada, sous la direction du réalisateur Paul Blouin (le 21 décembre 1969), l'œuvre télévisée attira plus de deux millions de téléspectateurs, un précédent à l'époque ! L'action se déroule dans l'entrée, dans l'une des loges et dans les coulisses du Coconut Inn, un *club* du boulevard Saint-Laurent de Montréal. Mais

il s'agit moins de l'exploration d'un haut lieu de la *Main* ou de celui, plus intime et troublant, de trois femmes dans la quarantaine, que d'une réflexion sur la création et les créateurs.

Les trois pièces de ce triptyque sont inégales, tant par leur intérêt que par leur durée. Chacune constitue un tout autonome, bien qu'elle comporte des références directes aux deux autres. *Johnny Mangano and His Astonishing Dogs* a d'ailleurs été reprise séparément sur la scène du bar le Bouvillon en avril 1983 et à la Licorne en janvier et février 1984 (où elle tint l'affiche trente-trois soirs d'affilée). Cette pièce apparaît de loin la plus consistante et la plus riche des trois.

Au premier abord, le triptyque semble se limiter à l'exposition, presque complaisante, de la souffrance de trois femmes qui prennent la mesure de l'échec de leur vie. Les trois héroïnes sont en effet déchirées entre un rêve irréalisable et une existence insupportable. Mais une lecture plus approfondie révèle une autre dimension, qui renvoie au processus de création artistique et à la condition de créateur.

Berthe : Du rêve comme agent inhibiteur

On sait que Tremblay affectionne les monologues [1]. *Berthe* est un long cri du cœur, celui de la guichetière du Coconut Inn [2] qui, depuis douze ans qu'elle vend des billets, voit ses beaux jours flétrir et ses chances de réaliser ses rêves de star s'évanouir. Le monologue, dense et touchant, oscille continuellement du rêve mégalomane à la froide lucidité. Berthe tente régulièrement de se convaincre que sa situation est, somme toute, enviable : « T'es pas enfermée, Berthe, t'es pas enfermée... t'as jamais été enfermée ! [3] » N'a-t-elle pas « une bonne job pas fatiquante » (*B*, 16) ? Mais l'effort est vain. Ses ambitions, provoquées et alimentées par ses succès de couventine, viennent inexorablement se heurter à son guichet minable, à son *cream soda* et à son sempiternel roman-photo.

---

1. « Entrevue avec Michel Tremblay », *Nord*, vol. 1, n° 1, automne 1971, p. 69.
2. Voir *En pièces détachées*.
3. Michel Tremblay, *Berthe* dans *Trois Petits Tours...*, Montréal, Leméac, coll. « Répertoire québécois », n° 8, 1971, p. 12. Toutes les références à chacun des *Trois Petits Tours...* renvoient à cette édition.

L'originalité de ce monologue tient au fait qu'il ne renvoie pas à d'autres coupables. Berthe reconnaît son échec et en assume l'entière responsabilité. « J'aurais pu faire quequ'chose dans'vie si j'm'étais grouillée ! […] Mais j'ai jamais rien faite ! » (*B*, 16) Aucun homme n'est venu gâcher son existence, elle « vau[t] mieux que ça ! » (*B*, 14). Pas de mère écrasante et sclérosée non plus, rien qu'une vague sœur et des religieuses bien intentionnées mais terriblement maladroites : « Elle ira loin cette petite, si elle le veut ! » (*B*, 13)

Mais la petite s'est échouée aux portes du Coconut Inn. Tremblay ne précise pas la nature des facteurs qui l'empêchent d'ouvrir ces portes et qui la réduisent à des rêves dérisoires. L'essentiel est qu'elle ne peut pas s'engager. Son incapacité évoque celle de l'artiste créateur obnubilé par un projet qu'il ne réalise jamais. *Berthe* offre un saisissant exemple de la fonction inhibitrice que peut prendre le rêve dans le processus de création et, par analogie, dans l'accomplissement de soi. Car si Berthe trouve refuge dans son rêve – « Si j'rêve pas, j'vas étouffer ! C'est tout ce qui me reste ! » (*B*, 17) –, ce même rêve est la cause de son impuissance. L'imaginaire n'est pas donc toujours le moteur de la création, il peut aussi en être l'empêchement. C'est là sans doute l'essentiel de ce qu'il faut retenir de ce premier volet du triptyque de Michel Tremblay.

Johnny Mangano and His Astonishing Dogs : Du pouvoir et de l'engagement

Berthe rêvait de devenir star, mais son rêve s'était brisé contre la porte du Coconut Inn. Carlotta (Charlotte de son vrai nom), la compagne de Johnny Mangano, rêvait d'être danseuse. Contrairement à Berthe, elle parvint à franchir la porte du Coconut et à monter sur sa scène, mais à titre de simple « *girlie* » et à l'ombre des chiens savants de son « homme » !

À quarante ans, parce qu'elle réalise que ses cuisses ne feront plus encore longtemps effet sur la clientèle masculine et éméchée du Coconut, Carlotta remet en cause son association « artistique » et sa relation avec Johnny. C'est que, si Carlotta a fait un pas de plus que Berthe sur le chemin de la réussite, elle n'a pas eu le courage d'aller jusqu'au bout ; elle n'a pas franchi l'ultime étape qui l'aurait directement menée sous les feux de la

rampe. Ne pouvant elle-même se propulser à l'avant-scène, elle y a projeté Johnny. « Qui c'est qui a cherché pendant des jours un livre qui montrait comment dresser un chien ? […] Qui c'est dans nous deux qui a parti l'affaire ? […] Pis c'est moi qui t'as montré à dresser des chiens ! Si j'avais pas été là, t'aurais rien faite ! »(*JM*, 38-39)

Contrairement à Berthe, Carlotta a un homme dans sa vie et, tout naturellement, c'est à lui, qui est en quelque sorte sa propre créature, qu'elle attribue l'échec de sa vie. « Avec les jambes que j'ai, mon p'tit garçon, si j't'avais pas suivi toute ma vie, j's'rais rendue ben plus loin que chus là, okay ? C'est moi qui s'rais en vedette à soir ! (*JM*, 28)

L'argument de Carlotta ressortit à l'univers du Cycle des *Belles-Sœurs*, qu'habitent le sentiment d'échec et la rancœur, mais il relève de la même préoccupation que la longue plainte de Berthe. Là encore, il est avant tout question de création. Carlotta est parvenue à créer un spectacle dont elle n'a pas la vedette mais dont elle est l'âme et l'inspiratrice. On comprend qu'elle n'en tire guère de satisfaction et que, désespérée, elle menace de tout laisser tomber, mettant Johnny au défi de faire son numéro sans elle. Ce faisant, elle exige de lui ce qu'elle-même a toujours été incapable d'entreprendre : « Va les montrer tu-seul, tes verrats de chiens ! » (*JM*, 45) Johnny, qui n'a jamais eu pareille ambition et qui n'a rien d'un créateur, demeure d'une parfaite lucidité dans les circonstances. « On est poignés ensemble, Carlotta, pis on s'ra toujours poignés ensemble. Y'a rien pour nous dépoigner. » (*JM*, 41) Ce constat, simple et brutal, place Carlotta face à ses responsabilités. Surtout, il souligne les liens étroits qui unissent l'artiste créateur, en l'occurrence Carlotta, à son œuvre, si misérable soit-elle. Quoi qu'il advienne et quoi que veuille Carlotta, cette œuvre reste la sienne. Elle ne peut ni s'en défaire ni la renier.

Gloria Star : De la création comme nécessité vitale

Berthe a échoué seule. Carlotta échoue à deux et reste prisonnière de cet échec. La troisième composante du triptyque, *Gloria Star*, approfondit ce paradoxe. Avec Berthe, on voit la rêveuse réduite à elle-même. Dans *Johnny Mangano and His Astonishing Dogs*, Carlotta donne une vie et une forme à son rêve en faisant œuvre de création. On la voit dialoguer avec celle-ci (incarnée par Johnny et ses chiens). *Gloria Star* mène ce processus plus avant en excluant l'objet même de la création, Gloria. Le discours de Gloria Star se trouve ainsi centré sur « la Femme », qui est l'imprésario et la créatrice de Gloria. Si Gloria est bien le double réussi de Johnny, « la Femme » est une Carlotta assagie et terriblement lucide.

> J'ai travaillé cinq ans pour construire Gloria Star, pour faire d'elle une célébration de la Beauté, et j'ai réussi ! [...] Tout ce que je n'ai pas pu faire moi-même lorsque j'étais jeune parce que je n'avais personne pour me guider, et peut-être que je n'avais pas assez de talent aussi, je l'ai fait pour elle ! Elle est le couronnement de ma vie ! [...] Ou du moins je croyais qu'elle serait le couronnement de ma vie... (*GS*, 57)

Ici, pas de crise existentielle déchirante, ni de cris, ni de ressentiment, car, en dépit des apparences, il y a réussite. Contrairement à Carlotta qui a créé une œuvre très médiocre, « la Femme » a réussi à créer une œuvre suffisamment achevée pour devenir autonome. Paradoxalement, ce dernier volet du triptyque nous renvoie à la situation initiale de *Berthe* dans la mesure où l'objet du drame est l'artiste créateur. Berthe n'a rien créé et « la Femme », quant à elle, n'est plus satisfaite de son œuvre qui, de toute façon, lui échappe. Les deux souffrent du même manque. « La Femme » voudrait « créer quelque chose de plus grand encore, quelque chose qui ne s'est jamais vu [avant de se] retirer comme un membre inutile » (*GS*, 57), et Berthe rêve aux rêves qu'elle a déjà eus. Que conclure de tout cela, sinon que le fait de créer est terriblement exigeant et que le destin du créateur balance entre l'insatisfaction et l'impuissance ?

Ce thème, qui est nouveau chez Tremblay en 1969, fait écho à des obsessions fondamentales chez lui, ainsi que le démontrent certaines de ses œuvres subséquentes. C'est sans doute cette nouveauté, placée dans un cadre et un discours familiers, ceux du Cycle, qui a déconcerté la critique de l'époque. Mais rétrospectivement, cette exploration de l'univers de la création et des créateurs apparaît logique. En scrutant l'univers de ces trois personnages féminins, souffrants et en manque, Tremblay a brossé trois tableaux, trois phases de l'acte créateur et des angoisses conséquentes. Que l'auteur situe cette exploration dans le milieu du *showbiz* – un milieu qui le fascine – est bien secondaire dans les circonstances, car, si ces *Trois Petits Tours...* font du spectacle une réalité essentielle, parfois plus vraie que la réalité elle-même, ils s'imposent surtout par leur valeur prodromique.

Ils sont les signes avant-coureurs de cette postmodernité qui, au cours des vingt années suivantes, hissera l'autoréflexivité et l'autoreprésentation au rang de processus esthétiques nobles et qui conférera à la célébration de l'acte créateur une valeur suprême.

Demain matin, Montréal m'attend :
Entre la comédie musicale et l'épreuve initiatique

Demain matin, Montréal m'attend[4] traite également des dessous du monde du spectacle et, à ce titre, participe aussi de la postmodernité québécoise naissante. Avant d'écrire cette comédie musicale, Michel Tremblay avait déjà rédigé des textes de chansons pour son adaptation de *Lysistrata*[5]. En 1975, il composait une autre comédie musicale, *les Héros de mon enfance*, en collaboration avec Sylvain Lelièvre. En février 1990, André Gagnon écrit la musique de l'opéra *Nelligan*, dont Michel Tremblay a rédigé le livret. *Demain matin, Montréal m'attend* n'est donc ni un essai sans lendemain ni un cas isolé dans l'œuvre de Tremblay ; au contraire, elle est parfaitement intégrée au Cycle des *Belles-Sœurs*, dont elle partage les thèmes, la langue et les personnages.

Rita Tétrault, de Saint-Martin-au-Large, proclamée découverte de Simone Quesnel, (*DM*, 23) décide de se lancer à la conquête du music-hall montréalais dont elle entend devenir la star incontestée, quel qu'en soit le prix. Il lui faudra douze ans pour s'imposer sur la *Main* et prendre la vedette du spectacle du Bolivar Lounge sous le pseudonyme de Lola Lee. Avant cette consécration, Lola dut faire ses classes dans le bordel de Betty

---

4. Michel Tremblay, *Demain matin, Montréal m'attend*, Montréal, Leméac, coll. « Répertoire québécois », n° 17, 1972. (Toutes les autres références renvoient à cette édition.) Créée au Jardin des Étoiles de Terre des Hommes le 4 août 1970, où elle remporte un grand succès malgré de sérieux problèmes techniques, la comédie musicale *Demain matin, Montréal m'attend* est reprise à la salle Maisonneuve de la Place des Arts le 16 mars 1972. Cette seconde version est deux fois plus longue que la précédente (deux heures et demie au lieu d'une heure), elle comprend de nouveaux personnages (la mère, la duchesse de Langeais) et une dizaine de chansons de plus. C'est cette dernière version qui a été publiée. François Dompierre a composé la musique des chansons, André Brassard a signé les deux mises en scène.

5. Il avait également composé les chansons des Aurore Sisters dans *En pièces détachées*.

Bird où elle remporta beaucoup de succès sous le coquet surnom de Marigold. Trois temps d'une vie et d'une carrière, trois noms ! Le thème de l'identité et de l'aliénation est omniprésent dans cette œuvre.

La comédie musicale commence au moment où Louise Tétrault, la sœur cadette de Rita/Lola, récipiendaire d'un vague prix Lucille Dumont, décide de suivre les traces de son aînée. L'arrivée inopinée de Louise, future Lyla Jasmin, dans la salle du Bolivar Lounge, concrétise les appréhensions de Lola qui, rendue « au top de [sa] carrière », perçoit chaque nouvelle venue comme une menace à son règne fragile.

Ici, la menace est d'autant plus grande que, subjuguée par sa sœur, Louise en est la copie conforme, en plus jeune.

> LOUISE – […] J'chante la même chose que toé ! Ça va être facile ! Pis j'chante pareil pareil comme toé !
> […]
> LOLA LEE – Mais es-tu après virer folle ? T'as quand même pas envie de faire carrière en m'imitant !
> LOUISE – Ben quoi, y'en a des sœurs qui chantent ! (*DM*, 25)

Devant la détermination de Louise, Lola décide d'employer les grands moyens.

La « virée » de Lola : la revue réactivée

Elle va lui dévoiler le revers de la médaille du *showbiz*. Elle espère ainsi l'« écœurer assez raide de Montréal [qu'elle « poignera »] la première "étébus" pour Saint-Martin » (*DM*, 25) et coupera court à ses projets. Commence alors la tournée de la *Main*. Après le Bolivar Lounge (le *club* érotique où elle brille), Lola entraînera sa petite sœur au Meat Rack (un bar spécialisé pour travestis), puis au bordel de Betty Bird[6]. Ce procédé du déplacement n'a rien de bien original. On le trouve fréquemment dans les vaudevilles français de la fin du XIXᵉ siècle (par exemple dans *Un chapeau de paille d'Italie*). Mais le procédé a été raffiné dans les revues

---

6. Déjà évoqué dans *En pièces détachées*.

québécoises qui, depuis *Ohé ! Ohé ! Françoise* jusqu'aux *Fridolinades*[7], l'ont amplement utilisé.

Le déplacement spatial de l'action et des personnages principaux offre l'avantage de relancer la pièce par la multiplication des décors, des anecdotes et des atmosphères. Mais il a aussi pour effet, dans la revue traditionnelle, de conférer aux lieux une valeur symbolique qui en fait des personnages à part entière, dans la mesure où ils participent à l'éclatement du drame ou à son dénouement. Si cette fonction particulière du lieu ne cause pas de problème dans la revue, elle provoque un flottement dans *Demain matin, Montréal m'attend*. Dès le début du premier acte, les deux protagonistes, Louise et Lola, se métamorphosent en faire-valoir de la *Main*, ce qui relègue momentanément leur différend – qui est le fondement du drame – au rang de prétexte. Cela provoque un déséquilibre que les critiques ont souvent assimilé à un manque d'intensité dramatique[8]. Mais en réalité, la situation est plus complexe, car le déplacement, dans *Demain matin, Montréal m'attend*, obéit à une double logique qu'on ne retrouve pas dans la revue traditionnelle. Les trois lieux visités marquent les phases de ce qu'on peut bien qualifier de quête initiatique. Une quête imposée par Lola à Louise, dans le but de la mettre littéralement à l'épreuve en la confrontant à une réalité de moins en moins supportable. Mais ce qui, chez Louise, n'est qu'un voyage initiatique – aussi pénible soit-il – a des effets beaucoup plus dévastateurs chez Lola, puisqu'il correspond à une régression symbolique dans son cas. Lola refait symboliquement, mais à rebours, le chemin qu'elle a péniblement parcouru en douze ans.

Louise ne se laisse pas démonter par le spectacle affligeant qui s'offre à elle. Elle passe chacune des épreuves avec succès et en sort sans cesse plus déterminée à faire carrière à Montréal. À chaque étape du voyage,

---

7. Les revues québécoises, qui apparaissent dès 1899 mais ne deviennent vraiment populaires qu'à partir de 1909 (avec, en particulier, *Ohé ! Ohé ! Françoise* de Dumestre et Tremblay au Théâtre National), sont généralement fondées sur une succession d'événements qui servent de prétexte à des changements de lieux, de décors et d'atmosphères (par exemple, la gare Victoria, l'Hôtel Windsor, la Place d'Armes, la rue Saint-Denis, l'Université, un garage, le Mont-Royal, le port, etc.). Les différentes chansons sont liées entre elles par un dialogue parlé dont le but est surtout de créer une continuité. L'action n'est pas progressive. À la montée de l'intensité dramatique et au resserrement de l'intrigue, on préfère la variété, le mouvement et le spectaculaire.

8. Voir en particulier l'article de René Homier-Roy, « *Demain matin, Montréal m'attend* : un interminable succès », *La Presse*, 17 mars 1972, p. B-6.

à chaque « station », Lola tombe un peu plus bas, au point de se retrouver là où elle avait débuté, chez Betty Bird. En imposant à sa sœur un cheminement inverse au sien, Lola dévoile progressivement ce qu'elle est. Le déplacement devient dénuement.

> LOUISE, *à Lola* – Si tu voulais m'écœurer avec toutes tes histoires, t'as réussi ! Mais c'est pas c'que tu m'as montré qui m'écœure, c'est toé ! (*DM*, 80)

La première originalité de cette comédie musicale est donc d'allier une tradition propre à la revue – et tout ce que cela suppose de caricatural – au processus d'aliénation, voire de désintégration caractéristique des personnages de Tremblay.

L'absence de *success story*

Mais Tremblay n'a pas que renouvelé un des traits traditionnels de la revue, il s'est aussi approprié un genre, la comédie musicale, pour mieux l'adapter à son univers dramatique. S'il est vrai que la comédie musicale porte d'abord sur un conflit dramatique, il est également vrai que ce conflit connaît en général un dénouement heureux. La comédie musicale est l'histoire d'un triomphe en dépit des obstacles qui ne cessent de surgir. Or, dans *Demain matin, Montréal m'attend*, il n'y a pas de triomphe. L'œuvre est non seulement l'histoire d'un échec, elle est celle d'un échec prévisible et inévitable. Comme dans le cas de *Trois Petits Tours…*, on pourrait parler ici de tragédie. Dès la deuxième scène du premier acte, un choriste amateur prévient Louise : « Ta sœur, a va te caler, Louise ! » (*DM*, 11)

Le thème de la famille, comme lieu premier d'aliénation et d'échec, apparaît ici encore avec force, et la dynamique tragique est trop soulignée pour que quiconque, même Louise, puisse entrevoir une issue heureuse : « Aie, Rita, nous vois-tu toutes les deux, en train de chanter la même chanson dans la même robe… Ça s'rait le fun… » (*DM*, 25)

Ce drame de la rivalité n'est d'ailleurs pas le seul fait des deux sœurs. Tous les personnages de *Demain matin, Montréal m'attend* l'éprouvent à des degrés divers : la duchesse de Langeais vieillit mal, dans la solitude et la misère, Purple souffre de demeurer l'éternelle seconde, et Betty Bird n'a pas accepté d'avoir été éclipsée par Lola Lee dans le cœur de Johnny. La pièce poursuit ce cycle désespérant. Dans cette perspective, il vaudrait sans doute mieux parler d'un drame musical que d'une comédie musicale.

Le triomphe de la théâtralité

Ce ton, cette dispersion et ces simplifications, s'ils réduisent parfois l'intensité dramatique du spectacle, en servent très bien la théâtralité. En l'absence de décors réalistes, la variété permet le déploiement des costumes, des éclairages, des atmosphères qui s'animent au gré de la musique, des chorégraphies, d'une langue et d'un dialogue aux reparties savoureuses. Qu'on en juge : « Butch ! J't'ai déjà dit de watcher ton langage ! C'est un bordel, icitte, c'est pas un garage... » (*DM*, 64) ; ou encore : « Tu peux sortir la fille de l'est mais pas l'est de la fille ! » (*DM*, 49)

La pièce compte dix-huit chansons différentes, aux tempos changeants (valse, pop lent et rapide, complainte), dont la fonction varie considérablement et va de la confidence au cri de désespoir, du prétexte chorégraphique aux considérations sur le *showbiz* et la prostitution. Louise (cinq chansons) et Lola Lee (quatre chansons) chantent le plus souvent en solo. Il y a également quatre duos, deux trios et un quatuor. Le chœur intervient dans près du tiers des chansons.

Quant au morceau de clôture, s'il ne marque pas le paroxysme de cette comédie musicale bien déroutante, il n'en est pas moins spectaculaire. La rivalité des deux sœurs se déchaîne dans *Le Brésil brille, Brasilia braille*, le numéro même qui leur avait permis de s'illustrer à Saint-Martin à douze ans d'intervalle. Chanté en duo meurtrier par Lola et Louise, il est repris par l'ensemble du chœur sous une pluie de confettis qui rappelle l'avalanche dérisoire des timbres *Gold Star*, à la conclusion des *Belles-Sœurs*.

Pièce musicale sans *happy end*, sans véritable temps fort non plus, espèce de *failure story* familiale, *Demain matin, Montréal m'attend* est bien loin de Broadway, malgré son clinquant, sa grosse distribution, ses chansons à « stepettes » et ses paillettes. Il ne s'agit pas là d'un jugement négatif mais de la reconnaissance d'une spécificité. Ce n'est pas une comédie musicale au sens traditionnel du terme, ce n'est pas non plus une revue québécoise ; la pièce est d'un genre hybride, en déséquilibre entre les deux, savoureux et théâtral. Plus encore que dans *Trois Petits Tours...*, Tremblay célèbre ici le monde du spectacle et en fait une métaphore de la vie.

13

À TOI, POUR TOUJOURS, TA MARIE-LOU

JOSEPH MELANÇON

Une tragique attraction

À *toi, pour toujours, ta Marie-Lou*[1] est, sans conteste, la première tragédie de Michel Tremblay. « Le réel et le réalisme, comme le remarque bien Jean Cléo Godin, ne sont ici que le point d'ancrage du tragique[2]. » Il faut dire que cet ancrage a failli avoir lieu dans *les Belles-Sœurs*. Le sujet était tragique, mais le traitement l'a rendu stérile, au profit d'un simple drame, particulièrement spectaculaire, il est vrai. Le sujet dévie vers le drame des relations de voisinage qui ne manque, au demeurant, ni d'intérêt dramatique ni d'efficacité scénique. Mais le tragique n'y est pas. Dans À *toi, pour toujours, ta Marie-Lou*, au contraire, il est au centre du drame, pour le faire éclater et pour consumer ses victimes qu'un sort inéluctable conduit à l'aliénation et à la mort, sans les rendre tout à fait aveugles sur leur déchéance. Plus pitoyables que misérables, Marie-Louise, Léopold et leurs enfants suscitent la même pitié que les personnages tragiques de l'Antiquité. À *toi, pour toujours, ta Marie-Lou*, écrivait Colette Godard dans *Le Monde*, a la « pureté rude d'une tragédie[3] ».

Une métaphore tragique

Pour décrire les ressorts de cette tragédie, il faut trouver un chemin de lecture qui conduise au cœur du drame, au paroxysme des antagonismes,

---

1. Michel Tremblay, À *toi, pour toujours, ta Marie-Lou*, introduction de Michel Bélair, Montréal, Leméac, coll. « Théâtre canadien », n° 21, 1971. Toutes les références renvoient à cette édition.

2. Jean Cléo Godin, *Dictionnaire des œuvres littéraires du Québec 1970-1975*, tome V, Montréal, Fides, 1987, p. 46.

3. *Le Monde*, 19 octobre 1979, p. 31.

là où les oppositions exacerbées engendrent des solutions désespérées. Ces chemins ont déjà été, en partie, explorés. Les études et les analyses de cette pièce de théâtre ne manquent pas. Le *Dictionnaire des œuvres littéraires du Québec* en a recensé plus de cent cinquante, bien que sa bibliographie s'arrêtât à 1982[4]. Comment alors trouver une voie qui ne passe pas par des chemins battus ? Peut-être en considérant cette tragédie comme une rhétorique et en recherchant, dans la mise en discours et dans la mise en scène des rapports familiaux, une signification figurée. Il ne s'agit point de rechercher une quelconque symbolique sociale, qui peut permettre bien des abus d'interprétation, mais un procès sémantique, inscrit dans le texte, qui construit la signification tragique de la pièce. Il arrive que ce procès passe par une métaphorisation du sens qui traverse toutes les épaisseurs du drame.

La métaphore a la propriété d'agir à deux niveaux sémantiques distincts, de façon simultanée. Elle agit sur le plan des réalités éprouvées, auxquelles elle se réfère sans les dénoter. Elle agit également dans l'imaginaire, en construisant des figures de nos rapports avec le monde, entendus comme conditions et contraintes d'existence. Cet acte double de signification rhétorique crée un lieu ambigu de réel et d'imaginaire, de référence et de fiction, de présence et d'absence. Les « colombes » et les « faucons », comme métaphores d'attitudes opposées devant la guerre, ne sont ni tout à fait des oiseaux ni tout à fait des personnes, mais, quand même, ils sont et les uns et les autres. Ce lieu par excellence de toutes les ambiguïtés est proprement un lieu sémantique où se joue le sens des paroles tragiques, qui révèlent sans jamais cesser de masquer. La métaphore apparaît donc comme l'emblème de cet espace figuratif qui fonde la tragédie, où la culpabilité côtoie l'innocence, où le bourreau se révèle la victime, où le sadisme est également masochisme. Ce processus métaphorique m'apparaît d'autant plus indiqué qu'*À toi, pour toujours, ta Marie-Lou* est précisément une tragédie de la parole.

---

4. *Dictionnaire des œuvres littéraires du Québec 1970-1975*, tome V, Montréal, Fides, 1987, p. 47-50.

Une tragédie verbale

Le « dit » est le théâtre du drame, car le conflit entre les parents est antérieur au temps de la représentation. Celle-ci survient dix ans plus tard. Leur affrontement ne surgit donc pas d'une action qui se déroule sur scène, entre le début et la fin de la pièce, comme dans la tragédie classique. Il est donné, d'entrée de jeu, à son paroxysme et il s'y maintient avec une rare intensité. Le temps théâtral n'est que le temps de la révélation. Le temps du dire. « Pour moi, une pièce de théâtre, soutient Michel Tremblay, c'est une suite de scènes dans lesquelles il n'y a rien qui se passe, mais dans lesquelles on parle de choses qui se sont passées ou qui vont arriver[5]. » Les actions les plus triviales, liées au boire et au manger, sont elles-mêmes dites et non jouées. Même lorsque Marie-Louise dit : « Touche-moé pas, tu me fais mal ! » (*AT*, 51), personne ne bouge. « Les personnages ne bougent jamais » (*AT*, 36), spécifie d'ailleurs Michel Tremblay, dans ses didascalies.

Les deux sœurs, pour leur part, n'ont d'existence qu'à travers les révélations verbales des parents. Leur conflit parasite celui-là même de Léopold et de Marie-Lou, en train de le dire. « Marie-Louise et Léopold qui sont morts depuis dix ans, remarque encore l'auteur, racontent leur vie misérable ; les deux filles ne disent rien ou presque[6]. » Comme dans la métaphore, cependant, deux présents coexistent dans deux temps dramatiques différents, bien qu'ils ne constituent qu'un seul temps de représentation.

L'avantage de la parole sur l'action, c'est sa liberté de construction. Ce qui est dit « après » ne suit pas invariablement ce qui a été dit « avant », au contraire de l'action. La succession temporelle du dire n'est qu'un leurre, en dépit de la linéarité de la langue. Si on ne peut tout dire à la fois ou exprimer en même temps plusieurs aspects d'une même chose, on peut, par contre, subvertir cette temporalité linéaire en retournant en arrière, en annulant la durée, en superposant des événements, en construisant des

5. Roch Turbide, « Michel Tremblay : Du texte à la représentation », *Voix & Images*, vol. VII, n° 2, hiver 1982, p. 214.

6. *Ibid.*, p. 216.

14

15

16

représentations. Celles-ci ne seront ni tout à fait logiques ni totalement temporelles, mais elles agiront à ces deux niveaux à la fois, toujours à l'instar de la métaphore.

Une subversion temporelle

À toi, pour toujours, ta Marie-Lou opère magnifiquement cette subversion. Le lieu théâtral devient lui-même un lieu métaphorique en abolissant la durée. Tout s'y passe et s'y joue, à dix ans de distance, comme si les deux moments se superposaient. D'ailleurs, à quatre reprises, marquées par des changements d'éclairage, il y a simultanéité. Les dialogues peuvent alors s'intercaler, et le conflit qui oppose Carmen à Manon s'enraciner dans le passé. Il en est de même de la chronologie. L'invitation de Léopold, dans la dernière réplique : « Viens-tu faire un tour de machine, avec moé, à soir, Marie-Lou ? » (*AT*, 94) précède, dans le temps, la première réplique de Manon, au début de la pièce : « Pis on dirait que ça s'est passé hier… » (*AT*, 37). Le « demain » de Marie-Louise qui ouvre les dialogues est « le passé » que Carmen, à la fin, veut à jamais oublier. Mais ce « demain » est tragique pour Marie-Lou : « La première chose qu'elle dit, signale Michel Tremblay, est « demain » alors qu'elle et son mari vont mourir le même soir [7]. » Ce jeu piégé des repères temporels et textuels, tout comme le brouillage de la distribution des éléments dramatiques, obéit pourtant à une logique discursive sans faille. L'invitation de Léopold ne pouvait venir qu'à la fin puisqu'elle entraînait la mort des parents et leur disparition verbale. De plus, elle représentait la révélation la plus tragique : celle du suicide. L'invitation rappelle trop le rêve de Léopold : « Poigner la machine, vous mettre dedans, toé pis Roger, pis aller me sacrer contre un pilier du boulevard métropolitain… » (*AT*, 90) pour ne pas être interprétée comme un accident recherché. Sa place ne pouvait être ailleurs qu'à la fin, même si cette révélation tardive embrouille le début de la pièce. La logique dramatique a ses exigences qui ne sont pas de l'ordre des faits mais de celui des significations, à divers niveaux.

---

7. *Ibid.*

Les figures de la réalité

À un premier niveau, celui des rapports à leurs conditions de vie, Léopold et Marie-Louise sont des personnages presque « typés ». Ils répondent assez bien au modèle parental de l'imaginaire québécois de l'est de Montréal. Ils sont, en tout cas, vraisemblables, dans le milieu ouvrier de l'après-guerre, à la suite de la ruée vers la ville. Michel Tremblay s'en est souvent expliqué en évoquant son enfance, au milieu de treize personnes de trois familles différentes, qui vivaient dans la même maison de sept pièces. Il aime rappeler également les deux ans et demi qu'il a passés derrière une « linotype », comme son père « qui a été 50 ans de sa vie en arrière d'une presse à *La Patrie*[8] ». Ce qui pourrait être une charge, dans un autre contexte, est ici à peine une caricature. Léopold et Marie-Louise forment une sorte de condensé de la pauvreté économique, affective et conjugale du couple, avec une légère pointe d'ironie. Comme leurs caractéristiques sont réduites à leurs paroles, les comédiens ne peuvent guère amplifier ou réduire leurs conditions sociales.

Le personnage de Léopold ne se déduit nullement de ses attitudes ou de ses actions. Si son existence sociale est métaphorisée par une « demi-douzaine de bières, à la taverne », son statut et son caractère se révèlent par les mots. On finit par connaître un peu mieux Léopold parce qu'il se dit et par ce qu'il dit. Se disant, il se crée. Il est ainsi un ouvrier mal rémunéré : « un salaire de crève-faim » (*AT*, 47) ; aliéné : « Tu viens que t'es tellement spécialisé dans ta job steadée, que tu fais partie de ta tabarnac de machine ! » (*AT*, 63) ; humilié : « ta famille […] a va conter à tout le monde que t'es t'un sans-cœur ! » (*AT*, 64) ; frustré : « Penses-tu que c'est normal pour du monde marié d'avoir faite çà quatre fois en vingt ans ! » (*AT*, 84) ; solitaire : « Ça fait ben longtemps que j'ai pus essayé de me faire chum avec quelqu'un… » (*AT*, 72) ; menacé de folie : « C'est de famille… Aie… toute une famille de fous… » (*AT*, 71) ; réduit à l'impuissance : « on a peur de se révolter parce qu'on pense qu'on est trop p'tits… » (*AT*, 91).

---

8. Martial Dassylva, « Michel Tremblay et sa nouvelle cantate "cheap" », *La Presse*, 1ᵉʳ mai 1971, p. D-2.

Il en est de même de Marie-Louise, quoiqu'on ne la découvre vraiment que vers la fin. On apprend alors, de sa bouche, qu'elle s'est fait piéger par son mariage : « c'que j'voulais : partir au plus sacrant d'la maison […] J'voulais m'en aller, essayer de respirer, un peu ! » (*AT*, 88) Elle n'avait qu'une vague idée des rapports sexuels : « J'savais à peine qu'y faudrait que j'me laisse faire par mon mari… Ma mère… Ah ! J'y en voudrai toute ma vie de pas m'en avoir dit plus… » (*AT*, 88). Sa nuit de noces l'a traumatisée : « Tu m'as faite tellement mal ! J'arais voulu hurler, mais ma mère m'avait dit de serrer les dents ! […] "Si c'est ça, le sexe, que j'me disais, pus jamais ! Jamais ! Jamais !" » (*AT*, 88) Elle se trouve alors des raisons de se refuser : « T'es toujours plein de bière pis tu pues quand tu m'approches. » (*AT*, 89) Quand elle se retrouve enceinte, elle le lui annonce comme un viol : « Comme les trois autres fois que tu m'as violée dans ma vie, tu m'as faite un p'tit, Léopold ! » (*AT*, 52) Elle en arrive à souhaiter la folie de son mari : « Pis j'vas-tu être débarrassée, rien qu'un peu… La tranquillité ! La paix ! La sainte paix ! La sainte viarge de paix ! Enfin ! » (*AT*, 71)

Les deux sœurs, au centre de la scène, sont, dramatiquement, en périphérie des parents. Comme elles sont dans une double temporalité, elles se définiront doublement, par rapport à deux moments de leur existence. Elles se définiront, d'une part, par comparaison avec leurs parents et, d'autre part, par leurs divergences entre elles.

La comparaison, toutefois, est asymétrique. Manon assume à elle seule tout le drame des parents, laissant Carmen à l'écart. Son conflit intérieur est fait des rapports violents qui opposent Léopold à Marie-Louise. Pour jouer ce rôle de façon inconsciente, au reste, Manon doit être dite par Carmen. Ce qu'elle relate elle-même ne fait que confirmer les dires de sa sœur. Carmen alors s'acharne à définir Manon par Léopold, en dépit de la haine que celle-ci lui porte, tout comme sa mère. Elle lui répète : « C'est vrai que tu retiens de lui… » (*AT*, 43) ; « T'es pareille comme lui ! » (*AT*, 47) ; « Ça y ressemble, à lui, d'avoir des idées fixes comme ça ! » (*AT*, 67) ; « Ça y ressemble, à lui, pis à sa famille de fous ! » (*AT*, 67) ; « T'es complètement folle ! » (*AT*, 61) Pourtant, Manon est également Marie-Louise, au dire de sa sœur : « Dix ans après sa mort, tu joues encore à ressembler à maman ! » (*AT*, 67) Les allusions aux « images saintes », aux « statues », aux « cierges » et à « l'eau bénite » qui se trouvent dans sa chambre en donnent la preuve. Ainsi, le conflit parental est répercuté entièrement à l'intérieur de Manon, rongée par le « martyre » de la mère et menacée par la « folie » du père. Ce personnage, souvent négligé, est peut-être central puisqu'il prolonge la tragédie du couple. Partie de l'un et partie de l'autre, en effet, Manon est la double synecdoque des parents, ce qui permet la permutation des rôles et la condensation métaphorique. Cette condensation déporte le drame sur elle et libère Carmen. Celle-ci devient étrangère au monde tragique de sa famille. C'est pourquoi, dans les mots de Manon, elle est « une sans-cœur » (*AT*, 61), une « putain sur la rue Saint-Laurent » (*AT*, 67), une « sale » (*AT*, 92), en dehors de l'orbite familiale.

Les figures de l'imaginaire

Le rôle de Carmen, d'ailleurs, est de tenter de désamorcer le tragique. Il n'y a, pour elle, ni bourreau ni victime. « Notre mère, c'était pas une martyre, pis not'père c'tait pas le yable, bonyeu ! » (*AT*, 61) Léopold est tout aussi à plaindre que Marie-Louise : « Y faisait aussi pitié qu'elle » (*AT*, 81). Dans leur détresse, ils étaient déjà interchangeables. La libération de Carmen commence, en somme, par cet aplatissement des rôles et cette annulation des culpabilités : « C'était de leu'faute à tous les deux ! » (*AT*, 87) La religion de Marie-Louise n'était qu'un alibi : « Moman, est-tait pas plus religieuse que moé, Manon ! A se servait de la religion comme paravent ! A se cachait en arrière de son paravent pour faire plus pitié ! » (*AT*, 77) Elle se plaisait à projeter une image d'elle-même : « Quand tu voyais moman en prière, c'est parce qu'a s'était arrangée pour que tu la voies ! » (*AT*, 79) Léopold, pour sa part, n'était pas un personnage haïssable : « Not'père y'avait des côtés écœurants, mais y'était pas si pire que ça ! » (*AT*, 61) Mais ils ne pouvaient tous les deux cesser de s'entredéchirer : « Y ont passé vingt ans de leur vie à se battre, pis si y'araient vécu encore vingt ans, y'araient continué à se battre… jusqu'à ce qu'y crèvent ! » (*AT*, 87) La mort ne pouvait être qu'une délivrance : « Y sont morts, pis c'est tant mieux, Manon ! » (*AT*, 90) La première délivrance, toutefois, est bien la sienne : « si y seraient pas morts, eux-autres, j's'rais probablement pas là [au Rodéo] » (*AT*, 93). Il n'est pas sûr que cette

libération familiale ne soit pas une image qu'elle se donne d'elle-même, tout comme sa mère. Il ne semble pas, en tout cas, qu'elle puisse signifier une libération affective et sociale, comme elle le croit, si ce n'est métaphoriquement, dans l'imaginaire, en permutant les effets. Par la vertu d'un certain exhibitionnisme, elle s'imagine que les hommes du Rodéo la regardent et l'aiment, alors que chacun y prend son plaisir, pour reprendre une observation de Léopold sur les rapports sexuels. Elle qui ne veut pas sacrifier son indépendance pour l'amour d'un homme n'éprouve sans doute que « le sentiment narcissique de dominer en séduisant », comme l'a finement démontré Raymond Joly[9]. « C'est jamais les mêmes, y changent à chaque soir, mais à chaque soir, j'les ai ! » (*AT*, 93) Pour l'imaginaire de Carmen, c'est la liberté : « Moé... chus libre » (*AT*, 93). L'équivalence qu'elle établit entre toutes les libérations est bien de celles qui engendrent les permutations métaphoriques.

L'incrédulité tragique

Pour être tout à fait libérée, Carmen a besoin d'exorciser la mort des parents et de Roger, l'innocent et l'absent. Celle-ci doit être purement accidentelle. Sinon, elle risque de défaire la fragile construction imaginaire. Du coup, c'est toute la tragédie qui risque de basculer dans l'anecdote, dans l'accessoire. Mais cette réduction servirait tellement bien la libération de Carmen ! C'est pourquoi elle a intérêt à douter du suicide : « C'est pas sûr qu'il l'a faite [...] » (*AT*, 42) ; « Y'a jamais eu de preuves... » (*AT*, 42). Comment alors trancher entre la version de Manon : « Papa y s'est tué, pis y'a tué maman pis Roger... » (*AT*, 81) et celle de Carmen : « C'est toé qui a décidé ça qu'y s'était tué ! [...] Pis t'en as probablement ben inventé depuis c'temps-là... » (*AT*, 81). L'hésitation devant cette double version va droit au cœur du ressort tragique. Est-ce un drame ? Est-ce une tragédie ?

Une analyse très pénétrante de Yolande Villemaire permet de résoudre cette ambiguïté. Dans la logique des répliques, elle lit toute la portée de

---

9. Raymond Joly, « Une douteuse libération. Le dénouement d'une pièce de Michel Tremblay », *Études françaises*, vol. VIII, n° 4, novembre 1972, p. 369.

l'acquiescement final : « C'est dans la certitude que le projet ne sera jamais mis à exécution que Marie-Louise, n'accordant aucun crédit à la parole de Léopold, vient sanctionner sa propre mort en accordant son *oui* final [10]. » Cette lecture est d'autant plus juste que Léopold s'est révélé aboulique, dès le début. Il laisse en suspens la décision d'aller manger chez sa belle-mère ; il menace de corriger la curiosité des enfants sans jamais passer aux actes ; il reconnaît qu'il ne devrait pas boire et il va sans cesse à la taverne ; il ne fait plus aucun effort pour parler aux autres ; il crie qu'il va tuer Roger, mais il n'y touche pas. Marie-Louise le perçoit elle-même velléitaire : « Toujours plus tard, hein, mon beau Léopold ? Jamais tu-suite, les affaires, ah ! non, toujours plus tard... t'a l'heure... ou ben demain... ou ben donc la semaine prochaine... Autant dire jamais ! » (*AT*, 45) Elle le traite de lâche parce qu'il n'a pas le courage de faire entrer « l'union » dans la « shop » et qu'il n'ose demander une augmentation de salaire à son patron : « T'es trop niaiseux pour demander l'argent que ton boss te doit ! Tu s'ras toujours un peureux... » (*AT*, 63). Son *oui* de la fin est en quelque sorte ironique. Elle court à sa mort par incrédulité. Sur la scène, ils se regardent, pour la première fois, dans les yeux. Si ce regard était ultimement un regard ambigu, de défi pour elle et de trahison pour lui ! Les équivoques sont souvent ainsi des ressorts tragiques où l'innocence se superpose à la faute.

Une mise en abyme

De ce jeu complexe des différences et des équivalences qui régissent la sémantique, *À toi, pour toujours, ta Marie-Lou* tire un excellent parti. Pour bien l'apprécier, toutefois, il faut revenir à la représentation scénique. Aux extrémités de la scène, il y a les lieux de la différenciation référentielle. Léopold et Marie-Louise se constituent différents dans leur discours d'aversion. La dernière réplique de Marie-Louise est, à cet égard, éloquente : « Tu pourras jamais savoir comment j't'haïs ! » (*AT*, 94) Mais ils se rejoignent dans cette haine qui les rend équivalents : « Y'en a de

---

10. Yolande Villemaire, « Les pouvoirs de la parole », *Les Cahiers de la Nouvelle Compagnie Théâtrale*, vol. IX, n°1, octobre 1974, p. 20-21.

moins en moins du monde comme nous autres, Marie-Louise [dit Léopold au nom de leur couple raté] pis c'est tant mieux… » (*AT*, 86). Ce paradoxe sous-tend leur mort commune, bien qu'elle soit un suicide pour l'un et un défi pour l'autre. Il y a ainsi la mise en place d'une même figure métaphorique de la mort, à double motivation.

Le centre de la scène, par contre, est le lieu des différenciations imaginaires, établies par des interprétations divergentes. Carmen se différencie de Manon parce qu'elle interprète différemment les comportements des parents. Son interprétation réduit les attitudes de Léopold et de Marie-Louise à un dénominateur commun, à une répulsion réciproque : « Y'étaicnt pas capables de se toucher sans penser que l'un voulait faire mal à l'autre… » (*AT*, 87). Elle les perçoit semblables dans leur misère : « Y faisait aussi pitié qu'elle » (*AT*, 81). Sa sœur, au contraire, persiste à les imaginer opposés : l'un est un bourreau, l'autre une victime. Ce conflit des interprétations constitue une sorte de mise en abyme où le centre renvoie l'image équivoque de la périphérie. La scène est ainsi l'espace d'un paradoxe, mieux d'un oxymore, où les contraires fusionnent pour renvoyer à la fois aux parents et aux enfants, aux rivalités et aux complicités, au drame et à la tragédie. Cet oxymore, cependant, n'est que la limite extrême de la métaphore qui se construit sur un donné (la vie écoulée des parents) et un construit (l'interprétation des enfants), un réel et un imaginaire, de fiction.

Seule Carmen y échappe, apparemment. Elle est sur une autre scène : une scène mondaine, ouverte, opposée à la scène familiale. Mais elle y joue la même figure de présence et d'absence, en s'offrant sans se donner, en dominant tout en étant dominée, dont la métaphore est le « frôlement ». Les parents ne pouvaient se toucher sans se blesser. Elle, elle se contente de frôler : « Oui, j'en frôle tant que j'veux, du monde… » (*AT*, 89). C'est, en quelque sorte, sa revanche sur la tragédie du couple dont on ne sait trop s'il s'agit d'une guerre des sexes, d'une malédiction sociale, d'une aliénation religieuse ou d'un absurde malentendu.

Carmen frôlera la vie, alors que Manon s'en retirera, tragiquement, par aveuglement. Mais Œdipe ne s'est-il pas crevé les yeux ?

HOSANNA

YVES JUBINVILLE

Claude inc.
Essai socio-économique sur
le travestissement

> I am what I seem. There's nothing behind it.
> Andy Warhol

Derrière l'histoire officielle du Québec, traversée par l'imaginaire d'une historiographie missionnaire, il y a une part d'obscurité que dissimulent les faits objectifs. Il en va ainsi de la Révolution tranquille et de son récit triomphaliste : outre la chronique héroïque d'un peuple lancé à l'assaut de la modernité, celui-ci contient en creux un tissu de contradictions que l'on commence à peine à démêler et qui porte en germe la révision d'une histoire toute récente [1]. À défaut de livres d'histoire on se reportera donc, pour l'heure, aux œuvres littéraires et artistiques pour aller au plus près de cette période de mutations. L'intérêt de ces œuvres réside dans ce qu'elles mettent au jour des questionnements nouveaux et qu'elles explorent des conflits pour lesquels les solutions d'autrefois ne conviennent plus. Le cas est probant en ce qui concerne l'œuvre de Michel Tremblay, qui constitue un objet de réflexion privilégié en ce qui a trait à l'entrée du Québec dans l'ère postindustrielle. Son principal mérite à cet

---

1. Dans un récent numéro de la revue *Autrement*, consacré au Québec, l'économiste Gilles Paquet donne le ton à une relecture de l'histoire : « C'est mal comprendre ce qui s'est passé que de célébrer cette période [...], comme l'entrée délibérée et voulue de la société québécoise dans le second XXe siècle. On a plutôt assisté [...] à une *révolution tranquillisante* [...] l'État a voulu tranquilliser une société bousculée, énervée et perturbée par un grand dérangement. » « Bilan économique d'une dépendance », *Autrement*, Paris, 60/84, p. 31.

égard est d'avoir montré la « face cachée » de cette histoire par le truchement de personnages marginalisés qui subissent toujours plus durement que les autres les contrecoups du changement. Le travesti, tel qu'illustré dans *Hosanna*[2], est l'un de ces personnages. Il sera ici le point de départ d'une tentative d'élucidation de la crise qui découle de ce passage difficile du Québec à une culture dont les paramètres demeurent imprécis. Guidé par une lecture socio-économique du personnage, je ferai des aller-retour fréquents du texte au social, en évitant toutefois de restreindre l'œuvre à une fonction documentaire. Car m'intéressent aussi les enjeux propres à *Hosanna*, les caractéristiques de son langage drama-tique et son inscription dans le Cycle des *Belles-Sœurs* et dans le texte global des « Chroniques du Plateau Mont-Royal ».

Profits et pertes

> La guidoune à cinquante cennes est au coton pour le moment d'asteur… (*HO*, 16)

La question de l'identité traverse l'œuvre de Michel Tremblay. Elle affleure aussi bien dans l'écriture des pièces que dans celle des romans, et prend forme dans des thèmes récurrents. Celui de l'homosexualité importe à ce titre puisqu'il expose, métaphoriquement, la difficulté que rencontre un individu, comme une société, à se constituer hors de la sphère de ressemblance. Le thème du travestissement est aussi révélateur. Non pas parce qu'il est forcément lié au thème de l'homosexualité, mais parce qu'il développe un autre aspect de la crise du sujet québécois, à savoir son rapport malaisé avec l'identité réelle « habitant » un espace étranger. Dans la perspective de cette étude, le travestissement fait précisément ressortir les jeux d'influence et les rapports d'imitation à l'œuvre dans la culture moderne, lesquels amènent à concevoir l'identité en termes de commerce et d'échange. Autrement dit, l'identité ne serait plus aujourd'hui qu'une marchandise, un bien, un service ; aussi se prête-t-elle au jeu dangereux de la spéculation.

---

2. Michel Tremblay, *Hosanna*, suivi de *la Duchesse de Langeais*, Montréal, Leméac, coll. « Théâtre », n° 137, 1984. Toutes les références au texte de Tremblay renvoient à cette édition.

De ce marchandage des identités, Hosanna représente un cas de figure. Son droit de passage dans le monde, ne le gagne-t-il pas, en effet, en transigeant son nom (son *vrai* nom : Claude) sur le marché des biens et des valeurs identitaires ? À première vue, il exprime ainsi une liberté, mais au bout du compte le jeu tourne en sa défaveur puisqu'il s'en trouve réduit à un objet de consommation, en proie à un monde mouvant, précaire, bousculé par des changements incessants. Comment comprendre autrement l'instabilité constitutive d'Hosanna ? Celui-ci, il est vrai, ne tient jamais en place. Vues sous l'angle du marché, ses métamorphoses correspondent à ses déplacements dans l'espace socio-économique de la fonctionnalité. Reine du Nil ou du foyer, vedette de cabaret ou coiffeur : ce ne sont pas là des masques qu'il arbore pour le plaisir d'une duplicité momentanée, mais plutôt les formes dans lesquelles il se fond suivant, pour chacune, une nécessité qui lui est étrangère. Mince consolation : il n'est pas seul dans cette galère. À ses côtés, Cuirette fait la même expérience : le jour, il roule en moto mais, le soir venu, le voilà qui enfile son tablier de ménagère. Son « espace » n'est pas moins instable que celui d'Hosanna, et l'on voit comment, dans l'incident du parc Lafontaine, cela tient en bonne partie au fait qu'il en a perdu le contrôle. Rien de tout cela, en fin de compte, ne contribue à la création d'une union apaisante. Le *commerce* qui lie Cuirette et Hosanna ressemble à un pacte maléfique où se reflètent les conditions faites à chacun dans une économie réglée par la succession cyclique des crises.

« Désir triangulaire »

Si l'identité-marchandise vibre au son du marché, cela veut dire qu'Hosanna adopte les poses qui satisfont aux lois de l'offre et de la demande. Cela veut dire que le Consommateur lui dicte son nom, son identité. Plus encore, c'est lui qui commandera à Hosanna de jouer tel ou tel rôle. À ce stade, il convient de faire appel à la théorie du « désir mimétique » de René Girard [3]. Plusieurs raisons motivent ce choix ; le

---

3. René Girard, *Mensonge romantique et vérité romanesque*, Paris, Grasset, coll. « Pluriel », 1971.

fait, en particulier, que son champ d'application ne soit pas limité au domaine littéraire. Largement convoqué au service d'autres disciplines, le schéma girardien a démontré qu'il pouvait constituer un cadre d'analyse commun à l'étude de phénomènes en apparence disparates. Par exemple, les économistes[4] s'en sont saisis récemment pour mettre au jour certains des mécanismes « occultes » du marché. Il en est résulté une redéfinition radicale de l'*homo œconomicus*, tel que le concevait jusqu'alors la théorie économique classique. On ne peut nier l'intérêt que cela présente dans le cadre de cette étude.

Reste que, pour René Girard, la littérature fournit à l'élaboration de la théorie du mimétisme les exemples les plus riches. De *Don Quichotte* à *Madame Bovary*, en passant par le *Livre de Job* et *À la recherche du temps perdu*, la démonstration est la même, à savoir la mise en cause, à revers des courants dominant la pensée (sensibilité !) contemporaine, de la notion d'intériorité comme ferment du désir. Rien de tel n'existe, affirme Girard, seulement un réseau d'images et de paroles « médiatisées » qui orientent, façonnent, règlent l'investissement affectif du sujet vers tel ou tel objet.

Dans le cas d'Hosanna, il ne fait pas doute que ses identités successives sont bel et bien le produit d'une médiation. Cela dit, cette médiation doit trouver à s'incarner, et c'est là qu'il convient de se demander qui, dans ce drame, joue le rôle d'agent médiateur. Le choix n'est pas immense. Cuirette, à l'évidence, correspond à la description du médiateur, puisqu'il fournit à Hosanna, qui s'y conforme à la lettre, le modèle usé de la « femme fatale ». Cuirette adhère lui-même à cette image, y investit son propre désir à travers Hosanna, mais surtout à travers les deux rivales que sont Reynald(a) et Sandra. En tant qu'objet de convoitise, il structure le désir d'être Hosanna ; c'est à lui que revient, en somme, la tâche de l'inscrire dans ce que Girard appelle l'ordre « triangulaire ». Mais il ne faut pas non plus accorder à Cuirette plus d'importance qu'il ne le mérite. Il n'est pas lui-même maître de son désir ; l'« ancienne imitation de gars

4. Voir André Orléans, « La théorie mimétique face aux phénomènes économiques », *To Honor René Girard*, Saratoga (Cal.), *Stanford French and Italian Studies*, Anma Libra, 34, 1986, p. 121-133.

de bicycle » n'est à son tour qu'un maillon de la chaîne qui emprisonne Hosanna. Par lui *transite* un désir qui n'a ni commencement ni fin parce qu'il participe au mouvement perpétuel des échanges et des médiations[5].

L'adhésion au modèle de la « femme fatale » n'est pas fortuite[6]. Elle s'explique par l'incertitude du sujet dans un univers où les rôles sont définis en termes d'utilité et où les solidarités ainsi que les pôles d'identification traditionnels ont cédé le terrain à la raison économique et bureaucratique. Dans un tel contexte, l'identité n'est jamais qu'une case vide que l'on s'efforce de combler soit par le travail, soit par l'acquisition de biens symboliques. C'est là qu'intervient, pour Hosanna, la figure mytho-médiatique d'Elizabeth Taylor/Cléopâtre. Au vide d'identité, elle oppose la plénitude d'une image. Mais cette image fait bien sûr illusion ; elle n'est qu'une distraction qui révèle très tôt sa vraie nature. Derrière le simulacre, rien ; une autre absence, un signe dépourvu de contenu. Le modèle hollywoodien dit bien ce qu'il est : plus que la preuve, il faut y voir la cause de l'aliénation d'Hosanna, mesurable au degré d'irréalité d'une image (Hosanna) qui en engendre une autre (Elizabeth Taylor), puis une autre encore (Cléopâtre), dans une sorte de rite mortuaire du réel et du sens. L'objet d'imitation, alors dévoyé, n'est plus que l'ombre de lui-même. Impossible d'en extraire quoi que ce soit, contrairement au modèle d'imitation classique, autrefois vecteur de la connaissance universelle. La culture postindustrielle dans laquelle baigne Hosanna annule tout profit au rapport d'imitation par une stratégie d'accumulation et de confusion. Hosanna ne gagne rien dans son commerce avec Cléopâtre. Le personnage historique lui parvient déréalisé, « déhistoricisé », broyé par le rouleau compresseur de la *Kulturindustrie* (Adorno). Identité déjà faite : identité *ready made* !

---

5. Précisons qu'il y a deux types de médiation : la première, interne, signifie que le sujet et son agent médiateur sont en contact direct ; la seconde, externe, suppose que l'agent médiateur exerce son influence à distance. Jusqu'ici, il n'a été question que d'une médiation interne (Cuirette) ; quant au médiateur externe, on verra plus loin que c'est la mère d'Hosanna qui joue ce rôle, car elle serait responsable, dit Hosanna lui-même, de l'avoir jeté dans les bras du « premier bum venu ».

6. Il en va de même du modèle du « gars de bicycle » qui, chez Cuirette, est marqué au sceau de la fausseté, tout comme le nom qu'il porte comme un vieux blouson démodé ; blouson qui ne serait, là encore, qu'une *imitation* (« cuirette ») et cacherait mal l'identité réelle – refoulée ! – (« tapette »).

« Délivrez-nous du mâle ! »

On en vient, tout naturellement, à la question de l'inscription de l'Autre culture (américaine) dans l'espace culturel québécois. Objet de fascination autant que d'appréhension, celle-ci se révèle problématique parce qu'elle éveille aussitôt le spectre de la domination. Dans l'appartement d'Hosanna, les signes de cette domination sont nombreux, et ce d'autant plus que l'adhésion du personnage va, comme on l'a souligné, aux formes les plus usées, les plus communes – vidées de toute expérience humaine – de la culture hégémonique. De fait, l'habitation de la rue Saint-Hubert croule sous les simulacres (le David de plâtre, le tableau « érotique » de Cuirette, les miroirs) et les « vestiges » de la culture de masse (télévision, appareil radio, tourne-disque portatif). Dans ce lieu qui, à bien des égards, prend des allures de musée ne se trouve nulle part la marque d'une quelconque individualité. Selon le mot de l'auteur dans le prologue, il n'y aurait là qu'un « one-room-expensive-dumps » (*HO*, 11). Cette expression confirme, s'il était besoin, la marginalité du sujet (québécois) dans l'espace (américain), ainsi que l'agression dont il est l'objet, ce dont témoigne bien le clignotement incessant du néon de la pharmacie Beaubien.

Espace dévasté : espace travesti. On voit, dans cette métaphore spatiale, combien le motif du travestissement, dans *Hosanna*, ne donne pas prise au seul drame individuel, mais qu'il développe aussi la scène d'une société écartelée, lancée sur la voie de son anéantissement. Hosanna s'anéantit dans le désir de Cuirette comme le Québec perd son âme dans le rituel capitaliste de la consommation (et de la production) de masse. Tout se passe comme si le mode d'existence imposé par la culture contemporaine traduisait en somme le drame québécois d'une mort annoncée mais sans douleur. D'où le parallélisme qu'on établit entre le discours de libération homosexuelle dans la pièce et celui qui prône la souveraineté nationale. Tous deux, au fond, contrecarrent la logique perverse d'une certaine modernité ; cette logique qui veut que rien ni personne n'échappe à la sanction du marché, lequel crée ainsi, par souci d'efficacité, un espace de plus en plus homogène. Ainsi s'explique la réaction de tout groupe marginalisé : les homosexuels défendent leur droit à la différence au même titre que les Québécois. Et l'on comprend de ce fait la stratégie adoptée : les Québécois s'appuient sur une décolo-

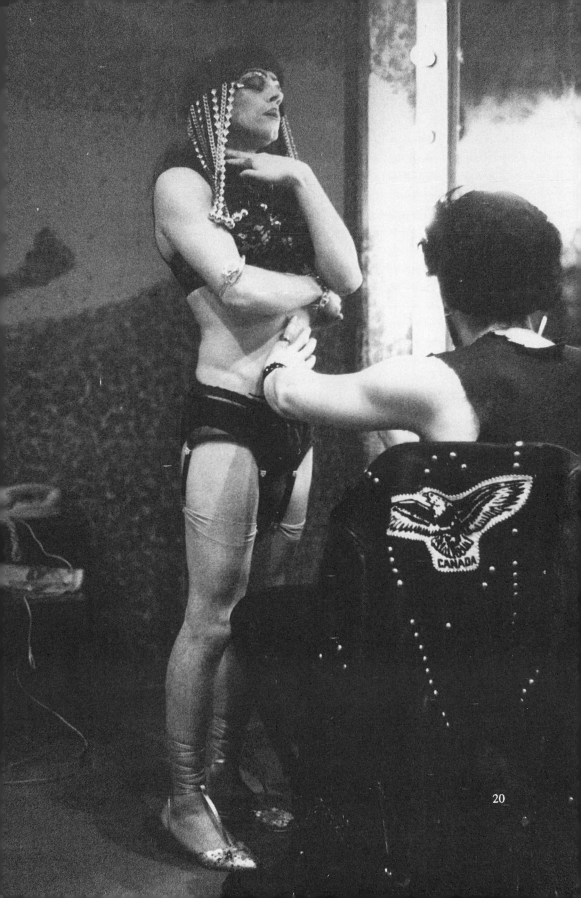

20

nisation de la culture et de la conscience, pendant que les homosexuels entreprennent un procès en règle du travestissement comme figure de l'inauthenticité et de la non-identité. Un paradoxe saute aux yeux, qui est à la source des objections énoncées, au Québec et ailleurs, à l'endroit des discours identitaires gai et nationaliste : en fondant l'identité (collective ou individuelle) sur l'affirmation d'une différence, force est d'admettre qu'on ne fait là que reconduire l'impératif de ressemblance autour de laquelle s'articulait la critique de la culture de masse américaine.

Cet impératif mène, au bout du compte, à une impasse. Par le travestissement toujours, Tremblay explore l'expérience moderne du vertige, liée à la multiplication des signes et des objets et, par là, à leur dévaluation. Hosanna ressent ce vertige un soir d'Halloween, alors qu'il aperçoit devant lui plusieurs *reproductions* de son personnage, copies conformes d'une Cléopâtre dégradée venues prendre part à sa déconfiture. La scène est saisissante en bonne partie parce qu'elle est racontée et non dramatisée. Hosanna raconte, dans le deuxième acte, qu'une fois monté sur scène, il balaie du regard la foule qui peuple le Bar à Sandra. À cet instant, il voit son être se dissoudre, exploser en mille éclats : « Cuirette, j'pense que j'tais morte ! » (*HO*, 73) confiera-t-il plus tard. Ce destin tragique, qui se dessine à l'heure où les morts rendent visite aux vivants, préfigure clairement, là encore, celui qui attend la société moderne et technicienne, qui se laisse distraire par les objets qu'elle fabrique et qui sont autant de reflets d'elle-même pour se persuader de sa propre existence[7]. Dans la « masse » des Cléopâtres, comme dans celle des objets, le sens ne circule plus. L'identité reproduite en série consacre le deuil de l'identité.

Le flux du monde

Pour mémoire, rappelons Walter Benjamin qui, déjà en 1936, traitait de ces questions dans une étude célèbre[8] portant sur les transformations survenues dans le monde de l'art depuis l'avènement des technologies de

7. Voir Jean Baudrillard, *la Société de consommation, ses mythes et ses structures*, Paris, Éditions Denoël, coll. « Folio/Essai », 1970 ; lire principalement « La profusion et la panoplie », p. 19-21.

8. Walter Benjamin, « L'œuvre d'art à l'ère de la reproductibilité technique », *l'Homme, le langage et la culture*, Paris, Denoël/Gonthier, coll. « Médiations », 1971, p. 137-181.

reproduction. Celles-ci, disait-il en substance, avaient eu pour effet d'ébranler profondément la notion d'œuvre d'art en contredisant ce qui en avait jusque-là assuré la pérennité, soit l'idée d'unicité ou d'originalité. La multiplication des images annonçait-elle, suivant les prédictions de Hegel, la mort de l'art et, par extension, celle de toute transcendance ? Un paysage en tout cas semblait s'être modifié, du point de vue de Benjamin, qui pouvait le laisser croire. Ce paysage prenait corps dans cette ville moderne toujours fluctuante, plus changeante, pour dire comme Baudelaire, « que le cœur d'un mortel[9] » ; et il se trouvait modifié au sens où l'ordre ancien, unifié et cohérent, y faisait place à un désert tourbillonnant au milieu duquel l'homme s'égarait dans une errance sans fin qu'aggravait sa rupture avec le passé.

Ce bref détour amène à penser que, pour Hosanna, la voie semble avoir été tracée depuis longtemps. Sa disparition dans la foule des Cléopâtres rejoint de fait le destin de l'objet d'art qui, une fois reproduit et lancé dans le marché, ne possède plus cette singularité autrefois garante de son rang supérieur dans le système de production. À cet égard, il suffit d'observer qu'Hosanna n'est au mieux qu'une image, et que cette image devient l'objet, dans le petit monde qui est le sien, de toutes les rumeurs qui tantôt font monter et tantôt chuter sa « cote ». Le travesti de Tremblay ne doit donc rien, de ce point de vue, au travesti d'antan (celui de Marivaux) qui détient la clé de son propre système mais se plaît à le jouer sur la scène du monde. Bien davantage, il représente un développement de la figure du flâneur, apparue avec l'ère industrielle, et dont Philippe Hamon, à la suite de Benjamin[10], trace ici le portrait :

> [U]n enfant abandonné, « exposé » [...] dés-orienté, incapable de recoller les morceaux de sa mémoire, dépossédé de son histoire et de son espace [et qui] ne maîtrise plus [...] les multiples surprises et les spectacles discontinus et bariolés de la grande ville moderne...[11]

---

9. Charles Baudelaire, « Le cygne », *les Fleurs du mal*, Paris, Garnier-Flammarion, 1964, p. 107.

10. Walter Benjamin, *Charles Baudelaire, un poète lyrique à l'apogée du capitalisme*, Paris, Payot, 1982 ; voir aussi : « Paris, capitale du XIXe siècle », *l'Homme, le langage et la culture*, Denoël/Gonthier, coll. « Médiations », 1971, p. 117-136.

11. Philippe Hamon, *Exposition. Littérature et architecture au XIXe siècle*, Paris, José Corti, 1989, p. 155.

Le flâneur, avec la prostituée, est l'être-type, l'emblème du monde moderne, celui qui, dans le Paris baudelairien, arpente les boulevards et participe au spectacle resplendissant d'un monde qui court à grandes enjambées vers sa perte. En cela, il n'est pas un témoin distant, il traduit le procès d'objectivation de l'individu donné en pâture à ce monde et servant de monnaie d'échange par son travail. Le flâneur ressemble à Hosanna parce qu'il fait face à un univers confus, ouvert, démesuré, *dans les limites duquel* son récit a lieu parce qu'il y a planté son regard ; parce que son regard même épouse le flux du monde. On pense ici à une autre figure baudelairienne illustrant la *position historique* du travesti ; c'est l'albatros en tant que forme dégradée de l'ange-poète égaré au milieu des hommes :

> Ce voyageur ailé,
> comme il est gauche et veule !
> Lui, naguère si beau, qu'il est comique et laid !
> L'un agace son bec avec un brûle-gueule,
> L'autre mime, en boitant, l'infirme qui volait ![12]

L'albatros évoque le travesti de Tremblay, car il manifeste un désir de poésie, de beauté, de vérité, dans un monde qui n'en voit guère l'utilité. Les jeux de mots fameux d'Hosanna, son inimitable « parlure », de même que son sens de la dérision, outre qu'ils soient les armes d'une évidente lucidité, sont les marques certaines, parce qu'insuffisantes, de cette impossible transcendance que Gaston Miron appelait, avec justesse, le « non-poème » :

> Le non-poème
> ce sont les conditions subies sans espoir
> de la quotidienne altérité
> Le non-poème
> c'est mon historicité
> vécue par substitution [...][13]

---

12. Charles Baudelaire, « L'albatros », *les Fleurs du mal*, Paris, Garnier-Flammarion, 1964, p. 38.

13. Gaston Miron, « Notes sur le non-poème et le poème », *l'Homme rapaillé*, Montréal, Presses de l'Université de Montréal, 1970, p. 122.

Hosanna suicidé(s)

Michel Tremblay fait débuter sa pièce au point culminant de la crise d'Hosanna de sorte que son récit, élaboré sur le mode de la confession, raconte une opération de sauvetage. Revenu d'un bal costumé, Hosanna fait le vœu de reprendre possession de lui-même, de son *territoire*. L'entreprise sera longue et pénible, en raison surtout de sa propre résistance. C'est qu'une fois mises à mort les Cléopâtres et Elizabeth Taylor, une fois anéanties les identités empruntées, Hosanna fait face à Hosanna. L'enjeu n'est alors plus tout à fait le même. Il ne suffit plus de retirer le masque pour restituer le visage. Entièrement intériorisé, le modèle Hosanna forme aussi bien la chair que l'os du personnage, si bien que Claude Lemieux, pour autant qu'il existe, s'en trouve complètement occulté.

Occulté par le discours autant que par la mémoire volontaire, Hosanna ne parle en effet de lui-même qu'au féminin comme le fait aussi son compagnon Cuirette lorsqu'il lui parle. Cette parole apparaît donc bâillonnée, frappée d'interdit : quand l'un ou l'autre, par mégarde ou par provocation, se prend à l'ignorer, Hosanna est prompt à rectifier l'erreur. La réalité masculine n'a pas de sens à ses yeux, et ce pour une raison évidente : il n'existe pas de référent masculin dans sa généalogie ni de point de re*père* qui puisse conférer au nom de Claude quelque poids de réalité. Les mots de « père » et de « mâle » sont pour Hosanna, le travesti, des mots qui errent, des signifiants sans signifiés. Cela renvoie au fait que Claude/Hosanna n'a pu, dès l'origine, fonder son identité sur l'imitation et encore moins sur la contestation du modèle masculin. Cas typiquement québécois, dirait-on, d'un Œdipe mal résolu. À travers la figure du père manquant, le texte affirme qu'au cœur de l'espace familial (social) de Claude faisait défaut non seulement la réalité du père mais l'autorité qu'il est supposé incarner. Laissée à elle-même, la mère ne serait pas parvenue à combler le vide laissé par le père. À lire la pièce, on devine même qu'elle se serait dérobée volontairement à sa tâche quand s'était présentée l'occasion d'offrir une résistance au jeune Claude :

> HOSANNA – (*à Cuirette*) [...] Ben, sais-tu c'qu'a m'a répondu, ma mère, quand j'y ai dit que j'avais commencé à coucher avec les hommes ? A m'a dit : « Si t'es de même mon p'tit gars, au moins, choisis-toé s'en des beaux ! »

21

C'est toute. Rien d'autre. Pis a pensait qu'a me garderait ! (*Silence*) Mais aussitôt que j'ai fini ma neuvième, j'ai sacré mon camp à Montréal avec le premier bum venu. Pis… chus devenue Hosanna, petit à petit, échelon par échelon… Hosanna, la fille à gars de bicycle ! La coiffeuse à bums ! La folle à motards ! (*HO*, 42)

Cette dérive vers Montréal objective l'idée que Claude, dès son plus jeune âge, comme si cela était inscrit dans son code génétique [14], habite un lieu « hors-la-loi ». Ce lieu n'est pas seulement géographique, il a aussi une dimension morale, d'où la convergence, sur le plan thématique, de Montréal (la *Main*) et du travestissement qui, dans le texte, rejouent inlassablement le même drame, celui de la perte du principe de réalité qu'ultimement le personnage cherche à reconquérir. Mais pour parvenir à refaire la loi du père, à restaurer le principe de réalité, Hosanna croit devoir faire table rase, c'est-à-dire tuer à petit feu, au moyen de la parole, tout ce qu'il a été. Ainsi, dans sa structure même, la pièce se présente-t-elle comme une succession de « petites morts » qui sont autant d'étapes à franchir, de stations si l'on veut, avant la *résurrection* finale de Claude.

« Être ou ne pas être ? »

On ne s'étonne guère de voir ici monter à la surface d'*Hosanna* le sous-texte religieux. L'auteur a recours en effet à un langage et à un réseau d'images, dont le nom « Hosanna » n'est que le premier signe, qui montrent combien le religieux (pré)occupe encore l'imaginaire québécois. Sans doute le fait-il d'abord, ironiquement, pour épingler un autre aspect de l'aliénation nationale. Mais il n'empêche qu'il y a là également une tentative de sa part d'affirmer, transitivement, ses positions sur l'identité. Ce qui sous-tend aussi bien le texte de la libération nationale que

---

14. *La grosse femme d'à côté est enceinte* (1978) permet de faire la lumière sur le « roman familial » d'Hosanna. En 1942, Claire Lemieux, l'autre femme d'à côté, est enceinte ; projetant de quitter Montréal et Hector, son mari, pour Saint-Hyacinthe, elle inaugure déjà le récit de son fils. Tremblay écrit : « Elle [Claire] frotta doucement son ventre, cherchant les points où elle pouvait sentir bouger les pieds. « Hé, que c'est le fun ! Mon p'tit Claude ! ou ben ma p'tite Claudette ! Mais si j'sarais quelle sorte que t'es, aussi, j's'rais pas obligée de toute répéter deux fois ! » (Montréal, Leméac, coll. « Poche/Québec », 1986, p. 92). Faisant le chemin inverse, Hosanna retrouve en quelque sorte, à Montréal, le lieu de son indécision ontologique.

celui de la libération homosexuelle n'est de fait rien de moins, dans *Hosanna*, que l'idée d'une essence première et indivisible qui donne une assise à l'identité. Pour Claude, cette assise passe par le corps masculin qui lui est révélé à la fin de la pièce. Celui-ci s'impose comme l'évidence de son être réel, défini en termes biologiques et opposant à la parade des masques un *fait de nature* (une différence) irréductible. L'écho du discours social est là immédiatement perceptible. Le nationalisme, lui aussi, a longtemps tiré sa certitude du sol (le Pays) réel qui fait advenir l'identité, du moment qu'il est nommé, désigné.

Cette volonté d'autofondation traverse une grande partie du texte de Michel Tremblay. La plus « visible », devrait-on dire. Et pourtant, elle ne prononce pas le fin mot de l'auteur sur la crise du sujet (individuel ou social). Son texte, tout au moins, comporte la contradiction suivante : au moment même où le « pouvoir intime » s'installe, représenté par le corps nu de Claude, la demande adressée à Cuirette pour qu'il lui porte attention réactive le système des échanges auquel ne peut, en définitive, se dérober le sujet : « R'garde, Raymond, chus t'un homme ! » (*HO*, 75) Cette contradiction illustre, à qui veut l'entendre, une distorsion à l'œuvre dans les discours culturel et politique des années soixante et soixante-dix. Que se passe-t-il alors ? Le cadre idéologique hérité de la modernité, qui a donné sa raison d'être à la Révolution tranquille, paraît rétrospectivement avoir occulté bon nombre des transformations profondes qui s'opéraient tant au chapitre de l'organisation de la vie sociale et économique que des *modes de représentation* propres à la nouvelle société. Avec les médias de masse notamment, qui investissent le champ de la culture, disparaît ce lieu unique et « séparé de l'existence » (Vattimo) à partir duquel celle-ci exerçait jadis son influence. Longtemps seule gardienne de l'identité, la culture y devient un bien commun, c'est-à-dire qu'elle se pense désormais à travers une hétéronomie qui, à l'espace consensuel de la Nation, oppose l'aire vaporeuse des opinions privées.

En d'autres termes, et pour revenir à la dernière scène d'*Hosanna*, le regard de Cuirette est ce qui remet en cause l'identité de Claude dans l'instant même où elle cherche à se fonder en principe d'évidence objective. Affirmation et négation, tout à la fois. La contradiction est riche. Elle se déploie en particulier lorsqu'on compare deux mises en scène marquantes de la pièce [15], l'une présentée en 1973 et l'autre en 1990. La première, d'inspiration moderniste, ralliait émancipations homosexuelle et nationale autour de l'idée d'une identité retrouvée au terme d'un dur combat. Y triomphait cette liturgie de la libération, alors en vogue, qui n'allait pas sans un certain lyrisme et des accents utopiques. En 1990, soit près de vingt ans plus tard, la pièce donnera lieu à une réflexion sur la fragilité de l'identité à l'heure de la « fin des utopies ». Là, point de *happy end* : l'affirmation de soi à l'heure de la postmodernité n'est jamais qu'un ouvrage inachevé. Quelle est la meilleure lecture ? Au terme de cette réflexion, il faut sans doute les choisir toutes deux (quitte à dire qu'elles sont nécessairement partielles !), parce que la pièce travaille elle-même sur ces deux tableaux, et parce que la contradiction qu'elle révèle n'est pas seulement la sienne mais peut-être bien celle de toute une société. L'œuvre, en ce sens, dit bien d'où elle émane, d'où elle est produite. Tel est le génie de Michel Tremblay, on l'a souvent dit, mais peut-être aussi sa contrainte, si de l'art il est encore permis de penser qu'il peut dépasser, déborder la contradiction, sans pour autant l'occulter.

---

15. La première est d'André Brassard, la deuxième de Lorraine Pintal. Toutes deux ont été présentées au Théâtre de Quat'Sous.

22

BONJOUR, LÀ, BONJOUR

STÉPHANE LÉPINE

Passage à l'acte

S'il est une nécessité interne qui se fait sentir tout au long du Cycle des *Belles-Sœurs* et qu'éprouvent de manière urgente et même prégnante plusieurs personnages étendards de Tremblay, c'est bien celle de s'échapper, de s'arracher. Devenus des étrangers, des « marginaux et détraqués » dans leur (juste) milieu, devenus des exilés, Pierrette Guérin, Carmen, la duchesse de Langeais ou Serge n'ont d'autre choix, s'ils veulent enfin dire « je » et remporter une victoire sur l'aliénation[1], que d'opérer une sortie, que d'accomplir leur exil. Pour assumer leur diffé- rence, pour se reconnaître seuls responsables de l'accomplissement de leur désir à eux, il leur faut être en mesure de rompre avec le lieu commun, il leur faut tuer symboliquement les parents ou les modèles sociaux, les faire choir de la place qu'ils occupent et qui les rend maîtres du désir.

Texte à la fois fécond et mutilé (nous reviendrons plus loin sur la nature de cette mutilation), qui met en scène de manière exemplaire le douloureux processus qui mène à cette sortie, à ce renoncement au désir des autres et à l'enfantement de soi, *Bonjour, là, bonjour* est la pièce cen- trale du Cycle des *Belles-Sœurs*[2]. Elle en est le nœud et, en même temps, elle est celle qui, pour la première fois, offre la possibilité d'un réel dénouement ou, pour être plus précis, d'un renouement. Le titre de la pièce offre même un condensé de tout le Cycle. Entre le bonjour de l'arrivée de Serge (celui de l'entrée en matière, de la présentation des personnages et des situations conflictuelles qui traverseront tout le Cycle) et le bonjour

---

1. On sait que le mot aliénation désigne l'état d'un individu qui, par suite de conditions extérieures à sa volonté, cesse de s'appartenir.

2. Sinon dans la composition et la publication, du moins en ce qui a trait à l'esprit.

du départ (celui de la résolution ou de la réconciliation, de la sortie et de la survie possible hors du milieu familial), il y a précisément un milieu, un nœud, un « là », et c'est « là » sans doute, dans cette pièce, que tout se joue.

La père-patrie

De retour d'Europe après trois mois d'absence, de retour sur les lieux de son origine – cette mère-patrie dont il veut s'arracher –, Serge vient conquérir la *Vaterland*, la père-patrie. Il vient dire bonjour (et au revoir, et adieu) à des personnages et à un univers que nous avions appris à connaître dans les œuvres précédentes du Cycle. Le temps de la pièce, il va tenter d'effectuer une échappée que Pierrette Guérin dans *les Belles-Sœurs* et Carmen dans *À toi, pour toujours, ta Marie-Lou* ont opérée avant lui, et que les pièces subséquentes de Tremblay dessineront avec encore plus de fermeté. Entre deux bonjours, Serge (et dans Serge il y a un « je » qui s'affirme) vient donc s'inscrire. D'abord, il vient se dégager de l'emprise maladive des femmes qui l'entourent depuis l'enfance, ces femmes (ses sœurs et ses tantes) qui se disputent son corps et sa présence, et pour lesquelles il est un objet de désir que rien (alcool, médicaments, nourriture ou amant de passage) ne peut remplacer. Il vient ensuite reconnaître son désir incestueux pour sa sœur Nicole et enfin, et surtout, se faire entendre de son père[3]. Il parviendra au bout du compte à aller au-delà de la surdité de son père, au-delà de l'incompréhension qui les sépare depuis toujours, pour enfin pouvoir lui déclarer son amour.

Relue aujourd'hui, cette déclaration d'amour acquiert une importance capitale. Maintenant que nous avons une perspective d'ensemble du Cycle et de ses enjeux, on peut même croire qu'il s'agit là d'un pivot de l'œuvre dramatique de Tremblay, et que ce couple père-fils, à l'exemple du couple mère-fils chez Jean Genet, éclairé d'une lumière qui est propre à l'auteur, est ce qui reste de plus profond et de plus intéressant dans *Bonjour, là, bonjour*. Car, comme l'a déjà fait remarquer Wladimir

---

3. Car *Bonjour, là, bonjour* est moins l'histoire d'un père sourd que celle d'un fils qui a peine à se faire entendre.

Krysinski, « il semblerait que l'inceste soit le signe et le centre du conflit, mais à bien y regarder, on ne peut s'empêcher de penser qu'il y est plutôt décoratif que réellement dramatique [4] ». Décoratif certes, l'inceste (au même titre que l'homosexualité dans d'autres œuvres de Tremblay) est d'abord une métaphore de la rupture (souhaitée) avec la Loi, et l'enjeu essentiel de la pièce demeure très certainement ce renouement avec le père.

On le sait, il n'y a pas de pères dans l'œuvre de Tremblay, pas de figure paternelle à fonction paternelle (Loi, Œdipe, etc.). Il n'y a que ce que Lacan appelait « des versions du père », des avatars du père ou des pères avortés. Les hommes y sont interchangeables et tous piégés dans des impasses pré-œdipiennes. Ce sont des amants infantiles, des frères, des fils, des « folles » plus que des pères. Ceux-ci évoluent, indifférenciés, entre les femmes et les enfants, qui sont les véritables protagonistes mis en actes par l'écriture. Le père dans *Bonjour, là, bonjour* ne fait pas exception à cette constante. Il se présente comme un personnage taciturne et quasi muet avec lequel Serge semble n'avoir jamais eu le moindre rapport structurant. C'est un homme qui s'est retranché du monde (à cause d'une surdité réelle ou simulée) et qui passe la plus grande partie de son temps à la taverne ou occupé à lire des romans de Hugo ou d'autres ouvrages ayant Paris pour décor [5].

Ce à quoi la pièce nous permettra d'assister, c'est donc fondamentalement à une quête du Nom-du-Père, une quête qui, une fois accomplie, permettrait au personnage de Serge de sortir de cette impasse pré-œdipienne. On le sait, Freud a vu dans le mythe d'Œdipe le modèle de maturation sexuelle qui permet d'intégrer l'existence en s'identifiant à son père et en fantasmant la capacité de le remplacer auprès de la mère. Mais l'enfant mâle ne peut produire et verbaliser des fantasmes où il remplace son père auprès de sa mère qu'à condition que ce dernier soit non seulement bien vivant, mais solidement installé à *sa* place. S'il ne peut

---

4. « Saint-Tremblay, ni comédien ni martyr », *Vice Versa*, nos 22-23, p. 30.

5. Il serait certes tentant de voir dans « la bouteille » et dans ces représentations littéraires de Paris autant d'objets transitionnels permettant à cet homme de combler l'absence de la femme ou de rejoindre fantasmatiquement sa mère la France.

idéaliser son père, si celui-ci est malade ou névrosé, le garçon ne peut produire de tels fantasmes, et c'est là le premier handicap à sa maturation sexuelle. Dans *Bonjour, là, bonjour*, Serge va donc chercher à affronter la Loi du père, à le rétablir dans son rôle, à lui redonner la parole pour enfin avoir avec lui un rapport structurant. Il va chercher à être « initié ».

Le sacrifice

Pour pouvoir naître à l'âge adulte, l'homme doit donc se buter à l'interdit énoncé par le Père et définitivement assumer la perte du corps maternel. Se penser homme demande de s'être soustrait à une mère. Pour parvenir à être pleinement, sans concession au désir des autres, pour enfin pouvoir s'énoncer, Serge devra donc vaincre ses résistances et se défaire de celles qui l'ont jusqu'alors le plus aimé, ces tantes et ces sœurs qui sont autant de visages d'une mère dont l'absence sur la scène du drame n'atténue en rien la présence symbolique. Mais tuer, même imaginairement, celle(s) à qui l'on doit la vie n'est pas une mince entreprise. Écartelé entre les désirs de ses « mères » et le sien, Serge est confronté à l'inéluctable : il doit *passer à l'acte*. Passage à l'acte : « Conduite impulsive, dit *le Petit Robert*, le plus souvent violente, par laquelle le sujet passe de la tendance, l'intention, à sa réalisation » ; ou encore : « Conduite impulsive dont les motivations restent inconscientes et qui marque l'émergence au plan de l'action d'un contenu refoulé ». Le passage à l'acte doit évidemment être perçu comme un sacrifice du moi. Mais ce sacrifice n'a rien d'un suicide, il s'agirait même plutôt du contraire d'un suicide.

Le conflit psychologique qui structure *Bonjour, là, bonjour* n'est pas sans rapport avec celui que vit Tom dans *la Ménagerie de verre* de Tennessee Williams [6] et, toutes proportions gardées, avec celui d'Hamlet. Hamlet ne se suicide pas, ni ne s'auto-mutile ; comme Œdipe, il doit lui aussi « passer à l'acte » : venger son père, tuer le roi. Entre le bavardage vide où l'humanité est enlisée (« *words, words, words* ») et l'acte, il y a

---

6. Dans cette pièce, un fils doit également se libérer de l'emprise de femmes qui vivent uniquement par lui et pour lui. Pour arriver à « s'accomplir », il doit abandonner le foyer familial, comme l'a déjà fait son père, un homme auquel il n'arrive pas à s'identifier.

tout un temps d'agonie où il faut au héros accepter le poids intolérable de l'idée de vengeance, admettre sa nécessité, puiser la force d'y répondre. « Bonjour, bonjour. Bonsoir, bonsoir. C't'à peu près toute… Du small talk, t'sais veux dire… [7] », monologue Lucienne à un moment de la pièce où Serge n'est pas encore en mesure de dénouer le nœud familial, de passer à l'acte, au moment où lui-même est enlisé dans le bavardage interminable et insignifiant de ses sœurs, dans le babil et le radotage de ses tantes et de son vieillard de père. Comme Hamlet, « seigneur latent qui ne peut devenir [8] », Serge n'arrive pas à naître. Il somnole dans un état de latence mais arrive toutefois à un moment de sa vie où il doit *y passer*.

À l'intérieur du microcosme familial, le sens semble s'être perdu, les voix, les temps et les espaces sont entremêlés, brouillés (la structure musicale de la pièce et les monologues entrecroisés sont là pour le démontrer). L'espace familial dans lequel évoluent (ou n'évoluent pas, en fait) les personnages est réduit au minimum et le monologue intérieur se charge d'isoler l'être encore plus dans sa solitude. Lui-même prisonnier de ce territoire (dé)limité, de ce monde clos, quadrillé, sourd (comme l'est le père) à tout ce qui est extérieur, Serge doit *forcément* effectuer une échappée, rompre avec la famille, la tradition, la filiation.

Re-création du même

Bonjour, là, bonjour est donc l'histoire d'un babil et d'un passage à l'acte. Mais si le passage à l'acte semble avoir lieu (Serge réussit à vivre socialement son amour pour sa sœur), si la pièce peut être vue au premier regard comme une victoire du désir prohibé sur l'ordre familial et social, cette victoire est en quelque sorte « pervertie ». Est pervers ce qui est « tourné à l'envers », « détourné de sa fin ». La sexualité perverse est celle qui demeure tournée vers les parents au lieu de pouvoir s'investir dans l'avenir et la reproduction. En fait, comme tous les hommes du théâtre de Tremblay, Serge reste coincé dans une impasse pré-œdipienne. La tenta-

---

7. Michel Tremblay, *Bonjour, là, bonjour*, Montréal, Leméac, coll. « Théâtre canadien », n° 41, 1974, p. 37.

8. Stéphane Mallarmé, « Hamlet » (chapitre de *Crayonné au théâtre*), *Œuvres complètes*, Paris, Gallimard, coll. « Bibliothèque de la Pléiade », 1979, p. 300.

tive d'émigration vers l'autre – ou plutôt vers « de l'autre » – avorte chez lui aussi du fait de l'absence de confrontation réelle avec la Loi du Père.

Dans *Bonjour, là, bonjour*, Serge n'affronte pas la Loi, il la contourne, la détourne, essaie de « se faire chum avec ». Serge n'effectue pas une sortie, il ne dénoue pas l'impasse, il la renoue, la recréc. Plutôt que de permettre l'accomplissement de son désir sexuel par la séparation d'avec l'ordre familial (séparation constitutive chez tout être humain) et dans une telle rupture, il respecte cet ordre, réinstaure le familier, le familial. En s'unissant à Nicole, ses autres sœurs deviennent ses belles-sœurs (figures emblématiques de l'aliénation dans le théâtre de Tremblay), et en soustrayant son père à l'emprise des femmes, il investit leur place. Alors que l'accomplissement du désir sexuel se paie de la perte des parents, alors que le rêve d'un franchissement imaginaire se réalise grâce à l'abandon à l'Autre, on assiste ici à une re-création perverse du même, constante de l'œuvre de Tremblay. Serge adopte son père, devient le père de son père et réinstalle convenablement et avec sa bénédiction (il n'y a donc pas rupture du contrat familial et social) une liaison incestueuse qui, on le sait maintenant que *la Maison suspendue* s'est ajoutée au Cycle et l'a conclu, est à l'origine de toute la généalogie.

Rarement l'échec d'un personnage à échapper à la Loi du Père aura-t-il été aussi révélateur de la difficulté à ébranler l'ordre symbolique de la culture et de la société. Cette difficulté, ce désir, on le sait, fondent toute l'œuvre de Genet. Mais contrairement à tous les grands personnages genettiens, qui réussissent à maintenir une position révolutionnaire, à demeurer hors-la-loi (et ce, au prix d'un échec social ou parfois même d'une perte du Moi[9]), Serge respecte finalement à sa façon les modèles traditionnels et la morale bourgeoise. En recherchant comme il le souhaite la bénédiction du Père, non seulement favorise-t-il lui-même une récupération de sa marginalité et cherche-t-il à l'entourer d'une aura de respectabilité, mais il obéit ainsi aux lois de la filiation, rate sa *sortie* et réintègre par le fait même l'ordre familial et social.

---

9. Mais l'échec sur le plan profane est la condition *sine qua non* d'une réussite sur le plan sacré…

Si *Bonjour, là, bonjour* démontre qu'une petite fiction familiale peut rendre compte de tout le caractère intenable de la position révolutionnaire (quelque forme qu'elle prenne), la pièce en dit peut-être également très long sur l'état du Québec à un moment décisif de son histoire[10], c'est-à-dire au moment où le désir d'autonomie d'une société s'accompagne d'une volonté contradictoire de ne surtout pas se constituer hors-la-loi...

---

10. Et quoique créée en 1974, la pièce demeure à cet égard d'une cruelle actualité...

SURPRISE ! SURPRISE !

GILBERT DAVID

Croisements téléphoniques

L'auteur du Cycle des *Belles-Sœurs,* à côté d'une dramaturgie réclamant des distributions imposantes et, somme toute, des moyens scéniques considérables, n'a pas dédaigné les « petites formes », comme ce fut le cas avec *la Duchesse de Langeais, Hosanna, Damnée Manon, Sacrée Sandra, les Anciennes Odeurs* ou, plus tard, *Marcel poursuivi par les chiens.* Danièle Sallenave cerne en quelques traits, tout en s'interdisant d'en faire une définition canonique, ces « petites formes », qui lui paraissent constituer « un lieu de résistance efficace contre la tentation du spectaculaire […] : un texte plus court ; un spectacle moins long ; un acteur plus proche ; une participation plus grande [1] ».

En est-il de même de cette comédie à trois personnages, qui fut créée en théâtre-midi, sur l'heure du lunch, en avril 1975[2], sous le titre de *Surprise ! Surprise !*[3] ? Oui et non. La pièce fait à peine une heure et elle ne demande qu'un dispositif scénique minimal, avec ses « trois femmes installées devant trois téléphones » (*SS,* 69) : Laurette, Jeannine, Madeleine, toutes trois résidantes du Plateau Mont-Royal. Mais, tout en étant très drôle et fort efficace sur le plan rythmique, on ne peut pas dire de cette pièce qu'elle soit de la même eau que les œuvres, nettement plus

---

1. Danièle Sallenave, « Les épreuves de l'art (III) », *L'Art du théâtre,* n° 4, Arles/Paris, Actes Sud/Théâtre national de Chaillot, printemps 1986, p. 127 et 129.

2. La création de *Surprise ! Surprise !* a eu lieu au Théâtre du Nouveau Monde, dans une mise en scène d'André Brassard. Les interprètes en étaient Denise Morelle (Laurette), Monique Joly (Jeannine) et Carmen Tremblay (Madeleine).

3. *Surprise ! Surprise !,* à la suite de *Damnée Manon, Sacrée Sandra,* Montréal, Leméac, coll. « Théâtre », n° 62, 1977, p. 67-115. Toutes les références à cette pièce renvoient à cette édition.

substantielles, nommées précédemment. Il s'agit bien plus d'un divertissement léger, pimenté de pointes satiriques, que d'un drame, voire d'une comédie dramatique. En revanche, la pièce est plus ample et plus complexe que ne le serait un simple sketch. Et, à y regarder d'un peu plus près, elle réserve bien quelques… surprises.

L'argument est mince : le projet d'une surprise-partie pour célébrer le jour même, un 19 janvier (sans précision d'année[4]), l'anniversaire d'une certaine Madeleine va buter sur divers imprévus que dresse entre les personnages l'utilisation forcément aveugle du téléphone. À la faveur de conversations téléphoniques croisées, il se produit un quiproquo qui fait croire à la « mauvaise » Madeleine (Michaud) qu'un groupe de femmes s'apprête à la fêter, alors que les préparatifs visent une autre Madeleine (Simard).

Il vaut la peine de faire le récit succinct des péripéties de cette espèce de morceau de bravoure. Le début de la pièce surprend Laurette en pleine conversation téléphonique avec une interlocutrice invisible (qui sera identifiée plus tard – on remarquera le clin d'œil – comme sa *belle-sœur* Aline), pendant que Jeannine, après deux échecs pour rejoindre la première, se décide à appeler la téléphoniste qui n'en peut mais. Toutefois, Laurette a bel et bien entendu « un drôle de bruit », comme si quelqu'un avait tenté de couper la ligne… ou, pis, essayé d'espionner son innocent bavardage sur la meilleure façon d'élever un garçon, prodigue qu'elle est en conseils, tous plus punitifs les uns que les autres, alors qu'elle ne compte pas elle-même de rejeton mâle dans sa progéniture : « Ah, une chance que j'en n'ai pas eu, parce que j'te dis qu'y auraient été drillés sur un vrai temps ! » (*SS*, 70[5])

Quand, après une heure et demie passée au téléphone avec Aline, Laurette redevient disponible, son coup de fil à Jeannine coïncide avec celui que celle-ci vient tout juste de faire, en tentant pour une troisième

---

4. Mais le fait que *les Berger,* un téléroman populaire du début des années 1970, y soit nommé, parle de lui-même.

5. L'anglicisme « drillés » (forgé sur le verbe « *drill* » qui signifie faire faire de l'exercice à des militaires et qui peut référer à la façon de dresser un enfant à bien se tenir) est, bien évidemment, un usage joualisant – et savoureux ! – de l'approche autoritariste de Laurette dans sa conception de l'éducation des enfants « mous »…

fois de joindre l'infatigable commère. Pendant que les deux amies mettent au point les derniers détails de la fête de Madeleine (jamais visible ni audible), non sans avoir fait sentir le caractère chiche et plutôt expéditif de l'entreprise, l'autre Madeleine (visible et audible) essaie vainement de contacter par téléphone d'abord Laurette, puis Jeannine.

À la troisième tentative de Madeleine pour toucher le domicile de Laurette, celle-ci répond enfin, mais, croyant à tort qu'il s'agit de Jeannine qui la rappelle, déballe son sac sur la fête en préparation à une Madeleine interloquée. Une fois qu'elle a raccroché, Laurette prend aussitôt conscience de sa bourde, alors que Madeleine, livrée à elle-même, est dans tous ses états : « C'tu ma fête ! C'tu ma fête , pis j'le sais pas ! » (*SS*, 83) Parallèlement aux appels de Madeleine à la téléphoniste et au poste de police (!) pour s'enquérir de la date, et qui finit par comprendre que le 19 janvier ne peut décidément pas être sa journée d'anniversaire, Laurette atteint Jeannine pour lui faire part de sa gaffe. Ces deux dernières en viennent à la décision de fêter ensemble les *deux* Madeleine, pour éviter les explications gênantes à l'endroit de la Madeleine qui n'était pas dans leurs plans de départ, et qui n'avait même pas été invitée à la petite fête, d'ailleurs... Elles conviennent de doubler la cote-part du groupe pour l'achat d'un cadeau – une chaîne plaquée or pour chaque femme – et de se contenter d'un seul gâteau pour les deux. De son côté, Madeleine, une fois convaincue de la méprise de Laurette, cherche à la joindre, mais sans succès, puisque celle-ci est en grande conversation avec Jeannine. C'est cette dernière, à la suite d'un échange aigre-doux sur la situation délicate... et sur le pluriel des noms propres, qui est chargée par Laurette de mettre les choses au clair avec « la fausse fêtée ».

Mais, sur le coup, Jeannine n'a pas de chance, car Madeleine a décroché son appareil, par crainte d'avoir à s'expliquer sur sa passivité dans les circonstances, n'ayant pas dénoncé immédiatement le malentendu. Puis Madeleine se ravise, et c'est alors que Laurette, croyant appeler la fêtée du jour, compose le numéro de l'autre, ce qui ne fait qu'ajouter à l'imbroglio. Ensuite, c'est au tour de Jeannine, après deux essais infructueux, de rejoindre Madeleine, pendant qu'en parallèle, Laurette va découvrir en parlant avec une certaine Georgette que la situation est plus explosive qu'elle ne l'avait d'abord cru.

Laurette rappelle aussitôt Jeannine, qui s'amuse d'abord à ses dépens en affectant d'être Madeleine, mais qui prend vite connaissance de la tuile qui leur tombe dessus : « Madeleine Michaud pis Madeleine Simard se parlent pus depuis quinze jours ! Madeleine Simard est partie avec le chum de l'autre ! » (*SS*, 104) Il n'est donc plus question de fêter ensemble les deux Madeleine. De son côté, Madeleine Michaud a elle-même déduit que le 19 janvier est la date d'anniversaire de sa rivale, « la charogne à Madeleine Simard ! » Et Madeleine de téléphoner à Laurette pour lui faire comprendre sa façon de penser, teintée de paranoïa, et pour l'avertir de ses intentions malveillantes, maintenant que le lieu et l'heure de la surprise-partie, et surtout l'identité de l'autre fêtée lui sont connus.

Laurette, pour cause, et Madeleine, toujours sur sa lancée de mises au point, essaient toutes deux d'atteindre Jeannine. C'est Laurette qui touche le but la première et qui la presse d'annuler l'événement, de peur que le tout dégénère en bataille rangée. Mais Jeannine propose plutôt de changer de restaurant, pendant que de son côté, Madeleine, toute à ses noires pensées, ronge son frein et s'en promet de belles.

Mais Laurette, une fois qu'elle a quitté Jeannine, décide quand même, contre l'avis de son amie, de rappeler la « pauvre Madeleine » pour l'avertir du changement de programme. Trop absorbée dans ses plans de vengeance, Madeleine laisse sonner le téléphone, puis décroche sans répondre à Laurette, épouvantée, qui l'entend ainsi se livrer sans vergogne à ses fantasmes assassins. Jeannine, se doutant de l'initiative de Laurette – « C'est pas un cœur qu'a l'a, c'est un bonbon fondant ! » (*SS*, 112) –, va tenter, bien sûr sans succès, de rejoindre l'une et l'autre, et celle-ci plutôt deux fois qu'une, pour finir par s'en laver les mains : « Ah, pis qu'y s'arrangent !!! » (*SS*, 115) Et la pièce de se terminer sur une Madeleine en pleine crise de rage, sourde aux appels d'une Laurette accrochée à son récepteur.

À double tranchant

Ce n'est pas la première fois que le téléphone sert à Michel Tremblay de révélateur des difficultés et des aléas de la communication dans la vie courante. On se souviendra de la conversation (ou, plutôt, du monologue) téléphonique de Germaine Lauzon, dans les premiers moments des *Belles-Sœurs*, alors que la gagnante d'un million de timbres-primes fait état à sa sœur Rose de tout ce qu'elle compte se procurer. Dans la même pièce, un peu plus loin au premier acte, Rose Ouimet répond à un appel destiné à la fille de Germaine, Linda, auquel cette dernière n'aura accès qu'au deuxième acte, soit une bonne heure plus tard, lorsque sa tante se rappelle fortuitement qu'elle est « demandée au téléphone »… Ailleurs, dans *Hosanna*, Claude Lemieux est, une fois revenu panser ses plaies dans son appartement, relancé au téléphone par une Sandra qui cherche ainsi à prolonger son plaisir sadique, et à vérifier de vive voix l'humiliation de sa rivale auprès de Cuirette. Avec, en contre-partie, la colère bien tassée d'une Hosanna hors d'elle-même [6].

Le téléphone est ainsi d'un usage à double tranchant. Il permet d'économiser des pas et d'échanger sur tout et rien, suivant la solide tradition villageoise du commérage, mais il peut vite devenir un instrument de torture, qui vient envahir sans crier gare votre espace privé, vous sommer de répondre, d'être là, à disposition. Le téléphone rend service et, par un effet pervers de son instrumentalité apparemment inoffensive, il asservit et il rend vulnérable quiconque en possède un à l'envahissement d'une parole extérieure, pas toujours bienveillante, parfois même inquisitoriale, souvent perturbante. C'est que, comme l'a fait remarquer Marshall McLuhan, « le téléphone est une forme de participation, qui suppose un partenaire, avec toute l'intensité de la polarité électrique [7] ». Et, sans vouloir jouer sur les mots, on pourrait prolonger cette affirmation en disant qu'invariablement l'usage du téléphone met de l'électricité dans

---

6. « Certaines personnes peuvent difficilement avoir une conversation téléphonique même avec leurs meilleurs amis sans se mettre en colère », note pertinemment Marshall McLuhan, dans *Pour comprendre les média* (traduction de l'anglais par Jean Paré), Montréal, Éditions HMH, coll. « H », 1969, p. 293.

7. Marshall McLuhan, *op. cit.*, p. 294.

l'air. Comme tous les autres prolongements technologiques de l'être humain, le téléphone a deux faces, l'une bénéfique, l'autre potentiellement maléfique.

Prenez cette pauvre Madeleine : le hasard malencontreux d'un coup de fil qui ne lui était pas destiné va la pousser dans une direction de plus en plus incontrôlable, jusqu'à la folie verbale de nature meurtrière, tellement elle se trouve entortillée dans l'écheveau des appels et contre-appels sur lesquels elle n'a pas de prise. Certes, Madeleine aurait pu tout de suite lever l'ambiguïté naissante, mais son dilemme – dire qui elle est et ne pas être fêtée ou ne pas le dire et profiter de l'aubaine – amorce l'irrémédiable. Les maladresses de Laurette font le reste.

Il y a, de la sorte, une puissante force latente de destruction dans la parole libérée de la possibilité de validation du regard et du face à face. Au téléphone, l'énonciation se fait pour ainsi dire à l'aveuglette, avec tous les risques inhérents à une telle confiance aveugle, sans laquelle, pourtant, personne n'oserait donner un coup de fil. Sous des dehors de pièce écrite, pourrait-on croire, par-dessus la jambe, *Surprise ! Surprise !* expose un arrière-plan fondamental de la socialité moderniste. Le téléphone que certains considèrent comme le « sport » préféré de la femme d'intérieur, du moins au Québec, permet à Tremblay de radiographier, avec une féroce virtuosité, les dérèglements qui menacent en effet jusqu'au plus simple acte de communication…

En campant un univers qui, pourrait-on croire, ne tient qu'à un fil, à travers un flot verbal livré aux ratés et aux hoquets de la discontinuité, l'auteur reste fidèle, plus qu'il n'y paraît à première vue, au travail formel de dislocation du langage qui est le sien dans l'ensemble du Cycle des *Belles-Sœurs*. De plus, ses trois ménagères mal engueulées restituent, sur un mode burlesque très percutant, ce qui littéralement *travaille* de l'intérieur les êtres esseulés de ce monde volontiers replié sur lui-même, assujetti à des lois cruellement implicites.

Aussi, la frustration, omniprésente, n'attend-elle qu'un banal incident déclencheur pour envahir tout l'espace du clan. En cela, Madeleine est bien une des « belles-sœurs » de Germaine Lauzon : la violence qu'elle subit vient d'un vieux fonds d'aliénation commune, où chaque entité participe solidairement, jusqu'à l'absurde, de la totalité. Et, dans un tel monde, personne ne se sent *responsable* de l'autre, ce qui ouvre la porte à toutes les catastrophes, involontaires ou non. Il est des croisements, téléphoniques comme ici, ou comme ailleurs dans le choc des espaces-temps, qui révèlent la substance affolée de la collectivité. Sauf à vouloir s'en laver les mains, comme l'affirme Jeannine (mais est-ce seulement possible ?), personne n'en sort indemne. Avons-nous dit « surprise » ?

SAINTE CARMEN DE LA MAIN

JEAN-FRANÇOIS CHASSAY

Éloge du faux

> J'la connais par cœur, la Main, c'est ma mère ![1]

On remarquera non sans ironie que, des deux filles de Marie-Louise et Léopold, c'est Carmen qui verra son nom associé à la sainteté, en vertu du titre de la pièce que Michel Tremblay lui consacre, alors que sa sœur dévote sera liée à la damnation dès l'année suivante, avec la pièce qui a clôturé provisoirement, en 1977, le Cycle des *Belles-Sœurs* : *Damnée Manon, Sacrée Sandra*. Bien qu'il ne faille pas prendre le titre des deux pièces au pied de la lettre, il reste que bien peu de spectateurs auraient pu imaginer, lorsque Carmen quitte sa sœur, bien décidée à l'oublier, à la fin de la représentation d'*À toi, pour toujours, ta Marie-Lou*, qu'elle réapparaîtrait, quelques années plus tard, auréolée par la gloire et, surtout, par la mission qu'elle se donne : « sauver » la *Main* et aider ceux qui la peuplent à se découvrir une fierté et à se sortir de la misère existentielle.

La révolte avortée

Chanteuse vedette au Rodéo, Carmen part six mois à Nashville pour se perfectionner. La pièce commence au matin de son retour, qui coïncide avec un lever de soleil particulièrement spectaculaire : « Le soleil est v'nu au monde comme un coup de poing rouge au bout d'la Catherine ! » (*SCM*, 6) Pour le chœur de la *Main*, calqué sur celui de la tragédie grecque, le concours de circonstances n'a rien de fortuit : « C'est aujourd'hui que

---

1. Michel Tremblay, *Sainte Carmen de la Main*, Montréal, Leméac, coll. « Théâtre », n° 57, [1976] 1989, p. 60. Toutes les citations renvoient à cette édition.

Carmen revient pis le soleil a décidé de fêter ça ! » (*SCM*, 10) Sandra et Rose Beef devanceront d'ailleurs les propos de Bec-de-Lièvre, l'habilleuse de Carmen, en supposant que le nouveau costume de cette dernière est beau « comme le soleil [2] ».

Carmen revient transformée de son séjour à l'étranger. L'amélioration de ses techniques vocales et scéniques se double d'un changement de style. Convaincue de la nécessité de s'adresser directement aux gens de la *Main*, elle s'est mise à la composition.

Son enthousiasme est tempéré par la présence de Tooth Pick, qu'elle déteste et qui la hait depuis qu'il lui a fait sans succès des avances, et par les mesquineries de Gloria, ex-vedette de la *Main*, supplantée par Carmen, et qui veut reprendre la place qu'elle considère être la sienne. Cela n'empêchera pas la chanteuse d'obtenir un triomphe et de bouleverser son public, qui se reconnaît à travers ses textes, notamment celui de la dernière chanson, portant explicitement sur la *Main*. Ce succès provoque la colère de Maurice, son patron et amant, qui n'a pas apprécié le climat dans la salle et, surtout, les incitations contenues dans la dernière chanson. « C'est ben beau d'aider le monde à se réveiller, mais un coup qu'y sont réveillés, que c'est que tu fais avec ! » (*SCM*, 59) Il somme Carmen de choisir : elle retire cette chanson de son répertoire ou les portes du Rodéo lui seront dorénavant fermées. Elle résiste et lui crie : « J'pourrais ben passer du creux de ton lit à la tête de tes ennemis. » (*SCM*, 64)

Son triomphe sera de courte durée. Sur les ordres de Maurice, Tooth Pick assassine Carmen à coups de carabine pendant qu'elle se trouve sous la douche, et reporte le meurtre sur le dos de Bec-de-Lièvre, tout en profitant de l'occasion pour rabaisser la chanteuse auprès de son public, en laissant croire qu'elle les ridiculisait et les méprisait. La pièce se termine par le retour spectaculaire et criard de Gloria, qui reprend ainsi sur scène la place de celle qu'elle considérait comme sa rivale.

---

2. Dans la religion chrétienne, on appelle « soleil » l'ostensoir dont la partie supérieure s'irradie en forme de soleil et au centre duquel on enchâsse l'hostie pour l'exposition du saint sacrement. Cette définition du mot mérite d'être soulignée dans la mesure où Carmen semble investie, par les gens de la *Main*, d'un rôle messianique, et où son spectacle, le soir de son retour, rappelle la communion.

Présentée une première fois en juillet 1976 au Festival artistique organisé parallèlement aux Jeux olympiques, *Sainte Carmen de la Main* connaîtra une fin abrupte[3]. Reprise deux ans plus tard, au Théâtre du Nouveau Monde, dans une nouvelle mise en scène d'André Brassard, la pièce aura alors beaucoup plus de succès, aussi bien auprès du public que de la critique.

L'espace montréalais

On le sait, tout l'œuvre de Michel Tremblay, tant dramatique que romanesque, se déroule à Montréal, essentiellement dans le quartier Mont-Royal et boulevard Saint-Laurent. De toutes ses pièces, *Sainte Carmen de la Main* est sans doute – avec *En pièces détachées* – l'œuvre où la place physique de Montréal, le décor urbain, est le plus marqué. Peut-être est-ce en ce sens qu'il faut comprendre Michel Tremblay lorsqu'il déclare : « Sainte Carmen, c'est ma pièce la plus locale[4]. »

Dans la mise en scène de 1978, le clinquant de la *Main*, avec ses néons, éclairait une foule qui, si elle évoque de manière explicite le chœur du théâtre grec, représente également, tout simplement, la foule urbaine. Cette utilisation de l'espace urbain, de l'agora (Saint-Laurent/Sainte-Catherine), rend encore plus spectaculaire l'utilisation des structures de la tragédie grecque.

Parler de la ville ne va pas de soi. « L'effet de vérité » est sans cesse perverti par le travail de sape des signes urbains.

> Si la ville est essentiellement un espace de désorientation, de mystifications, de trompe-l'œil, de signes pervers, si tout y est faux – alors aussi tout y est vrai,

---

3. Présentée par la Compagnie Jean-Duceppe, qui avait bénéficié d'une subvention de 90 000 $, la pièce fut retirée de l'affiche après trois représentations seulement, sans que l'auteur et le metteur en scène aient été consultés. Selon les explications officielles, le directeur de la compagnie aurait fait cesser les représentations aussitôt sous prétexte que les critiques étaient mauvaises. Selon certaines sources, les raisons auraient d'abord été d'ordre économique. (Voir Martial Dassylva, « La deuxième chance de "Sainte Carmen de la Main" », *La Presse*, 13 mai 1978, p. D-1.)

4. *Loc. cit.*, p. D-5.

mais de cette vérité qu'ont la fiction la plus hallucinante, le rêve le plus exaltant et les fragments les plus détachés de leur contexte[5].

C'est par cet alliage de vrai et de faux, de profondeur et de *kitsch*, que Carmen devient pathétique. Elle veut sauver la *Main*, mais y a-t-il, justement, un quartier ou une rue plus représentatifs de Montréal que la *Main* ? On a beaucoup évoqué, à propos de cette pièce, la situation du Québec. On a vu dans la mission de Carmen une parabole de la situation québécoise. « The story is a political allegory. Carmen is Quebec », affirme *The Globe and Mail*[6], alors qu'Adrien Gruslin souligne l'importance de l'« aventure nationale » dans la pièce : « *Main* = Québec, Carmen = mission salvatrice[7] ». Carmen est perçue comme « le premier personnage de Tremblay à s'intéresser à ses semblables et à vouloir changer la collectivité[8] », à « s'accepter soi-même, [à] s'exprimer, [à] prendre en main sa propre destinée[9] ». Compte tenu de la situation politique qui prévalait au moment où la pièce a été jouée – d'abord quatre mois avant l'élection du Parti québécois, puis au milieu de son premier mandat, moins de deux ans avant le référendum –, cette interprétation s'explique. Il reste cependant que Carmen ne prend tout son sens que si on l'inscrit dans une problématique proprement urbaine.

C'est à travers le réseau de signes contradictoires et mensongers de la ville – et de la *Main* dans ce qu'elle symbolise pour la ville – que Carmen cherche à faire entendre une parole vraie. En ce sens, le cadre de

---

5. Pierre Nepveu, « Montréal : vrai ou faux », *Lire Montréal*, Département d'études françaises, Université de Montréal, 1989, p. 15-16. Des raisons historiques font de Montréal une ville répondant particulièrement bien à cette interprétation. L'article de Pierre Nepveu en rend compte. Rappelons par ailleurs, pour mémoire, que Montréal n'est pas une ville « naturelle », née du rassemblement naturel des hommes, mais une ville intentionnelle, pensée à distance et investie d'un sens et d'une mission sacrée.

6. Ray Conlogue, « Tremblay is a playwright in search of a soul », *The Globe and Mail*, 3 mars 1978, p. 16-17.

7. Adrien Gruslin, « "Sainte Carmen", une version améliorée », *Le Devoir*, 25 mai 1978, p. 14.

8. Gilbert David, « Sainte Carmen de la Main », Cahiers de théâtre *Jeu*, n° 3, Montréal, Quinze, 1977, p. 72.

9. Jean Cléo Godin, « Tremblay : marginaux en chœur », dans Jean Cléo Godin et Laurent Mailhot, *Théâtre québécois II. Nouveaux auteurs, autres spectacles*, Montréal, Hurtubise HMH, 1980, p. 175.

la tragédie grecque n'est pas seulement la reproduction d'un modèle mais aussi la figure d'un manque, d'une puissance et d'une inéluctabilité qui lui échappera malgré tous ses efforts.

Comme Thérèse, personnage central d'*En pièces détachées* et de certains romans de Tremblay, Carmen cherche à échapper à la quotidienneté urbaine, non pas en quittant la ville, mais en s'enfonçant au cœur même de celle-ci [10], là où le travestissement, la mystification, la « guérilla sémiologique [11] » deviennent on ne peut plus ostentatoires. Si Thérèse échoue, les tentatives de Carmen s'avèrent beaucoup plus fructueuses, parce qu'elle joue le jeu de la fiction, acceptant un rôle (celui de la chanteuse western) qui lui réussit. Mais c'est par le biais de cette fiction, par le biais de l'artifice, qu'elle va tenter de révéler la *Main* à elle-même. Non pas en répudiant son rôle mais plutôt en l'accentuant : « J'ai l'impression d'être… quequ'chose de grand pis de fort… qui plane, pis qui regarde en bas en suivant le vent… » (*SCM*, 15) La simple chanteuse se transforme en héroïne puis, bien malgré elle, en martyre [12]. Les accents de vérité sont trop grinçants dans ce lieu. La *Main* se sera transformée superficiellement pour le grand retour de son idole – « Aujourd'hui, la Catherine s'est fait faire un lifting pis la Main s'est lavée ! Carmen est là ! » (*SCM*, 11) –, mais ce sont les seuls changements que peuvent supporter ceux qui, comme Maurice, détiennent le pouvoir.

Dans *Sainte Carmen de la Main*, la scène même est le lieu du mensonge. Les seuls événements « vrais » se déroulent en coulisses. Le spectateur n'entendra jamais la fameuse chanson de Carmen, puisque son tour de chant a lieu… pendant l'entracte. Il n'assistera pas non plus à l'assassinat perpétré par Tooth Pick. D'ailleurs, celui-ci s'empressera de

---

10. Les sentiments opposés ressentis par Thérèse à propos du Plateau Mont-Royal et du boulevard Saint-Laurent sont illustrés dans *le Premier Quartier de la lune*, roman qui clôt le (premier ?) cycle romanesque de Tremblay.

11. L'expression est empruntée à Umberto Eco, *la Guerre du faux*, Paris, Grasset, 1986, p. 127.

12. À ce propos, on a aussi fait un parallèle entre la *Sainte Carmen de la Main* de Tremblay et la *Sainte Jeanne des abattoirs* de Bertolt Brecht. Dans les deux cas, une femme cherche à changer l'ordre des choses et en paye le prix. Voir, à ce sujet, l'article de Gilbert David, *loc. cit.*, p. 70-73.

venir sur scène pour raconter sa propre version des faits, qui masque la vérité. Dans cet univers factice, la réalité, ce à quoi on ne peut échapper, est à l'abri du regard de la foule.

Tout ici paraît relever de la simulation, du mensonge, du maquillage : fausse, la puissance de Maurice, qui semble craindre Gloria, Carmen et Tooth Pick – après l'assassinat, ce dernier dira à son patron : « J'ai encore fait ta job à ta place, Maurice, j'espère que tu vas t'en rappeler » (*SCM*, 80) ; naïves, les illusions de Carmen, qui paraît croire qu'elle peut s'élever seule contre le pouvoir ; exagérées, les récriminations de Gloria contre son ancienne protégée, tout comme la haine de Tooth Pick à l'égard de celle-ci – elle a ri de lui un jour parce qu'il a un petit pénis… ; outrée, l'admiration sans bornes du public à l'égard de Carmen ; enfin, biaisées, les deux visions de la *Main*, l'une rédemptrice et idéaliste, l'autre cynique et méprisante, à propos desquelles s'opposent Carmen et Maurice. Et pourtant, on ne peut nier les accents de sincérité de ceux qui s'expriment dans la pièce. La vérité crue n'a aucun sens ici ; c'est à travers le mensonge (volontaire ou non), l'artifice, que chacun parvient le mieux à exprimer sa bonne foi, à faire croire à ce qu'il dit.

Rien ne symbolise plus le faux que le genre même qu'utilise Carmen pour faire passer son message : la chanson western. Genre populaire évoquant la montagne et les vastes plaines du Far West, le western se situe aux antipodes du monde urbain [13]. Si les thèmes de l'errance, de l'exil, du voyage, sont aujourd'hui très prégnants dans l'imaginaire urbain, ils n'ont pas les mêmes connotations que dans les westerns où la fuite vers les grands espaces et la liberté acquièrent une dimension épique tout à fait différente.

Carmen polarise ici les oppositions, sert de pont entre l'univers sombre de la ville – telle qu'elle apparaît dans la pièce – et la liberté propre à l'imaginaire de la chanson western, qu'elle tente de transposer et d'adapter à la vie de la *Main*. Mensonge, certes, puisque les individus qui

---

13. Le mythe du Far West permet également de superposer deux cultures dans la pièce : l'épopée western et la grande culture européenne, à travers la tragédie grecque. Entre ces deux grandes figures-clichés, la renommée de Montréal, située dit-on à l'intersection de deux cultures, prend une connotation singulièrement *kitsch*…

peuplent la *Main* n'ont rien des héros mythiques du Far West ; mais ce mensonge fait partie d'un processus de revalorisation de la *Main* et de ses habitants, auquel croit Carmen. Non sans raison, semble-t-il : ne sera-t-elle pas tuée elle-même de deux coups de carabine, comme dans la plus pure tradition du western ? Il faut croire que le projet pouvait effectivement se révéler dangereux… Maurice avait bien averti la chanteuse, de manière prémonitoire : « Tu te rends pas compte que c'que tu fais-là peut se retourner contre toé ! » (*SCM*, 58)

La voie ouverte par Carmen

La pièce se termine sur une note funèbre, par la mort de la chanteuse. Cette mort est « inévitable, fatale : c'est toute une société en place qui liquide Carmen par la main de Tooth Pick[14] ». L'amertume de cette finale ne doit pas cacher cependant que cette pièce, par rapport aux précédentes de Michel Tremblay, se révèle par certains aspects beaucoup moins sombre.

Dans *À toi, pour toujours, ta Marie-Lou*, Carmen ne désirait qu'une chose, « s'en sortir », et pressait sa sœur, sans succès, d'oublier elle aussi le passé et de se tourner vers l'avenir : « En dix ans, chus devenue une autre femme… » (*AT*, 39) Dans *Sainte Carmen de la Main*, les six mois à Nashville auront accéléré le processus. Dans l'univers du Cycle des *Belles-Sœurs*, Carmen est le premier véritable personnage d'artiste. Elle prend la parole au nom de la collectivité, fait le choix de son propre langage et, ce faisant, elle refuse de se transformer « en chanteuse "exotique", instrument passif d'une aliénation culturelle rentable mais dévalorisante[15] ». Au-delà de la métaphore politique, l'opposition entre Carmen et Maurice repose également sur le rôle et la place de l'artiste dans la société. Entre le défenseur d'une société de consommation passive, où le divertissement doit être roi et maître, et la chanteuse pour qui l'artiste est là pour susciter la réflexion, les ponts ne peuvent être rétablis. Le

---

14. Francine Noël, « Plaidoyer pour mon image », Cahiers de théâtre *Jeu,* n° 16, 1980.3, p. 42.

15. Jean Cléo Godin, « Tremblay : marginaux en chœur », *op. cit.*, p. 175.

travestissement, parce qu'il s'inscrit à l'intérieur d'une démarche artistique, occupe une nouvelle place chez Tremblay. La fiction de l'art vise à
révéler aux spectateurs une réalité sur eux-mêmes et se veut désaliénante.

Le rejet du passé, de la famille, n'a pas conduit Carmen à un cul-de-
sac, mais lui a permis de jeter un regard neuf sur la société. Après
tergiversations et réflexions, elle adopte finalement un point de vue
critique, et c'est ce qu'on ne peut lui pardonner. Maurice la fera donc
disparaître et préférera faire revivre une *has been*, en l'occurrence Gloria
qui, elle, n'a rien retenu de son « purgatoire artistique ».

Pour conclure, arrêtons-nous quelques instants sur l'onomastique. Le
Gloria est une prière de louanges. Parions qu'elle s'adresse, ici, plus à
Maurice qu'au public. *Carmen* est un chant, et un chant qui s'élève dans
cette pièce. *Carmen sæculare*, « chant séculaire », était à l'origine, dans
le texte d'Horace, une espérance de paix. Celle-ci se voit bafouée par le
chant séculaire de l'oppression, dans laquelle une certaine chanteuse,
dans *Sainte Carmen de la Main*, aura peut-être provoqué une brèche.

27

DAMNÉE MANON, SACRÉE SANDRA

GILBERT DAVID

Le sujet délirant

> Parfois, l'enfant de la grosse femme disait : « Tu parles encore tu-seul, Marcel. » Et ce dernier répondait en haussant les épaules : « Toé aussi, tu parles tu-seul ; j't'écoute pas ! »
> *La Duchesse et le Roturier*[1]

> la vie la vie l'autre dans la lumière que j'aurais eue par instants pas question d'y remonter
> *Comment c'est*[2]

Au commencement était le verbe. Il n'est d'œuvre qui ne trouve sa matrice dans une voix originaire, obscure pulsion primaire de laquelle sourd le désir de *prendre* la parole. Cette parole fondatrice – qui fait « corps » – est celle d'un sujet aux prises avec l'opacité de son existence, un sujet créateur qui veut, d'abord pour lui-même, en découvrir, sinon en inventer, le sens. Mais, très vite, la parole d'Un seul se scinde, se dédouble, s'ouvre au dialogue. Même le soliloque n'échappe pas, comme on le sait, au dialogisme[3].

Aussi, sauf dysfonctionnement grave de la psyché, on ne peut parler qu'à un Autre, en dehors de soi ou au sein de sa propre conscience, qui alors témoigne tout de même d'un clivage[4]. Toute création se nourrit d'un tel potentiel de scissiparité, plus ou moins exacerbée, du sujet. Le monde

---

1. Michel Tremblay, *la Duchesse et le Roturier*, Montréal, Leméac, 1982, p. 171.

2. Samuel Beckett, *Comment c'est*, Paris, Éditions de Minuit, 1961, p. 10.

3. Hamlet, dans son célèbre soliloque, se débat face à une alternative morale.

4. Par exemple, suivant Benveniste, entre un « moi locuteur » et un « moi écouteur » (cité par Patrice Pavis, à l'article « Monologue » de son *Dictionnaire du théâtre*, Paris, Messidor-Éditions Sociales, 1987, p. 250). À ce clivage linguistique, il faudrait ajouter celui du masculin/féminin.

de la rue Fabre grouille des *alter ego* (masculin, féminin, androgyne) et des projections artistiques (particulièrement dans l'univers du *showbiz,* mais aussi du côté des écrivains, des conteurs, des chanteurs à texte) du prolifique auteur montréalais.

Par ailleurs, on ne peut manquer d'être frappé par la récurrence des personnages qui font oxymores dans l'œuvre dramatique de Tremblay. Les personnages de plusieurs pièces se présentent en effet par paires et forment des couples aux composantes fortement contrastées, souvent contradictoires, dont la réunion dit plus que chacune des parties prise isolément. Il en est ainsi de Marie-Louise et Léopold, de Carmen et Manon, dans *À toi, pour toujours, ta Marie-Lou,* de Claude et Raymond, dans *Hosanna,* de Carmen et Maurice, dans *Sainte Carmen de la Main,* de Jean-Marc et Luc, dans *les Anciennes Odeurs,* d'Albertine (bien qu'ici démultipliée) et Madeleine, dans *Albertine, en cinq temps,* ou de Marcel et Thérèse, dans *Marcel poursuivi par les chiens.*

Il en va de même pour Manon et Sandra. Confessions [5] entrecroisées d'une dévote et d'un travesti, *Damnée Manon, Sacrée Sandra* invite par ailleurs à s'interroger sur la fonction particulière qu'a le monologue dans cette pièce qui a tout d'une maïeutique – celle de la connaissance de soi. D'autant plus que, pour la première fois, l'auteur y jette bas le masque et se désigne nommément par le prénom Michel en tant qu'ultime desti-nateur de la fiction dramatique (contre la règle qui veut que le drame reste, le temps du moins de la représentation, sans scripteur apparent [6]).

Cet aveu, forcément distanciateur par rapport à la structure fermée habituelle du « drame parlé », ne va pas, paradoxalement, sans une affirmation narcissique où pointe la revendication d'une signature. Cela

---

5. Le mot est utilisé par l'auteur dans une didascalie. *Damnée Manon, Sacrée Sandra,* suivi de *Surprise ! Surprise !,* Montréal, Leméac, coll. « Théâtre », n° 62, 1977, p. 31. Doréna-vant, toutes les références à *Damnée Manon, Sacrée Sandra* renverront à cette édition.

6. On pourrait certainement parler d'un « pirandellisme » patent, couplé à certaines influences brechtiennes, dans le théâtre de Tremblay. L'ancrage réaliste de sa dramaturgie est, trait marquant de sa manière, l'objet d'une constante déstabilisation/déréalisation dont le spectateur doit prendre acte pour saisir les enjeux fondamentaux, au-delà de la trame, souvent triviale, de l'action.

se passe entre 1976 (année de l'écriture de *Damnée Manon, Sacrée Sandra*) et 1977 (année de sa création[7]), alors que Tremblay est, peut-on penser, en train de réévaluer l'ensemble passé (projeté ?) de son œuvre et qu'il fait savoir publiquement la « clôture » du Cycle des *Belles-Sœurs*, amorcé en 1965[8].

En fait, *Damnée Manon, Sacrée Sandra* exhibe une première fracture, de nature explicitement autoréflexive, dans l'élaboration en cours du monde de Michel Tremblay. La fiction dramatique s'énonce cette fois comme issue d'un sujet en quête d'une authenticité qui puisse transcender le destin de ses créatures antinomiques. Dès lors, une fois réaffirmée son existence singulière de locuteur, tenant et aboutissant de son œuvre, sinon véritable démiurge[9], l'auteur des *Belles-Sœurs* pourra s'orienter vers la reconnaissance plus ou moins autobiographique de son lieu d'origine, en devenant, entre autres, le chroniqueur bienveillant de la grande famille mi-réelle, mi-inventée de la rue Fabre.

D'où cette espèce de liquidation ontologique à laquelle « Michel » soumet deux des figures archétypales de son monde, sous la forme d'un montage en parallèle d'instances psychiques du Moi, à savoir le Surmoi (Manon) et le Ça (Sandra). La pièce est donc le lieu privilégié d'une crise ouvertement intime, et d'une tentative de dépassement du blocage névrotique qui la constitue.

Or ce conflit, comme j'essaierai de le démontrer, n'est pas que personnel. Il renvoie à une crise des valeurs autrement plus générale, typique de la culture (post)moderne : en se substituant à Dieu, l'individu

---

7. *Damnée Manon, Sacrée Sandra* a été créée le 24 février 1977, au Théâtre de Quat'Sous, dans une mise en scène d'André Brassard, avec Rita Lafontaine (Manon) et André Montmorency (Sandra).

8. On sait que cette « clôture » n'aura pas vraiment lieu, Tremblay ayant choisi d'ouvrir le chantier des « Chroniques du Plateau Mont-Royal », dont le premier volet, *La grosse femme d'à côté est enceinte*, paraît en 1978, et que le Cycle des *Belles-Sœurs* lui-même connaîtra les prolongements que l'on sait avec, notamment, *Albertine, en cinq temps*, en 1984, et *la Maison suspendue*, en 1990.

9. À l'époque où, vraisemblablement, il écrit *Damnée Manon, Sacrée Sandra*, Tremblay avoue candidement en entrevue : « J'suis en train de faire un ego trip à trente-quatre ans au lieu de le faire à dix-huit ans. J'suis en train de me prendre pour Dieu ces temps ci... ». Thérèse Arbic, « Entrevue avec André Brassard et Michel Tremblay », *Chroniques*, n° 22, Montréal, octobre 1976, p. 19.

moderne voit s'ouvrir devant lui le gouffre de sa liberté, dans l'exaltation et l'angoisse de n'avoir plus que lui-même comme raison dernière de son destin. Entre le silence de Dieu et le vertige hédoniste, le sujet s'abandonne au double délire de son être désormais clivé pour finir par commander, tel un *deus ex machina*, l'assomption conjointe de la folle de Dieu et de la folle du cul.

À double titre

Avec ses deux prénoms féminins (Manon/Sandra), précédés chacun d'une épithèque assonancée, le titre paratactique *Damnée Manon, Sacrée Sandra* établit un parallélisme que confirme la structure en contrepoint de la pièce. Plus encore, le titre construit, sous couvert d'une double apostrophe affectueuse et familière [10], un paradigme oppositionnel (damnée/sacrée) et un double oxymore qui annoncent la trajectoire discursive des deux personnages : pendant que la « sainte » Manon s'enfoncera dans sa religiosité fétichiste pour déboucher bientôt sur une pathétique supplication, l'« obscène » et toujours entreprenante Sandra trouvera le chemin sacralisé de ses origines où l'attend « le p'tit Michel », désigné maître des jeux de la rue Fabre et insigne dépositaire des confidences des femmes qui habitent cette artère. De sorte qu'en noire complice de Manon – « ma sœur... ma jumelle », affirme le travesti (*DS*, 62) – et au terme de sa propre mise à nu, Sandra, maintenant identifiée comme prête-nom de Michel, encouragera la pieuse vierge à s'abandonner à l'extase mystique qui conclut la pièce sur une éblouissante et déconcertante apothéose : « R'garde, Manon ! R'garde ! Sa Lumière s'en vient ! » (*DS*, 66)

Monologues lyriques, espaces épiques

Mais, avant de chercher à comprendre pourquoi l'auteur a recours, contre toute vraisemblance, à une telle finale, qui tient littéralement du

---

10. L'auteur puise dans l'usage populaire québécois les interjections familières que sont « damné » et « sacré » qui, appliquées à des personnes, ont une connotation volontiers empathique, sinon valorisante. Le créateur de Manon et de Sandra indique par là son attitude foncièrement compatissante à l'égard de l'humanité, attitude à laquelle fait écho le cri du cœur de Sandra/Michel : « si vous saviez comme j'vous aime ! » (*DS*, 62)

miracle, il vaut la peine de se pencher sur la forme même de cette pièce particulièrement ambivalente, qui tire sa force du tressage de deux modalités expressives : le mode lyrique et le mode épique.

Pièce en un acte à deux personnages, *Damnée Manon, Sacrée Sandra* comprend deux macroséquences. Dans la première (*DS*, 27-59), de loin la plus longue, Manon et Sandra s'ignorent l'une l'autre et, sauf pour deux répliques qu'elles disent à l'unisson (*DS*, 30-31), elles occupent chacune une sphère autonome d'où s'écoulent alternativement les mots de leurs soliloques parallèles. La seconde macroséquence (*DS*, 60-66), qui conduit à la fin de la pièce, débute avec la réplique-pivot de Sandra qui révèle son identité masculine d'origine et, surtout, qui établit un lien génératif entre Manon et le « p'tit Michel » devenu Sandra : « Manon qui était née le même jour que moé, presque à la même heure et à qui j'ai donné toute la passion dont j'étais capable, enfant fou que j'étais, son jumeau né d'une autre mère mais pareil à elle. » (*DS*, 62)

Si toute action dramatique est absente de la première macroséquence, on ne saurait en dire autant de la deuxième, très courte, alors que tout va se précipiter, puisque Sandra, après avoir significativement affirmé : « Si Manon avait pas existé, je l'aurais inventée » (*DS*, 63), se positionne par la suite, à la fois comme adjuvante (de la quête euphorique de Manon), et comme bénéficiaire projetée de l'ascension, pour ne pas dire de l'illumination de Manon, d'une manière qui ne laisse aucun doute sur l'implication de l'auteur, alias Michel : « Amène-moé avec toé parce que moé non plus j'existe pas ! Moé aussi j'ai été inventée ! » (*DS*, 66)

L'absence de conflit interhumain dans cette pièce délibérative ne doit pas amener à conclure à l'inexistence d'un enjeu dramatique. En effet, c'est la structuration musicalisée du duo (mode lyrique) ainsi que l'utilisation spatiale du montage narratif (mode épique), qui prennent ici la place du conflit conventionnel. D'un côté, « toute vêtue de noir », Manon, « dans sa cuisine complètement blanche », se bercera en racontant les hauts et les bas de sa foi, tout en interpellant Dieu directement. De l'autre, Sandra, « dans sa loge complètement noire […] un travesti tout vêtu de blanc » (*DS*,37), se lime les ongles en faisant étalage de ses fantasmes de grande séductrice blasphématoire, dans l'attente de son amant noir.

Ainsi, Manon monologue vers le dehors – sa folie est excentrique – pendant que Sandra monologue vers le dedans – son désir est narcissique, quoique apparemment tourné vers « Chwistian ». Toutes deux visent un interlocuteur, lointain ou immédiat, qui assure à la parole individuée son nécessaire dynamisme. S'il est une tension des voix entrelacées, elle se trouve dans cet antagonisme topique des interlocuteurs, le « Dieu caché » – le « Haut » – de Manon et le « Christ noir » – le « Bas » – de Sandra. Les deux personnages sont donc confrontés à une absence abstraite/concrète. Et Manon et Sandra cherchent à se perdre dans le vide spirituel/sexuel d'une existence fixée dans des normes sociales mutilantes : l'annulation du corps pour la première (par idéal religieux), la surenchère érotique pour la seconde (par autodétermination de sa liberté).

Cependant, la juxtaposition apparente des deux discours n'empêche pas, au contraire, la contamination de l'un par l'autre, et vice versa. Manon érotise sa relation à Dieu jusqu'à la perversion fétichiste, alors que Sandra, toute à son rituel de souillure et à son culte de l'abjection, aspire néanmoins à la pureté virginale. Nous y reviendrons.

Au-delà de la thématisation de l'abjection et du sacré, commune aux deux personnages, tant le monologue de Manon que celui de Sandra convergent, dans la mesure où ils sont sous-tendus par le projet latent de Michel d'aller au bout de la connaissance de sa propre subjectivité. Par là, le conflit interhumain est suspendu mais non évacué, en ce que le drame devient plutôt un examen de conscience par réfraction, à travers la projection symbolique de deux *parleries* qu'effectue un « Michel » omnipotent, et que, par conséquent, il peut diriger à sa guise. Tout à fait conscient du caractère fabriqué, voire instrumental, de la situation de parole, l'auteur n'hésite pas à intervenir en bout de ligne en choisissant une résolution magique, proprement fantastique, qui dénonce objectivement l'impuissance de ses créatures. Le coup de théâtre final de l'élévation de Manon vers la divinité qu'elle vénère (cela reste toutefois ambigu) fait figure d'arrachement soudain au principe de réalité et apparaît ainsi comme un coup de force, une solution autoritaire (épithète qui a la même racine qu'auteur, justement) de Michel pour parer à l'angoisse engendrée par « la catastrophe où il est condamné à vivre[11] », situation qui définit, selon Peter Szondi, « le drame de l'homme privé de liberté[12] ».

Manon et Sandra apparaissent en fin de compte, par l'effet de rétroaction que déclenche la divulgation de leur nature fictive, « inventée », comme les porte-parole de Michel. À ce titre, celui-ci se sert de ses personnages, qui se voient donc privés d'une partie de leur autonomie. Pourtant, par son fonctionnement épique, la pièce garde toute sa puissance critique et elle n'est aucunement affaiblie par l'irruption inattendue d'un auteur qui ouvre délibérément son jeu et se montre dans sa projection impudique sur ses personnages. Il faut se rappeler que « le monologue s'adresse en définitive directement au spectateur, interpellé comme complice et voyeur-"auditeur"[13] ». En ce sens, Michel Tremblay, en pratiquant un tel retour sur lui-même et en s'interrogeant sur sa responsabilité d'écrivain, n'annonçait pas vainement la fin d'un cycle. Mais cette « fin » a pour nous, aujourd'hui, valeur d'un point d'orgue, d'un tournant. Le signal d'un retour à l'enfance, à la scène originelle, que confirme la suite de l'œuvre.

Cela dit, le monologue dédoublé de *Damnée Manon, Sacrée Sandra* fonctionne en fait à deux niveaux, selon le destinataire qu'on envisage. D'une part, le premier niveau épique d'une narration où le véritable sujet de l'énonciation est l'auteur, c'est-à-dire Michel, qui fait raconter à ses personnages ce qu'il veut transmettre de leur histoire sous forme de récits de vie[14]. « La pulsion au monologue, remarque Jean-Pierre Sarrazac, tient dans le drame moderne de l'*anamnèse provoquée* : volonté des dramaturges de rétablir pour le compte d'hommes et de femmes que la vie sociale a réduits à un « être-là » inhumain, une mémoire biographique en

11. Peter Szondi, *Théorie du drame moderne* (traduction de l'allemand par Patrice Pavis), Lausanne, L'Âge d'Homme, 1983, p. 79.

12. *Ibid.*

13. Patrice Pavis, *op. cit.*, p. 251.

14. Qu'il soit bien clair que, dans notre esprit, il n'est pas question de confondre totalement le narrateur désigné « Michel » et l'auteur Michel Tremblay, même si la stratégie de ce dernier nous y pousse… Il y a dans cette posture, obliquement autobiographique et néanmoins masquée, un jeu fictionnel dont on ne peut être dupe, encore que ce brouillage identitaire en dise long sur la construction d'une « image de soi ». (Voir Philippe Lejeune, *le Pacte autobiographique*, Paris, Seuil, 1975, p. 165.)

forme de protestation [15]. » Ainsi, il existe dans la pièce de Tremblay toute une chaîne d'anecdotes remémorées, par exemple l'achat de l'énorme chapelet par Manon ou celui du vernis à ongle vert par Sandra, qui n'ont de sens qu'en tant qu'informations ou commentaires clairement destinés au public et, au-delà, à la société tout entière. À cet égard, on s'aperçoit que le narrateur omniscient des « Chroniques du Plateau Mont-Royal » montre déjà le bout de son nez, mais en ne faisant pas secret ici de son point de vue. Au théâtre, l'approche épique est forcément anti-naturaliste, sans pour autant relever de l'adresse au public (car celui-ci n'est jamais visé nommément dans *Damnée Manon, Sacrée Sandra*). En revanche, il y aurait certainement lieu de relever l'importance qu'y prend le gestus, appelé par la partition textuelle, gestus suivant lequel l'acteur-personnage est en mesure d'établir une relation spatiale particulière à l'endroit du public, en se plaçant « seul à seul » face à lui, selon une technique d'isolement frontal du personnage monologuant, utilisée fréquemment par Tremblay, des *Belles-Sœurs* à *Sainte Carmen de la Main*.

D'autre part, le second niveau appartient clairement au registre lyrique en ce que les personnages témoignent alors non de ce qu'ils ont vécu auparavant mais de ce qu'ils éprouvent dans l'instant. Certes, une partie de ce que Manon et Sandra racontent de leur passé se trouve réactivée émotivement dans le moment même où ils se remémorent, mais l'essentiel de leur présence singulière et de leur sensibilité propre passe dans leur régime verbal foncièrement exclamatif et hyperbolique. Leur parole se théâtralise en effet jusqu'à la caricature et se déploie en longues tirades excessives, intempestives, abréactives. À qui s'adressent, au fait, les vantardises libidineuses de Sandra et les appels désespérés de Manon ? D'abord à elles-mêmes, bien sûr. Il y a là, chez ces êtres exclus, ou du moins marginaux, la manifestation d'un incoercible besoin de se parler à soi-même pour chercher à se rassurer. De même, la revendication implicite de parler « tu-seul » à voix haute vise à provoquer le silence lui-même, au risque de passer pour folle, ce qui ne semble pas inquiéter outre mesure

---

15. Jean-Pierre Sarrazac, *l'Avenir du drame, Écritures dramatiques contemporaines*, Lausanne, Éditions de l'Aire, 1981, p. 132. C'est l'auteur qui souligne.

Sandra [16] et ce qui apparaît aller de soi pour la solitaire Manon qui a volontiers recours à la prière, une forme orale s'il en est. De cette manière, Tremblay déjoue à merveille l'invraisemblance rattachée au fait de parler seul, en juxtaposant deux espaces clos monochromes (cuisine complètement blanche / loge complètement noire), véritables *parloirs* intimes, tout à fait propices aux hallucinations et aux délires. Aux ratiocinations et aux ressassements [17]. Ainsi, l'espace intérieur de Manon et de Sandra ne fait qu'un avec leur espace extérieur. C'est dans ce double huis clos que la divagation se répand comme une seconde nature scandaleuse, nourrie d'artifices appuyés qui conduisent à la métamorphose de Sandra en « Immenculée Conception », et à la transe radicale de Manon, pourtant qualifiée par la précédente de « fausse sainte ».

Manon ou le délire d'anéantissement

Manon cherche à disparaître, à quitter ce monde qui l'agresse pour se fondre à jamais dans le Corps divin. Son premier énoncé dit sa foi sans partage : « La solution à toute… c'est le bon Dieu. » (*DS*, 27) Peu instruite, célibataire qui se fait prendre régulièrement pour une religieuse, Manon a gardé la foi naïve de son enfance. Elle se croit sous la protection à toute épreuve de son ange gardien – « pis ça s'adonne que le bon Dieu l'a armé comme un vrai soldat pour me protéger des méchants » (*DS*, 34) –, et on ne s'étonne pas qu'elle ait transformé sa chambre en chapelle ardente où elle a installé une « statue grandeur nature de la Vierge Marie » (*DS*, 41).

Manon est toujours en attente d'un *signe* de Dieu qui, naguère, n'a pas daigné lui reconnaître une vocation religieuse. Sa paranoïa, qui la coupe

---

16. Jouant sur le double sens du mot, le travesti s'exclame, dans les premières minutes de la pièce : « Maudit que chus folle ! » (*DS*, 30) Un peu plus loin, Manon laisse tomber au milieu de ce qui est son premier soliloque : « J'me suis mis à rire comme une vraie folle ! » (*DS*, 34)

17. Nul doute que Beckett soit passé par là, notamment l'auteur de *Oh les beaux jours*. Tremblay a beaucoup fréquenté les auteurs de l'Antiquité grecque, mais il n'a pas ignoré, loin de là, les modernes, d'Anton Tchekhov à Samuel Beckett, en passant par Bertolt Brecht, Luigi Pirandello, Eugène Ionesco… Évidemment, ces dramaturgies constituent un fonds intertextuel qui irrigue, plus qu'il ne la détermine, l'écriture dramatique de l'auteur de *Damnée Manon, Sacrée Sandra*.

du monde, prend sa source dans le silence mortifiant de la divinité. Aussi multiplie-t-elle les appels du pied – Manon ne se berce pas pour rien –, les reproches et les menaces à l'endroit de ce Dieu qui lui semble si indifférent, alors qu'elle n'est que dévotion à son égard. S'étant distribuée unilatéralement dans le rôle de servante de Dieu, Manon transfère son manque sur une panoplie d'objets religieux dont le gigantisme dénonce sa relation superstitieuse au surnaturel, et son idôlatrie. Trouve-t-elle par hasard sur son chemin un livre de messe au fond d'une poubelle, qu'elle interprète aussitôt cet incident comme un message divin lui enjoignant de se départir du gros chapelet qu'elle vient d'acheter à fort prix... pour ensuite se raviser, presque malgré elle, et non sans se sentir coupable – du moins jusqu'à ce qu'un autre « message » la rassure sur la légitimité de son achat ostentatoire.

Manon n'a pour ainsi dire d'existence que sous le regard omniprésent de Dieu, dont le silence la jette dans les interprétations les plus aberrantes et les explications les plus extravagantes. Mais si son délire obsessionnel, sa fixation, son fétichisme sont autant de symptômes d'un dérèglement qui s'offre à notre jugement, cela ne la prive pas pour autant de moments de grâce, ni d'un sentiment de félicité qu'alimente une certitude confondante que l'on pourrait nommer le syndrome de l'élue : « Si tout le monde comprenait ce qui se passe dans le monde comme moé j'le comprends... Mais y'en a pas gros qui savent comment déchiffrer les messages. *(Silence.)* On est pas beaucoup à comprendre. » (*DS*, 44)

C'est que Manon, dont la douce folie relève d'une aliénation matri-linéaire en tant que fille de Marie-Louise dans *À toi, pour toujours, ta Marie-Lou*, perpétue en elle le rejet du corps et de la sexualité de la mère, sans voir que cette mutilation inconsciente la pousse dans une religiosité compensatoire et dans un mysticisme perverti qui réclame son dû : « J'ai droit à mes jouissances ! J'y ai droit ! Chus t'habituée, asteur ! C'que vous me faisiez, j'aime ça pis je veux que ça continue ! On demande pas comme ça à une pauvre fille de se sacrifier pendant quinze ans pour la laisser tomber ensuite ! » (*DS*, 58) Une fatalité est ici à l'œuvre, alors que Manon pense avoir choisi ce qui, en fait, l'a choisie, du plus profond de son enfance, en l'asservissant à son démon intérieur et en lui assignant une tâche d'expiation du mal qu'incarne métonymiquement Sandra, c'est-à-dire « [Michel] ce p'tit gars-là que j'aimais tant pis qui a suivi sa cousine folle dans son enfer ! » (*DS*, 52) Sandra/Michel le sait bien en la désignant comme « [s]on antithèse, [s]a contraire » et en constatant : « À son allure j'ai tu-suite vu qu'est-tait inattaquable, inviolable, inabordable, lisse comme une pierre, glissante comme de la mousse, frette comme une banquise. » (*DS*, 63)

Inviolable ? Par un homme en chair et en os, on ne peut en douter. Mais non pas s'il s'agit du Dieu « pésant » de son énorme chapelet, au séduisant crucifix, ou de Celui qui fait sentir sa chaude présence, sublime vertige de l'autosuggestion, quelques instants à peine après que Manon a signifié, au sommet de son violent chantage, son désir d'anéantissement : « Vous devez savoir aussi ben que moé qu'y'a une partie de moé qui demande pas mieux que de se jeter dans le Grand Vide la tête la première ! Choisissez ! » (*DS*, 59)

Manon est littéralement prisonnière de sa parole schizoïde, enfermée dans sa croyance au point de fantasmer un rapt définitif, de souhaiter être aspirée pour de bon par Sa Volonté, elle qui n'a que trop « l'impression d'exister juste dans la tête de quelqu'un d'autre » (*DS*, 65). C'est alors que Michel, le créateur « révélé » de Manon et de Sandra, va prendre sur lui, dans un geste de compassion inouïe, de faire monter la dévote au « ciel » (mais n'oublions pas que le théâtre a aussi ses ciels de carton-pâte, ses cintres et ses machines) et d'en faire ni plus ni moins que la sainte Manon de la rue Fabre, parce qu'il a « trouvé quelqu'un de vraiment heureux à regarder vivre sa petite vie heureuse de souris heureuse au milieu de son enfance heureuse » (*DS*, 63). Et Sandra/Michel d'en conclure : « Pis ça me rassure. Sur tout. »

Si Michel a pris de la sorte le relais de Dieu – car rien ne prouve que celui-ci se soit manifesté *réellement*, sinon sous la forme ambiguë de la dernière didascalie, « une lumière très intense pendant cinq secondes » (*DS*, 66), que vient d'annoncer triomphalement Sandra, presque à la manière d'un régisseur de scène... –, il se trouve à assumer, sans fausse pudeur et à visage découvert, le privilège de tout créateur de décider à loisir du sort de ses créatures. Cette volonté de puissance en acte, que Nietzsche liait intimement au destin de l'art[18], permet de confirmer, s'il

---

18. Voir l'analyse éclairante que fait Martin Heidegger de « La Volonté de puissance en tant qu'art », dans son *Nietzsche*, tome I (traduction de l'allemand par Pierre Klossowski), Paris, Gallimard, coll. « Bibliothèque de Philosophie », 1961, p. 11-199.

en était besoin, que l'écriture dramatique de Tremblay relève d'une problématique de la postmodernité, non seulement parce qu'y est cultivée l'ivresse dionysiaque (parfois jusqu'au délire, comme on l'a vu), mais aussi en ce qu'y est combattue toute optique moralisante, si on veut bien se souvenir du fameux aphorisme nietzschéen : « Nous avons l'art, afin de ne pas périr de la vérité [19]. »

Sandra ou le délire de la séductrice

Accorder à Manon son salut éternel – dans l'ordre souverain de la fiction, s'entend – procède du respect total, bien ancré dans l'imaginaire de Tremblay, à l'égard de tout être qui vit d'absolu et qui va au bout de lui-même, souvent au prix de son équilibre mental ou de sa vie. Que l'on pense à ces « suicidés de la société » que sont, par exemple, Carmen et Marcel.

L'envers de cette existence, dans l'absolu et par lui, relève d'un univers du contingent, de l'accidentel et du dérisoire. Sandra habite ce monde sans foi ni loi, en en poussant la fausseté et la démence (à bien distinguer de la folie qui, elle, est visionnaire) jusqu'au paroxysme. Son délire est morbide, vulgaire, sinistre. Il empoisse.

Pourtant, peut-être parce que, contrairement à Manon qui a été « réinventée » par Michel, Sandra a valeur d'alter ego *et* de repoussoir, l'identité grotesque et hyperthéâtralisée du travesti garde quelque chose d'une folie généreuse et libertaire. Dure et tendre, Sandra connaît ses excès et ses faiblesses, de même qu'elle détecte comme pas une la médiocrité de son entourage [20], y compris chez son amant du moment que, par exemple, elle n'estime pas capable de décoder l'un de ses jeux de mots. Cynique et revenue de tout, Sandra revendique toutefois un mode d'être totalement irrationnel : « Moé, par exemple, j'connais pas ça, le pourquoi… de rien. Pis j'veux pas le savoir ! » (*DS*, 28), et elle affecte de ne reconnaître que l'obligation de séduire : « "Tout pour plaire, rien pour écœurer" telle est ma devise. » (*DS*, 38)

---

19. Cité par M. Heidegger, *op. cit.*, p. 195.

20. Sandra a cette remarque assassine à l'instant où elle vient de fantasmer la crucifixion verte de son amant : « Si le silence pouvait tout envahir ! La rue déserte, les télévisions éteintes, les radios mortes, les bébés gorgés de pablum, les parents bourrés de chips pis de coke, assoupis devant leur propre bêtise. » (*DS*, 46-47)

29

Mais ce qui définit la fibre intime de Sandra, elle le proclame elle-même d'entrée de jeu : « Y'a pas de qui, y'a pas de quand, de où, de pourquoi, la réponse, c'est toujours le cul. » (*DS*, 27) Sur ce thème de la sexualité dévorante et des appétits sans limite de la libido, Sandra est intarissable, au point de provoquer un malaise devant l'expression graveleuse de son sans-gêne. Il vaut la peine de rappeler ici que la célébration du cul pour le cul est indissociable de l'homosexualité, du moins dans les pratiques de ce qu'il faut bien appeler la sous-culture *gay*, en émergence dans les années 1970 en Amérique du Nord. Le travesti Sandra, en tant que manifestation obvie du faux-féminin, se pose ainsi en archétype provocant d'une sexualité élevée au rang de culte.

À cette époque d'avant le sida, le *gay lifestyle* éclate dans la culture occidentale comme une bombe hédoniste, vouée à l'éternelle et jouissante errance des partenaires d'un soir, à l'ivresse des corps anonymes et disponibles à volonté, au bonheur sans attache et sans responsabilités du principe de plaisir à perpétuité. S'il en est un, le scandale d'une vie consacrée à la recherche effrénée d'« une botte trois étoiles » (*DS*, 47) est inséparable de l'aura de souffre et d'interdit qui reste associée à l'homosexualité masculine. C'est une telle dérive sexuelle qui, de toute évidence, fascine et effraie Michel. D'où la contradiction à l'œuvre dans le personnage de Sandra qui n'a de cesse d'osciller entre les grandes manœuvres avilissantes de la folle séductrice et l'amour désintéressé de son prochain.

D'Eros, Sandra tire tous les artifices d'un rituel d'effacement de sa masculinité, qui l'occupe tout au long de sa confession devant « le miroir à trois faces comme la plupart du monde [qu'elle] fréquente » (*DS*, 38). Le seul organe à résister – on comprend pourquoi – à une telle entreprise de féminisation de son identité, c'est sa verge : « […] la seule chose que j'ai jamais déguisée… eh oui, c'est ma queue. […] Chus… resté ma queue. […] Chus pas une femme par goût, chus pas une femme par besoin, chus juste une viande entremetteuse au service d'un bas-ventre goinfre ! C'est la queue qui mène, moé, j'exécute ! » (*DS*, 54) Sandra ne saurait être plus éloquente sur sa fixation phallique…

L'existence du travesti, s'il faut l'en croire, est tout entière orientée vers la conquête d'amants, qu'elle songe d'ailleurs à momifier comme autant de trophées macabres : « Chus l'esclave de mes sens ! (*Elle éclate de rire.*) Quand chus pas en chasse, ou quand chus pas en train de fourrer, j'vis pas ! Le reste du temps c'est du remplissage. » (*DS*, 55) Un tel régime donjuanesque – même une fois lesté de sa part d'exagération que le seul discours de Sandra ne permet pas de vérifier, pour ainsi dire, sur pièces – montre pourtant une faille de taille, dans le fait que le travesti épie et *envie* Manon, en lui attribuant l'accès à une lumière, celle de sa foi, qui ferait tout son bonheur. Il est difficile de ne pas entendre, en creux de cette étonnante déclaration de solidarité organique – « Si tout ce que le monde me conte à son sujet est vrai, pis c'est probablement vrai, c'est ma jumelle, j'la sens, j'la sais, c'est moé, si tout ça est vrai, je l'envie ! Les gens heureux sont si rares. » (*DS*, 63) –, l'expression d'une nostalgie de l'enfance, dans cette période heureuse où le désir polymorphe ne s'est pas encore fixé sur un objet, et qui correspond, chez le garçon, à une fusion au corps maternel.

Cependant le délire de Sandra n'en reste pas au seul plan de la verbalisation outrancière de ses prouesses sexuelles et de l'arrogante affirmation de son état prétendûment permanent d'animal en chaleur. Le dérapage se fait sentir à travers la pulsion régressive qui détermine l'activité de maquillage de Sandra, avec en son centre un souvenir d'enfance : « J'ai revu ma cousine Hélène, quand j'étais petite et encore garçon, installée devant la commode de ma tante Robertine, qui se mettait du vernis à ongles vert ! Pour faire chier sa mère ! » (*DS*, 38 [21]) À partir de là se met en place, d'une manière impulsive qui laisse deviner le travail de l'inconscient, un rituel mimétique (par la reproduction de l'*imago* d'Hélène) qui exposera peu à peu l'attraction pour la souillure (avec ses nettes références anales [22]) et, plus fondamentalement, l'amour-haine de la mère.

---

21. Notons ici que les personnages d'Hélène et de Robertine existent depuis *En pièces détachées*. Ultérieurement, Tremblay leur attribuera réciproquement les prénoms de Thérèse et d'Albertine, tant dans les « Chroniques » que dans son théâtre.

22. Notons les occurrences textuelles suivantes du discours de Sandra : « J'assume toujours mes gestes ça fait que me v'là pognée à me beurrer le kisser pis les ongles avec d'la marde verte ! » (*DS*, 40) ; « J'arais quasiment envie de m'en mettre dans le cul à'place du K-Y ! (*Silence.*) Ceux qui disent que chus pourrite jusqu'au trognon araient raison là ! Le cul vert ! » (*DS*, 45) ; « Après, j'vas écraser dans mes mains c'qui va rester du vert à lèvres pis j'vas y enduire le sexe de sang vert. Mes mains… vont être vertes de sang collant… » (*DS*, 46).

Ainsi, le délire de séduction de Sandra est pour le moins trouble. D'être à tous (les hommes à mettre dans son lit) et à toutes (les « cent autres visages de femmes que j'ai composés » (*DS*, 54)) ne va pas sans une dépense d'énergie très vite intenable. Cette extrême dépense érotique est sans issue, tragique. Thanatos, sous la figure d'un « Christ noir », n'est pas destiné pour rien à des noces barbares (et incestueuses, remarquons-le) avec « Notre Mère à tous » (*DS*, 55), puisque Sandra ne peut échapper à son désir d'être le corps maternel, vierge et pur de tout attouchement, tout en s'offrant comme réceptacle d'une dessécration de l'Image sublimée mais « étouffante comme une journée de canicule » de son « énorme moman » (*DS*,62) : « Se soumettre au Noir en lui cédant, en lui sacrifiant l'image la plus pure, la plus sacrée de notre civilisation dégénérée. » (*DS*, 55)

On s'explique mieux alors le retournement du travesti qui, au moment même où il serait temps pour lui d'accueillir son beau Martiniquais, reporte son attention de « Sainte Sandra la Verte de la Vente de Feu » sur Manon, qui porte en elle la pureté de la vierge et qui est l'ombre portée de sa mère, Manon qui a pu en effet affirmer : « Vous avez exigé de moé que je perpétue ma mère qui était une sainte… » (*DS*, 57).

Sandra/Manon/Michel ne font donc qu'un. Mais cette unité supérieure se décompose en facettes contradictoires d'une identité en quête d'un *au-delà* à l'existence humaine, trop humaine. Tremblay, dans une œuvre qui n'a pas d'équivalent dans sa production à ce jour, se pose la question universelle de la finitude existentielle et celle, symétrique, de l'aspiration à une utopie salvatrice et apaisante. En même temps, malgré les apparences de son *happy end*, *Damnée Manon, Sacrée Sandra* ne résout rien. Car cette pièce s'achève sur une énigme, voire un *mystère*. Tentons de comprendre pourquoi.

30

La puissance de métamorphose

> Il semble que, dans l'évolution du mythe grec, les
> premiers homosexuels furent les hommes qui imitaient
> les femmes afin d'établir une relation aussi intime que
> possible avec la déesse suprême. Cette attitude était
> celle d'une société matriarcale d'où est issu le système
> religieux patriarcal avec Zeus à sa tête.
> *Jeu et Réalité* [23]

Sandra rêve d'une autre Genèse, d'un re-commencement, d'un Nouveau Testament qui se lirait, comme un livre ouvert, à même le corps crucifié de Christian sur son lit. Mais ces saintes écritures d'une humanité invertie qui régénérerait le monde font long feu. Comme s'il appréhendait l'impossibilité d'un tel renversement des choses, le travesti se réfugie bientôt dans la vision sordide d'une collection d'amants momifiés, ce qui en dit beaucoup sur la pulsion de mort qui tenaille cette fausse femme qu'une cruelle ironie fait se découvrir « déguisée en dose » (*DS*, 48).

Tout de suite après cette plongée dans le rêve éveillé de Sandra, Manon se débat avec le récit d'un rêve qui a tourné au cauchemar parce que s'y sont superposés un souvenir d'enfance de la « démone » Hélène et une image onirique de la statue grandeur nature de la Vierge Marie, affublée de lèvres et d'ongles peints en vert. Dans son rêve, Manon a d'abord été caressée par Hélène, qu'elle a ensuite fermement repoussée à l'idée du « péché », jusqu'à ce qu'à Hélène se substitue Michel, qu'elle prend dans ses bras, en l'accablant aussitôt de reproches : « Michel ! Michel ! Pourquoi tu l'as suivie, elle ! C'tait une folle ! R'garde c' que t'es d'venu ! Un dégénéré ! » (*DS*, 52)

Ce scénario onirique se laisse facilement décrypter, si on veut bien admettre que c'est Michel qui tire les ficelles de la pièce, et qu'il semble prendre un malin plaisir à brouiller les cartes en occupant simultanément la place des deux personnages, lesquels servent ainsi de supports à une autoanalyse dévastatrice et, ce faisant, à une exploration percutante du « malaise dans la civilisation ».

---

23. D. W. Winnicot, *Jeu et Réalité. L'espace potentiel* (traduction de l'anglais de Claude Monod et J.-B. Pontalis), Paris, Gallimard, coll. « Connaissance de l'Inconscient », 1975, p. 110.

Car, finalement, deux Lois s'affrontent au sein de *Damnée Manon,
Sacrée Sandra*. Celle de la déesse-Mère originaire, matrice de tous les
possibles et de l'Imaginaire, et celle du Père éternel mais absent, le Dieu
tyrannique et castrateur d'Abraham, de Moïse et de la Tradition révélée,
tous évoqués dans le discours de Sandra/Manon/Michel. Ce Dieu jaloux
dit toujours non à quiconque voudrait ne faire qu'Un avec la déesse, parce
qu'il entend fonder un ordre social, qui ne va jamais sans tabou. Reste la
transgression car, pour l'homme, le mystère féminin demeure entier,
comme son Autre qui, pourtant, l'habite déjà dans les replis de sa psyché.

Dans *les Stratégies fatales,* Jean Baudrillard note :

> Maquillage, narcissisme, séduction, hystérie attractive : formes sacrées de la
> concupiscence, forme volage et sacrée de l'événement pur que la femme
> constitue pour elle-même à chaque instant. Par tous les soins qu'elle prend, elle
> se métamorphose en elle-même continuellement. Que reste-t-il à l'homme que
> de chercher à travers elle cette puissance de métamorphose ?[24]

Damnée Manon, Sacrée Sandra ne constitue-t-elle pas la recherche,
non du temps perdu, mais d'une telle puissance de métamorphose ?
Michel n'est-il pas Sandra[25], le mime imparfait du féminin, qui va prêter
assistance à la métamorphose de Manon en « événement pur » ?

À la faveur d'une autoanalyse rien de moins qu'impudique, à laquelle
ne manque même pas le signal d'un enjeu inconscient[26], Michel Tremblay
fait plus et mieux qu'un drame de l'intime. En renvoyant dos à dos deux
délires, celui de la déesse-Mère à travers Sandra, celui du Dieu mutilant
à travers Manon, il invente une troisième voie qui transcende la topique

---

24. Jean Baudrillard, *les Stratégies fatales*, Paris, Grasset, coll. « Figures », 1983, p. 185.

25. Michel Tremblay lui-même a déjà souligné en entrevue l'importance qu'avait pour lui
la pièce qui nous occupe. À une question posée en 1981 sur la pièce préférée de sa
dramaturgie, il répondit : « *Damnée Manon, Sacrée Sandra*. Tout d'abord, c'est la pièce
dont je me sens le plus proche. Sandra c'est moi. » Jean-Michel Lacroix et Marie-Line
Piccione, « Entrevue avec Michel Tremblay dans la Maison de Radio-Canada », *Études
canadiennes*, 1981, p. 203. Cette référence est empruntée à l'étude inédite de Laurence
Joffrin sur « *Les Vues animées* de Michel Tremblay : une autre vision de l'autobiographie » (1992).

26. Ce que pointent indubitablement les deux seules répliques dites à l'unisson par Manon
et Sandra, avant le déclenchement de leur délire : « Des fois j'me demande à quoi
j'pouvais ben penser avant de penser à ça ! » (*DS*, 30) ; « J'm'en rappelle pus... j'tais trop
petite ! » (*DS*, 31)

inconsciente (Ça/Surmoi) et s'autorise à opérer une transmutation de toutes les valeurs. Cet au-delà est certes un monde d'apparences mais, passée l'épreuve du retour du refoulé et des fantasmes fatals, il initie à la Séduction pure, celle « qui vous arrache à votre propre désir pour vous rendre à la souveraineté du monde[27] ».

Dès lors, Manon peut s'élever vers son créateur, et Sandra, telle une pythie, peut bien proférer la formule oraculaire par excellence : « Sa Lumière s'en vient ! » Et, si le monde à venir garde encore son secret, Michel, au terme d'une courageuse liquidation de ses démons, se reconnaît comme suprême Illusionniste, en pleine possession de son pouvoir de métamorphose. Le théâtre, tendu entre un espace utopique et une volonté de puissance en tant qu'art, n'a pas d'exigence plus essentielle ni de résonance virtuelle plus fondamentale. À condition de se mettre à l'écoute de ceux qui ont pris le risque de parler « tu-seul ».

---

27. Jean Baudrillard, *op. cit.*, p. 204.

LES ANCIENNES ODEURS

LAURENT MAILHOT

Une pièce intimiste et romanesque

> Conte-moi une histoire comme quand j'étais dé-
> primé. Joue à mon père une dernière fois.
> Michel Tremblay, *les Anciennes Odeurs*

Le titre déjà est significatif : nostalgique et concret. Présence immédiate du corps (odeurs) en même temps qu'éloignement (retour) dans le
temps. Les deux protagonistes exhument [1] – ex-hument – « de vieux
souvenirs et d'anciennes questions » (*AO*, 10). On pense naturellement à
Proust ; il faut penser aussi à Baudelaire et à Süskind. À celui-ci surtout,
car Tremblay insiste sur « toutes sortes d'images qui [lui] rentrent par le
nez », savamment, systématiquement entrecoupées de silences. « J'sais
pas pourquoi le passé sent toujours si bon » (*AO*, 38). Le nez occupe ici
tout l'espace, ressuscite le temps perdu dans la cuisine, les draps, le vieux
fauteuil de cuir, le tabac, l'eau de toilette de Givenchy. « Sens-tu mon
parfum, là ? » (*AO*, 38)

N'est-ce pas là une fausse piste, trop facile, pour chiens domestiqués
plutôt que pour chasseurs sauvages ? On peut suivre à la trace toutes les
odeurs actuelles ou anciennes sans arriver nulle part, même en passant par
l'amour, le sexe, la jalousie, l'amnésie. On peut retrouver beaucoup de
« bons » souvenirs, mais où sont *les Beaux Souvenirs* sans *les Bons Dé-
barras* [2] ? Où est l'affection sans la désaffection ? Le parfum a besoin

---

1. Michel Tremblay, *les Anciennes Odeurs*, Montréal, Leméac, coll. « Théâtre », n° 106,
1981. Toutes les références à cette pièce renvoient à cette édition. Luc a gardé de leur
cohabitation l'impression que Jean-Marc était « en train de [l']enterrer vivant » (*AO*, 39).
2. Suivant les titres de deux films de Francis Mankiewicz, scénarios et dialogues de
Réjean Ducharme.

d'air, et l'odorat d'espace. Luc et Jean-Marc demeurent trop embrassés, embarrassés, pour que leurs odeurs les révèlent à eux-mêmes. Elles actualisent et réactivent le passé sans engager l'avenir. Elles reconstituent sans construire.

Deux acteurs

Jean-Marc aurait, entre autres qualités pédagogiques, une « faculté stupéfiante à comprendre d'instinct un texte de théâtre pis à nous l'expliquer comme si on l'avait toujours compris » (*AO*, 57). Ce n'est pas du tout évident. Jean-Marc n'a pas le sens du comique (même s'il a un certain sens de l'humour), ni du drame ni de la tragédie. C'est un réaliste vaguement romantique. Son théâtre est « dans un fauteuil », et moins intérieur qu'intimiste, impressionniste, descriptif et petit-bourgeois. Jean-Marc ou le Second Empire. Jean-Marc ou le Monsieur aux camélias.

Luc est un peu différent avant de devenir à la fin une copie conforme, dans le rôle justement du correcteur de copies. Luc a quelque chose (la pose, les larmes, les petites blessures, les sentiments à fleur de peau) du très jeune romantique. Il n'a jamais été si heureux, en harmonie avec lui-même, qu'à l'époque où il préparait un Musset à l'École nationale de théâtre : « Personne ; ce jardin est désert et j'ai fermé la porte de l'étude[3] ». Il songe, avec « la gang » de sa classe, à remonter la pièce (et le temps), dix ans après, au Quat'Sous. « En tout cas, ça va être un choc pour tes fans. Sont tellement habitués à te voir faire l'épais à la télévision… » (*AO*, 41), lui fait brutalement remarquer Jean-Marc. C'est lui, lecteur, critique, répétiteur, professeur de diction, qui a la clef de l'étude ; il n'a pas pour autant celle du théâtre de Musset.

Jean-Marc ne joue vraiment bien que lorsqu'il raconte. « Une fois, c'tait un p'tit gars qui avait honte de son père […] » (*AO*, 87) est sa dernière tirade importante. Luc pleure à ses pieds, à ses genoux, pendant que Jean-Marc évoque la fierté de son propre père lui montrant, au Steinberg du coin de la rue, la couleur profonde et uniforme des boîtes de soupe

---

3. *Le Chandelier*, cité p. 40.

Campbell dont il a le secret et l'exclusivité à Montréal en tant que pressier : « Mon père a inventé le rouge ! » C'est beau comme du Andy Warhol, pas comme du Stendhal, du Hugo ou du Musset. Cet objet, ce cri se détachent du registre habituel de Jean-Marc. La couleur du sang fait tache au fond des *Anciennes Odeurs*.

Quant à Luc, perdu entre l'art moderne et l'art romantique, il verse dans l'éternel mélodrame. Après avoir évoqué un instant Delacroix ou Géricault – « Un radeau de superbes corps qui m'ont servi une fois pis que j'ai jetés avant même qu'i'sèchent ! » (*AO*, 59) –, Genet et Sartre – « le bienheureux poppers, l'hostie consacrée de la nouvelle sexualité », « un relent de volupté mal lavée un peu écœurante » (*AO*, 58) –, Luc dit goûter une certaine violence exotique, mais ses spasmes multiples sont brefs et ses peines d'amour durent « trente secondes ». Ses mots dépassent certainement ses gestes, sinon sa pensée, quand il proclame avec une naïveté adolescente[4] : « j'éclate de joie ou ben donc j' m'abîme dans une insupportable prostration, mais j'avance ! » (*AO*, 59) Il n'avance que sur place, tournant autour de lui-même, dans la répétition théâtrale.

Luc a besoin de discours. Jean-Marc lui en fournit de toutes sortes. Il est une institution, et même plusieurs, à lui seul. Son « giron généreux et accueillant » est celui d'une mère, d'une grand-mère, d'un père, d'un frère, d'un ami. Professeur de français « qui jadis essaya de taquiner la muse » (*AO*, 54), Jean-Marc n'est ni un créateur, ni un producteur, ni un reproducteur, à peine un acteur. Un témoin intelligent, un spectateur actif (d'abord de lui-même), un gardien fidèle de la tradition (orale, écrite).

À cœur ouvert

La pièce *les Anciennes Odeurs* est évidemment à rapprocher du roman *le Cœur découvert* qui la suit de quelques années. Celui-ci est constitué, en alternance, des récits de Jean-Marc, les plus longs et les plus nombreux, de Mathieu, et brièvement, à la fin, du petit Sébastien (deux fois), de Louise et Gaston, sa mère et le *chum* de sa mère. *Récits de* ne veut

---

4. Sur la « sexualité adolescente » de Luc, voir aussi *AO*, 68.

pas dire ici monologues – même dans le cas de Jean-Marc, qui parle à la première personne tout en racontant aussi des scènes avec dialogues –, mais histoires d'amour ou « roman d'amour*s* », suivant la détermination générique originale. Amour de Jean-Marc pour Mathieu, de Mathieu pour Jean-Marc et pour Sébastien, son fils de quatre ans, de Louise et Gaston l'un pour l'autre et pour Sébastien. Le roman tourne autour de ce saint innocent (nullement martyr), objet de toutes les complaisances, criblé des flèches de Cupidon. Double paternité, triple, quadruple tendresse. Une nouvelle famille québécoise est née[5].

La différence d'âge est faible entre Jean-Marc (38 ans) et Luc (32 ans)[6]. Pourtant, le premier joue par rapport au second un rôle de maître et de père. Professeur de cégep, correcteur de copies, fumeur de pipe, calme et réfléchi, Jean-Marc est un consciller *cool*, un confident attentif, intensément présent malgré – ou à cause de – sa réserve. « T'as été mon maître à penser pendant sept ans » (*AO*, 54), lui dit Luc, reconnaissant. Maître à penser, à sentir, à jouir, à aimer. La relation de Luc avec Jean-Marc, quoique privilégiée, active et passive, est-elle si différente de celle que rêveraient d'entretenir avec lui plusieurs élèves, étudiants ou étudiantes, de Jean-Marc ? Celui-ci séduit malgré lui. Mais ne cherche-t-il pas inconsciemment à séduire ? À déborder son rôle de professeur de toutes les façons : homme, ami, amant, écrivain ? Homme de théâtre (public) et de vie (privée), Jean-Marc joue sur plusieurs tableaux, dans des registres différents, la représentation qu'il se fait de lui-même. Avec un naturel trop évident pour n'être pas concerté. Avec une simplicité qui pourrait être duplicité.

Jean-Marc n'a rien d'agressif, d'autoritaire, rien d'un aventurier ou d'un conquérant, d'un Don Juan ou d'un Casanova. Devenu « raisonnable » par « défensive », pour ne pas trop souffrir de ses sentiments amoureux, Jean-Marc réagit plus qu'il n'agit. Il ne provoque pas vulgairement ; il

---

5. Voir en particulier l'épisode détaillé (« petite valise », « toutou », etc.) de la réception et de l'adaptation de Sébastien dans l'appartement du couple homosexuel (*le Cœur découvert*, Montréal, Leméac, 1986, p. 163-182).

6. « Écoute, chuis plus vieux que toi, mais je pourrais quand même pas être ton père… », dit Jean-Marc à Mathieu (24 ans) dans *le Cœur découvert* (p. 21).

rassure, calme le jeu, rassérène. Ses amours sont beaucoup plus près de l'amitié que de la passion[7]. Sans être prétentieux ni triomphant, il est visiblement à l'aise avec lui-même et les autres, bien dans sa peau, heureux de l'image qu'il projette et qu'on lui renvoie.

Personnage subtil ou évanescent ? Équilibré ou neutre ? Tout s'additionne en lui sans se multiplier. Chaque être, chaque événement prend sa place sans rien heurter. Jean-Marc est un cadre efficace, un réceptacle parfait. Il reçoit et donne du même mouvement, dans un échange qui paraît finalement s'annuler. Homme d'habitudes, de tâches et de gestes rituels, Jean-Marc avance toujours un peu à reculons, en se reprenant, se répétant. Monogame, monologuant, il est seul avec d'autres. Ni fermé ni tout à fait ouvert, il entrebâille toutes les portes, laissant deviner à leurs odeurs, à leurs bruits, la cuisine ou la salle de bain, le bureau ou la chambre à coucher. Mais son domaine est le salon-salle de séjour, plus encore que la salle de classe. Un espace central, mi-privé, mi-public, dont il contrôle toutes les issues.

Petit père ou grand frère ?

La situation qui amène Luc chez Jean-Marc, après trois ans de séparation, est la maladie mortelle de son père qui voulait faire ses adieux au « grand ami de son fils adoré ». Ami, amant ? Le père le savait tout en voulant l'ignorer. Ici se place le premier monologue sur l'incommunicabilité, l'étanchéité, la distance corporelle, affective, intellectuelle, entre le fils et le père. Au moment où celui-ci lui prend la main : « J'pense que j'i avais pas touché depuis l'âge de dix ans ! » (*AO*, 45) À quoi, à qui touche-t-il alors ? À un vieillard décharné, à un enfant fragile (« I'est tellement p'tit ! »), à un objet répugnant (« Pis en plus, ça pue ! ») ? Luc touche à – ou se penche sur – son propre « avenir », dit-il, dans le sens de sa propre mort. Mais il y a autre chose : le souvenir physique, psychologique, psychanalytique, d'avoir « frissonné », enfant, en se tiraillant avec son père, et d'avoir « frissonné encore plus, plus tard, quand on m'a

---

7. Luc, de son côté, fait une différence entre ses sentiments et ses désirs : « J'baisais à gauche pis à droite, à la fin, c'est vrai, mais j'te trompais pas ! » (*AO*, 53)

expliqué le complexe d'Œdipe, à l'école… » (*AO*, 46). Le rapprochement, scolaire dans tous les sens du terme, est trop aveuglant pour n'être pas suspect. Ce père, ce fils existent à peine, et leur relation est trop précisément esquissée, schématique, pour convaincre le spectateur ou le lecteur. Œdipe n'a pas su ici s'incarner. Le Sphynx parle encore dans le vide.

La prochaine tirade de Luc n'est pas loin du soliloque, même si elle s'adresse en principe directement à Jean-Marc. Le discours, tout aussi explicatif que le premier, est plus explicite, plus efficace : « Chus pus le joli disciple turbulent que tu traînais partout avec fierté parce qu'i' faisait des progrès stupéfiants grâce à tes doctes conseils et à tes soins paternels ! » (*AO*, 57) Luc se caricature lui-même en pastichant les « doctes conseils » qu'on croirait transcrits d'une mauvaise copie : « t'es un admirable professeur qui transmet les choses avec un doigté et une tendresse émouvante ; t'as fait de moi un bon acteur » (*AO*, 57). C'est ici que la transmission se complique en semblant se simplifier.

Au Québec, le prêtre remplace le père lorsque celui-ci, colon colonisé, coureur des bois immobilisé, salarié, transplanté en ville, n'a plus la maîtrise de l'espace, de la langue, de la parole, de la loi. Et le grand-père, ancien Canadien défait, abandonné, nostalgique, ne peut racheter le père, Canadien français sans trait d'union. Le théâtre et la télévision, prenant le relais de la tradition orale et de la chaire, tentent de « réhabiliter la parole de la rue et du foyer, de reconnaître les mots qui tissent le quotidien et les existences [8] ». De Maman Plouffe aux *Belles-Sœurs*, une « ère de la plainte » précède celle de la revendication. La langue de la mère « prend le dessus », mais « la succession n'est pas assurée pour autant [9] ». Malgré la continuité de « l'intimité souffrante », de la détresse et du désenchantement, les orphelins demeurent orphelins, et les bâtards petits délinquants, marginaux.

Après Fridolin, Tit-Coq, Bousille et tant d'autres « simples soldats », retours de guerre mélancoliques, le monde (et d'abord la famille, la nation, le pays) est toujours à reconquérir. Le fils devra devenir son propre père.

---

8. Naïm Kattan, *le Père*, Montréal, Hurtubise HMH, 1990, p. 94.
9. *Ibid.*, p. 95.

Or c'est « l'ère des frères », amis ou ennemis, affectifs ou politiques. « Et les frères s'épuisent dans le combat et épuisent la parole [10]. » Par où, par qui recommencer ? Chez Tremblay, l'homme « doit se travestir en femme pour se faire entendre ». Ou en homosexuel [11], ou en acteur, ou en *artiste*. Dans *le Vrai Monde ?*, « il revient au père mais c'est le fils qui s'invente ». Qui invente, dans l'instant, son passé et son futur, son double, son sujet. Sa liberté ? Il clame « son désir de paternité, sinon son identité de père. Le père revient, certes, mais son identité est minée, mise en question au départ [12] ». Nous avons toujours beaucoup plus de fils en quête de père que d'hommes qui reconnaissent à la fois leur filiation et leur paternité.

Les douceurs de la Passion

Jean-Marc, Luc : trois noms d'évangélistes (il ne manque que Mathieu, à la génération suivante). *Les Anciennes Odeurs* baignent dans une atmosphère palestinienne de convivialité et d'humanité christique à la Renan : douces collines, lait et miel de la Terre promise, ciel bleu malgré la mer Morte et une petite tempête sur le lac de Tibériade [13]. « Soyez parfaits comme votre Père céleste est parfait » ; « Aimez-vous les uns les autres » ; « Faites ceci en mémoire de moi. » Aucune de ces phrases ne figure dans la pièce, mais les préceptes sont bien ceux d'une religion d'amour, de paix, de salut par la bonne nouvelle de la Parole.

Le lointain (de l'horizon, de la mémoire) est transformé en prochain immédiatement aimable, comestible. Dans son premier monologue important, Luc évoque des relents de « volupté mal lavée » et « l'hostie consacrée de la nouvelle sexualité » (*AO*, 58). Ces images sont un peu fortes, ces précisions un peu techniques, et Luc s'en excuse auprès de Jean-Marc. La plupart du temps, l'éclairage est indirect, la lumière est

---

10. *Ibid.*, p. 96. Kattan nomme Lévesque et Trudeau, cite Victor-Lévy Beaulieu, Thériault, etc.

11. Il ne s'agit pas dans ce cas, chez Tremblay pas plus que chez René-Daniel Dubois, « d'un choix de sexualité mais d'une métaphore sur le lien de succession » (*ibid.*, p. 97).

12. *Ibid.*, p. 98.

13. Autre nom qu'on pourrait donner au lac Simon (Pierre) de Duhamel : voir *la Maison suspendue* et diverses allusions de l'œuvre romanesque.

tamisée, l'atmosphère de la pièce[14] est claire-obscure, douce-amère, romantique à la façon néo-classique. On pense moins aux passions, aux naufrages (*le Radeau de la Méduse*) de Delacroix ou Géricault qu'aux fadeurs nazaréennes, aux pastels, aux contours vaporeux des peintres préraphaélites de l'Angleterre victorienne. Le ciel de Jean-Marc est-il ou n'est-il pas « uniformément bleu » ? Les deux amis en débattent (*AO*, 54-55). Luc affirme que « [s]es ailes ont poussé ». Est-il aigle, rapace, ange, serin ? Rossignol, peut-être, ou perroquet.

Jean-Marc prêche[15] de toutes les façons : par l'exemple, en classe, dans son salon, en enseignant à Luc (et à Yves) les bonnes manières, la fine cuisine, le savoir-vivre. Jean-Marc est un professeur-né, non un prophète (de l'Ancien Testament), ni même un apôtre batailleur et convertisseur, comme Pierre ou Paul, mais un petit prêtre[16] laïque, un messager, un secrétaire, un fonctionnaire consciencieux et sentencieux :

> JEAN-MARC – Le passé, c'est le passé, Luc…
> LUC – Mon Dieu, t'es profond à soir ! (*AO*, 35)

Un peu plus loin :

> LUC – Voyons donc ! T'es pas mon directeur de conscience, que je sache ! (*AO*, 42)

Jean-Marc n'est pas profond ; il est large, doux, étale et solide comme la mer Morte. Il n'est pas le sel de la terre, mais celui d'un lac. Jamais loin du rivage, du port, Jean-Marc ne navigue ni ne dérive ni ne divague. Meilleur au gouvernail qu'aux rames, il se contente de marcher sur les eaux. Homme de beaucoup de foi et de peu d'espérance, fidèle, charitable, Jean-Marc est tout lait et tout miel. Il ne cesse de sourire et de faire sourire. « *Ils rient doucement tous les deux* » (*AO*, 37). « *Ils se re-*

---

14. Aussi bien du salon petit-bourgeois où est située l'action que du théâtre que se jouent l'un à l'autre (à eux-mêmes devant l'autre) Luc et Jean-Marc.

15. Luc aussi, à sa façon – « T'as toujours prêché pour le mystère pis la marginalité… », lui fait remarquer Jean-Marc (*AO*, 84) –, qui est celle d'un enfant de chœur.

16. « Et j'ai cru ré-entendre " la voix du pays du Québec qui était à moitié un chant de femme et à moitié un sermon de prêtre ", comme à la fin de *Maria Chapdelaine* », note Alonzo Le Blanc à la fin de son compte rendu (*Livres et auteurs québécois 1981*, p. 196).

gardent. Sourient » (*AO*, 42). Luc est parfois *ironique*, Jean-Marc invariablement *souriant* [17]. Un(e) vrai(e) Jocond(e), sans tout à fait l'art de
Vinci.

Luc, « ben naïf », dit en parlant de son père, hospitalisé à Notre-
Dame-de-la-Merci : « j'voulais qu'i' meure le sourire aux lèvres, sans
s'en apercevoir, pendant que j'i raconterais une histoire ou que j'm'agiterais
autour de son lit en imitant ma tante Blandine » (*AO*, 44). C'est Jean-Marc
qui s'en chargera, sans imitations ni grimaces, en racontant à la place de
Luc l'histoire du « p'tit gars qui avait honte de son père » jusqu'à la
découverte du fameux « rouge Campbell » qui attire sur lui toute la
lumière (la chaleur) du tableau bleu et rose.

« Dans mes pièces, il y a toujours une dichotomie entre ce que tu vois
et ce que tu entends [18] », déclarait Michel Tremblay. *Les Anciennes Odeurs*
font exception. Tout est ici dans le duo, qui n'est pas un duel, dans les voix,
dans l'écoute. Pièce radiophonique, pièce de chambre, comme on dit
musique de chambre, *les Anciennes Odeurs* composent une sonate intime,
intimiste. Une conversation sous la lampe. Sans aucun éclat et presque
aucune action, aucune passion, sinon des reflets, des échos, des effluves.
Les cris eux-mêmes, chez Luc, sont indirects, racontés, écrits. Une pièce
romanesque au sens où, pour Tremblay, « le théâtre exprime le présent
alors que le roman regarde le passé [19] ». *Les Anciennes Odeurs* ne
regardent, ne concernent que le passé et, à travers lui, un avenir qui lui
ressemble comme un frère. Le présent – Yves, occupé à la cuisine – est
absent, contourné, détourné. C'est ce qui fait à la fois la faiblesse et
l'intérêt de la pièce.

Les Anciennes Odeurs existent assez peu en elles-mêmes, dramatiquement, théâtralement, mais elles ouvrent des perspectives nouvelles sur

---

17. Voir les innombrables didascalies : « *Jean-Marc secoue la tête en souriant* » (*AO*, 34),
« *Jean-Marc sourit* » (*AO*, 35), etc.

18. Roch Turbide, « Michel Tremblay : Du texte à la représentation », *Voix & Images*,
vol. VII, n° 2, hiver 1982, p. 216.

19. *Ibid.*, p. 221. Tremblay dit aussi (je ne sais si Bakhtine serait d'accord) : « Dans un
roman, tu imposes ta vision du monde » ; « J'écris un roman quand je veux parler au
monde, moi en tant que moi » ; « Quand j'écris un texte de théâtre, j'ai toujours conscience
que ce n'est pas complet » (*ibid.*, p. 215).

l'univers imaginaire de Tremblay. Le texte ne prendra tout son sens qu'avec *le Cœur découvert*, « roman d'amours », et *la Maison suspendue*, créée en 1990. *Les Anciennes Odeurs* constituent un lever de rideau, un changement de scène, de décor, de style et de ton. Ici, nul besoin de chœur, d'ode, de comédie musicale distanciée, comme dans *les Belles-Sœurs* ou le « cycle de la *Main* ». La musique, aigrelette ou douceâtre, est ici dans le langage. Si l'opéra est, pour Tremblay, « l'absurdité complète, le théâtre parfait[20] », *les Anciennes Odeurs* sont l'anti-opéra, l'anti-théâtre, le prélude à une nouvelle chronique romanesque.

---

20. *Ibid.*, p. 217.

ALBERTINE, EN CINQ TEMPS

JEAN CLÉO GODIN

Albertine et la maison de l'enfance

> Il sortit de la maison au moment précis où l'été commençait.
> Michel Tremblay, *le Premier Quartier de la lune*

L'écriture d'*Albertine, en cinq temps*[1] survient après une quinzaine de pièces de théâtre et renoue, sept ans après *Damnée Manon, Sacrée Sandra* qui devait y mettre un terme, avec le Cycle des *Belles-Sœurs*. Notons aussi que sa parution coïncide avec celle du quatrième roman des « Chroniques du Plateau Mont-Royal », *Des nouvelles d'Édouard*[2], ce qui peut nous suggérer des considérations utiles, tant sur l'univers de Tremblay – après tout, Édouard et Albertine sont frère et sœur – que sur l'évolution convergente du romancier et du dramaturge : sous le titre commun « Michel Tremblay, le dramaturge et le romancier », Robert Lévesque et Jean Royer ne signaient-ils pas chacun un texte sur Tremblay, dans *Le Devoir* du 10 novembre 1984, soulignant par là ce point de rencontre peut-être unique dans l'ensemble de l'œuvre ? À partir de cette convergence, roman et théâtre semblent diverger à nouveau, mais en se préoccupant l'un et l'autre, de façon évidente, d'un nouveau type de rapport entre le réel et le fictif. *Le Vrai Monde ?* et *la Maison suspendue,* au théâtre, et *le Premier Quartier de la lune,* pour le roman, resitueront l'espace de la création dans un rapport (auto)biographique évident, qui prolonge un mouvement, amorcé dans *Albertine, en cinq temps,* de retour

---

1. Montréal, Leméac, coll. « Théâtre », n° 135, 1984. Toutes les références dans le texte renvoient à cette édition.

2. L'achevé d'imprimer est daté du 15 octobre 1984 pour le roman et du lendemain pour *Albertine…*, chez le même imprimeur.

vers la maison de l'enfance. Aussi retrouvera-t-on le personnage de Madeleine dans *le Vrai Monde ?* et, dans *la Maison suspendue*, ceux d'Albertine et d'Édouard. La Grosse Femme reparaît dans *la Maison suspendue* et dans *le Premier Quartier de la lune*, ces deux œuvres précisant plus clairement que jamais le fondement autobiographique de l'œuvre. *La Maison suspendue* constitue la figure la plus élaborée de ce nouveau rapport, le rachat de la maison ancestrale par Jean-Marc symbolisant le retour à l'enfance. Dès la seconde réplique de la pièce, la question est d'ailleurs posée par Mathieu : « C'est pour ça que tu l'as achetée ? Pour retomber en enfance ? » (*MS*, 11) Cette maison, où ils « retrouveront » Victoire et Josaphat, Albertine, la Grosse Femme et Édouard, c'est la maison de l'enfance à laquelle retournent Albertine et Madeleine, dans *Albertine, en cinq temps*.

La Madeleine de Tremblay

Les éditions successives de *Bonjour, là, bonjour* font voir un flottement dans la généalogie familiale dont l'œuvre s'inspire. Dans la première édition, les deux sœurs de Gabriel se nomment Albertine et Charlotte, alors que le prénom d'Albertine a été changé, dans la version de 1987, pour celui de Gilberte [3]. Cette correction réaffirme l'importance du substrat biographique, l'auteur sentant le besoin d'établir un rapport plus véridique entre le *personnage* et la *personne*, mais ne modifie en rien le sens de l'œuvre. Il paraît donc légitime de considérer Albertine/Gilberte et Charlotte comme les premières manifestations des personnages qui reparaîtront dans *Albertine, en cinq temps*. Deux sœurs qui rivalisent de mesquinerie, de mauvaise foi ou de ruse pour se gagner les faveurs de Serge et se souhaitent mutuellement une mort prochaine. Aucune allusion, de la part de l'une ou de l'autre, aux enfants qu'elles auraient eus : elles sont en tout conformes au modèle de la vieille fille revêche, acariâtre et frustrée. Cette Albertine ressemble bien à la plus désespérée des personnages d'*Albertine, en cinq temps*, celle de 60 ans, qui se gave de pilules pour oublier ses déboires et son mal de vivre. Mais Charlotte ne ressemble

---

3. Et celui de Gabriel pour celui d'Armand.

en rien à la Madeleine de cette dernière pièce. Qui est donc cette Madeleine ? Pourquoi surgit-elle tout à coup dans l'œuvre de Tremblay ?

Albertine, en cinq temps commence au moment où Albertine emménage dans une chambre qui sera sa dernière demeure terrestre. Elle part à la recherche du temps perdu et *se* retrouve à différentes étapes de son cheminement, sous différents visages. Chemin faisant, en traversant le village de Duhamel toujours associé, dans l'univers de Tremblay, à l'évasion vers l'enfance et à la figure maternelle, Madeleine apparaît… « J't'ai apporté du lait chaud. Ça va te calmer » (*ACT*, 23). C'est à la plus jeune qu'elle parle : l'Albertine de *La grosse femme d'à côté est enceinte* et de *Thérèse et Pierrette à l'école des Saints-Anges,* à qui le docteur Sansregret a prescrit un séjour à la campagne comme remède à la violence incontrôlable qu'elle déchaîne contre sa fille Thérèse. Dès ses premières répliques, il est clair que cette Madeleine est plus une mère qu'une sœur : elle est celle qui soigne, console, enseigne, moralise. Figure si parfaite, si équilibrée, si inhabituelle dans l'univers de Tremblay, figure d'autant plus étonnante qu'elle se substitue à la véritable mère d'Albertine, l'extraordinaire mais terrifiante Victoire. À 70 ans, Albertine reconnaîtra enfin qu'elle aurait eu besoin de la tendresse de Madeleine : « j'aurais eu besoin que tu me prennes dans tes bras, que tu m'embrasses… » (*ACT*, 48). Avec Victoire, était-ce imaginable ? Les deux personnages se rejoignent pourtant, puisque la jeune Albertine reconnaît la tasse dans laquelle Madeleine lui sert le lait chaud : « La vieille tasse de moman… » (*ACT*, 36). Et Madeleine trouve alors cette formule curieuse qui pourrait servir de métaphore à son propre personnage : « On dirait que c't'une vieille tasse neuve. » (*ACT*, 37) Madeleine est un personnage nouveau, inédit et étonnant, mais il y a en elle quelque chose de Victoire ; quelque chose, surtout, de cette Grosse Femme condamnée à l'anonymat parce qu'elle est la mère des mères, éternellement enceinte parce qu'elle est la maternité éternelle. Oui, Madeleine apparaît dans l'œuvre de Tremblay comme une « vieille tasse neuve », la sœur maternelle qu'Albertine s'est peut-être inventée, plus compréhensive et sereine que Charlotte, plus tendre et chaleureuse que Victoire.

Personnage inventé ? Rien n'est moins sûr, si l'on en croit une anecdote racontée par Marianne Ackerman à son sujet. En 1985, alors qu'une équipe du Centaur répétait *Albertine, in Five Times,* Michel Tremblay est allé la rencontrer. Il avait apporté de vieilles photos : « Milky grey and white snapshots with '50s-style crinkly borders, they must have come from a family album : Albertine when she was young. Her sister Madeleine (Margaret in real life), all smiles [4]. » Comme s'il avait voulu établir hors de tout doute la véritable identité de ses personnages, le dramaturge montre la photo de la *vraie* sœur ayant inspiré le personnage de Madeleine, et celle d'Albertine, celle-ci présentée comme identique au personnage : Albertine *jeune*, comme pour mettre en évidence le caractère maternel de l'autre, caractère réaffirmé dans *le Vrai Monde ?* où la propre mère du dramaturge, également prénommée Madeleine, semble cette fois se substituer à la Grosse Femme…

« La vieille tasse de moman » introduit dans la pièce le souvenir de Victoire, figure maternelle apparaissant tout naturellement avec la tasse de lait chaud. Notons toutefois que c'est Madeleine qui apporte la tasse, et qu'elle l'apporte à la plus jeune des Albertine. Notons aussi que seule Albertine à 70 ans semble surprise de cette évocation : « Ça faisait tellement longtemps que j'avais pas pensé à elle ! » (*ACT*, 37) S'opposent ici l'enfance et la vieillesse, peut-être le *je* conscient d'Albertine et son inconscient, mais surtout sa réalité présente et les quatre grandes étapes de son passé. « Quand moman est morte, dans son sommeil, comme un p'tit oiseau, dira Albertine à 60 ans, j'me sus sentie comme débalancée… (*Silence*) Un trou. Un vide. » (*ACT*, 39) C'est pourquoi l'évocation de la figure maternelle se traduit par l'image d'une maison vide dont les murs seraient imprégnés de la présence de Victoire, qui n'y est plus depuis longtemps. Une sorte de « présence de l'absence » dont le symbolisme est à la fois grave et complexe, car il s'agit de la maison de l'enfance, à Duhamel. On ne peut donc dissocier de ce symbolisme la quête du paradis perdu et, dans cette perspective, on comprend que la terrifiante Victoire

---

4. Traduction : « Instantanés, en blanc et gris laiteux, avec rebords dentelés dans le style des années 1950, ils provenaient sûrement d'un album de famille : Albertine, dans sa jeunesse. Et sa sœur Madeleine (Marguerite dans la vraie vie), tout sourire. » Marianne Ackerman, « Albertine in English : Tremblay's latest on stage at Centaur », *The Gazette*, 12 octobre 1985, p. C-1. Notons que cette anecdote rappelle la célèbre carte postale « d'époque » utilisée pour l'affiche d'*À toi, pour toujours, ta Marie-Lou* à sa création, en 1971.

gêne quelque peu. Aussi, c'est elle qui est en quelque sorte « chassée » de ce paradis. « Des fois, j'ouvre une porte pis j'ai l'impression qu'a vient de sortir de la pièce… J'ai envie de courir après elle… C'est fou, hein ? » (*ACT*, 38) Fou ? Tout simplement logique et nécessaire, comme il était nécessaire que ce fil d'Ariane de la mémoire fût déroulé par Madeleine. Et comment ne pas voir alors la discordance entre la « vraie » figure maternelle, dont seuls les défauts étaient « nourriciers » – « A' m'avait toujours… nourrie… de ses bêtises… » (*ACT*, 40), dit Albertine à 60 ans – et celle que Madeleine introduit dans la pièce, associée aux bonnes odeurs de sapin, aux nuits de pleine lune… et au lait chaud destiné à « calmer » Albertine ? L'image de cette figure maternelle mythique chassant la mère de la maison de l'enfance est ici clairement lisible et, de toute évidence, cela bouleverse la vieille Albertine qui, à 60 ans, croyait avoir « pris la place » de sa mère et s'être débarrassée de son emprise. En un sens, Madeleine fait mieux : elle récrit le récit des origines d'Albertine.

Il faut donc accorder une attention très grande au choix de Duhamel comme lieu dramatique où Tremblay a imaginé la plus jeune Albertine, mais aussi la scène finale sous la lune : très clairement, Duhamel constitue l'« Éden romantique », le « séjour bienheureux au sein de la nature mère [5] » où Marthe Robert situe le « mythe familial de l'enfance [6]. » Ce mythe transforme le rapport à la représentation dans le roman des origines, lequel « donne spontanément ses personnages pour des personnes [7] ». Aussi le dramaturge n'hésite-t-il pas à exhiber la *photo* de Madeleine, dont on accentue encore la « réalité » en précisant qu'elle s'appelait dans la vraie vie Marguerite : voilà donc d'où vient cette Madeleine si différente de la Charlotte que nous connaissions, et dont on découvre qu'elle est plus authentique, plus *vraie* parce que l'auteur peut montrer la *personne* qui a inspiré le *personnage* qu'il nous décrit par ailleurs, dans une première didascalie, simplement comme une femme qui « *n'a pas d'âge. Elle sert de confidente aux cinq Albertine* » (*ACT*, 15). Confidente, Madeleine sert de miroir dans lequel Albertine peut voir ce qu'elle n'est *pas* devenue. Rôle

---

5. Marthe Robert, *Roman des origines et origines du roman*, Paris, Grasset, 1972, p. 113.

6. *Ibid.*, p. 64.

7. *Ibid.*

secondaire peut-être, mais structurel, car la présence de Madeleine sur scène délimite rigoureusement, dans le récit dramatique, l'espace du dialogue. Avant et après, tout est monologue : récitatif d'Albertine à 70 ans au début, monologues parallèles des cinq en guise de finale, avant qu'elles ne se fondent en une seule sous « la lune, solitaire et rouge sang » (*ACT*, 103).

Albertine entre deux morts

Si Madeleine est « atemporelle », elle n'est pas de tous les âges : nous apprendrons bientôt qu'elle est morte jeune, probablement au début de la cinquantaine. Comme dans *À toi, pour toujours, ta Marie-Lou*, le dramaturge joue donc, ici, avec la frontière de la mort et crée un personnage qui est en même temps lui-même et son fantôme. Mais la mort de Madeleine ne préfigure-t-elle pas celle d'Albertine, laquelle est précisément celle qui aurait pu mourir, qui aurait souhaité la mort en l'envisageant comme une délivrance… mais qui continue à *vivre* ?

La vie et la mort, il n'est question que de ça dans les deux répliques d'Albertine à 70 ans qui servent d'*expositio* à cette pièce, dont la deuxième réplique s'ouvre sur cette étrange déclaration : « Y'a six mois, j'tais morte. » (*ACT*, 17) L'action de la pièce – le temps présent de la fiction dramatique – se situe donc entre ce qu'Albertine elle-même appelle ses « deux morts » et cette perspective donne son sens au découpage rétrospectif qui structure la progression dramatique et entraîne l'éclatement – justifié par des étapes décisives d'une vie découpée par tranches de dix ans – de l'héroïne en cinq personnages différents. Mais à bien y penser, cela fait d'Albertine – plus encore que de Madeleine – une morte-vivante, puisque celle de 70 ans ne fait qu'évoquer des étapes d'un passé révolu, que retrouver, au-delà d'une sorte de mort, quatre fantômes d'elle-même que seuls le souvenir et la convention théâtrale peuvent faire revivre.

D'où une structuration très complexe du personnage d'Albertine, un et multiple, fonctionnant à la fois comme actant et comme récitant. Ainsi les cinq premières répliques, réservées à l'Albertine de 70 ans, servent à exposer la situation dramatique, et on pourrait imaginer qu'elles soient dites par un observateur, un narrateur ou un coryphée. Non seulement

Albertine explique-t-elle qu'elle vient d'emménager dans un « foyer » pour personnes âgées, mais elle prédit l'avenir – ce qui en reste, car elle sera « contente d'y rester » quand surviendra sa deuxième mort –, avant d'être entraînée dans un retour au passé de Duhamel. Pendant qu'elle parle, les autres s'installent, entrent dans leurs rôles, et les longues didascalies établissent clairement qu'un mur invisible sépare l'aînée des quatre autres, auxquelles Madeleine se joindra bientôt. La vivante Albertine *se* regarde à différentes étapes de sa vie ; en même temps, elle est celle qui se raconte à elle-même et aux spectateurs.

Il importe donc de noter que le *je* d'Albertine, dans cette pièce, n'est pas quintuplé comme le suggère la distribution ; il est plutôt dédoublé, celle de 70 ans établissant avec les quatre autres un rapport diversifié et multiple, mais que rassemble et unifie le souvenir. On sait que la structure dialoguée à laquelle Tremblay en est arrivé ne s'est imposée que progressivement, puisque les cinq lieux différents associés à chacun des âges auraient pu entraîner une sorte de présentation en aplat où « chacun vivrait dans son coin » et s'adresserait au public, sans interaction entre les personnages. Ici encore, c'est entre les deux versions et en consultation avec André Brassard que la solution retenue a été trouvée, celle qui consiste à « décider que le tout se passerait dans un *no man's land*, chaque Albertine entendant tout, réagissant à tout [8] ». Mais le dialogue qui s'instaure maintient la place privilégiée de l'aînée qui, avec un art consommé, distribue les tours de parole, orchestre la « polyphonie de monologues [9] », commente les interventions des autres et, au besoin, intervient même avec force pour réorienter le récit.

Ainsi, seule l'aînée prend habituellement l'initiative d'interpeller l'une des autres, qui lui répond. La toute première de ces répliques est d'ailleurs révélatrice du type de rapport qui s'amorce, puisque l'aînée dit à la plus jeune qu'elle « parle drôlement ». À partir de cette réplique, le dramaturge exploite un malentendu pour exposer le thème qu'il faut considérer comme central à cette pièce, celui de la *communication* et

8. Robert Lévesque, « Michel Tremblay le dramaturge », *Le Devoir*, 10 novembre 1984, p. 31.
9. Pierre Lavoie, « Les cinq âges d'une tragédie », Cahiers de théâtre *Jeu*, n° 38, 1986.1, p. 80.

de la *compréhension*, Albertine entreprenant de *se* nommer et de *se* comprendre[10]. Mais justement, cela semble mal parti, puisque la plus jeune interprète comme un reproche – « si tu veux absolument qu'on parle mal ! » (*ACT*, 22) – ce qui, dans l'esprit de l'aînée, est plutôt l'expression d'un étonnement ravi. À ce « parler mal », elle opposera donc aussitôt ce superbe « parler beau » qu'elle découvre dans sa vie passée, une vie où elle a « tellement été élevée à [se] trouver laide » (*ACT*, 23) que l'idée qu'elle puisse dire « des belles choses » ne l'aurait même pas effleurée. Dans cet échange qui met en jeu trois des Albertine, le clivage entre l'aînée et les autres[11] apparaît clairement, puisqu'elle provoque un questionnement qu'ensuite elle analyse et commente. Le dialogue s'établira éventuellement entre toutes, mais il est clair qu'il se fait à l'horizontale – entre « égales » – lorsqu'il va de l'une à l'autre des plus jeunes, mais à la verticale lorsqu'il s'engage avec l'aînée, dont l'ascendant se manifeste dès les premières répliques à sa manière discrète mais ferme d'*ordonner* : « Ayez pas peur… mais continuez… J'veux pas que vous parliez mal […] vous avez peut-être raison… » (*ACT*, 22-23) : autant d'expressions qui témoignent du rôle de coryphée qui double son personnage et qui lui permet d'ordonner, c'est-à-dire à la fois d'organiser et de donner des ordres.

Mais dès les premières répliques aussi, il apparaît clairement qu'en une seule circonstance les cinq parlent d'une seule voix : lorsqu'elles se retrouvent face à Madeleine. C'est ainsi qu'avant même les premiers dialogues que je viens de commenter, on les voit accueillir ensemble leur sœur Madeleine : « Ha, Madeleine ! » (*ACT*, 19) L'unité du *je* d'Albertine se reconstitue dès lors qu'elle se retrouve face à l'Autre, à cette Madeleine qui est le sixième personnage mais le second actant. L'Autre, qui « sert de confidente aux cinq Albertine ». Comme Œnone sert de confidente à Phèdre ? Peut-être, si on veut bien se rappeler que Madeleine est une sœur maternelle, comme Œnone était une nourrice. Mais là semble

---

10. Pour une analyse plus détaillée de ce thème, voir mon article « Le 'tant qu'à ça' d'Albertine », *Quebec Studies*, n° 11, automne 1990/hiver 1991, p. 111-116.

11. On dit « les autres », mais l'expression elle-même prête à confusion, comme on le verra plus loin. Voilà un piège qu'il est difficile à l'analyste d'éviter, quand il s'agit de faire comprendre que cinq personnages n'en font qu'un en un sens, deux en un autre… et que ce n'est pas un mystère !

s'arrêter le parallèle, car Œnone intervient bien davantage dans le destin de Phèdre ; Madeleine se contente d'être l'« autre » et de recevoir les confidences d'Albertine.

Malgré les différences évidentes, ce rôle présente des ressemblances significatives avec celui qui est attribué à la Madeleine du *Vrai Monde ?* C'est en effet sur cette dernière que repose la définition du rapport entre la « vraie vie » et la fiction dramatique, entre la transposition de la vie familiale par le fils-créateur et la représentation que s'en fait la première intéressée, cette Madeleine maternelle à qui Claude soumet son manuscrit, pour commentaire... et qui refuse de se reconnaître dans cette transposition : « J'ai reconnu ma robe, Claude, j'ai reconnu ma coiffure mais j'me sus pas reconnue, moi ! » (*VM*, 23) Commentaire extraordinaire et qui met en lumière le paradoxe d'une personne refusant son personnage alors que le dramaturge, lui, multiplie les efforts pour donner à ce personnage une crédibilité totale [12].

Madeleine surgit dans la pièce comme une « apparition », magique et instantanée, à la seule mention du nom du village natal, Duhamel. Mais elle attendra, pour disparaître, le signal donné par l'Albertine de 70 ans, qui lui dit en guise d'adieu : « De toute façon... ça vaut pas la peine de vieillir... » (*ACT*, 100). Notons d'abord que cette réplique n'était pas « nécessaire », tant il est évident qu'Albertine et Madeleine se sont comprises à demi-mot dans les deux répliques laconiques qui la précèdent. Il faut donc être particulièrement attentifs à cette formule qui contient et résume tout le récit : Albertine semble vouloir « consoler » sa sœur qui est morte jeune, mais elle en profite pour réfléchir au « vide » de sa propre existence, en suggérant même qu'elle envie Madeleine – celle qui disait préférer « un p'tit bonheur médiocre » à « un grand malheur tragique » – d'avoir connu d'un seul coup (et jeune) le passage définitif dans la mort. Si Madeleine « sert de confidente », c'est aussi et surtout parce qu'elle permet à Albertine d'instaurer un dialogue au-delà de la mort, « entre ses deux morts » à elle. De tous les personnages, Albertine à 70 ans est évidemment la seule à pouvoir le faire.

---

12. Son mari, dans les deux pièces, se nomme Alex. Et même si ce personnage ne semble pas absolument constant d'une pièce à l'autre, la récurrence du prénom et la mention de son métier de commis-voyageur ne font que renforcer l'ancrage dans le réel tant de Madeleine que d'Alex.

Aussi ne faut-il pas s'étonner qu'Albertine apparaisse comme le personnage-synthèse qui, dans l'ensemble de l'œuvre (romanesque aussi bien que dramatique), représente en quelque sorte l'axe du réel [13] autour duquel le fictif se construit. Elle apparaissait déjà sous le nom de Robertine dans la première version d'*En pièces détachées*, la seule œuvre avant *Albertine, en cinq temps* où elle figure au cœur du récit ; partout ailleurs, elle reste en coulisses, comme en réserve de la création et laissant aux autres la vedette. C'est pourquoi le rapport à la vie et à la mort qu'elle établit dans cette pièce-ci doit être lu aussi comme un rapport du vécu au fictif, que le romancier-dramaturge sent le besoin, après vingt ans de carrière, de rétablir ou de corriger. *Le Vrai Monde ?* (pour le théâtre), *le Cœur découvert* et *le Premier Quartier de la lune* (pour le roman) confirmeront quelques années plus tard qu'*Albertine, en cinq temps* représentait en outre un exceptionnel point de convergence de ces deux genres pratiqués avec un égal bonheur par Michel Tremblay, qui ne cesse de développer un réseau référentiel, autocitationnel, entre l'un et l'autre comme entre le biographique et l'univers fictionnel.

Un roman pour la scène

Madeleine nous est présentée comme un personnage « atemporel » donnant la réplique au personnage démultiplié d'Albertine, lequel est caractérisé, justement, par ses âges successifs. Et lorsque Tremblay raconte la genèse de cette pièce, c'est d'abord de ce qui définit l'écriture romanesque qu'il parle : la durée, la « tranche de vie ». Il a cherché à « prendre toute la vie d'une femme », comme l'avait fait avant lui Roland Lepage dans *le Temps d'une vie*, une pièce qui pourrait avoir été à l'origine du projet d'*Albertine* : « Michel Tremblay tient *le Temps d'une vie* de Roland Lepage comme un exemple de bonne pièce portant sur la vie entière d'un personnage [14] », et l'on comprend qu'il a clairement identifié la nature romanesque du projet, auquel il s'agissait de trouver une forme dramatique.

---

13. « Albertine, sa tante qui vit toujours... », écrit Robert Lévesque (*Le Devoir*, 10 novembre 1984, p. 31), comme pour accentuer encore la vérité « biographique » de ce personnage.

14. Robert Lévesque, *loc. cit.*

La réussite est prodigieuse, mais ce récit dramatique d'une structure particulièrement audacieuse et efficace doit tant à l'écriture du roman que Pat Donnelly a pu y voir « a psychological novel for the stage », ajoutant que, contrairement à O'Neill à qui il faut une durée de cinq heures « in order to bring the perspective of a lifetime to an evening in the theatre », Tremblay s'en tient à l'économie et à la concision de la poésie – « the spare discipline of a sonnet [15] ». Mais cette forme dialoguée qui croise les tranches de vie, il est intéressant de noter que Tremblay la définit progressivement et qu'entre la première version de 89 pages soumise à André Brassard et la version définitive (de 129 pages), il est à Paris « en promenade dans les traces romanesques d'Édouard [16] ». Les traces d'Albertine croisent donc celles de son frère, mais si cette convergence est significative, elle concerne moins la vie de famille du frère et de la sœur que le cheminement de l'écrivain. Car l'écriture d'*Albertine, en cinq temps* se situe clairement à un point de rencontre exceptionnel entre le roman et le théâtre, chez un écrivain dont toute la renommée reposait sur l'œuvre dramatique jusqu'à la parution de *La grosse femme d'à côté est enceinte*, en 1978. Le succès de cette œuvre et l'ampleur des « Chroniques du Plateau Mont-Royal » ont ensuite pu susciter des interrogations sur une réorientation de cette carrière, qui révélait un grand romancier mais semblait devoir laisser le dramaturge à l'arrière-plan. Avec *la Duchesse et le Roturier,* troisième roman des « Chroniques », un rapprochement s'amorce, alors que l'écrivain raconte l'activité théâtrale à Montréal, vue précisément par Édouard, qui cherche en vain à s'y intégrer. Il en reste cependant des traces, car le roman suivant nous montre les débuts « dans le monde » de celui qui deviendra la duchesse de Langeais. Aussi peut-on tenir *Des nouvelles d'Édouard* – tant pour la nature du récit que pour l'écriture –, pour le plus *théâtral* des romans de Tremblay, alors qu'*Albertine, en cinq temps,* son œuvre jumelle en quelque sorte, apparaît certes comme la plus *romanesque* des œuvres dramatiques. Et Tremblay, qui « avoue que ses Chroniques du Plateau Mont-Royal […] l'ont beaucoup aidé à "comprendre" son *dramatis personæ* », semble rechercher ces

---

15. Pat Donnelly, « Tremblay's "Albertine", spare, sublime poetry », *The Gazette* , 23 mai 1985, p. B-11.
16. Robert Lévesque, *loc. cit.*

convergences et déterminé à y revenir dans ses œuvres futures : « roman et théâtre, chez lui, vont continuer à s'interpénétrer[17] ».

Convergences, interpénétration du dramatique et du romanesque. Nulle œuvre n'en témoigne de manière plus probante que *le Vrai Monde ?*, qui se présente comme un roman qui aurait pu naître, comme la dramatisation d'une « tranche de vie » mise en abyme par les actants et leur créateur. Ces convergences fertiles, entraînant une remarquable transformation des genres, reposent cependant sur une redéfinition des rapports entre le fictif et le réel, laquelle amène l'auteur à rétablir, à corriger ou à préciser le substrat généalogique des personnages et, partant, les fondements autobiographiques de l'œuvre. Cela explique, par exemple, l'étonnante rencontre, dans *la Maison suspendue*, entre les trois protagonistes du *Cœur découvert* – roman où l'auteur a voulu « décrire ce qui se passait dans [sa] vie, [...] aborder cette chose merveilleuse qui, à la fin du XXᵉ siècle, s'appelle la nouvelle famille[18] » – et les personnages qui appartiennent à la chronique familiale du début du siècle. Il faut voir là l'un des signes d'une inscription autobiographique (la *signature*, dirait Philippe Lejeune) de plus en plus insistante dans l'œuvre. Et ici encore, avec la parution d'un récit dramatique, coïncide celle d'un récit romanesque, centré, lui, sur une autre maison de l'enfance, cette « maison de brique brune de trois étages » qui est celle de la rue Fabre. Or, *le Premier Quartier de la lune* s'ouvre sur le regard que porte le jeune narrateur sur « une photo représentant la première seconde de l'été 1952 [...] photo en noir et blanc, aux tons très contrastés, et luisante, comme si on venait d'y étaler une couche de vernis » (*PQL*, 11). La photo du garçon de dix ans[19] nous ramène à celle d'Albertine et de Madeleine. Mais cette fois, on le sait, le garçon se nomme « dans la vraie vie » Michel Tremblay, et il ne cesse de nous ramener à la maison de l'enfance.

17. *Ibid.*

18. Cité dans Odile Tremblay, « Michel Tremblay sans quartier », *Le Devoir*, 2 septembre 1986, p. C-14.

19. La périodisation décennale constitue également une constante significative lorsqu'il s'agit de marquer les étapes de vie transposées dans l'univers de la fiction : la vie d'Albertine saute de dix ans en dix ans, entre 30 et 70 ans, alors que *la Maison suspendue*, fondée sur des générations de quarante ans, passe de 1910 à 1950 puis à 1990 (année de publication de l'œuvre).

LE VRAI MONDE ?

JEAN-PIERRE RYNGAERT

Faut-il faire parler le vrai monde ?

L'effet gigogne

Difficile de lire *le Vrai Monde ?* sans s'arrêter au dédoublement de trois des quatre personnages et sans faire le lien avec *Albertine, en cinq temps*, autre exemple de répartition du discours entre plusieurs personnages numérotés. Michel Tremblay semble affectionner ces phénomènes de relais entre des énonciateurs à la fois semblables et différents. Dans *Albertine...*, le discours se reconstruit à travers le temps en fonction des différents âges du même personnage. Dans le texte qui nous occupe, les « doubles » s'affichent soit comme appartenant à la réalité, soit comme appartenant à une fiction, la pièce écrite par Claude. Dans les deux cas, l'écriture déclenche un effet de prisme, comme pour signifier qu'il n'y a pas un seul possible ni une seule réalité (un seul référent), mais que le *puzzle* ainsi obtenu traque au plus près la complexité du monde. Cette dramaturgie trouve peut-être sa source dans le désir d'échapper à l'effet de naturalisme créé par le langage. Dès que le personnage existe à travers plusieurs images, il échappe à l'identification univoque. On pourrait trouver dès *les Belles-Sœurs* un premier indice de cette tendance du dramaturge. Les héroïnes sont distinctes et pourtant elle se ressemblent ; elles ont un discours propre, mais elles s'unissent parfois dans un chœur qui en fait ainsi une seule entité. Aucune d'elles n'incarne à elle seule une héroïne, mais à elles toutes, y compris dans leurs écarts, elles participent du même modèle.

Dans les romans comme dans les œuvres dramatiques reviennent des personnages de la même *famille*. La saga Tremblay se construit parfois par l'allongement des parcours biographiques, par l'épaisseur temporelle, parfois par l'attaque du personnage sous un autre angle, à partir des mêmes données mais d'une situation différente. Un nom et quelques repères permettent d'explorer une nouvelle piste. Les passages d'un même personnage (ou de son double) d'une pièce ou d'un roman à l'autre traduisent la nécessité d'une remise en chantier, d'une autre issue fiction-nelle comme une autre « chance ». Dans tous les cas, c'est le multiple qui l'emporte grâce à des effets d'emboîtement qui donnent à voir différents aspects d'une même réalité par un jeu habile de facettes.

Ici, Tremblay ne manque pas de tirer parti avec humour de la structure classique que crée le théâtre dans le théâtre. Le plaisir du lecteur et celui du spectateur naissent des écarts qui séparent la réalité et la fiction, et des brouillages qui en découlent. Certains écarts annoncent cependant clai-rement la couleur et jouent pleinement leur rôle de différenciation entre les deux univers. Ainsi : « *Les personnages de la pièce de Claude sont habillés exactement comme ceux de la réalité avec, toutefois, quelque chose de transposé qui en fait* presque *des caricatures* [1]. » Ou encore : « *On entend le troisième mouvement de la cinquième symphonie de Mendelsohn* [*sic*] » et « *On entend une chanson populaire de 1965.* » (*VM*, 17) Parfois, ce sont les personnages qui se croisent dans un étrange ballet, par exemple lorsque Madeleine II guette l'arrivée de son mari en soulevant le rideau et que c'est Alex I qui fait son apparition. Ailleurs, c'est le dialogue qui pointe ironiquement la situation théâtrale, comme lorsque Madeleine II déclare : « J'me retrouve au milieu d'une scène que j'avais pas prévue pis j'sais pas comment continuer. » (*VM*, 30) D'ailleurs elle ne continue pas, et le texte s'enclenche autrement. Tous ces effets de théâtre dans le théâtre, au-delà du plaisir qu'ils procurent, parlent déjà des choix opérés par un auteur. Un peu plus de caricature ? Un peu moins de familiarité, de vulgarité ? Un peu de « grande musique » plutôt qu'une chanson popu-laire, pour faire chic et parce que, décidément, le théâtre doit s'entourer d'effets culturels ? En dévoilant ses choix, en les dénonçant, en exhibant bien comment ils participent de l'invention mais aussi des modestes déguisements de l'imaginaire dès lors qu'il a été décidé que nous sommes

---

1. Michel Tremblay, *le Vrai Monde ?*, Montréal, Leméac, coll. « Théâtre », n° 161, 1987, p. 13. Toutes les références à cette pièce renvoient à cette édition.

au théâtre, Tremblay sourit des roueries naïves de Claude, auteur débutant qui endimanche ses propos quand il le croit nécessaire, mais aussi des siennes propres. Comme si plus personne n'était dupe de tous ces petits mensonges bricolés qui appartiennent inévitablement au monde de l'art. Ces précautions futiles, ces déguisements sans grande conséquence sont d'autant plus visibles dans la pièce de Claude et dans celle de Tremblay que les enjeux de la vérité et du mensonge se situent sur un autre plan. Ils jalonnent la composition de la pièce comme une fausse piste, parce que ce qui se *joue* vraiment, dans les écarts comme dans les similitudes, est d'un autre ordre. Le danger est ailleurs, dans l'apparition même d'un discours feint, dans le surgissement de l'écriture.

Le surgissement de la parole

« J'voulais te parler d'une chose que t'as oubliée dans ta pièce… le silence », dit Madeleine I. « Dans une maison comme ici, c'est la chose la plus importante, tu vois. C'est à cause de lui que les murs tiennent encore debout » (*VM*, 41), ajoute-t-elle un peu plus loin. Toute entreprise théâtrale consiste à faire surgir la parole et, dans les cas réussis seulement, à rendre cette parole inévitable, porteuse de nécessité. Le défi de Claude est qu'en écrivant une pièce, il a brisé le silence qui était la règle dans la famille. Il ne se passe pas grand-chose dans *le Vrai Monde ?* en termes d'événements. Le vrai sujet de la pièce tourne autour de l'enfouissement de la parole, du formidable effort de l'un pour la faire surgir en perçant toutes les poches de silence, des autres pour l'enfouir et préserver l'état des choses telles qu'elles sont. Pourtant, dans les deux pièces, celle de Tremblay et celle de Claude, ça parle, ça commente, ça explique et ça justifie. Dire ou ne pas dire, dire quoi et dire comment sont les enjeux. Dans les apparences, à la surface des discours, les oppositions entre les paroles sont comme mineures et un peu cocasses. Puisque les vrais et les faux personnages se ressemblent, une partie de leurs discours n'exprime que de légers décalages, signes des inventions légères d'un auteur qui joue avec la réalité. Il est question d'un rôti de veau pour le souper de la vraie famille, d'un rôti de bœuf dans la fiction, d'une poche de blé d'Inde laissée dans le coffre de la voiture, d'un bouquet de fleurs arboré comme une excuse. Les petits rituels quotidiens qui agitent les personnages sont

parlés de la même façon. Les plaisanteries des deux commis-voyageurs se valent comme se valent les conversations autour de la « p'tite bière » ou du bain réclamé par l'arrivant fatigué, la préparation du repas à la cuisine. Un peu plus « graves » peut-être, mais tout aussi rituelles, les discussions autour du métier de Claude (pourquoi n'aurait-il pas été commis-voyageur comme son père ?), de son statut (il n'est toujours pas marié), autour des douleurs de la mère. Il n'y a rien là que les propos ordinaires ou « prises de nouvelles » qui marquent les retrouvailles familiales, même s'ils sont porteurs de tensions et reflètent les inquiétudes et les angoisses des uns et des autres. Ce ne sont que les banales lézardes dans le mur des apparences qui tiennent toujours debout, les micro-conflits habituels qui agitent les familles ordinaires. En revanche, la dramatisation des discours devient manifeste dans la fiction où ils explosent autour de la quête de la vérité et à propos de la façon dont les événements passés ont été reçus. Pour Alex I, tous ses comportements seraient de l'ordre de l'anodin, du tolérable dans une société où un homme a le droit d'avoir un peu de *fun*, surtout s'il a pris un verre de trop. Quelques pelotages de soirs de fête, quelques aventures minables – pas vraiment dites mais pas vraiment cachées, comme si elles allaient de soi – dans un hôtel éloigné.

Alex II est confronté aux mêmes actes, mais aussi à leurs conséquences, dès lors que celles-ci sont dénoncées par les autres personnages et que s'instaure un nouveau point de vue. Tous les actes « légers » se mettent alors à peser lourd quand ils sont envisagés du point de vue de leurs conséquences. Sa double vie, dans la pièce de Claude, le conduit à la paternité cachée (la Madame Cantin – catin ? – de Sorel), au voyeurisme pervers, à l'inceste difficilement évité.

La fable saute d'un extrême à l'autre : dans un cas, rien ne serait vraiment grave, et tous les discours des personnages consisteraient à faire admettre à Claude qu'il n'y a rien là que des situations *normales* ; dans l'autre, tout deviendrait dramatique et même mélodramatique, comme autant de titres pour une feuille à scandales : le brave commis-voyageur avait un enfant caché à quelques milles de chez lui… ; le père pris de boisson entraîne ses *chums* dans des hôtels pour voir sa fille danser nue… ; ivre, il tente de violer sa fille de treize ans… ; il battait sa femme et ses enfants… Cette fois, l'effet de distorsion joue à plein. Question de point de vue, pourrait-on dire, mais surtout question de langage : caresses innocentes d'un bon père à peine trop amoureux de sa fille, ou attouchements scandaleux d'un obsédé sexuel qui ne se maîtrise plus. La pièce de Claude ne fait pas le détail. En brisant le silence, elle noircit des faits qui n'étaient peut-être que grisâtres. Comme si la parole, une fois amorcée, ne pouvait plus s'arrêter et entraînait Claude vers l'excès. Les personnages qui se sont mis à parler échappent à l'imagination enfiévrée du jeune homme. Ça fait presque trop dans la caricature, se surprend-on à penser devant l'accumulation des méfaits du père minable, en fonction de schémas trop freudiens pour être tout à fait honnêtes, inventés par un jeune homme sans vie affective connue. Entre le Pirandello de *Six Personnages en quête d'auteur* et celui d'*À chacun sa vérité*, Claude lance ses créatures sur les pistes d'un discours qui serait enfin prononcé. Même les dénégations de la vraie Madeleine laissent perplexe lorsque, spectatrice muette de ce théâtre de chambre, elle assiste aux reproches de Madeleine II, ne nie pas toujours les faits, critique leur mise au jour : « Ces affaires-là, j'me les avoue même pas à moi-même ; comment veux-tu que j'accepte de les retrouver dans une pièce de théâtre ! » (*VM*, 33) Le véritable enjeu de la pièce vient bien de la question du point de vue sur ces paroles réelles ou imaginaires.

Deux fables inséparables

Au lecteur donc, ou au spectateur (mais la question de la mise en scène est une autre difficulté et je n'en traiterai pas ici), de faire le tri et peut-être de choisir. Le travail de Tremblay consiste à laisser flotter le sens, à veiller à l'équilibre des discours, à déstabiliser le référent. Le lecteur y gagne la possibilité d'une double identification, alternativement ou simultanément selon qu'il privilégie de minimiser les fautes d'Alex ou, au contraire, de les prendre au sérieux. Deux fables entremêlées finissent par naître, mais elles ne sont jamais tout à fait sûres. Il semble parfois que l'une des deux va *prendre*, entraîner l'adhésion. Mais elles ne se solidifient jamais complètement, et quand elles semblent sur le point de le faire, c'est quand même pour rester transparentes et fragiles. Claude, jeune homme refoulé et trop sensible, à l'imagination un peu maladive, crée un univers où il caricature son père, dont il est manifestement jaloux. La

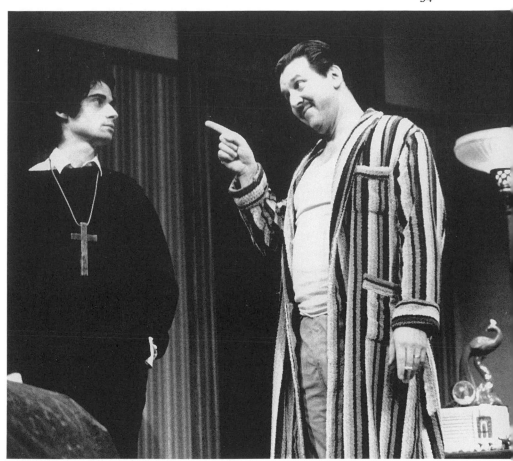

famille est la victime d'un obsédé sexuel, alcoolique et irresponsable. Ou bien : Claude, jeune écrivain lucide et douloureux, par l'intermédiaire d'une forme théâtrale, fait surgir la vérité sur les rapports entre les membres de sa famille, alors que chacun s'efforçait de la taire. Nous n'avons pas à choisir et nous ne pouvons pas le faire, car les deux fables rejaillissent l'une sur l'autre et créent un effet de brouillage. Il n'est pas possible de trancher net comme je viens de le faire sans perdre le tressage des deux histoires qui aboutissent à un effet de flou, indispensable à cette dramaturgie. Brassés dans le même contenant, les ingrédients ne sont pas isolables sans risque de simplification. L'opération chimique réclamerait un réactif dont nous ne disposons pas, et pour cause, il n'y a qu'un seul personnage de Claude. Le personnage de Claude auteur est absent de sa pièce, et c'est par cette faille dramatique que s'engouffrent toutes les hypothèses. L'auteur n'a pas de regard sur lui-même ni sur sa propre création. On dit de lui qu'il est incapable de parler de lui directement, il est le « senteux » qui observe les autres, et même s'il emprunte à leur réalité de surface (le tapis usé, le rôti de veau ou le blé d'Inde) en faisant strictement son métier d'auteur, il frappe fort quand les vrais enjeux sont en fait dévoilés : la sexualité, la violence, l'absence d'amour.

Dehors et quand même dedans, Claude fait les frais de son non-engagement personnel. Ou plutôt, il s'engage dans le discours, pas dans les actes. La pièce qu'il donne à sa mère est un témoignage dont il sait qu'il peut mettre le feu aux poudres si les autres le veulent bien, mais lui reste en retrait. Parce que les autres ne le veulent pas, sa pièce retrouve son statut d'objet anodin, quelques feuillets couverts d'écriture, dispersés dans un salon. Ironie ou lucidité, il mesure soudain le caractère dérisoire de l'écriture et de sa parole. Ça ne marcherait que si les autres voulaient entendre, mais ils continuent à se boucher les oreilles, ils font le choix de *leur* réalité contre sa fiction. La bombe lui a explosé à la face, tant il est difficile de se repérer dans la réalité mouvante, dès lors qu'on se met en devoir de parler du « vrai monde » et de le faire exister. Le vrai monde se rebiffe quand on se met dans la position surplombante de faire parler ceux qui ne parlent pas. À la fin de la pièce, Claude est exclu, moqué par sa sœur, chassé par sa mère, littéralement castré par son père qui détruit le manuscrit. Tous s'entendent implicitement pour annuler la parole qui avait surgi, par l'ironie, la mise à distance ou la destruction pure. Celui qui parle pour les autres, celui qui se dresse hors du sein du groupe social pour en dénoncer les carences hérite souvent du double statut de saint et de renégat, en tout cas de bouc émissaire.

Au risque de retomber dans de vieux schémas critiques, il est difficile de ne pas chercher le Claude absent du côté de Tremblay lui-même. Trop de curieuses coïncidences y invitent. Il y a d'autant moins besoin d'un second Claude que le Claude de la « réalité », plus vrai que le vrai, figure déjà en situation de double. Ici, les figures s'inversent et se rabattent sur la silhouette restée dans l'ombre, celle du véritable auteur, celui dont nous lisons le texte. Comment ne pas penser donc, au jeune Tremblay des *Belles-Sœurs*, qui, en 1965, se levait et osait parler dans sa langue en plaçant sur la scène du monde des personnages qui n'y avaient pas encore trouvé place ? Nous sommes alors en face de l'auto-analyse d'un auteur à qui une partie de la critique de l'époque a parfois reproché son « mépris » pour les personnages qu'il mettait en scène et son goût excessif à démasquer la veulerie. L'opinion d'alors n'avait pas toujours bien reçu des figures peu gratifiantes pour l'image du Québec ni la violence qui s'exprimait à travers l'usage insolite du joual. L'ancien typographe pose un regard lucide et sans doute amusé sur le microcosme familial secoué par la naïveté cruelle de celui qui s'attache à faire surgir sa vérité, au moyen d'effets de théâtre parfois un peu appuyés. Vingt ans plus tard, devenu spectateur de sa propre audace, Tremblay ne médite-t-il pas sur une exclusion qui l'a consacré écrivain et qui le renvoie à sa difficulté à parler de lui-même, sinon à travers le croisement de figures multiples qui finissent par ressembler à une identité ?

LA MAISON SUSPENDUE

LORRAINE CAMERLAIN

Entre ciel et terre

Le décor représente la maison en bois rond de Duhamel, en un très beau début de soirée de juillet.
Une étrange et puissante énergie se dégage de cette maison, comme si toute l'histoire du monde s'y était déroulée.
Entrent Jean-Marc et Mathieu qui portent des bagages [1].

La didascalie initiale confère à la maison de Duhamel une valeur sans précédent dans l'univers de Michel Tremblay. De cette maison de campagne pourrait bien se dégager « toute l'histoire du monde » ; il suffira à Jean-Marc, le fils de la Grosse Femme, d'avoir « racheté » la maison ancestrale et de se laisser imprégner de l'atmosphère qu'elle dégage – ainsi que du récit « en puissance » qu'elle a su préserver – pour qu'elle devienne le lieu de la réunification et de la consécration de trois générations « perdues ».

D'une apparente simplicité, à cause du bois rond [2] dont elle est bâtie, *la* maison – suspendue entre ciel et terre, entre les contes de Josaphat-le-Violon, la fiction du souvenir de Jean-Marc et la réalité de l'histoire familiale – a résisté au temps et aux intempéries de tous ordres. Si bien qu'un siècle d'existence accorde à ce réceptacle de toutes les tensions, de

---

1. *La Maison suspendue*, Montréal, Leméac, coll. « Théâtre », n° 184, 1990, p. 11.

2. Le bois rond – rappelons-nous les « cabanes en bois rond » de nos premiers colons – élargit d'emblée à la Nation l'histoire familiale. C'est sous l'angle historique que nous devrions lire aussi la séparation déchirante de Victoire et de Josaphat, qui quittent Duhamel pour Montréal ; cette rupture fondamentale fait écho aux misères engendrées par l'exode rural au Québec. (Voir à ce sujet l'article de Solange Lévesque, « La terre paternelle », Cahiers de théâtre *Jeu*, n° 58, 1991.1, p. 107-110.)

tous les secrets, la valeur inestimable d'une châsse, sinon d'une « cathé-drale » (*MS*, 118), et que *la* maison constitue un héritage de facture mystique.

Le retour au lieu des origines autorise la réunion formelle, en un seul temps et en un seul lieu[3], de fantômes et d'êtres réels. Par la grâce, sans doute, de son « étrange et puissante énergie » – créatrice –, cette maison confère au personnage écrivain la toute-puissance, le pouvoir de refaire l'ordre du monde, en abolissant notamment les frontières temporelles. La maison « suspendue » a échappé au temps, et c'est elle qui amorce, dans l'absolu, comme un habile « tricot » de fiction et de réalité[4], l'écriture du récit cosmogonique. Digne de « rachat », hors de toute valeur marchande, la maison, qui fourmille de drames, recèle la clé du mystère de toute « l'histoire du monde », le secret de la « faute originelle », reliquc-reliquat unissant à tout jamais les personnages-acteurs de ce « petit monde », que Tremblay pose comme celui de la genèse de l'œuvre, le seul « Vrai Monde ».

Ainsi l'œuvre de *re-création* de Jean-Marc germera-t-elle dans les histoires de famille, au fil des heurts et des plaisirs, des chicanes et des fêtes qui en composent l'*arrière-plan*. La narration que fait Jean-Marc du rachat de la maison de Duhamel au tout début de la pièce est à lire, dans son mot à mot, comme le tracé indélébile du sens de cet essentiel retour aux sources.

> JEAN-MARC – D'habitude, quand on achète une maison, on dit souvent : « Ah, les vibes sont ben bonnes… Aussitôt que chus entré là, j'ai senti que c'était la bonne place, que c'te maison-là m'attendait… » […] Mais tu vois, quand chus venu visiter la maison, au printemps, c'est les vibes de ma propre famille qui étaient à vendre… J'achetais même du beau-frère de mon père… Depuis cent ans que c'te maison-là existe, c'est ma famille à moi qui s'est chicanée ici, qui

---

3. Ce choix formel n'est pas sans faire signe, me semble-t-il, à une certaine « règle des trois unités » : unité de temps et de lieu (une belle soirée de juillet, à Duhamel), unité d'action (tous les personnages sont confrontés à un choix vital : celui de la réconciliation ou de la rupture).

4. Par sa composition, alliage de réel et de surnaturel, *la Maison suspendue* se situe dans le droit fil de *La grosse femme d'à côté est enceinte* et des romans de Tremblay, ainsi que de certaines de ses pièces, dont *Albertine, en cinq temps* et *le Vrai Monde ?* Se dotant, par l'écriture, du pouvoir fantastique des trois filles de Florence : Rose, Mauve et Violette, Jean-Marc retricotera la vie de ses ancêtres, pour en défaire certains nœuds.

s'est débattue, qui s'est réconciliée, qui a braillé, tapé du pied, joué du violon
pis de l'accordéon, chanté des chansons à répondre, improvisé des nouveaux
pas de gigue. Y'a eu des partys mémorables, des enterrements loufoques, un
mariage, en particulier, d'une grande tristesse[,] qui a fait de mon grand-père
mon grand-oncle... Mon père, ma grand-mère pis mon vrai grand-père se sont
assis ici, comme nous autres, ce soir, mais pendant des années... Y'ont regardé
le soleil se coucher... [...] Y'ont peut-être pensé, eux autres aussi, qu'y'étaient
rien au milieu de rien, sans savoir ce qui les attendait, sans savoir où y s'en
allaient... Eux autres, c'tait la grande ville qui les attendait pis y'étaient pas
prêts à l'affronter, surtout pas ma grand-mère qui s'est jamais remise d'être
partie d'ici... [...] Tout ça c't'à moi, Mathieu, ça fait partie de mon héritage,
c'est mon seul héritage, en fait. J'aurais racheté c'te maison-là même si a'
m'avait déçu après tant d'années; même si le toit avait coulé pis que la galerie
avait été pourrie... même si a'l'avait pus été habitable. J'ai acheté tous ces
souvenirs-là pour les empêcher de sombrer dans l'indifférence générale.
(*MS*, 13-15)

« Rien au milieu de rien »

La première indication scénique inscrit les deux personnages des
années 1990 comme un point d'ancrage de la pièce : « *Entrent Jean-Marc
et Mathieu qui portent des bagages.* » (*MS*, 11) L'itinéraire personnel du
fils de la Grosse Femme [5], son ressourcement, mène ainsi les deux
« voyageurs », dès l'amorce de la pièce, à la maison de Duhamel. L'amant
de Jean-Marc, Mathieu, suivi de son fils Sébastien, se retrouvent donc
d'emblée avec leur guide aux abords de cette « maison suspendue », sur
le seuil, face à la galerie, « rien au milieu de rien ». À moins, bien sûr, que
d'endosser la démarche de Jean-Marc, professeur désabusé cherchant à
redonner un sens à son existence en écrivant l'histoire de sa famille, à
moins que d'y croire, d'en faire sa bible, ni plus ni moins. Car c'est bien
là que tout (re)commence : Jean-Marc est venu passer l'été à Duhamel,
pour écrire l'histoire de sa famille, pour « ressusciter des fantômes » ou
« en tout cas, pour [...] essayer » (*MS*, 15). Il s'inspirera de Duhamel, *le*
lieu de la Création.

---

5. Comme je l'ai déjà fait remarquer, dans un premier article sur *la Maison suspendue*
(« Le récit des origines », Cahiers de théâtre *Jeu*, n° 58, 1991.1, p. 119-125), la démarche
de Jean-Marc n'est pas sans rappeler celle de Tinamer de Portanqueu, dans *l'Amélanchier*
de Jacques Ferron, fillette qui cherche, en devenant écrivaine, à retracer ses origines et dont
l'œuvre distingue le bon et le mauvais côté des choses en fonction de l'univers paternel
et de l'univers maternel.

> J'vais m'installer avec une plume, du papier, là où tout a commencé. À la source de tout. Mon grand-père jouait du violon pour faire lever la lune, moi j'vais écrire pour empêcher le crépuscule. Y'a pas de vrai coucher de soleil, ici, on devrait pouvoir empêcher la nuit de tomber. (*MS*, 84)

« J'*vais* m'installer avec une plume [...] *on devrait pouvoir* empêcher la nuit de tomber. » Voilà un intéressant glissement du *je* au *on* : l'itinéraire individuel débouche sur un pouvoir partagé, collectif. Par le fait et la force de la création, de la littérature. La dernière réplique de Mathieu précise on ne peut mieux le parcours qu'il doit accepter de faire, en marchant sur les brisées de Jean-Marc :

> C'est vrai qui s'est passé beaucoup de choses dans cette maison-là… Des choses vitales pour ta famille, qui avaient rien à voir avec moi et dont j'étais peut-être un peu jaloux… mais tout ça me concerne maintenant parce que c'est important pour toi. C'est des choses qu'y va falloir que j'apprenne à… ajouter à ma vie. Cette maison-là est la cathédrale de ta famille, va falloir que j'apprenne à vivre avec… (*MS*, 117-118)

Mathieu, de peur que son propre fils « manque de famille » comme lui « en a manqué » (*MS*, 60), ne peut qu'endosser comme la sienne propre la démarche de Jean-Marc.

Le parallélisme entre le personnage écrivain et Michel Tremblay lui-même paraît évident, et la pièce se situe dans la suite logique de la précédente, *le Vrai Monde ?*, qui, en faisant s'entrecroiser les dialogues et les actions de la « famille réelle » et ceux de la famille qui se trouve transposée dans l'œuvre de fiction, interrogeait la « vérité » de l'inspiration créatrice et la « fiction » de l'œuvre.

Qu'est l'auteur sans l'œuvre ? Qu'est l'individu qui a perdu contact avec son passé, sa genèse, avec l'Histoire ? Un être déraciné, « rien au milieu de rien ».

Trois générations, deux lignées

La pièce convoque, dans un habile chassé-croisé, trois générations de personnages[6] (romanesques et théâtraux) de l'œuvre de Tremblay. Les ancêtres, Victoire, Josaphat-le-Violon et Gabriel, le fils issu de leur relation incestueuse, sont des années 1910. La Grosse Femme, épouse de Gabriel, son beau-frère Édouard, connu comme étant la duchesse de Langeais dans les autres textes, Albertine et son fils Marcel, que l'on sait être fou depuis *En pièces détachées*, vivent en 1950. Enfin, Jean-Marc, Mathieu et Sébastien sont des personnages contemporains, de 1990. Les trois enfants (Gabriel, Marcel et Sébastien), tous de onze ans, sont interprétés par un même comédien, et c'est à travers cet unique enfant à trois[7] visages que seront entre autres tissés les divers « passages » entre les générations.

Si Victoire et Josaphat n'ont eu ensemble qu'un fils, Gabriel, et une fille (dont on peut croire que Josaphat ignore même qu'elle soit de lui), l'intime secret et le déchirement du couple ancestral – dont la maison, empreinte de leur relation incestueuse, est restée suspendue entre ciel et terre, entre rêve et réalité, entre création et vérité – ont engendré, eux, dans l'œuvre de Tremblay, deux lignées de descendants, d'un ordre qui échappe à la simple procréation biologique.

La première lignée, « terrienne », héritière de Victoire, est celle des personnages que le sort, si ce n'est la pure hérédité, a abstraits de tout

---

6. Sans doute peut-on établir un lien entre ces trois générations et les fantômes qui, au dire de Jean-Marc, hantent chacune des trois chambres de la maison.

SÉBASTIEN – […] Y'a-tu des fantômes au moins ?

JEAN-MARC – Certainement ! Y'en a trois ! Un dans chaque chambre. Un qui boite [le couple « boiteux », incestueux, de 1910 dont seront issus tous les malheurs], un qui est borgne [en 1950, Albertine se raidit, ferme les yeux et refuse toute expression de la déviation ou de l'imaginaire, alors que son frère Édouard a fait son domaine du monde marginal] pis l'autre qui a pas de tête… [en 1990, Jean-Marc, sans mémoire, a perdu le sens de sa vie et doit racheter ses souvenirs]

SÉBASTIEN – J'vas prendre la chambre avec celui qui a pas de tête [avec Jean-Marc, son père adoptif, en quelque sorte]… (*MS*, 17)

7. Le symbolisme du nombre trois (trios et trinité) semble une piste de lecture de *la Maison suspendue* qu'il vaudrait la peine d'explorer davantage que ce que je puis faire dans les limites de cette étude.

pouvoir d'imaginer, de toute habileté créatrice. Premier de la lignée, Gabriel, malgré son attrait pour les contes de son « oncle » Josaphat, était déjà marqué, enfant, du réalisme « terrien » de sa mère. Pour Victoire, le « rêve » se résume à vivre en soi et pour soi le bien-être d'une liberté « naturelle[8] ».

> VICTOIRE *lui montrant le coucher du soleil* – 'Gard' ça si c'est beau…
> GABRIEL – Vous voulez toujours que je regarde ça, vous pis mon oncle Josaphat… C'est toujours pareil !
> VICTOIRE – C'est jamais pareil, Gabriel ! Y faut apprendre à regarder ces affaires-là ! *(Pour elle-même :)* J'te dis que t'es pas comme ton pére, toé. Autant y'a le nez dans les étoèles, autant tu traînes le tien dans la grosse terre noére ou ben donc dans l'eau du lac Simon. *(MS*, 29)

Le réalisme de Victoire – qui, pourtant, avait su apprendre à s'ouvrir au rêve et à l'imaginaire de Josaphat – se transmue cependant en une hargne telle qu'elle fermera à tout jamais, et pour des générations à venir, les portes du rêve, après l'exode à Montréal. « Pourquoi tu vois toujours juste le mauvais côté des choses, Victoire ? » lui demande Josaphat *(MS*, 105). Confrontée à « la fin de toute » *(MS*, 111) au moment où elle apprend la vente de la maison par un Josaphat inapte, à ses yeux, à prendre quelque décision d'ordre pratique que ce soit, elle transmet héréditairement ce fiel à sa fille Albertine, dont elle est enceinte : « Si t'es une p'tite fille, j'vas t'appeler Albertine […] tu vas hériter de tout c'que j'ai de plus laid, tu vas hériter de ma toute rage d'avoir été obligée de laisser la campagne pour aller m'enterrer en ville… » *(MS*, 112) Dès lors, chassée de son paradis, Victoire « enfantera dans la douleur » une Albertine qui refusera la campagne comme toute autre forme de rêve, voire de bien-être, par quelque évasion que ce soit – *et ce n'est pas sa faute.*

> ALBERTINE – Voulez-vous ben me dire que c'est qu'on est venus faire su'a galerie, pour l'amour du bon Dieu ? Y'a rien à voir ! Y fait noir comme su'l'loup ! On est venus regarder rien ?

---

8. Victoire est farouchement attachée à la terre. Elle y a pris racine, s'y est ancrée, et c'est à la nature qu'elle a puisé ce qui lui paraît « naturel ». Et rien dans la nature n'entrave sa relation incestueuse avec Josaphat. Mais, pour son frère, la maison est attachée au ciel, tandis qu'elle l'est à la terre pour Victoire. Le départ pour Montréal, irrémédiable déracinement, la fera mourir, comme tous les siens : « En ville, on sera même pus vivants, Josaphat ! […] j'veux pas y aller en ville ! J'aime mieux être une paria en face de mon lac qu'une femme sans passé au fond d'une cave en ville ! » *(MS*, 91-93)

ÉDOUARD – Bartine, franchement ! […] Je le sais que tu manques de fantaisie pis d'imagination, mais y'a toujours ben un boute ! Si tu vois rien, fais-toé accroire que tu vois quequ'chose […]

ALBERTINE – J'avais pas le goût de venir icitte, moé ! Ça me rappelle des mauvais souvenirs, icitte, c'est pas de ma faute ! C'te galerie-là me rappelle des mauvais souvenirs […] Je l'ai déjà vu, le ciel ! J'ai essayé de noyer ma rage dedans pis ça a pas marché, je recommencerai pas pour vous faire plaisir ! (*MS*, 72-74)

Les autres enfants de Victoire, issus de l'irrémédiable déchirure, de la pire compromission, ne seront plus des « anges », comme Gabriel ; il ne s'agira plus des enfants du rêve de Josaphat, mais des descendants « terrestres » (sans paradis), ceux de la dure réalité urbaine, de la nouvelle vie, du mariage avec Télesphore.

VICTOIRE – As-tu pensé à une chose, Josaphat… *(Silence.)* As-tu pensé que mes autres enfants vont être de Télesphore ? […] Quand j's'rai mariée avec Télesphore, Josaphat, ça sera pour de bon… (*MS*, 93, 95)

Héritière en droite ligne de cette Victoire sacrifiée, Albertine restera à jamais ancrée dans un réalisme « terre à terre », étendard d'une « vérité » maintenue avec vigueur hors de toute fantaisie créatrice, donc stérile.

La seconde lignée, « aérienne », puise à l'hérédité paternelle ; c'est de la « descendance » de Josaphat qu'il s'agit, des « artistes » et des « fous » de la famille. En tête de ligne, Édouard la duchesse a hérité, marginalement, par une ultime échappée du potentiel créateur refoulé de Victoire, du caractère frivole et artistique de son oncle Josaphat :

LA GROSSE FEMME – T'sais c'qu'on disait de ton oncle Josaphat… qu'y'avait le don de nous faire rêver…[…] Ben Édouard est un peu comme lui, Bartine. Ça doit être de famille… (*MS*, 94-95)

Édouard conjugue le réalisme maternel et, par ricochet puisqu'il n'est pas le fils de Josaphat[9], le goût « paternel » de la création, du renouveau perpétuel.

---

9. Le père d'Édouard, si l'on croit les affirmations de Victoire dans *la Maison suspendue*, ne peut être que Télesphore. Cependant, dans *La grosse femme d'à côté est enceinte* (p. 242), Victoire, qui raconte à son fils sa conception, dans un bosquet du parc Lafontaine, ne nomme jamais le géniteur de la duchesse que comme « Ton pére », ce qui laisse planer un doute sur la clarté de ses origines… Le roman et la pièce ne respectent pas les règles de la logique et restent de ce fait totalement inscrits dans la liberté fictionnelle.

ÉDOUARD – J'fais rien comme tout le monde, Bartine, rien, pis viarge que j'ai du fun à être le seul à faire c'que je fais ! Y faut que j'aille charcher de l'eau, là, parce qu'on n'en a pas pour demain matin, ben j'vas aller chercher de l'eau comme parsonne est jamais allé charché de l'eau à Duhamel ! C'est plate pour crever la bouche ouverte d'aller charcher de l'eau ? Ben, j'm'en vas rendre ça intéressant, moé ! C'est ça ma force, Bartine.

Il prend une pose dramatique et se met à réciter le songe d'Athalie en se dirigeant vers le puits suspendu. (*MS*, 79)

Édouard, qui a hérité de la lucidité et de la volonté maternelles, endosse donc consciemment et volontairement les rôles que lui distribue son âme créatrice, héritage « paternel » tout aussi intempestif[10]. Albertine, quant à elle, ne peut agir que dans le sens contraire, déniant et dénigrant toute fantaisie, par la force de sa rationalité « terrienne » pure et dure. « C'est sûr que j'me laisse pas aller ! Voyons donc ! Y nous ment en pleine face ! Vous le dites vous-même ! » rétorque Albertine à la Grosse Femme qui prend le parti d'Édouard.

LA GROSSE FEMME – Sers-toi de ton imagination.

ALBERTINE – J'en ai pas ! Pis j'en veux pas ! Vous voyez c'que ça a faite à mon oncle Josaphat ! Pis vous voyez c'que ça fait à mon enfant ! Mon propre enfant est un mélange de mon oncle Josaphat pis de mon frère Édouard, pensez-vous que ça me donne envie de me mêler avec eux autres pis de leu' dire envoyez, faites les fous on va rire ? (*MS*, 98-99)

De Josaphat, les descendants héritent de la marginalité, de la folie ou d'un certain « don » créateur. Dans la continuité d'Édouard se profile le fils d'Albertine, Marcel, épris d'un chat imaginaire qui horripile sa mère mais qu'accepte Édouard : « Non. J'le vois pas. Mais j'peux faire comme si j'le voyais si tu veux… » (*MS*, 28).

C'est aussi en digne héritier de son « grand-oncle/grand-père » Josaphat et de son « oncle/tante » Édouard que Jean-Marc, de la troisième génération, s'inscrit dans la lignée « aérienne », littéralement et littérairement « accrochée » aux rêves et à la fantaisie du conteur, « suspendue »… Jean-Marc est prêt à revenir à Duhamel par la voie du récit ; il s'agrippe à la

---

10. Sa créativité se manifeste d'abord et avant tout par ses travestissements, par son homosexualité affichée. Édouard ne peut échapper à sa double identité (son héritage d'homme et de femme), et il lui est impossible d'unifier son être. Il accepte comme un sort l'ambivalence héréditaire, qu'il endosse et re-présente dans une éclatante manifestation. « Bartine, franchement ! Chus de même, c'est toute ! Y'a rien à faire, pis y faut surtout pas essayer de changer ça ! » (*MS*, 109)

36

maison suspendue comme à une bouée de sauvetage. Sur les traces de son père, Gabriel, qui avait fait ses « premiers voyages à Morial » suspendu aux lèvres de Josaphat-le-Violon, il accorde toute sa foi à l'œuvre, à la littérature qui dotera le bois rond de sa maison de la légèreté de l'écorce des canots de la chasse-galerie (*MS*, 38-48). Jean-Marc souscrit donc à la lignée « aérienne » par sa volonté de refaire l'ordre du monde, par son aptitude à « faire comme si », son goût de la création, son besoin vital du récit. Devant la maison suspendue, il saisit que seul le récit cosmogonique le dégagera des carcans d'une réalité accablante (l'université où il enseigne, et où il perd sa vie [11]). C'est à lui qu'il reviendra de réaliser la prophétie de Josaphat : « On peut pas s'empêcher de parler d'où on vient, Victoire, c'est pas possible… » (*MS*, 85). Le besoin viscéral dépasse largement l'individu : « *on* peut pas s'empêcher », souffle Josaphat à sa descendance. En outre, l'homosexualité de Jean-Marc le place dans la « lignée » d'Édouard, dont on connaît par ailleurs la fantaisie et le penchant prononcé pour la littérature et l'écriture, puisqu'il s'agit d'un personnage romanesque déjà connu des lecteurs-spectateurs de l'œuvre de Tremblay au moment de la création de *la Maison suspendue* en 1990.

La force des alliances

Outre les ancêtres et leurs descendants, la pièce met en scène trois autres personnages : la Grosse Femme, Mathieu et Sébastien, déjà connus des familiers de l'œuvre de Tremblay. Ces personnages, tous trois membres « par alliance » de la famille, ont aussi en commun d'être des personnages des « Chroniques du Plateau Mont-Royal » convoqués cette fois au théâtre[12]. Ils sont donc partie intégrante de l'œuvre à écrire de Jean-Marc.

---

11. Lieu du « haut-savoir » désincarné, l'université agit sur Jean-Marc comme « Morial » sur Victoire : elle le contraint au ras du sol, le condamne au dessèchement, tue le rêve. « Y faut que je me prouve que chus capable de produire autre chose que des petits cours d'université. Que chus capable, moi aussi, de faire lever la lune, si je veux… » (*MS*, 102). À Duhamel, Jean-Marc se réincarnera en un membre d'une famille vivante, et ce au milieu des morts, qu'il ressuscitera.

12. Voir *La grosse femme d'à côté est enceinte* et *le Cœur découvert*, notamment.

Leur rôle dans la pièce est de soutenir sinon de conforter les membres de la famille dans leurs élans créateurs et fantaisistes. Nous avons déjà observé en ce sens les interventions de la Grosse Femme et de Mathieu, qui y trouvent de toute manière leur compte, quoique dans des registres différents.

La Grosse Femme accepte la vie et le bonheur par procuration ; elle est déjà initiée à ce genre de connivence par la littérature dont elle a fait une large part de son évasion et de sa lucidité, si l'on se rappelle le premier roman des « Chroniques ». Mais elle se trouve plus allégée du poids de sa réalité par les frivolités d'Édouard, plus propices encore au rêve que l'univers des livres, parce qu'elles sont « partagées » ; le bonheur touche à la grâce s'il advient en « communion »…

> Les livres, ça coupe du monde, Bartine… On est tu-seul à rêver quand on lit. Pis les livres, ça se passe rarement ici… Édouard, lui, c'est comme si y vivait des affaires pour vrai, tu comprends, quelqu'un que je connais vit des affaires extraordinaires qu'y partage avec moi ! Y me fait rêver ici, tout ça se passe dans ma ville, des fois avec du monde que je connais… (*MS*, 97-98)

Mathieu, nous l'avons vu, finit par souscrire au projet d'écriture de Jean-Marc par compréhension, par amour, mais aussi pour se doter lui-même d'une famille qu'il sera en mesure de « transmettre » à son fils, Sébastien [13]. Quant à ce dernier, il fera confiance à Jean-Marc (et même au professeur qu'il est !), en lui demandant, non sans quelque hésitation, de l'aider à mener à terme un projet de création à la mesure de ses rêves d'enfant moderne : inventer un jeu vidéo.

JEAN-MARC – J'vas t'aider.
SÉBASTIEN – Non, non, j'ai pas besoin d'aide… Ben peut-être un peu pour le français, là, quand va venir le temps d'écrire le livre pour expliquer comment ça marche…

---

13. Issu d'un père homosexuel, Sébastien se trouve ni plus ni moins à être le fils « adoptif » de Jean-Marc. Dans la thématique d'ordre mystique qui se dégage de *la Maison suspendue*, une petite étude onomastique s'impose : Sébastien, qui porte le nom du saint qu'on associe au monde homosexuel, est le fils du couple que forment Mathieu et Jean-Marc, trois évangélistes en deux personnes… Pas étonnant, à vrai dire, qu'il revienne à ce couple d'entreprendre, dans la « cathédrale » d'une sacro-sainte famille, de récrire l'Histoire, depuis le péché originel. Plus largement, dans une œuvre qui prend racine ici dans celle que Jean-Marc a à écrire, c'est-à-dire celle, plus ou moins transposée, de Michel Tremblay, ces personnages sont « frères » (au sens religieux) d'une Sainte Carmen de la *Main*, d'une Damnée Manon et d'une Sacrée Sandra…

D'instinct, Sébastien sait qu'il a besoin de son père « d'à côté » pour « écrire comment ça marche »…

N'est-il pas intéressant de constater, en fait, que seule la génération de Victoire et de Josaphat, source du mal, est privée de telles « alliances » ? Seuls comme Adam et Ève au paradis, les ancêtres vivent heureux jusqu'à ce que l'idée du bien et du mal fasse sombrer leur bien-être modèle dans le manichéisme du choix à faire (contre le rêve, pour la rationalité). C'est à l'impossible bonheur, à devoir choisir entre le bien et le mal, qu'est acculée Victoire qui, forcée de quitter son paradis, ne conserve, défaite, que la douleur de la connaissance (celle du paradis perdu) à oublier.

Adam et Ève avaient découvert la nudité qu'ils allaient devoir à jamais cacher après avoir cédé à la tentation (c'est-à-dire prêté foi au discours venimeux d'un tiers d'une autre espèce : le serpent) et goûté le fruit défendu de l'Arbre de la Connaissance du Bien et du Mal. Comme eux, le premier homme et la première femme du Monde de Michel Tremblay auront les yeux dessillés devant leur faute (l'inceste qui, pourtant, comme la nudité, était partie intégrante du Bonheur [14]) au moment où ils céderont – mais ce sera cette fois par l'acte de l'homme, Josaphat, qui vend leur bien(-être) – aux miroitements du faux bonheur urbain, à la perfidie du discours du qu'en-dira-t-on, nouvelle connaissance du bien et du mal. C'est le jugement d'un tiers absent, virtuel, qui les condamnera à vivre comme des parias malgré le mirage : « JOSAPHAT – En ville on sera pus des parias, Victoire. » (*MS*, 91)

La faute n'est peut-être pas (uniquement) celle qu'on pense… et c'est par la grâce des alliances nouvelles : avec la Grosse Femme, Mathieu et Sébastien, que la famille regagnera Duhamel, qu'elle *rachètera* plutôt le lieu même des origines de la création.

La création avait achoppé chez Victoire et Josaphat, parce que le couple avait cédé à la séduction qu'exerçait sur Josaphat ce qui s'est avéré

---

14. Dans l'œuvre de Tremblay, la relation incestueuse est « reprise » (si l'on peut se permettre l'utilisation du terme dans le contexte où le récit originel suit les autres œuvres) dans *Bonjour, là, bonjour*. Cela semble d'autant plus intéressant de mettre en relation *la Maison suspendue* et *Bonjour, là, bonjour* que l'on connaît l'ambiguïté du « bonjour » québécois, qui s'emploie aussi bien à l'arrivée qu'au départ, le matin que le soir, et qui, du fait, échappe à la mesure du temps…

être une mésalliance dont l'objet reste absent et masculin (on ne connaît Télesphore que de nom, et ce même dans l'ensemble de l'œuvre, si ma mémoire est bonne). Jean-Marc tentera, dans sa re-création du monde, de réhabiliter la femme qui l'a mis au monde (en faisant du rire de sa propre mère, la Grosse Femme, un symbole de la liberté créatrice). Mais cela ne mènera-t-il pas, paradoxalement, à l'éclosion d'une image forte du Père ? Ce père, ce sera Mathieu – chose étonnante à première vue, étant donné l'exclusion du personnage des histoires de famille. Ce sera Mathieu qui, souhaitant pouvoir tout donner à son fils, c'est-à-dire la plus grande famille qui puisse exister, deviendra disciple de Jean-Marc. Homosexuel, l'Amant sera le Père, mais toujours sans la mère (le Père comme nouveau Dieu, dans une Trinité encore et toujours essentiellement masculine).

Au nom du père et du fils

Mathieu, envoûté par les histoires de famille de Jean-Marc, s'y livre corps et âme. Il a peur de ne pas être en mesure d'assurer le bonheur familial de son fils (son homosexualité l'exclut de la procréation dans l'ordre naturel), et cette crainte le ramène à sa propre enfance.

Il est capital de relire – à ras le texte – l'histoire de Mathieu, comme la mise en abyme de celle de Jean-Marc, car ce peut être là, me semble-t-il, une piste fort intéressante d'analyse de *la Maison suspendue* comme du roman *le Cœur découvert*, qui reste ainsi lié aux « Chroniques du Plateau Mont-Royal » dans son inspiration mais s'inscrit dans un monde nouveau : urbain, contemporain et homosexuel.

On me permettra donc de citer largement le texte « évangélique » de Mathieu, pour qu'il s'en dégage certaines clés.

> J'ai peur que Sébastien manque de famille, Jean-Marc, comme moi j'ai manqué de famille ! C'est mon seul enfant pis c'est assez évident que j'en ferai pas d'autres, hein ? J'ai peur qu'y se sente tout seul avec moi comme j'me suis senti tout seul avec ma mère… Quand je pense à mon enfance… j'revois ma mère penchée au-dessus de la table de cuisine pis qui me dit : « Finis ton verre de lait… » (*MS*, 60)

De la coupe aux lèvres, il y a peu de distance entre l'histoire de Jean-Marc et le sort de l'homosexuel Mathieu. Lui aussi a une mère héroïque, bien qu'elle le soit par le fait d'un courage très contemporain, celui de la femme monoparentale. Enfant, lui aussi avait le pouvoir de créer, rêvait d'une famille (rêve qu'il qualifie déjà dans le souvenir comme un *fantasme*), d'une maison aux multiples pièces, d'un père prince charmant et présent (d'un Grand Père digne d'une certaine Grosse Femme sans doute).

> Ma mère aussi était une héroïne, Jean-Marc, mais personne l'a jamais su ! *(Silence.)* On a vécu tout seuls tous les deux pendant des années, elle à s'échiner pour m'élever d'une façon décente pis moi... (*MS*, 61)

> Mon grand fantasme quand j'étais enfant c'tait d'avoir une énorme famille comme la tienne, justement. J'comprenais pas que ma mère ait sacré mon père là pour m'élever toute seule dans un trois et demie... J'm'inventais des frères, des sœurs, j'multipliais les pièces d'la maison... J'm'inventais un père aussi... Un père présent, pis aimant. Un prince charmant de père que j'aimais... comme j'aime mon fils aujourd'hui... au point de vouloir le manger. (*MS*, 61-62)

> Chaque membre de ma famille inventée avait un nom. J'leur parlais, j'me chicanais avec eux autres, j'me battais avec eux autres, pis après on se tombait dans les bras en pleurant. J'vivais vraiment avec eux autres. J'exaspérais ma mère avec c'qu'elle appelait mes idées de fou... Mais j'avais besoin de tout ça pour survivre ! Y'a rien de pire que d'être un enfant unique, Jean-Marc ! (*MS*, 62)

> Quand j't'ai rencontré pis que j'me suis rendu compte que tout ça existait pour vrai, pis à quel point c'était important pour toi, j't'en ai voulu, Jean-Marc. D'avoir vécu mon rêve... d'avoir des souvenirs collectifs, des souvenirs qui remontent au début du siècle... d'avoir tant de choses à raconter... Moi, j'avais rien à te raconter sur ma famille... Ma famille a pas de mémoire. Y'a pas de maison suspendue dans ma vie. Pis j'ai fait juste un enfant. Comme ma mère. C'est vrai qu'à l'époque j'pensais en faire d'autres... Y'était pas question que Louise et moi on fasse juste un bébé... On allait... On allait repeupler le Québec à nous autres tout seuls... Mon Dieu. Tout ça est dans une autre vie. Mon enfance. Mon mariage. C'est drôle, hein, chus vraiment heureux pour la première fois de ma vie mais j'ai peur. Pour mon enfant [...] J'ai peur d'être heureux à son détriment. (*MS*, 63)

> J'voudrais être son père, sa mère, ses frères, ses sœurs... tout en même temps, tu comprends... J'voudrais que sa vie soit pleine de ma présence. [...] J'aime tellement l'entendre rire [...] son rire monte dans' maison... Tellement... tellement vrai ! C't'un rire sans problème, sans questionnement, c't'un rire pour le pur plaisir de rire ! [...] Si j'me retenais pas, j'irais dans sa chambre pis j'y dirais : continue, arrête pas, arrête pus jamais, ris, Sébastien, ris, ça m'aide à vivre ! Mais chus pas capable de faire ça. Je l'aime au point d'avoir envie de le dévorer mais j'me retiens trop. J'me retiens trop avec lui, j'me retiens trop... Aïe, on est mal faite, hein... (*MS*, 65)

La tirade de Mathieu, véritable mise en abyme du désir absolu de création, constitue son évangile (et une épître à Sébastien ?). Rappelons que l'Évangile, la « bonne nouvelle » du Nouveau Testament, est le terme qui désigne aussi quatre des livres qu'il contient : les évangiles. Il me semble on ne peut plus juste pour déterminer le texte de Mathieu qui comprend, et rassemble en un texte nouveau, les filiations mises au jour dans le texte de Jean-Marc (des évangiles de Jean et de Marc[15] ?). Mais l'histoire de famille qu'il n'a pas été capable de s'inventer *pour vrai*, il se l'approprie de Jean-Marc, *justement* parce qu'il est de la lignée des Justes, de la juste cause sans doute. Et l'histoire qu'il s'écri*e*, digne enfant « fou » d'une mère héroïque mais incomprise, en entendant de la bouche de son Fils un rire « tellement vrai » qu'il ne peut qu'être le même que celui de la Grosse Femme (*MS*, 116-117), c'est à Sébastien qu'il la destine. « J'voudrais, dit-il, que sa vie soit pleine de ma présence ». Derrière son désir affleure l'omniprésence divine et le mystère de la transsubstan-tiation, par la Communion, le « Prenez et mangez-en tous (et buvez-en tous), car ceci est mon corps (et mon sang), le sang d'une alliance nouvelle et éternelle... »

Mathieu, qui n'a pas compris, enfant, « que sa mère ait sacré [son] père là pour [l']élever toute seule dans un trois et demie », se place dans l'ombre de Gabriel, le père de Jean-Marc, qui sera « élevé » dans une « cave » de la « ruelle des Fortifications » en devenant le « fils » de Télesphore, si l'on en croit la prédiction de Victoire (*MS*, 92). Par l'effet de cette condensation[16], Mathieu sera, pour Jean-Marc, le « prince char-mant de père », l'Amant/Père, celui qui lui donnera un fils, Sébastien, qui sera vraisemblablement persécuté, c'est du moins ce qu'en a dit l'Histoire...

La défaite est inscrite dans le sang de la lignée de Jean-Marc depuis l'ancêtre, Josaphat.

---

15. Il ne manque ici qu'un des quatre évangélistes : Luc. L'œuvre de Tremblay l'a cependant convoqué, dans *les Anciennes Odeurs*, comme le premier amant de Jean-Marc ; ce dernier retrouvera cet ancien amant, sidatique et mourant, dans le roman *le Cœur éclaté* (1993).

16. J'emploie le terme dans son sens psychanalytique comme « un des modes essentiels de fonctionnement des processus inconscients [par lequel] une représentation unique représente à elle seule plusieurs chaînes associatives à l'intersection desquelles elle se trouve ». (Jean Laplanche et J.-B. Pontalis, *Vocabulaire de la psychanalyse*, Paris, Presses universitaires de France, [1967] 1981, p. 89.)

On va s'en aller en ville, y va trouver un vrai père qui va l'élever comme un vrai enfant, une famille, une vie normale… *(Silence.)* Chus capable de faire lever la lune tou'es soirs, mais chus pas capable de garder mon enfant ! (*MS*, 64)

L'œuvre proposera, en contrepoint de l'impossibilité de perpétuer, du « chus pas capable », le pouvoir d'inventer, mais elle sera vouée à l'éternel recommencement, lieu de prédilection du rêve, du cauchemar, de la folie. Au cœur de l'œuvre, mise à découvert par elle, l'homosexualité acceptée conduira à un nouveau récit ; la fiction empêchera l'extinction de la race par les pouvoirs de l'imagination qu'elle s'accorde, car elle puise au Rêve.

Mathieu, en fait, est un personnage de la famille par alliance, qui deviendra dans l'œuvre un « alliage » nouveau. Il est le père et le fils, par sa filiation à Gabriel et par Sébastien. Il est *aussi* la mère : comme Victoire, il a connu « une autre vie », un mariage marquant… Il a fait un enfant unique, « comme [sa] mère ». Il a donné naissance à un *fils-mère*, Sébastien, dont le rire est en filiation avec le rire de la mère de Jean-Marc et dont l'enfance même, l'état bienheureux, ramène Mathieu au souvenir du *lait* qui le fera grandir sous le regard et par la volonté de sa mère [17].

Personnage-caméléon, qui confond tous les temps et tous les sexes, Mathieu est l'expression par excellence du rêve actuel : celui du pouvoir ultime de la création. « J'voudrais être son père, sa mère, ses frères, ses sœurs… tout en même temps, tu comprends… » Oui, Jean-Marc le comprend sûrement, puisque Michel Tremblay fera de Mathieu un nouveau lieu/lien de création, ici comme dans *le Cœur découvert*.

Mais Mathieu est d'une autre génération de personnages. Il fait référence à la vie actuelle de Tremblay, à son « histoire d'amours » dans la vraie vie, et c'est sans doute pourquoi nous sommes tentés de le désigner comme n'étant pas tout à fait du « Vrai Monde »…

---

17. Qu'on se rappelle la mère d'Hosanna (textuellement : Gloire à Dieu), qui ordonnera à son fils « grande *folle* » (qu'elle veut garder avec elle, lui, son bâton de vieillesse) de se les choisir beaux, ses amants, comme si, par substitution, elle pouvait tirer quelque gloire ou quelque plaisir de la marginalité de son fils. (*HO*, 42) Qu'on se rappelle aussi Victoire, qui garde près d'elle et pour elle un Édouard dont elle a fait sa raison de vivre (« Reste avec moé, mon homme, t'es toute c'qu'y me reste ! » *GF*, 242), ce qui peut étonner après la lecture de *la Maison suspendue* mais qui pourrait s'expliquer par l'attrait de la marginalité, de la folie et de l'homosexualité dans l'ensemble de l'œuvre de Tremblay.

La création victorieuse

C'est sur Jean-Marc et Mathieu que repose au départ la pièce, nous l'avons dit. Mais ces deux personnages s'effaceront à la fin, tout comme la Grosse Femme qui a pour fonction première (elle a été ainsi créée) d'être « à côté » et n'est là que comme catalyseur de la Création, celle d'autrui, celle qui la dépasse et dont elle se nourrit largement, et à laquelle elle prête toute son attention et son être.

La Grosse Femme n'agit qu'une seule fois en fonction d'elle-même, pour son seul plaisir, et c'est au moment où elle décide de se baigner dans le lac « originel », seule « baignoire » à la mesure de sa corpulence, seul lieu où, enfin, elle peut se laver autrement que « paroisse par paroisse », où elle peut atteindre au bonheur total. Cette baignade dans le lac Simon [18] est une scène digne d'être racontée, et il s'agit bien du premier véritable récit de Jean-Marc – de l'ordre de ceux qui donneront sens à son existence, comme œuvre de genèse.

Ainsi, donc, raconte Jean-Marc. Ce jour-là, malgré les précautions qu'elle avait prises pour s'éclipser des siens et « descendre dans le lac Simon », la Grosse Femme avait été vue par son fils. De ce fait, ce témoin est en mesure, par la force et le bienfait du souvenir (et de la création), de transcrire, pour le partager, le bien-être procuré par le contact rétabli avec la nature même du paradis perdu. Le « baptême » de la Grosse Femme constitue une scène d'élévation et de pure transfiguration.

> J'avais jamais vu un visage pareil !… A l'avait levé son visage vers le soleil […] J'connaissais pas c'te femme-là, Mathieu. Depuis combien de temps c'te femme-là était pas entrée dans l'eau comme ça ? Pis tout d'un coup, a l'a envoyé sa tête un peu plus par en arrière, pis a' s'est mise à rire… Un rire d'enfant content qui découvre l'eau d'un lac pour la première fois… Le paysage s'est soulevé, j'ai vu ma mère, le quai, le lac, les montagnes s'élever dans le ciel, comme dans les contes de mon oncle Josaphat pis j'me suis dit : la vie est pas compliquée. La vie a un sens. La vie a un sens, ma mère rit. (*MS*, 116-117)

---

18. Je suis tentée d'établir un rapport entre la baignade au lac Simon de la Grosse Femme, que le récit cosmogonique de Jean-Marc retiendra comme une mémorable « élévation », et le baptême de Simon-Pierre, premier apôtre d'une longue lignée de frères chrétiens à être baptisé, consacré par la main même du Christ, fils du Créateur…

Nouvelle grammaire du récit : la réalité du plaisir dont on se souvient s'accorde avec la vérité bénéfique et essentielle du monde de la fiction. Le souvenir précis de Jean-Marc est aussi « fort » que le don de Josaphat de convoquer la chasse-galerie. Jean-Marc a gagné dans l'eau du lac la « victoire » sur laquelle il misait, l'élément naturel pouvant accorder au lieu de sa propre conception, la Grosse Femme, la légèreté propice à l'élévation créatrice. La nature donc sera victorieuse, par la grâce de la Grosse Femme, mère de l'auteur Jean-Marc, pro-créatrice de l'œuvre elle-même [19].

Mais, nouvelle maxime : « l'œuvre [20] a ses raisons que la raison ne connaît pas », et les deux derniers personnages à parler sont Victoire et le petit Marcel. C'est à eux qu'il revient de boucler la pièce, et non, comme on aurait pu s'y attendre, à Jean-Marc et à Mathieu.

Du cœur de la « cathédrale » dont vient de faire mention Mathieu en parlant de la maison de Duhamel à Jean-Marc, Victoire fait ses adieux au lac :

> Adieu, mon lac ! On s'en va. On t'abandonne. […] R'garde-moé ben. C'est la dernière fois que tu me vois. J'men vas. En ville. *(Silence.)* Josaphat ! Josaphat ! Appelle le yable ! C'est le temps de partir !
> *L'éclairage change brusquement. Marcel sort de la maison avec sa cage.*
> (*MS*, 118)

Ainsi son appel au diable, amer détournement de la chasse-galerie, passera-t-il le relais à Marcel, par la force d'un nouvel éclairage. C'est donc à l'enfant fou que sera confiée l'ultime réplique. Lui seul, par les vertus de sa folie, pourra transformer le cauchemar en bonheur, avec l'aide

---

19. Avant la création de *la Maison suspendue*, l'œuvre des origines était le premier roman des « Chroniques du Plateau Mont-Royal », soit *La grosse femme d'à côté est enceinte*, ce qui confirme l'importance de ce personnage dans la genèse de l'œuvre de Tremblay.

20. *L'œuvre*, c'est bien *le cœur*. Jean-Marc ne délaisse-t-il pas l'université pour se consacrer à une tâche qui lui tient à cœur, à une écriture qui lui vient du cœur ? Il me paraît assez significatif, en ce sens, que *le Cœur découvert* ne soit pas de la même facture que les autres romans de Tremblay. Cette œuvre d'inspiration réaliste et contemporaine n'est pas du même « cœur » que les autres chroniques, même celles qui surgissent en droite ligne du passé de Tremblay : *les Vues animées* et *les Douze Coups de théâtre*. Celles-ci demeurent filtrées par les effets du souvenir et jaillissent de la même source que les contes de Josaphat-le-Violon. Le cœur, découvert, est le fait d'une autre opération, de la transposition dans la fiction d'une tout autre réalité.

de Duplessis, son chat imaginaire, son « histoire », qu'il déposera sur son ventre, lieu par excellence de la création en puissance et d'où jaillit le rire.

> Viens, Duplessis… Viens… Y dorment…[…] Sors, aie pas peur, y'a pas de danger… C'est ça qui s'appelle la campagne… […] T'es trop beau… t'es trop beau, Duplessis… *(Il caresse le chat invisible.)* On va être bien, ici, tous les deux… Tu vas me montrer tout c'qu'y'a à savoir, pis moi j'vas te caresser… *(Il se couche sur le dos.)* Tu me chatouilles, Duplessis, tes moustaches me chatouillent… *(Il rit.)* Monte sur mon ventre… C'est ça… étends-toi sur mon ventre… *(Il caresse Duplessis.)* On est bien, hein… On est bien, ici… On est bien. On va… être… heureux.
>
> *On entend le violon de Josaphat.* (*MS*, 118-119)

Cage en main, histoire et fiction au cœur, Marcel affirme que le bonheur est vrai – trois fois plutôt qu'une – ; son rire fait écho au plaisir des autres enfants, au pouvoir du conteur d'investir le ciel, de faire se lever la lune, s'élever la maison, s'envoler les canots d'écorce, ainsi qu'au rire de la Grosse Femme, genèse nouvelle… C'est le regard que porte l'enfant sur son monde qui en exalte la beauté (« t'es *trop* beau Duplessis[21] ») ; c'est par ces yeux qui recréent le monde que la vision devient positivement connaissance (« Tu vas me *montrer* tout c'qu'y'a à *savoir* »). Marcel, le plus naturellement du monde, se couche au sol (les yeux au ciel) et fait monter Duplessis sur son ventre. Est-ce donc si fou que de changer de perspective pour voir autrement ? Est-ce donc si fou que de choisir l'horizontalité qui rattache le corps à la terre et la verticalité du regard pour placer l'œuvre entre ciel et terre ?

Le personnage de Marcel, fils d'Albertine, c'est bel et bien le fou aux verres fumés d'*En pièces détachées*. L'idée de la folie est, dans cette pièce comme dans *la Maison suspendue*, signifiée par une vision différente, un changement de perspective. Claude/Marcel, dans la première pièce, croit devenir invisible en cachant ses yeux derrière des lunettes noires ; dans *la Maison suspendue*, Marcel se couche au sol pour rejoindre le paradis. Les pièces détachées ne se recollent-elles pas si on relit, à la lueur du

---

21. Le regard du créateur est d'ordre superlatif. (« T'es *trop* beau » dit l'enfant à Duplessis ; la beauté du paysage de Duhamel est magnifiée par les yeux de Jean-Marc, ce dont j'ai déjà fait mention dans *Jeu 58, loc. cit.*, p. 121.) L'absence du pouvoir créateur verse aussi dans l'exagération, comme en témoignent le refrain, dans l'ensemble de l'œuvre, du « chus pas capable de rien faire », et la réitération, par trois fois, du « j'me retiens trop » de Mathieu (*MS*, 65).

changement de perspective lié au personnage de Marcel – et à celui de
Jean-Marc –, la fin du *Premier Quartier de la lune* :

> L'enfant de la grosse femme se leva, s'approcha du bord du toit, se pencha au-
> dessus du vide. […] il s'apprêtait à raconter [à ses amis] pendant tout l'été une
> histoire sans fin qui mêlerait tout ce qu'il savait : leur vie quotidienne à eux,
> celle de sa propre famille, les films qu'il avait vus, les livres qu'il avait lus […]
> et le génie de Marcel qu'il s'apprêtait à piller.
>
> Cette histoire aurait pour héros un petit garçon et un chat dans une forêt
> enchantée et on croirait parce que désormais il savait bien mentir, que ce petit
> garçon était lui-même. (*PQL*, 281)

Jean-Marc, c'est Marcel ; Marcel, c'est Claude ; Claude, c'est Hosanna… Jean-Marc, penché dans le vide, sur le toit, fait signe à Marcel,
étendu au sol, comme le Créateur commande à l'homme d'être sa plus
parfaite créature.

Tel la clé de l'œuvre, sur le seuil de la maison suspendue, Marcel,
contrairement à saint Pierre qui renia trois fois le Christ avant que le coq
n'ait chanté, que le jour donc ne se soit levé, affirme à trois reprises, avant
même que la lune ne se lève, au son du violon de Josaphat, que le bien-être
se trouve bel et bien *ici*, dans la campagne originelle, dans la fiction
évangélique du « Vrai Monde ».

MARCEL POURSUIVI PAR LES CHIENS

LOUISE VIGEANT

Une fuite sans fin

Le titre de la pièce agit comme une citation. Il convoque un déjà-dit. Marcel est le prénom d'un personnage connu dans l'œuvre dramatique et romanesque de Michel Tremblay. On le sait « fou », interné, depuis qu'en 1969 l'auteur nous l'a montré, dans *En pièces détachées*, caché derrière ses lunettes noires, paranoïaque, sans lieu, ne sachant s'il est à l'hôpital ou chez lui, persuadé que tout le monde veut l'empoisonner, adulte encore enfant pour qui le temps s'est arrêté. Mais quand ? et pourquoi ? On ne le savait pas. On percevait bien l'inquiétude de l'incompris, l'angoisse de celui à qui l'on a refusé l'existence, et qui s'en est exclu lui-même. La terreur, sans doute issue d'un profond sentiment de culpabilité, était palpable. Mais on ne savait pas de quoi Marcel se sentait coupable.

Michel Tremblay avait déjà lié folie et pouvoir chez Marcel. Certes, il s'agissait là du pouvoir des impuissants, si l'on peut dire, celui, tragique, que s'accordent ces êtres paralysés, inadaptés, qui décident de nier une réalité trop décevante et qui lui préfèrent les fantasmes. *En pièces détachées* se termine sur ces paroles de Marcel : « Moé, j'peux toute faire ! J'ai toutes les pouvoirs ! Parce que j'ai mes lunettes ! Chus tu-seul… à avoir les lunettes ![1] » S'il n'a pas de pouvoir dans la réalité, Marcel en aura dans l'imaginaire. Ainsi s'opère un étrange troc magique.

Mais quand on se rappelle que ces paroles constituaient sa réponse aux nombreux « Chus pus capable de rien faire ! » des membres de sa famille, on ne peut que constater que les deux types d'impuissance se valent bien.

---

1. *En pièces détachées*, suivi de *la Duchesse de Langeais*, Montréal, Leméac, coll. « Répertoire québécois », n° 3, 1970, p. 63.

D'ailleurs, cette même phrase : « Chus pus capable de rien faire ! », en voie de devenir le leitmotiv de l'œuvre de Tremblay, on l'entendra dans la bouche de l'adolescent, dans *Marcel poursuivi par les chiens*, alors qu'il est au bord du gouffre, un pied encore dans la réalité – on ne peut que remarquer la lucidité avec laquelle il perçoit sa condition – et l'autre dans cet ailleurs incarné par les omniprésentes et éternelles « tricoteuses de pattes de bébés », ce néant où il ira doucement se retirer. Ainsi l'impuissance, et son corollaire, la fuite dans l'imaginaire, s'imposent-elles comme des thèmes centraux.

Marcel avait eu aussi le dernier mot dans *la Maison suspendue*, la pièce précédant *Marcel poursuivi par les chiens*. Enfant, il parlait à son chat imaginaire : « Viens Duplessis… […] On va être bien, ici, tous les deux… Tu vas me montrer tout c'qu'y'a à savoir, pis moi j'vas te caresser… […] On est bien. On va… être… heureux [2]. » Le bonheur ne peut que s'inventer. Ce Marcel-là, l'enfant au bonheur habité par des chimères, on le connaissait, lui aussi, par les romans où Tremblay avait laissé voir sa sympathie pour ce personnage. Pensons à la fascination que Marcel exerce sur le fils de la Grosse Femme dans *le Premier Quartier de la lune*, ou à la pitié affectueuse qu'il inspire dans *La grosse femme d'à côté est enceinte*. L'auteur le plaçait alors dans la lignée des « rêveurs », comme son grand-père Josaphat-le-Violon, celui qui faisait « lever la lune », et son oncle Édouard, l'homosexuel obligé de s'inventer une vie parallèle. Les voyages dans l'imaginaire de Marcel nourrissaient même les passions d'écriture de son cousin…, préfiguration de Michel Tremblay lui-même. Marcel aurait-il « tout simplement » franchi un pas de plus que les autres ? Pour lui, réalité et fiction n'allaient plus se distinguer, la pathologie l'emportant sur la créativité.

Vingt ans donc après *En pièces détachées*, un voile est levé sur les circonstances dans lesquelles Marcel s'est abîmé définitivement dans la folie. Michel Tremblay, comme il l'a fait pour plusieurs de ses personnages, a remonté le fil du temps pour combler les brèches de leur histoire. Avec *Marcel poursuivi par les chiens* (1992), il dira ce qui est arrivé à Marcel,

---

2. *La Maison suspendue*, Montréal, Leméac, coll. « Théâtre », n° 184, 1990, p. 118-119.

alors qu'il était adolescent, avant d'être interné et de devenir l'adulte d'*En pièces détachées* (1969), après avoir été cet enfant « à la tête trop faible » des romans, entrevu dans *la Maison suspendue* (1990).

Peurs et impuissances

Dans *Marcel poursuivi par les chiens*, le jeune homme arrive en trombe dans l'appartement vide de sa sœur Thérèse, manifestement en proie à une grande angoisse. Petit à petit, le lecteur apprendra les causes de son émoi, en même temps que Thérèse, déjà soûle, revenue chez elle avant d'aller travailler. Michel Tremblay laisse entrevoir l'ampleur du drame en disséminant des indices révélateurs. Déjà perturbé par une enfance malheureuse où on le traitait de fou parce qu'il faisait des crises d'épilepsie, Marcel a toujours été fragile. Sa sœur le sait et voudrait bien le protéger. Mais comme elle est elle-même aux prises avec une vie décevante – on lui a imposé un mari par peur des qu'en-dira-t-on, sa mère est particulièrement avare d'affection, son patron, Maurice, l'exploite : malheurs qu'elle tente de noyer dans l'alcool –, Thérèse ne saura pas, cette fois, sauver Marcel de ses peurs. Au contraire, même, elle accentuera sa solitude quand, en échange du récit de ce qui lui est arrivé, elle lui révélera son propre secret. Elle avait caché à sa famille qu'elle était la mère d'une fillette, qui a maintenant trois ans. Marcel, qui avait toujours cru que Thérèse et lui n'avaient aucun secret l'un pour l'autre, reçoit cette confidence comme une trahison. Il se sent floué ; car, sous prétexte de se venger de sa mère en la privant de pouvoir « catiner » sa petite-fille, Thérèse a aussi privé Marcel de l'affection qu'il aurait pu donner à l'enfant, comme de celle dont il aurait pu être, enfin, l'objet.

De l'affection et de la considération, Marcel n'en a pas beaucoup eu dans sa vie. Il était raillé par tous, sauf par Thérèse et la chanteuse Mercedes. Celle-ci lui parlait et elle sentait bon ; mieux encore, elle laissait Marcel la regarder faire son spectacle des coulisses. Et voilà que Mercedes est morte, assassinée sans doute. Marcel a surpris Maurice les pieds dans le bain de sang où gisait la belle Mercedes.

Quand il avoue candidement à sa sœur penser à Mercedes lorsqu'il se sent excité par ce qu'on met, dit-il, dans ses « drinks », et bien qu'il manifeste clairement sa peur de « ces affaires-là », Marcel indique l'origine sexuelle de son traumatisme. Intolérable, la disparition de l'objet de son désir, dans des circonstances aussi violentes, viendra à bout de ses résistances. La pulsion de mort remplacera la trop faible pulsion de vie qui l'animait encore.

L'impossible vengeance

Comment ne pas puiser dans les autres textes de Tremblay, dont la trame intertextuelle est tissée si serré, pour alimenter notre connaissance des personnages de Thérèse et de Marcel ? Comment, par exemple, ne pas voir dans certaines phrases de leur mère, Albertine, des signes (germes, traces ou échos, la temporalité, ici, joue des tours) de ce qui arrive(ra) à ses enfants ? N'est-ce pas elle qui s'écrie : « J'espère qu'y'a d'autres mondes, parce que celui-là est pas vargeux ! [3] » ? Marcel le croit, lui, dur comme fer. Et c'est elle aussi, cette mère ingrate, dont on sent que l'attitude est commandée par une grande frustration (mais pour laquelle la pièce *Marcel poursuivi par les chiens* ne donne que trop peu d'explications), qui a l'intuition qu'on peut réagir de différentes manières devant une même réalité : « Ça donne envie de chuchoter… – Non, ça donne envie de tout détruire ! [4] » Face au même malheur, ses propres enfants fourniront l'exemple de ces deux attitudes.

Alors que Thérèse cherchera à se venger de la pauvreté affective qui a marqué sa vie et des humiliations essuyées dans ce monde de la « mafia des pauvres », dominé par le trop beau Maurice, Marcel, lui, optera pour le silence effarant de la démence. Cependant, le frère et la sœur livrent un difficile et même combat pour la reconnaissance et le droit au bonheur. Tous deux chercheront le répit dans des « ténèbres » différentes, mais ni les excès d'alcool, les cris et tout le bruit dont s'entoure Thérèse, ni les esquives de Marcel ne sauront être des voies d'affirmation. Leur échec sera d'égale ampleur.

---

3. Albertine à 40 ans dans *Albertine, en cinq temps*, Montréal, Leméac, coll. « Théâtre », n° 135, 1984, p. 25.

4. Albertine à 60, puis à 40 ans, *ibid.*, p. 54.

La vengeance contre un destin tracé d'avance est-elle possible ? Albertine en avait fourni la réponse : « Si t'es t'assez naïve pour penser que ta vie dépend juste de toi, tant pis pour toi ! Vas-y, continue à penser que t'as le choix ! » (*ACT*, 98) Le destin tragique des personnages de Michel Tremblay tient tout entier dans cette phrase. Et la pièce, *Marcel poursuivi par les chiens*, ne fait que le confirmer. Les personnages de Michel Tremblay sont des êtres marqués par une atavique inaptitude au bonheur.

Thérèse, qui a à peine moins de difficulté que son frère à supporter la vie, se réfugie elle aussi dans un monde artificiel ; toutefois ce n'est pas tant son alcoolisme qui l'anéantit que le fait que jamais elle ne pourra trouver les moyens de se sauver, elle le sait bien. Même en promettant à son frère de le venger parce que les Tooth Pick et compagnie l'ont ridiculisé, elle se trompe. D'ailleurs, Marcel n'en sera pas dupe et souffrira plutôt que sa sœur détourne son attention de lui pour se concentrer sur ce qu'elle perçoit comme une occasion de faire chanter Maurice. Florence, l'omnisciente, saura rectifier les faits. Non seulement Thérèse ratera-t-elle son scénario de vengeance à l'égard de sa mère qui, connaissant déjà depuis longtemps l'existence de sa petite-fille Johanne, continuera à la traiter comme une étrangère, mais le lendemain de cette soirée décisive pour son frère, Thérèse aura « un œil au beurre noir, une lèvre enflée… », claire manifestation des dispositions de Maurice qui « dira rien. Pis [qu'] y fera rien… pour le moment[5] ». On l'apprend dans *Albertine, en cinq temps,* Thérèse sera finalement assassinée, à l'instar de Carmen, d'Édouard et de Mercedes d'ailleurs.

« Les lunettes fumées »

Comme un Oreste tourmenté par les Érinyes, Marcel se sent continuellement harcelé. Pour fuir tous les « chiens » qui le poursuivent : les fiers-à-bras de Maurice qui pourraient bien lui faire subir le même sort qu'à Mercedes (n'a-t-il pas été témoin du meurtre ?), les policiers,

---

5. *Marcel poursuivi par les chiens*, Montréal, Leméac, coll. « Théâtre », n° 195, 1992, p. 67.

assurément à la recherche d'un coupable ; pour fuir tous ceux qui, depuis sa tendre enfance, rient de lui, lui refusent tendresse et compréhension et, pourquoi pas, pour fuir tous les Godbouts de la terre qui lui ont tué jadis son chat Duplessis, Marcel décide de devenir « invisible ». Par la magie de ses « lunettes fumées ». Ces si belles lunettes, qu'il a tant désirées qu'il s'est mis à parcourir tout le quartier jusqu'au *club* de la *Main* où travaille Thérèse, pour obtenir d'elle, il en est sûr, l'argent qu'il lui faut pour se les acheter. Mais cette aventure lui sera fatale. Témoin de la mort de Mercedes, il ne pourra supporter ce malheur additionnel. Pour lui, la folie s'impose comme une issue.

Marcel devient « invisible », par peur, par impuissance, par culpabilité. Culpabilité d'avoir désiré Mercedes, et de ne pas avoir pu la sauver, mais aussi culpabilité d'exister, sentiment de l'absurde nourri par une jeunesse difficile. Pour fuir la réalité – faite de blessures et d'humiliations, et maintenant particulièrement menaçante –, pour échapper aux tensions trop fortes, Marcel cherchera refuge dans les bras de Florence et de ses filles, Violette, Mauve et Rose. Imposante représentation théâtrale de son univers imaginaire, elles le poursuivent elles aussi de leurs voix depuis longtemps. C'est bien la perception de Thérèse qui, prenant graduellement conscience que son frère entend des voix, comme lorsqu'il était plus jeune, saura qu'il s'agit là d'un signe fatal que Marcel bascule dans cet « autre monde ». Mais cet autre monde, parce qu'y vivent ces femmes maternelles et affectueuses, bonnes et accueillantes, est somme toute plus réconfortant qu'apeurant. Souvent, chez Michel Tremblay, la folie apparaît comme un choix instinctif de survie.

Le réconfort du chœur

D'emblée, la présence de Florence et de ses filles (« elles qui tricotaient patiemment le temps » déjà dans *La grosse femme d'à côté est enceinte*, comme les Moires et les Parques), à qui Tremblay confie les premières phrases de *Marcel poursuivi par les chiens*, laisse présager que le monde imaginaire l'emportera sur le réel. Celles qui, de tout temps, veillent sur la descendance de Victoire, voient venir à elles, dans leur retraite d'un Duhamel mythique, un Marcel, « essoufflé », « nerveux », un « homme faite » qu'elles n'avaient pas vu depuis longtemps… Elles savent qu'un événement grave a bouleversé sa vie, dont les conséquences ne peuvent être évitées. Ce n'est que dans un deuxième temps que la réalité se manifeste, quand Marcel surgit chez Thérèse. Mais on sait déjà, comme les « gardiennes cachées », que Marcel devra accomplir son destin.

Les quatre femmes suivent Marcel dans cette difficile étape, tel le chœur dans la tragédie grecque. Informant le public du passé, commentant le dialogue entre le frère et la sœur, elles expriment leur attachement à Marcel, leur méfiance à l'égard de Thérèse, mais elles ne peuvent intervenir ; sauf Florence, le coryphée, qui encouragera Marcel dans son récit : « Parle de tes lunettes fumées. Commence avec tes lunettes fumées. Ensuite ça va aller mieux, ça va être plus facile » (*MP*, 41) et qui, à la fin, lui tendra la main pour l'entraîner dans son monde fabuleux.

L'ambiguïté fondamentale qui habite le personnage de Marcel est ainsi nettement représentée. La construction de la pièce est, elle aussi, simple et efficace. Elle obéit au modèle de la tragédie antique où un chœur accompagne le dialogue de deux protagonistes, constituant l'action, unique comme il se doit, action qui se déroule en une nuit et en un seul lieu : l'appartement de Thérèse. C'est par l'échange entre Thérèse et Marcel – dialogue semblable à une suite de monologues – qu'on apprendra comment s'est joué le sort de ces deux êtres.

Le destin d'un « fou du quartier »

Incapable d'une haine aussi féroce que celle de sa mère Albertine, sûrement parce qu'il en a été l'une des principales victimes, et tout aussi incapable de la rage manifestement inutile de sa sœur Thérèse, Marcel choisit une autre voie d'autodestruction : il se soustrait au réel. L'auteur propose avec l'« invisibilité » qu'assure le port des lunettes un symbole probant de l'impuissance de ce « fou du quartier », qui assume enfin pleinement le rôle auquel on l'a si bien destiné.

Si *En pièces détachées* et *la Maison suspendue* se terminaient par ce qu'il faudra peut-être appeler un jour, sinon un éloge de la folie, du moins un hommage à l'imagination, qu'en est-il de la dernière phrase de *Marcel poursuivi par les chiens* ? Bien qu'elle revienne à Mauve dans le texte publié : « … pis Maurice enverra pas ses chiens » (*MP*, 67), André

Brassard aura décidé, à la création de la pièce en juin 1992, de la faire répéter par Marcel. Ainsi, celui-ci aura-t-il encore une fois le dernier mot, transformant la réalité à sa façon, pour se protéger d'un monde par trop cruel.

Jeune, Marcel avait pris l'habitude de « se réfugie[r] dans sa tête confuse pleine d'oiseaux qui crient parce qu'y compren[ait] pas le monde qui l'entour[ait] pis que le monde qui l'entour[ait] le compren[ait] pas » (*MP*, 28). Maintenant, juste après un dernier « cri de détresse[6] », la fuite sera sans fin.

---

6. *Le Premier Quartier de la lune*, Montréal, Leméac, 1989, p. 48.

II

AUTRES TEXTES DRAMATIQUES

MICHELINE CAMBRON

Le cycle centripète :
l'univers infini des *Belles-Sœurs*

Il est coutumier de voir dans les textes dramatiques de Michel Tremblay qui n'appartiennent pas au Cycle des *Belles-Sœurs* l'expression d'une diversité d'inspiration. Aussi a-t-on souvent opposé le Montréal de la rue Fabre à l'Outremont de la rue Champagneur, et présenté les incursions hors de l'univers des *Belles-Sœurs* comme la preuve du talent de Tremblay, capable de jouer sur plusieurs registres dramatiques et d'emprunter divers niveaux de langue. Ce n'est pas ici le lieu de discuter la conception de l'écrivain qui se cache derrière de tels énoncés. Cet impératif de diversité, voire d'éclectisme, nous révèle sans doute plus de choses sur la spécificité de la culture québécoise que sur l'œuvre de Tremblay elle-même. Mais, quoi qu'il en soit, cette conception – présente par exemple dans le titre *les Trois Montréal de Michel Tremblay* [1] – ne peut plus avoir cours. En effet, dans *la Maison suspendue* [2], le dramaturge a noué les fils épars des univers populaire et bourgeois, dévoilant une cohérence imprévue et remodelant les contours du Cycle des *Belles-Sœurs*, auquel on peut désormais rattacher *les Anciennes Odeurs, le Vrai Monde ?* et, bien sûr, *la Maison suspendue*. Les relations unissant les personnages se révèlent exclusivement familiales, et la pièce *les Belles-Sœurs* apparaît à la fois éponyme et emblématique de l'ensemble du Cycle. De la sorte, cette série dramaturgique fait désormais penser moins à Balzac, auquel Tremblay renvoie pourtant expressément à travers *la Duchesse de Langeais*, qu'à Zola et à son *Histoire naturelle et sociale d'une famille sous le Second Empire*, là où les liens familiaux agglutinent des récits en apparence disjoints.

---

1. Un film de Michel Moreau, les Films du Crépuscule, 1989.

2. Au sujet de cette pièce et des liens qui s'y nouent grâce au caractère cosmogonique de la maison, voir Lorraine Camerlain, « Le récit des origines », Cahiers de théâtre *Jeu*, n° 59, 1991, p. 119-125.

40

Déjà, dans un premier roman intitulé *C't' à ton tour, Laura Cadieux*[3], Tremblay avait posé *les Belles-Sœurs* comme centre de son œuvre. Ce roman, long monologue où se mêlent, dans la bouche de Laura, des descriptions narratives, des discours directs et indirects et des commentaires sans qu'apparaisse une variation du niveau de langue selon les différents aspects discursifs, ne met en scène aucun des personnages du Cycle, quoique, malgré la différence de lieu – le bureau du médecin plutôt que la cuisine –, les personnages évoqués par Laura appartiennent à la même classe sociale que ceux des *Belles-Sœurs* : ils parlent le même langage. Mais brusquement, voilà qu'à la fin, Laura confie :

> J'm'ai dit que peut-être que la grosse Lauzon viendrait vendredi. C'est elle que j'aime le plus. (*LC*, 137)

Ainsi, ce qui au départ semblait renvoyer à un univers un peu différent, se trouve ramené, par le biais de Germaine Lauzon, dans le cercle des *Belles-Sœurs*. Et l'affirmation de Michel Tremblay, selon laquelle : « À travers elle [Laura] c'est beaucoup de moi que je me suis moqué[4] », nous conduit à penser que c'est Michel Tremblay tout autant que Laura Cadieux qui aime la grosse Lauzon au point de l'inscrire comme objet du désir, présence obsédante que l'on attend et qui viendra « peut-être », comme Godot.

Autotextes

Cela se confirme dans d'autres pièces, apparemment détachées du Cycle, où *les Belles-Sœurs* apparaissent également comme la référence obligée, l'autotexte essentiel autour duquel se déploient des récits qui s'y trouvent ainsi subordonnés de manière imprévue. Ainsi en va-t-il des

---

3. Ce roman a plusieurs fois été adapté pour la scène, et il y a même eu une adaptation pour la télévision en 1978 (Radio-Québec, CIVM-TV, le 24 décembre 1978, adaptation de Pierre Fortin et Guy Leduc). La dernière en date, celle de Jacques Crête, présentée au Théâtre de Saint-Jean-des-Piles durant l'été 1991, a la particularité de faire éclater le monologue en plusieurs rôles.

4. Extrait d'un bref texte de Tremblay, qui suit le roman dans l'édition originale, *C't' à ton tour, Laura Cadieux*, Montréal, Éditions du Jour, coll. « les Romanciers du jour », n° R-94, 1973, p. 141.

Héros de mon enfance[5]. Cette pièce raconte, avec une intention démys-
tificatrice évidente, une sorte de révolution au pays des contes. Les héros,
Poucet, le Petit Chaperon rouge, Cendrillon, la Belle au bois dormant, le
Prince, le grand méchant Loup et Anne (de *Peau-d'Âne*) s'y révèlent
mesquins, un peu dépravés – ils raffolent des mots à double sens –, en
somme pas du tout exemplaires. La cause de ces « inversions » de rôles
– le mot peut être pris dans tous les sens, l'identité sexuelle de ces
personnages étant « flottante » – se révèle être la fée Carabosse, qui
apparaît « habillée comme Denise Filiatrault dans le personnage de
Pierrette Guérin des *Belles-Sœurs* » (*HE*, 55). L'artificialité avouée de la
scène finale où la fée Marjolaine remet tout en ordre, à l'encontre de
Carabosse, ne parvient pas à effacer le pouvoir dramatique de Carabosse
alias Pierrette Guérin. De sorte que c'est l'une des belles-sœurs qui tire les
ficelles au pays des contes de fées.

De même, dans *l'Impromptu des deux « Presse »*[6], le point aveugle
de la conversation entre l'auteur à vingt ans et le même à quarante ans est
précisément la pièce *les Belles-Sœurs*, au sujet de laquelle le jeune dramaturge interroge son double, plus vieux de vingt ans, après une conversation à bâtons rompus au sujet du Québec des années 1965 et 1985 :

> C'est quinze femmes qui se réunissent dans une cuisine pour coller des timbres.
> T'en rappelles-tu ? (*IP*, 296)

Le sens de cet impromptu et son effet comique tiennent au fait que
cette pièce sur des colleuses de timbres est immédiatement reconnue par
le public – et par l'Auteur à quarante ans – comme étant *les Belles-Sœurs*,
référence incontournable que Tremblay convoque et met tout entière en
abyme sans même devoir la nommer.

Le recours intertextuel aux pièces du Cycle est parfois plus discret,
comme dans *les Grandes Vacances*[7], une pièce pour marionnettes, où, à
la fin, Angéline et Rhéauna, celles-là mêmes qui dans *les Belles-Sœurs*

---

5. Montréal, Leméac, coll. « Théâtre », n° 54, 1976.

6. Texte publié dans l'ouvrage du Centre d'essai des auteurs dramatiques, *20 ans*,
Montréal, VLB éditeur, 1985, p. 285-297.

7. Texte inédit, créé pour les marionnettes du Théâtre de l'Œil en 1981. Il y aurait une
étude passionnante à faire sur les frontières des genres chez Tremblay.

racontaient leur visite au « salon mortuaire », donnent au carnavalesque de la pièce (qui n'est somme toute qu'un long développement de la même scène dans *les Belles-Sœurs*[8]) une note finale tragique, lorsqu'elles évoquent la mort :

> ANGÉLINE – D'un coup y'a rien, Rhéauna !
> RHÉAUNA – Ça se peut pas.
> ANGÉLINE – D'un coup y'a rien !

Ce que les deux vieilles filles fatiguées de vivre se racontent n'a pas besoin du support des *Belles-Sœurs* pour avoir du sens : leur contentement d'avoir décidé d'un rite mortuaire (l'incinération), leur peur de la mort toute proche, leurs inquiétudes métaphysiques sont universels. Mais en choisissant ces personnages-là, qui sont associés à la scène mortuaire cocasse racontée dans *les Belles-Sœurs*, Tremblay joue subtilement d'un autotexte qui rattache la famille en deuil des *Grandes Vacances* à la cuisine de Germaine Lauzon, proposant de la sorte, simultanément, un envers tragique à la dimension carnavalesque des deux pièces. Ici, l'autotexte est plus obscur car, bien sûr, beaucoup de spectateurs ignorent l'identité dramatique de Rhéauna et d'Angéline, mais il n'en est pas moins réel.

Dans les trois cas précédents, l'inscription autotextuelle des *Belles-Sœurs* pose cette pièce comme un centre auquel on se trouve ramené tôt ou tard, alors que les autres pièces deviennent une sorte d'élargissement concentrique de la cuisine de Germaine Lauzon. Un « recyclage » en quelque sorte, comme on dit un recentrage. Mais, dans l'œuvre de Tremblay, le « recyclage » prend aussi une autre forme, celle de la reprise d'images ou de procédés dramaturgiques élaborés hors cycle, puis repris dans des pièces du Cycle.

Ainsi, *les Socles*[9], courte pièce en huit scènes de facture abstraite, semblent ne rien devoir à l'univers réaliste de la rue Fabre (même si la rédaction en fut à peu près contemporaine). En effet, cette lutte pour la

---

8. Tremblay a écrit une autre scène de salon mortuaire pour le film *Le soleil se lève en retard*.

9. Pièce non jouée, publiée dans *Canadian Theatre Review*, automne 1979, p. 53-60. La pièce y est reproduite deux fois, d'abord dans une traduction anglaise de Renate Usmiani, puis en français.

liberté de deux chœurs, l'un de quatre garçons, l'autre de quatre filles, contre un père et une mère qui prétendent être à eux seuls le monde, présente un conflit vide de toute référence à un lieu et à un espace concrets. Ici, il n'est question que de maison, de fenêtres, de soleil, du dedans et du dehors et, dans son dépouillement, le drame a des allures métaphysiques lorsque les enfants tentent vainement d'abattre leurs parents juchés sur des socles.

Pourtant, dans ces quatre pages, on trouve deux procédés dramaturgiques et une image forte (le soleil couchant) qui seront repris et amplifiés dans d'autres pièces. Il y a d'abord les socles disjoints sur lesquels se tiennent les parents. Outre qu'il exprime la domination des parents, ce trait scénographique marque la séparation du père et de la mère malgré l'unisson de leurs voix, préfigurant la mise en place scénique d'*À toi, pour toujours, ta Marie-Lou*, où le père et la mère, séparés, chacun dans sa bulle, construisent de concert l'univers fermé dans lequel leurs deux filles, Manon et Carmen, se déchireront. C'est d'ailleurs dans *Sainte Carmen de la Main*, où se trouve confirmé le huis clos d'*À toi, pour toujours, ta Marie-Lou*, que Tremblay reprend le motif du soleil et les alternances rythmiques des deux chœurs qui appellent la libération. Alors que dans *les Socles* les enfants ne voient jamais que le coucher du soleil et aspirent à aller, de l'autre côté de la fenêtre, « vivre le soleil », les chœurs de la *Main* attendent que Carmen arrive, que le soleil se lève pour que vienne un jour de délivrance. Il s'agit, à n'en pas douter, de la même image, où le soleil, dans sa fulgurance, représente l'extériorité absolue dont l'accès sera refusé [10]. De plus, cette image est livrée selon un même modèle rythmique d'alternance chorale, plus rapide dans *Sainte Carmen de la Main*, plus lent dans *les Socles*, modèle fortement répétitif et incantatoire dans les deux cas. Pourrait-on aller jusqu'à voir dans *Sainte Carmen de la Main* et dans *À toi, pour toujours, ta Marie-Lou* les actualisations d'un modèle formel expérimenté dans *les Socles* ? Chose certaine, cette courte pièce non encore jouée a été, pour Tremblay, une importante source d'inspiration, puisqu'il a repris le chœur des parents dans *les Paons* [11], faisant de la

---

10. Ce soleil, on en trouve aussi la trace dans le titre du film *Le soleil se lève en retard*, le soleil étant en ce cas associé à une vie affective, sexuelle et sociale pleine et riche.

11. Inédit. Lecture au Centre du Théâtre d'Aujourd'hui le 2 février 1970. Dépôt au Centre d'essai des auteurs dramatiques (CEAD), 1969.

psalmodie de l'enfermement une cérémonie absurde qui sert de point d'orgue à une pièce dont le thème est emprunté à *Qui a peur de Virginia Woolf ?* d'Albee, et la facture à Ionesco et à Arrabal.

Métatextes

Parallèlement à ces pièces marquées par le recyclage autotextuel (car, même dans le cas où il ne s'agit que de reprendre des procédés ou des figures, il y a encore autocitation), on trouve d'autres textes dont la fonction est précisément d'exposer et de justifier les partis pris éthiques et esthétiques du Cycle. Ces pièces, que je nommerai métatextuelles, sont fortement chevillées aux *Belles-Sœurs*, mais leur relation étant essentiellement contrapuntique, elle n'est lisible que dans le déchiffrement des polémiques qu'elles ont soulevées.

Première œuvre dans cette orientation métatextuelle : *Ville Mont-Royal ou Abîmes* [12], pièce présentée dans *l'Immaculée-Création*, production du CEAD réalisée pour protester contre la politique du ministère des Affaires culturelles. Cette pièce, à laquelle Tremblay donnait valeur de manifeste, est « une belle pièce d'un acte en bon français dédicacée à Madame Claire Kirkland-Casgrain », selon le sous-titre de la publication dans *Le Devoir*. En effet, Mme Casgrain avait refusé d'octroyer les subventions nécessaires à des représentations des *Belles-Sœurs* en France prétextant, semble-t-il, que la pièce était écrite en trop mauvais français pour être « bonne ». La « bonne pièce, en bon français » vise donc à démontrer que l'emploi du « joual » était un choix dramaturgique lié au milieu où se passait l'action. *Ville Mont-Royal ou Abîmes* se passant à Ville Mont-Royal, la pièce est donc écrite « en bon français » avec des allusions à la culture savante (bourgeoise), et les personnages y boivent de la vodka plutôt que du « Coke ». L'intrigue est simple. Une femme (Léonore), amoureuse du jeune amant (Étienne) de sa meilleure amie (Stéphanie), a peint en cachette un merveilleux portrait de lui, a demandé à son amie de révéler son secret au jeune homme, est devenue folle devant le refus de cette dernière et a tenté de se suicider. La scène se passe environ

---

12. Publiée dans *Le Devoir*, le 28 octobre 1972, p. XVII. Produite par le CEAD le 8 décembre 1972.

un an après cette tentative, alors que Stéphanie et Étienne visitent Léonore après une soirée à l'opéra. La conversation est tendue, Étienne et Stéphanie se disputent au sujet du malheur qu'il y a (ou qu'il n'y a pas) à être riche et blasé. Puis, Léonore, qui a monté son tableau au salon afin de révéler la vérité à Étienne, se dispute avec Stéphanie qui ne veut pas qu'Étienne l'apprenne. Enfin, Léonore dévoile son secret, et Étienne, transfiguré à la vue du tableau, a les yeux dessillés et court prendre Léonore dans ses bras. Rideau.

Il n'y a rien dans cette intrigue qui défende directement *les Belles-Sœurs*. En effet, Tremblay semble plutôt avoir préféré l'attaque. Car, que démontre la pièce sinon qu'il y a des gens qui ont accès à la « grande culture » – opéra, peinture – et qui, comme les chanteurs d'opéra « engraissés » et Stéphanie l'indifférente, ne savent pas la goûter ? Tremblay suggère qu'il ne suffit pas de connaître l'art et ses codes pour vivre des émotions esthétiques. L'attaque nous paraît aujourd'hui fort indirecte mais, dans les débats qui entourent alors l'usage du joual, on confond parfois art et bon parler français. Frapper d'incompétence esthétique des bourgeois de « bon goût » revient donc à discréditer les jugements posés au nom des convenances, tout en chargeant la bourgeoisie de la dose de culpabilité qui lui sied bien en ces années de marxisme bon teint [13].

Manifestement, il ne s'agit pas encore là d'un véritable *Impromptu* à la manière de Molière, dans lequel Tremblay exposerait sa conception de l'art et du théâtre tout en critiquant les conceptions adverses. Huit ans plus tard, au sortir du Cycle, Tremblay décidera de proposer son *ars dramatica*. Ce sera *l'Impromptu d'Outremont* [14]. Il reprendra (encore un recyclage) certains traits de *Ville Mont-Royal ou Abîmes*. Les sentiments contradictoires à l'égard du peuple, les discussions sur l'art véritable, la présence de l'opéra, la tentative de suicide et même – avec il est vrai une connotation d'échec plutôt que de succès – le motif de l'œuvre cachée. Mais, dans *l'Impromptu*, le projet est clair : des définitions de l'art s'affrontent, des valeurs sont discutées, et deux des sœurs Beaugrand, Lucille et Lorraine, mènent une attaque en règle contre l'élitisme et la prétention,

13. À propos de cette polémique, je renvoie à mon ouvrage, *Une société, un récit. Discours culturel au Québec (1967-1976)*, Montréal, Éditions de l'Hexagone, 1989, p. 138-145.
14. Montréal, Leméac, coll. « Théâtre », n° 86, 1980.

qui sont ici confondus. Mais l'intérêt principal de la pièce – par ailleurs émaillée d'effets faciles qui embrouillent parfois le propos – réside à mon sens dans la reprise que Tremblay effectue, sur un mode mineur, de la structure dramatique des *Belles-Sœurs*. Le cercle est plus restreint, mais on retrouve dans les deux cas les mêmes éléments structuraux : l'attente, l'arrivée d'invitées, la dispute, l'arrivée de celle qui est devenue étrangère, les discussions sur l'art (ici la musique classique remplace le cinéma français), le dévoilement graduel des vicissitudes de la vie de chacune, accompagné de monologues, les discussions sur le passé, sur les enfants, sur le goûter ou les rafraîchissements, les chœurs (qui prennent dans *l'Impromptu* une forme musicale). Puis, à la fin, comme dans *les Belles-Sœurs*, on assiste à un chœur final, marquant la réconciliation apparente du groupe, chanté – il s'agit de « Jeunes fillettes, profitez du temps » plutôt que du *Ô Canada* –, et une salve de mitraillette se substitue à l'absurde chute de timbres.

Le huis clos féminin, l'avenir interdit, le déterminisme familial imposent aux personnages d'Outremont et de la rue Fabre le même étouffement. Comme si, en passant « de la cuisine au salon », comme le réclame à grands cris Fernande lorsqu'elle conspue le théâtre moderne (lire : le théâtre de Tremblay), celui-ci changeait de décor sans changer de structure ni de problématique. C'est ici, je crois, qu'il faut revenir au modèle abstrait des *Socles* et des *Paons* : l'enfermement des enfants et l'oppression inconsciente exercée par les figures parentales éclairent les similitudes structurales entre *les Belles-Sœurs* et *l'Impromptu d'Outremont*, faisant voir que les lieux sont peut-être ici des décors autant que des citations du réel.

Intertextes

Les analyses précédentes démontrent à quel point l'œuvre de Tremblay est unitaire : personnages, figures, procédés, anecdotes circulent indépendamment du décor et du ton adopté. Pourtant, me semble-t-il, l'intérêt principal des œuvres hors cycle est de nous entraîner, malgré la force centripète des *Belles-Sœurs*, dans les voies d'une intertextualité plus large. En effet, dans ces pièces, Tremblay semble élaborer une sorte de stratégie « pour en finir avec la culture », qui exprime les relations que son théâtre entretient avec le reste de la dramaturgie, de la littérature, voire de l'art en général.

Deux exemples me paraissent nets : le premier est la pièce *Six Monologues en quête de mots d'auteur* [15], écrite pour les étudiants finissants de l'École nationale de théâtre du Canada. Il s'agit d'exercices faisant en raccourci l'histoire du théâtre mondial. Dès le titre, pastiche de l'œuvre de Pirandello, le ton est donné. Les monologues sont le fait de personnages de l'Histoire ou du Théâtre, qui font le point sur leur existence grâce à ces mots d'auteur que leur souffle Tremblay. D'intérêt inégal, ces morceaux ont quelques traits communs : la grande culture qu'ils évoquent est ridiculisée, les grands sentiments sont ramenés vers le « bas » scatologique ou sexuel et, surtout, les personnages sont animés d'une rage autodestructrice peu commune – que l'on retrouvera dans *Hosanna* et *Damnée Manon, Sacrée Sandra*. Dans tous les cas, Tremblay semble s'être attaché à prendre le contre-pied des images reçues : Thomas Pollock Nageoire est un cow-boy cultivé ; Phèdre et Hippolyte brûlent de concert dans leur passion coupable ; Dieu, malhonnête et veule, est dominé par un Méphistophélès boulimique ; Jeanne d'Arc a un remarquable cœur de pierre et recherche activement la béatification. Il n'y a guère que Néron et Martha (de *Qui a peur de Virginia Woolf ?* d'Albee) qui restent dans leur rôle habituel : mais leur folie est ici montrée sans contrepartie, avec une violence verbale où fantasme et réalité se confondent.

À ce déplacement de valeurs, Tremblay surimpose une écriture en porte-à-faux où l'alexandrin sert à Phèdre pour dire : « J'ai perdu mon honneur dans mon assiette à soupe » (*SM*, 8), et où Martha use de toutes les ficelles du drame américain – alcool, invectives et gros mots – pour critiquer vertement le théâtre américain. Il s'agit d'un rabaissement systématique des idoles, dont les ridicules de Dieu (l'interlocuteur de Méphistophélès) et ceux de Jeanne d'Arc donnent toute la mesure. Tremblay use donc de thèmes et de modèles anciens pour les retourner. Mais une telle entreprise ne va pas sans paradoxe. Ainsi, l'usage du vers

---

15. Écrite pour les élèves de l'École nationale de théâtre et jouée par eux en février 1977. Je renvoie à un tapuscrit conservé à la bibliothèque de l'École.

libre ou régulier, qui apparaît dans trois monologues, le recours au « vous » indéterminé, qui rappelle le nouveau roman dans le monologue de Méphistophélès, l'emploi d'un langage caractéristique de la « traduction française faite à partir de l'américain » dans le monologue de Martha supposent un détour par les sentiers d'une culture « élitiste », posée par ailleurs comme indigne et risible. De sorte que Tremblay donne l'impression de vouloir jouer sur tous les tableaux, d'emprunter à tous les codes, ce dont rendent compte les répliques finales, qui entrelacent *le Petit Chaperon rouge* de Perrault, le cinéma de Walt Disney et le théâtre d'Albee :

> Qui a peur de Virginia Woolf
>   de Virginia Woolf
>   de Virginia Woolf...
> *(en coulisse)* Moi, George, moi… (*SM*, 43)

Cette intrication des codes culturels, on la retrouve aussi dans *les Héros de mon enfance*, où les personnages de contes de fées, rassemblés dans une clairière par la malignité de Carabosse (celle qui est déguisée en Denise Filiatrault déguisée en Pierrette Guérin), se révèlent fort différents de ce qu'on en a toujours dit. Cette réécriture « pour adultes » des contes de fées cherche sans doute à faire rire, mais elle éclaire crûment le refus de Tremblay de circuler dans une fiction sans assise réaliste, assimile fiction et fausseté, et propose implicitement une idée que Zola n'aurait pas désavouée : lorsque la féerie, l'affabulation seront remplacées par une vision naturaliste des choses faisant appel à l'intelligence, alors la vie prendra enfin le dessus. La chanson thème de la pièce, « Existe-t-il un conte pas bête ? », de même que toutes les répliques qui soulignent les ridicules des personnages fantoches, expriment ce rejet d'un certain type de fiction et, par contamination, d'une certaine culture insensible aux ridicules des contes pour enfants, dont l'un des défauts – et pas le moindre – est de se préoccuper de la correction du langage : « Dis pas merde devant les enfants. » (*HE*, 19) Est-ce à dire que Tremblay voue Perrault aux gémonies ? Pas si simple. Après tout, l'idée – amusante et efficace – de la mort en vacances, qui sous-tend *les Grandes Vacances*, relève directement de l'univers des contes, malgré le réalisme des costumes. D'ailleurs, celui (ou celle) qui voudrait démontrer que Tremblay rejette la culture « haute » aurait fort à faire. Comment effacer de l'œuvre

42

de Tremblay l'ombre de Pirandello, dont la pièce *Six Personnages en quête d'auteur* sert à la fois de titre (avec une légère modification) pour *Six Monologues…* et de modèle dramaturgique pour *le Vrai Monde ?* [16] ? Ou encore celle de Molière, dont Tremblay retient le titre *l'Impromptu* et la facture manifestaire ? Que penser aussi de cet intérêt pour Nelligan, déjà suggéré dans le prénom Nelligan dont est affublé le fils de Fernande Beaugrand-Drapeau (*l'Impromptu d'Outremont*), « drop-out » de bonne famille ?

L'examen du livret d'opéra *Nelligan* [17] est fort révélateur à cet égard. Nelligan est ici à la fois un personnage, une source intertextuelle (certains poèmes sont repris) et la reconduction du modèle psychotique des *Socles*, où les parents enferment leurs enfants dans le monde qu'ils ont imaginé. Dans le livret, cet enfermement se réalise pleinement, la biographie de Nelligan (qui fut interné) rejoignant le modèle dramatique élaboré ailleurs par Tremblay. Au modèle des *Socles* se superpose une conception conflictuelle de la culture, lisible à un premier degré dans l'opposition langue française/langue anglaise (la mère d'Émile est francophone, le père d'Émile est un anglophone, d'origine irlandaise), puis, plus profondément, dans le refus que des gens dits « cultivés » opposent à une poésie qui s'inscrit mal, apparemment, dans la tradition dont ils ont hérité. On retrouve ici la substance de *Ville Mont-Royal* : le rapport à la grande culture n'est jamais donné d'emblée, il doit être conquis de haute lutte, et ce sont souvent les plus iconoclastes (au sens strict : Nelligan vole dans une église) qui possèdent le sens esthétique le plus affirmé.

De l'absurde et du mythe

L'examen des pièces hors cycle – que j'ai ici esquissé – me semble propre à éclairer l'œuvre de Tremblay de manière radicale, puisqu'il expose les modèles dramaturgiques et thématiques de l'œuvre, ce qui

---

16. C'est l'idée soutenue par Jean Cléo Godin dans « La littérature et le vrai monde », communication faite au colloque de l'Association des études canadiennes, en Irlande, au printemps 1991.

17. La musique était signée André Gagnon. L'opéra fut créé le 24 février 1990 par l'Opéra de Montréal. Le texte a été publié : Montréal, Leméac, coll. « Théâtre », n° 181, 1990.

permet de l'aborder dans une perspective génétique. De plus, la relation que Tremblay entretient avec la haute culture s'y trouve largement déployée, par le biais d'une intertextualité riche et nourrie.

Mais c'est peut-être l'examen des deux premières pièces de Tremblay qui me semble proposer les avenues les plus nouvelles. En effet, *Messe noire*[18] et *le Train*[19], qui constitue la toute première œuvre de Tremblay, sont toutes deux véritablement hors cycle. Rien ne semble permettre de les rattacher de quelque manière que ce soit aux *Belles-Sœurs*. *Le Train* est, à mon avis, un texte d'une grande richesse. On y trouve une esthétique et un propos qui en font un véritable manifeste de l'absurde. Dans un train – figure du mouvement absolu –, deux personnages, Monsieur X et Monsieur Z, sont dans le même compartiment. Monsieur X entre de force en conversation avec son vis-à-vis, imposant ses histoires, ses aphorismes, ses reproches à l'humanité, son cigare. Graduellement, il cherche à culpabiliser Monsieur Z, en proposant des interprétations à sa propre vie et en lui révélant ultimement son drame : il est resté un petit garçon, parce qu'il sait arrêter des horloges, le temps étant son pire ennemi. À ce moment, Z semble compatir silencieusement. Mais, brusquement, le train entre dans un tunnel, il fait noir, X panique et tue Z. La lumière revenue, X s'aperçoit de ce qu'il a fait :

> Où vais-je le mettre ? Je ne peux pas le laisser là ! Je ne veux pas qu'on le trouve ! Mon Dieu je suis un assassin ! Me voilà avec un mort sur les bras maintenant. Je vais changer de compartiment et si on m'interroge je dirai que je ne suis jamais venu ici. Je suis un assassin. Je suis un assassin.
>
> (*Il met le cigare sur le corps du mort.*)
>
> Tu l'auras eu quand même ce cigare. (*TR*, 50)

---

18. Quatre monologues extraits de *Contes pour buveurs attardés*, Montréal, Éd. du Jour, 1966. Les contes repris portent, dans le recueil, les mêmes titres que dans la pièce. Il s'agit de textes faisant partie d'une production présentée au Pavillon de la Jeunesse durant l'Expo 67, le 31 août, puis reprise au Théâtre du Gesù du 7 au 10 septembre 1967 par le Mouvement Contemporain. *Messe noire* avait été créée au Théâtre des Saltimbanques pendant la saison 1964-1965, par le Mouvement Contemporain (*cf.* Cahiers de théâtre *Jeu*, n° 2, Montréal, Quinze, printemps 1976, p. 44).

19. Drame en un acte écrit en 1959 et télédiffusé à Radio-Canada, CBFT, le 7 juin 1964. Cette pièce avait remporté le premier prix du Concours des jeunes auteurs de Radio-Canada.

Cette pièce baigne dans l'absurde, c'est-à-dire que tout s'y soustrait à l'élaboration d'un sens. La mort est présentée comme accidentelle, ainsi d'ailleurs que la présence des deux hommes dans le même wagon, et, malgré le sentiment qu'il a d'être un assassin, X ne semble avoir aucun remords. Il constate froidement : « Me voilà avec un mort sur les bras [...] » Le sens proposé pour le meurtre : obliger Z à prendre le cigare qu'il a refusé, est tout aussi absurde.

Il n'en va pas de même dans *Messe noire*, où il est également question de meurtre, et quatre fois plutôt qu'une. Le premier monologue, *Angus*, qui accompagnait à l'origine un ballet, révèle de manière allusive les meurtres commis par Angus, que la pleine lune vient chercher. Dans le second, *Wolfgang à son retour*, un père raconte qu'il a découvert que son fils est un assassin qui se nourrit du sang de ses victimes, de jeunes enfants. Wolfgang est entraîné par un homme très beau, Hans. Le père a connaissance d'une de ces escapades nocturnes et, au retour de son fils, voyant le démon dans ses yeux et son sourire, il le tue. Le troisième texte, intitulé *les Noces*, est le monologue agité, fortement exclamatif, d'une femme qui réclame d'un certain Wolftung qu'il tienne sa promesse de l'épouser. Elle a bien commis les sept meurtres exigés d'elle, les sept plus beaux adolescents du pays ont péri par ses mains. Elle a perdu son âme, son corps a vieilli, est ridé et laid, mais elle va épouser celui qu'elle aime au milieu de sifflements qui vont sans cesse s'amplifiant[20]. Le dernier, *Maouna*, est la longue malédiction qu'une sorcière, Maouna, lance à ceux qui l'ont condamnée, promettant du haut de son immortalité une terrible vengeance.

Ce qui frappe dans ces monologues, c'est que les meurtres y sont fortement ritualisés, trouvant leur sens dans un récit plus large, d'ordre mythique, ce dont le titre, *Messe noire*, rend bien compte. Or ce glissement de l'absurde vers un sens mythique me semble avoir dominé dans l'élaboration du Cycle des *Belles-Sœurs*. En effet, le Cycle, grâce aux multiples interactions qui le traversent, s'offre comme une vaste entre-

---

20. Ces sifflements seront repris dans *les Paons*, où la montée dramatique s'accompagne aussi de bruits menaçants. On ne peut s'empêcher de voir là un rappel des *Bâtisseurs d'Empire* de Boris Vian.

prise qui donne sens aux événements les plus disparates : il y a véritablement constitution d'une mythologie – ce dont témoignerait l'inscription
intertextuelle de la tragédie grecque – et volonté de tout rattacher au
« méga-récit » des *Belles-Sœurs*, sans laisser de résidu. Pourtant, à la fin
des *Belles-Sœurs*, et de *l'Impromptu d'Outremont*, il y a bien une pointe
d'absurde dans la chute de timbres ou dans les crépitements de la
mitrailleuse. Mais ces échappées restent sans écho, comme une vaine
invitation à sortir du Cycle, et, dans l'ensemble, tous les éléments
dramaturgiques, même ceux qui paraissent les plus hétérogènes, s'inscrivent dans un vaste récit familial, les pièces hors cycle comme les autres.

C'est le propre du récit de sembler porter un sens, principalement
parce qu'entre le début et la fin, il instaure un ordre autotélique[21]. Le récit
mythique va même plus loin : il suggère un ordre – tragique ou apocalyptique, c'est selon – qui relie le Début et la Fin de l'Homme et du
Monde. Au contraire, le modèle narratif de l'absurde récuse la possibilité
– et la nécessité – de rattacher les actions à une trame qui leur conférerait
un sens, c'est-à-dire à la fois une direction (une téléologie) et une
signification. En laissant derrière lui, dans *le Train*, comme ce mort qu'on
abandonne, l'absurdité des choses – et, au premier chef, de la mort –,
Tremblay me semble avoir choisi la voie de la plénitude du sens, celle de
la mythologie.

---

21. Autotélique : « qui n'a ni fin ni but au dehors ou au delà de lui-même ; p. ex. le jeu pour
le jeu, l'art pour l'art ». (André Lalande, *Vocabulaire technique et critique de la philosophie*, Paris, Presses universitaires de France, 1962, 9e édition, p. 104.)

III

« Chroniques du Plateau Mont-Royal »

Études du cycle romanesque

ANDRÉ BROCHU

D'une Lune l'autre
ou les Avatars du Rêve

Dans les « Chroniques du Plateau Mont-Royal », le Rêve apparaît comme un thème majeur, sans doute le plus important et le plus riche parmi les thèmes explicites. Il se manifeste en liaison avec son corollaire dysphorique, la Réalité, vécue comme généralement pénible et génératrice d'ennui ou de malheur. Victoire, la vieille femme qu'on a libérée des tâches domestiques et condamnée à l'inaction, se sent dépérir de désœuvrement (*GF*, 34). À son fils qu'elle vient de traîner jusqu'au lieu de sa conception, en plein parc Lafontaine, elle confie tragiquement : « J'm'ennuie tellement, dans'vie, si tu savais ! J'ai tellement rien à faire ! J'me sens tellement inutile ! » (*GF*, 242) Le plus grand malheur pour la femme, dans une société où elle monopolise les rôles actifs, où l'homme est absent ou minable, c'est l'impossibilité de se dépenser. Il en va de même pour la Grosse Femme, clouée à son fauteuil par la grossesse et l'obésité conjuguées. Centre de gravité du roman – le titre la désigne, elle et non pas une autre, même si elle reste à la périphérie de l'action, véritablement « à côté » – elle a, du centre, l'immobilité. La réalité représente, pour elle, un accablement constant, aussi lourd que ce corps qui la cloue à son siège. Heureusement, « au fond de son ventre », semblable à l'enfant qui va naître et qu'elle désire tant, un « animal sauvage […] nourri de rêves et de mensonges » se réveille et lui fait hurler sa révolte, son immense besoin de l'ailleurs : « Acapulco ! » (*GF*, 42)

Le corps, épais, massif – tel est le cas pour beaucoup de personnages de Tremblay – constitue donc une sorte de cage déterminant l'ici réel, l'ici-*bas*, et cette cage enferme un être essentiel, tendu vers l'ailleurs. On peut penser aux hideuses tortues du parc Lafontaine auxquelles le jeune Richard s'identifie au cours de longues séances de contemplation : « il avait choisi l'immobilité des tortues plutôt que d'essayer de résister à ses penchants morbides naturels et vivre » (*GF*, 135). La carapace « grise et molle » contient une bête malingre dont la tête est pointée « vers le ciel dans un geste de supplication ». Cette chose pitoyable, grosse en dehors et maigre en dedans, évoque justement Richard quand « une peine trop grosse pour son corps frêle s'abattait sur lui » (*GF*, 134). Ce qui gonfle le corps, c'est la masse du réel, ennui ou malheur, mais la tête est braquée vers la céleste patrie du Rêve.

Parlons encore d'Édouard, obèse lui aussi, qui étouffe dans son rôle de vendeur de chaussures condamné à faire la courbette, à se mettre à genoux devant les clients arrogants, anglophones le plus souvent. C'est contre ce destin qu'il s'invente celui de duchesse, à l'aide de Balzac et avec la bénédiction de la Grosse Femme. La duchesse de Langeais termine sa vie en carmélite déchaussée, rejointe sur son lit de mort par l'homme qui l'a délaissée : « Ça c'est un destin ! Pis c'est ça que j'veux être ! » (*DR*, 147) Le rêve, pour ce « vendeur de suyers », va nécessairement pieds nus…

En fait, presque tous les personnages de Tremblay vivent de rêve, de façon d'ailleurs très diverse. C'est ce que reconnaît la Grosse Femme quand elle reçoit les confidences de Marcel : « Des rêveurs. Toute la gang. On est toutes pareils. » (*DR*, 278) Même Albertine, bien ancrée dans le quotidien et réfractaire aux tentations de l'imaginaire, fermée comme un « coffre-fort ambulant » (*PQL*, 101), se laisse prendre aux susurrements de Tino Rossi, inducteurs d'évasion. Et Thérèse, elle aussi femme pratique, refuse la vie rangée de serveuse dans un chic Bar-B-Q de la rue Mont-Royal pour l'excitante vie nocturne des bars de la *Main*.

Tout le monde est assoiffé d'évasion, mais certains seront plus que les autres les créatures du Rêve, auquel ils dédieront leur vie même. Tel est le petit Marcel, que ses imaginations entraîneront jusque dans la folie. Tel est Josaphat-le-Violon, frère cadet de Victoire, qui reconduit dans le contexte urbain d'un quartier populaire des années quarante la double tradition des conteurs canadiens d'autrefois et des violoneux. Ce violoneux, au fait, joue la Méditation de *Thaïs* à côté du *Reel du pendu*, mais c'est avant tout l'âme espérante et rêvante du pays, l'imaginaire collectif enraciné dans le passé paysan, qui alimente son inspiration de musicien et de « poète ».

Vers la fin de *La grosse femme…*, on peut s'étonner de l'importance accordée aux récits du vieil homme, comme si tout d'un coup le roman déviait de sa trajectoire et que le conte prenait la place de la chronique. Un long segment est consacré à l'histoire de l'allumeur de lune, que Josaphat raconte au petit Marcel. Or ce conte, qui peut sembler fort digressif et qui n'a pas de pertinence du point de vue de l'action (il s'agirait d'une paradoxale « pause narrative », pour faire référence à Gérard Genette), est certainement très important du point de vue thématique. Comme la Grosse Femme, qui est « à côté » et qui n'alimente aucunement la dynamique romanesque, il représente le centre sur le plan des significations. Nous verrons d'ailleurs que cette comparaison n'a rien de fortuit.

Dans le conte de Josaphat, qui contient de nombreux éléments et débouche sur le motif traditionnel de la chasse-galerie, un schème d'une importance symbolique toute particulière est exploité. C'est celui de la mise en place (ou de la mise au ciel) de la lune. L'argument est le suivant. Teddy Bear Brown, l'Anglais du village, allumeur de lune fatigué de son métier, s'embarque dans le canot de la chasse-galerie en compagnie de sept joyeux lurons, tous « paquetés aux as ». (En fait, ces circonstances ne seront connues qu'après ce qui suit, qui illustre l'essentiel du schème.) La lune reste donc prisonnière des flancs de la montagne, et ce sont huit chevaux fantastiques qui, de peine et de misère, vont opérer sa délivrance :

> Y tiraient sur des chaînes pis y'avaient l'air de forcer comme j'avais jamais vu forcer des animaux dans ma vie ! Comme si y'avaient tiré la chose la plus pésante du monde. […] J'pouvais voir leurs blessures qui saignaient pis leurs yeux fous d'animaux fous qui comprennent pas pourquoi c'qu'on leu' fait mal ! Pis… au bout d'la darniére chaîne… une boule rouge est apparue. La lune ! Y tiraient la lune d'en arriére d'la montagne ! È-tait grosse, presque aussi grosse que la montagne, j'te dis, pis rouge ! […] Aussitôt qu'al'a été toute ronde au-dessus d'la montagne, les chaînes ont cassé pis les huit chevaux se sont disparsés en courant […] (*GF*, 290)

La richesse fantasmatique du conte vient de l'association de significations contraires (ou alliance d'idées, dans la rhétorique traditionnelle). La Lune est une présence transcendante, ouranienne, qui éclaire et rassure. Son absence plonge le narrateur, alors enfant, dans la panique (bien entendu, il s'agit d'un récit fictif). Or cette présence céleste est donnée comme mêlée d'abord à la terre, à l'ici-bas dont elle est prisonnière. La lune n'est pas le disque lumineux et serein, centre du ciel, mais une sphère lourde, opaque, chose de feu et de sang, de chair aussi, qu'on extrait des *flancs* de la montagne comme avec des forceps (le mot *forcer*, joint à l'image des chaînes, connote l'intervention de l'accoucheur). La Lune, figure maternelle, est donc d'abord l'enfant qu'on arrache à la terre. Mais cet enfant est « la chose la plus pésante du monde », il est déjà ce comble de la matière qui caractérise symboliquement la Mère (*Mater* et *Materia* sont synonymes) et que la Grosse Femme, jamais nommée, va représenter dans la sphère humaine. La Lune qu'on meut au ciel, si laborieusement, c'est la Mère qu'on installe dans sa position de souveraine et qui dispensera dès lors les bienfaits de la vie et du Rêve.

Or, quelques pages plus loin, à l'initiative de Josaphat, la Grosse Femme va se transporter sur le balcon – elle qui ne peut bouger ! – soutenue, escortée par toute la maisonnée ; elle prendra place dans son fauteuil, réalisant un rêve que sa grossesse lui interdisait, et les six femmes enceintes de la rue Fabre viendront l'entourer comme si elle était leur mère. La Grosse Femme est vraiment l'équivalent symbolique de cette Lune mère qui constitue, dans le monde que nous dépeint Michel Tremblay, la référence essentielle. Au petit Marcel en qui son grand-oncle voit son successeur dans l'ordre de la fantaisie émerveillante, Josaphat recommande de « respecter la lune toute ta vie. Pas de chasse-galerie. Parce que la lune est la seule chose dans le monde dont tu peux être sûr. » (*GF*, 293-294) Respecter la lune, c'est respecter le seul être sur terre qui représente la stabilité et le secours assuré. Cet être, évidemment fantasmatique, c'est celui qui veille sur les origines, qui *est* l'origine. Pour l'enfant qui vient de naître, l'absolu existe : cette présence dont il dépend totalement, qui lui apporte nourriture et réconfort. Chez Tremblay, la Lune incarne simul-tanément la Mère (le Père est toujours ailleurs, dans le canot de la chasse-galerie) et le Rêve, parce que le Rêve est la nourriture essentielle, qui permet de traverser l'existence lamentable, qui donne « une raison de continuer » (*GF*, 302). La fidélité à la Lune que Josaphat prescrit à Marcel se confond, chez le vieil homme, avec la fidélité et le respect qu'il voue à Victoire, sa sœur aînée, qui a été pour lui une mère et qu'il aime d'un amour passionné. Du reste, aimer, n'est-ce pas toujours aimer (en) la mère ? Réaliser son rêve, n'est-ce pas toujours retrouver la présence originelle ?

Le schème par lequel on met au ciel la Lune, par lequel *l'immanence s'emploie à manifester la transcendance*, est sans doute un schème central de l'œuvre romanesque de Tremblay. On le retrouve, à l'échelle de l'ensemble du premier roman de la série, dans ce mouvement qui régit les nombreuses intrigues particulières et qui aboutit à leur unification finale. En ce samedi, 2 mai 1942, la plupart des personnages de la famille de Victoire se dispersent, seuls ou par petits groupes, pour se retrouver tout à fait par hasard, en fin d'après-midi, au parc Lafontaine et former un « bien étrange cortège » qui va réintégrer la maison de la rue Fabre. Or à la tête de ce cortège marche Victoire, traînant derrière elle tout son monde. C'est donc la mère qui fait ici l'unité de ces éléments fort disparates, ce qui prépare la fin du roman où une autre mère, la Grosse Femme, mère superlative celle-là, rassemblera autour d'elle le conseil des femmes enceintes pendant que Josaphat, retiré dans la maison, joue « *Le Reel d' la pleine lune d'été* » (*GF*, 328).

Avant d'examiner d'autres manifestations du schème, il faut s'arrêter un instant à un caractère important de cette Lune qui s'impose comme centre des valeurs symboliques. C'est son ambivalence, qui est précisément la preuve de sa prééminence dans l'ordre symbolique. La logique de l'inconscient est une logique de l'ambivalence, comme l'affirment Bachelard et tous ses disciples. La Lune, chez Tremblay, est maternelle et représente la stabilité et la profusion secourable, soit. Cependant, avant de s'imposer comme recours bienfaisant, elle apparaît sous des traits anxiogènes. L'énorme boule de feu que les chevaux extraient de la montagne emplit le jeune Josaphat d'horreur sacrée. Et cette lune est rouge comme « la pleine lune du mois d'aoûtte qui est tellement épeurante, là… » (*GF*, 290). Une fois en plein ciel, elle a l'air d'un « gros trou rouge », effet d'un coup de canon tiré dans le ciel (*GF*, 291). Cependant, comme le jeune garçon peut maintenant voir son chemin, sa peur diminue. Les affects négatifs se convertiront peu à peu en affects positifs.

Ainsi la mère, pour le tout jeune enfant, est-elle l'ambivalence même : merveilleuse quand elle comble les besoins et monstrueuse (Julien Bigras parlait de « monstre maternel ») quand elle lui manque, par son absence ou par la déficience des soins.

43

44

Cette ambivalence est bien visible dans l'épisode du cortège, mené par Victoire, qui lui donne son unité mais sans supprimer l'isolement où se trouve pris chacun :

> Et ce qui rendait ce groupe plus bizarre encore, c'est que personne ne parlait, tous avaient l'air enfouis dans leurs pensées, presque ignorants de la présence des autres. Ils marchaient lentement, comme s'ils n'allaient nulle part, longeant la rue Fabre qui s'était complètement vidée pour les laisser passer. Ils auraient pu tout aussi bien revenir d'un mariage où ils se seraient trop amusés ou sortir d'un cataclysme qui les aurait laissés à peu près indemnes : la fatigue effaçait presque leurs traits, leur donnant un air de nulle part et de n'importe quand, procession sans but et sans signification dans une rue déserte qui sentait le souper. (*GF*, 252)

Ne dirait-on pas une scène de Fellini, carnavalesque à souhait, revue et *ralentie* par Marguerite Duras ? Ce groupe – que Sartre appellerait plutôt une *série*, constituée par le hasard – connote à la fois le mariage et le deuil, à l'image de la « vieille femme toute cassée » qui le conduit et qui vient d'évoquer, pour Édouard, le moment de sa conception. C'est ainsi que le rêve peut prendre allure de cauchemar. Quand Édouard agonise, après le coup que lui a porté le sinistre Tooth Pick, il voit venir vers lui « un groupe compact de silhouettes marchant presque au pas mais avec une lenteur désespérante », mené par cette même Victoire, sa mère (*NE*, 44). La marche au ralenti signale l'absence de but *réel*, la soumission à un ordre qui n'est plus celui des intentions pratiques, même si le rêve ne manifeste pas encore positivement son influence. Le cauchemar, c'est la réalité même mais soustraite, par intervention négative du rêve, aux apparences de la vie.

Examinons maintenant d'autres réalisations du schème. Au cœur du deuxième roman de la série, *Thérèse et Pierrette à l'école des Saints-Anges*, une activité revêt beaucoup d'importance sur le plan narratif mais surtout symbolique : la préparation du reposoir. On *monte* un dispositif, qui est à la fois une installation et un spectacle. Le reposoir, en effet, comporte tout un ensemble d'objets et, plus encore, une *scène* où prendront place des figurants formant un tableau vivant. Le reposoir est organisé à l'occasion de la Fête-Dieu, qui est liturgiquement un hommage au *Corpus Christi*. Il doit accueillir, au terme d'une procession, l'ostensoir contenant les saintes Espèces.

Or, par une perversion bien québécoise de cette liturgie, c'est beaucoup moins la figure du Rédempteur qui est honorée que celle de sa Mère, la sainte Vierge, sous ses traits du reste les plus aseptiques, les plus désincarnés, ceux de l'Immaculée-Conception [1]. Dans le tableau vivant, Thérèse incarne Bernadette Soubirous, celle qui, quatre ans après la proclamation du dogme en 1854, eut de fort providentielles apparitions au cours desquelles la Vierge s'identifia sous le nom de l'Immaculée-Conception, ce qui favorisa l'acceptation par les fidèles d'un dogme controversé tant il choquait la vraisemblance. Et Pierrette incarne la Mère de Dieu – d'un Dieu ici relégué aux oubliettes. Ou plutôt, l'hostie qui doit être apportée « au cœur du reposoir » (*TP*, 55) reçoit, de tout le contexte, une connotation maternelle qui en fait l'équivalent de la Lune dans le conte de Josaphat : au centre du monde se tient non pas le Père mais la Mère, figure de Rêve, bien entendu. Mais le Rêve peut être négatif, comme nous le verrons.

Si le reposoir est une glorification de la Mère, semblable à ce que nous présentait le conte de Josaphat, il est aussi l'objet de toute une mise en place, analogue à la mise au ciel de la Lune. En effet, le reposoir, c'est d'abord un amas on ne peut plus hétéroclite d'objets entreposés sans soin dans un hangar. Ces objets sont exposés aux agressions de l'humidité et de la poussière. Il faut d'abord les extraire un à un de ce lieu chthonien, équivalent des flancs de la montagne où la lune est retenue prisonnière. Et pour les déplacer, les religieuses font appel à un homme, qui est fort significativement ce Gérard Bleau qui s'est pris pour la petite Thérèse d'une passion aussi perverse que tragique. C'est donc le satyre qui opère la translation des éléments du reposoir, depuis les lieux d'ombre jusqu'au plein jour où ils sont pris en charge par les enfants, nettoyés, badigeonnés, soumis à un traitement de surface qui masque leur décrépitude et n'est pas sans rappeler la parabole du sépulcre blanchi. Et tout se passe comme si,

---

1. Dans *La grosse femme d'à côté est enceinte*, le narrateur s'en prend avec virulence à cette caricature de la maternité que représente « la Vierge Marie, Mère de Dieu, une vierge intacte et pure, inhumaine créature sans volonté et surtout sans autonomie qui s'était retrouvée un jour enceinte sans l'avoir désiré, par l'opération de l'Esprit-Saint (qu'on osait représenter sous la forme d'un oiseau ! enceinte d'un oiseau, la Mère de Dieu !) et qui avait enfanté sans avoir besoin de mettre au monde, insulte ultime faite au corps des femmes » (*GF*, 259).

une fois nettoyés, rendus *propres* (autre valeur bien québécoise, bien en harmonie avec la figure de l'*Immaculée*-Conception), les objets – statues, pilastres, piédestals – perdaient leur pesanteur (on se souvient de la lune qui était la « chose la plus pésante du monde »), puisqu'il n'est plus question de les faire transporter par un homme.

Gérard Bleau, c'est donc l'agent des Ténèbres, l'équivalent des chevaux sanglants qui, de peine et de misère, arrachent la Lune – « pésante » comme une Mère, comme la Grosse Femme – des entrailles de la terre. Mais une fois dans le ciel, les chaînes cassent et elle s'élève toute seule, semblable encore à la Grosse Femme qui se lève toute seule de son fauteuil, quand vient le moment de se transporter sur le balcon. Le passage de l'intérieur à l'extérieur, de l'immanence à la transcendance est véritablement un accouchement, paradoxal puisque c'est la Mère qui est mise au monde.

Il faut cependant marquer une différence importante entre la Lune de Josaphat et la Vierge du reposoir. La première, en effet, malgré son allure terrifiante du début, est véritablement secourable, et donc pleinement maternelle ; la seconde, sous son aspect benoît (la directrice de l'école des Saints-Anges, folle à lier et sadique sous des dehors bienveillants, s'appelle précisément Mère Benoîte des Anges), est une contrefaçon de la maternité, une déesse de la stérilité et du mensonge. Tout le reposoir est d'ailleurs une imposture. Les rares observateurs lucides voient en lui « quelque chose de profondément païen […] qui donnait pourtant à cette fête très religieuse un petit arrière-goût d'orgie latente ou de vente d'enfants maquillés » (*TP*, 57). Prostitution et pédophilie s'y nouent, formant un sombre paysage qui est comme l'arrière-plan des amours entre Gérard Bleau et Thérèse. Telle est la face d'ombre de l'épiphanie maternelle. Mettre au sommet la Mère, faire d'elle la divinité, c'est se constituer devant elle à jamais comme l'enfant violé et infiniment démuni. C'est la position du peuple devant la sainte Église catholique, ici matérialisée dans les prestiges clinquants du reposoir. C'est aussi la position de Gérard devant cette fillette qui, loin d'être sa victime, est plutôt son agresseur. Rappelons-nous la scène de séduction du parc Lafontaine, dans *La grosse femme…* : Thérèse se perçoit elle-même comme la « grosse araignée noire avec des pattes pleines de poils pis des ciseaux à 'place d'la bouche » qui se jette sur « une belle grosse mouche » captive de sa toile (*GF*, 184), à la fois mère phallique et castratrice qui réduit l'homme à la condition de jouet docile[2]. La femme-enfant règne absolument sur l'homme-adulte, s'impose comme Mère dotée des immenses pouvoirs que l'imaginaire possède et qui surpassent infiniment ceux de la réalité.

Le reposoir, c'est donc la mise au ciel de la Lune, mais de la mauvaise Lune, associée au surnaturel chrétien et, plutôt qu'au Rêve véritable, au cauchemar. Le surnaturel païen, représenté justement par les tricoteuses, est synonyme des valeurs de vie, de fertilité, de beauté et d'invention. Les Moires païennes, significativement, incarnent les valeurs proprement chrétiennes (elles sont d'ailleurs assimilées à des anges gardiens) (*GF*, 207), alors que la religion catholique, avec une belle inconscience, exalte l'orgie, qui est païenne.

Le troisième roman des « Chroniques », *la Duchesse et le Roturier*, va faire progresser la représentation symbolique en nous présentant un objet qui combine admirablement le merveilleux païen et le merveilleux chrétien. Il s'agit de l'arbre de Noël, devant lequel Victoire prend place pour chasser Édouard de la maison. Édouard est ainsi exclu du paradis de son enfance, que l'arbre incarne dans une profusion de formes et de couleurs magiques. Il est surtout chassé de la présence maternelle qui a tant compté pour lui depuis toujours et qui se manifeste ici sous les traits d'une vieille femme à la fois diminuée et solennelle, fragile et toute-puissante. Elle baigne « dans un éclairage doux qui lui colore les cheveux de teintes étonnantes » (*DR*, 303), femme lunaire et, en même temps, archange terrible sur l'épaule de qui viennent se poser « les deux beaux grands anges de carton » miraculeusement détachés du sommet de l'arbre (*DR*, 304).

Cet arbre, comme le reposoir, a nécessité toute une installation. C'est sœur Sainte-Catherine, sympathique et dynamique, qui avait surveillé les préparatifs de la Fête-Dieu, ce qui l'inscrivait, malgré la symbolique frelatée de l'événement, dans la succession de Josaphat l'allumeur de

---

2. Édouard aussi sera le jouet de Victoire : « [...] à trente-cinq ans passés, il commençait seulement à réaliser qu'il n'était qu'un poisson argenté, qu'un frétillant objet chatoyant dans l'aquarium de Victoire [...] » (*GF*, 221)

lune. Et c'est la Grosse Femme, dont on connaît les dispositions pour le Rêve, qui prend en charge la décoration de l'arbre de Noël. Les étapes rappellent beaucoup celles de l'édification du reposoir – il s'agit du reste, encore une fois, d'une fête religieuse, mais celle de Noël accueille plus naturellement l'inspiration païenne, de sorte que le merveilleux, ici, sera authentiquement imprégné des valeurs de vie.

De même que toutes les élèves de sixième année participaient aux préparatifs du reposoir, toute la maisonnée (sauf Édouard, qui est absent) travaille à la décoration du sapin. Il faut d'abord procéder à « l'épousse-tage de cet amoncellement hétéroclite de bébelles de toutes sortes » (*DR*, 287) ; chaos et saleté forment l'état premier des choses, en harmonie avec les relations qui règnent « entre les membres de cette famille emberlificotée pour qui la chicane sinon franchement le drame était au menu quotidien » (*DR*, 286). Une fois les nombreux éléments de déco-ration nettoyés, sériés, dans une atmosphère de trêve, d'allégement des cœurs, d'aération des esprits, on passe à l'accrochage des guirlandes lumineuses puis des boules, babioles, guirlandes, glaçons. Vient aussi la crèche, qui marie les styles les plus divers : un village québécois sous la neige, les santons de Provence, le désert palestinien ! Toute cette instal-lation, fort carnavalesque par le mélange des genres mais dénuée de grotesque, est une sorte d'hymne populaire à la vie, à la naissance (il s'agit, bien entendu, de la Nativité), à l'enfance, mais sans doute aussi à la Mère : ce n'est pas un hasard si c'est la Grosse Femme qui dirige les opérations, et l'arbre de Noël exprime essentiellement son goût du merveilleux. Il est d'ailleurs révélateur que la cime, qu'on a dû couper avec ses « rameaux flexibles et délicats qui se terminaient en étoile aux aiguilles fines », va décorer la chambre de la Grosse Femme « au-dessus de sa porte, avec une belle boule rouge comme tout ornement » (*DR*, 286) : la cime est une étoile, cette étoile se double d'une boule rouge qui est une Lune – c'est, du reste, son odeur piquante, jointe aux sourires de la Grosse Femme, qui produit tout autour l'apaisement de la famille belliqueuse.

À l'édification communautaire de l'arbre de Noël correspond symé-triquement le bannissement d'Édouard, qui connote l'effritement de la famille. L'arbre décoré, symbole d'élévation, met la Mère dans une position de domination d'où elle prononce les paroles d'exclusion : « Il ne l'aima jamais plus qu'à ce moment où elle le bannissait, peut-être à tout jamais, inaccessible sur son fond de lumière [...] » (*DR*, 303) C'est de nouveau le couple fondamental, mythique, archaïque de la Mère et de l'Enfant ; ce dernier est rejeté, poussé hors du nid par celle qui ne veut sans doute que son bien – mais tout le drame découle de ce que, dans l'univers de Tremblay, aucune influence paternelle ne vient médiatiser la relation.

Dans le même roman, le schème de la « mise au ciel de la Lune » est repris, mais cette fois, c'est Édouard qui se transforme en objet de rêve somptueux et baroque et qui se projette, tant bien que mal, dans l'espace de la transcendance. Il s'agit, on l'aura compris, de son travestissement. Le pâle et gros vendeur de chaussures devient l'opulente femme du monde qui fait ses débuts à l'occasion du spectacle de Tino Rossi et qui sera plus tard, après un voyage initiatique à Paris, l'inspiration de la *Main*.

Le maquillage d'Édouard se travestissant en duchesse de Langeais est une opération longue et complexe, qui rappelle avec précision l'édification du reposoir ou de l'arbre de Noël. Première étape : le chaos. « Tout [sur la coiffeuse] était bouleversé, renversé, répandu, pêle-mêle, de la poudre de riz aux rouges à lèvres, des flacons de parfum bon marché aux maquillages gras, de la crème Pond's au vernis à ongles Revlon. » (*DR*, 314) De cette généreuse confusion émerge enfin une « tête de femme assez belle, impressionnante, en tout cas » (*DR*, 315), figure de Lune et Mère par laquelle Édouard, qui n'a pu se libérer du vivant de Victoire, s'arroge la puissance (la désirabilité) qu'il a toujours convoitée. Réaliser le Rêve suppose l'identification totale à celle qui est au centre du monde, et le travestissement, malgré tout ce qu'il comporte de misère et de parodie, est un moyen d'y parvenir – un avatar tragi-comique, éminemment carnavalesque, de l'adhésion au Rêve.

Dans les différentes reprises du même schème, on observe un amenuisement : du cadre cosmique où le conte de Josaphat situait son action, on passe à une installation aux dimensions monumentales (le reposoir), puis à un dispositif beaucoup plus restreint (l'arbre de Noël) et, finalement, à une construction à l'échelle du corps. Ces avatars rappellent un mouvement thématique général qui va dans le sens de la disparition progressive du Rêve (c'est-à-dire de l'essentiel, de l'âme du monde ; aussi le tragique gagnera-t-il de plus en plus de terrain, supprimant la différence de tonalité avec le théâtre de Tremblay, généralement très sombre).

Josaphat incarne le Rêve dans sa dimension transcendante, sacrée ; il est homme d'invention et il a le respect des valeurs essentielles, en particulier celles qui se rapportent à la Mère (la Lune, Victoire). Édouard, qui devient peu à peu le principal support du Rêve, vit ce dernier dans une perspective carnavalesque ; le rêve et le rire se confondent, au cœur même d'un réel qu'ils mettent en échec, sans doute, mais sans le transcender vraiment.

Dans ce même mouvement de dégradation du merveilleux, on observe le retrait progressif des tricoteuses, d'abord déesses du destin (*GF*), puis Muses (*TP*, *DR*), ensuite pleureuses (*DR*, *NE*) et finalement déserteuses : elles laissent en plan Marcel et déménagent. Le rêve évolue un peu comme Duplessis, le chat bien-aimé de Marcel, qui se troue de plus en plus et finit par disparaître (*PQL*). Reste une réalité privée de ce qui la hantait et plus désolée que jamais. Mais l'enfant de la Grosse Femme, qui pourrait s'appeler Michel Tremblay, se souvient des trésors imaginaires que Marcel lui a confiés avant de s'enfermer dans la folie, et l'écriture permettra au Rêve de revivre. Le Rêve est un mensonge, car il est la Mère en sa plénitude aimante et impossible (interdite), mais il est permis au romancier, entre le mensonge de la folie et la vérité sans intérêt, de concevoir la Fiction, qui est la réalité sauvée par le mensonge.

45

PIERRE POPOVIC

La rue *fable*

Les rues sont l'appartement du collectif.
Walter Benjamin, *Paris, capitale du XIXᵉ siècle* [1]

« J'ai vraiment l'impression [...] que je suis né pour perpétuer une rue. » La modestie de cette phrase, dite et redite par Michel Tremblay [2], souvent citée, n'explique pas seule la curiosité qu'elle s'attire. La concision de l'expression « perpétuer une rue » est troublante. S'il n'est question ni d'espèce ni de série, la transitivité du verbe n'ouvre pas aussi directement, à l'accoutumée, sur un objet physique (« une rue »). Une médiation s'intercale, c'est le souvenir ou la mémoire d'une chose que l'on perpétue, non la chose en elle-même. À cette première cause d'étonnement s'ajoute que le même bout de phrase n'est pas sans rappeler d'anciens slogans et de vieux mots d'ordre. C'était il y a quarante, cinquante ou soixante ans, en juin 1952 ou en mai 1942 par exemple. Une prescription doxique à la longue vie, que répétaient parmi tant d'autres les voix de Lionel Groulx ou de Maurice Duplessis, assignait au peuple canadien-français et, particulièrement, aux femmes canadiennes-françaises, la mission de perpétuer non pas une rue mais, à leur corps produisant, une race, une lignée. « Perpétuer une rue », ce destin de chroniqueur que se reconnaît Tremblay dans la phrase précitée, suggère de la sorte une saisie réciproque, abrupte et brutale de l'espace par la durée et, en l'occurrence, d'un fragment de la ville par une prolongation du temps, mais une saisie en laquelle se maintient la résonance singulière d'un passé récrit, transformé dans le présent et par lui. Les notes de lecture qui suivent tentent de décrire cette compénétration de statisme et de

1. Walter Benjamin, *Paris, capitale du XIXᵉ siècle. Le Livre des Passages* (traduit de l'allemand par Jean Lacoste d'après l'édition originale établie par Rolf Tiedemann), Paris, les Éditions du Cerf, coll. « Passages », 1989, p. 875.

2. Voir, par exemple, *L'Actualité*, vol. 5, n° 4, avril 1980, p. 17.

dynamisme, de continuation et de renouvellement, qui est au cœur des
« Chroniques du Plateau Mont-Royal ». Elles s'intéressent principalement
aux deux romans qui ouvrent et ferment le premier cycle de ces « Chroniques », *La grosse femme d'à côté est enceinte* et *le Premier Quartier de
la lune* [3], textes qui se répondent et dont le second accomplit les promesses
du premier, mais en partie seulement, comme s'il achevait une boucle sans
la fermer et préférait à la clôture d'un cercle l'ouverture d'une spirale.

Du fauteuil au balcon

D'une apparence confuse et composite, un mouvement pourtant
ordonné en deux phases, l'une de dispersion et d'évasion, l'autre de retour
et de rassemblement, donne à *La grosse femme d'à côté est enceinte* son
épine dorsale. Tout un petit monde se retrouve en effet, après diverses
péripéties, au parc Lafontaine. Se rejoignent là *comme par hasard* : les
enfants, Thérèse, Philippe, Richard et Marcel, qui y sont partis pour une
« grande journée de liberté » (*GF*, 56) [4] ; Mercedes, la prostituée, qui s'y
est réfugiée après avoir soulagé trois soldats ivres de leurs deniers, et
Béatrice, sa collègue, qui la cherche ; Gabriel, le mari de la Grosse
Femme, qui s'est retiré là-bas après une cuisante défaite oratoire de
taverne ; enfin, les derniers mais non les moindres, Édouard et sa Victoire
de mère, laquelle vient de réaliser une véritable descente dans les maga-
sins de la rue Mont-Royal. Une fois rassemblée, cette portion de *smala*
haute en couleurs remonte et longe une rue Fabre étonnamment vide,
formant un étrange cortège [5] :

---

3. Michel Tremblay, *La grosse femme d'à côté est enceinte*, Montréal, Leméac, coll.
« Roman québécois », 1978, et *le Premier Quartier de la lune*, Montréal, Leméac, 1989.
Les notes subséquentes renvoient à ces éditions.

4. Ce groupe est divisé en deux : Thérèse, Richard et Philippe, qui sont déjà grands et
forment la « première vraie génération de la ville » (*GF*, 327), et Marcel, encore très jeune,
sur lequel veille principalement Thérèse.

5. Une « rue Fabre qui s'était complètement vidée pour les laisser passer », dit le texte
(*GF*, 252).

> Ils auraient pu tout aussi bien revenir d'un mariage où ils se seraient trop amusés ou sortir d'un cataclysme qui les aurait laissés à peu près indemnes : la fatigue effaçait presque leurs traits, leur donnant un air de nulle part et de n'importe quand, procession sans but et sans signification dans une rue déserte qui sentait le souper. Il était six heures et les cent clochers de Montréal le carillonnaient bien haut. (*GF*, 252)

Sans but et sans signification ? Voire.

Guidée par une matriarche dont tous, à des degrés divers, procèdent, cette colonne spontanée, semblant sortir d'une bande dessinée ou d'une comédie à l'italienne, est une véritable « procession ». Nonobstant son cachet indéterminé (retour de mariage ou de cataclysme, air de nulle part et de n'importe quand), nonobstant la frappe piteuse de certains de ses membres, elle n'est exempte ni de solennité ni, dans l'économie narrative, d'à-propos. Ne précède-t-elle pas, en effet, ce rite quotidien que sera le souper chez Albertine, lequel débouchera lui-même sur la réunion des sept femmes enceintes de la rue Fabre ? Le chiffre *sept* et le salut inopiné des carillons des églises au passage de Victoire et de sa troupe confèrent à ce complexe d'événements une diffuse aura sacrée que n'abolissent ni n'amoindrissent leur ténuité et leur caractère parfois semi-burlesque. L'ensemble *cortège/souper/assemblée des enceintes* forme un rituel de rassemblement et de communion. Scruté de plus près, le tableau laisse apercevoir d'autres couleurs. Le cortège qui remonte cette rue, dont le nom appartient à cet autre chroniqueur montréalais que fut Hector Fabre, n'est pas sans évoquer une parodie des triomphes de jadis, consécutifs aux expéditions en terres hostiles. Il n'y manque même pas le héros blessé que ses compagnons ramènent sur ses terres pour qu'il y vienne mourir, puisque Marcel, sur le chemin du bercail, recueille le chat Duplessis, très mal en point après son affrontement avec le chien Godbout. Quelque peu glorieux que d'aucuns de ses participants soient, le cortège emmené par Victoire a donc des allures de défilé *de la* victoire. Par suite, cette marche en groupe n'est pas sans évoquer l'un des moments forts des années de guerre. L'action du roman, on le sait, se déroule le 2 mai 1942, quelques jours à peine après le plébiscite du lundi 27 avril 1942 qui vit la province de Québec connaître « une heure d'unanimité comme nous en avons peu connue dans notre histoire [6] ». Le rituel de rassemblement que symbolise le cortège de Victoire mime en le déplaçant, en en bouleversant le signe, l'un des épisodes les plus célèbres de l'histoire québécoise.

S'il est important du point de vue de la structure romanesque, le mouvement indiqué par la remontée de la rue Fabre ne donne pas au premier tome des « Chroniques du Plateau Mont-Royal » sa principale qualité cinétique. Les escapades de Victoire et d'Édouard, de Gabriel, de Mercedes et de Béatrice, de Duplessis, de Thérèse, Philippe, Richard et Marcel, ne se déploient que sur un fond multiple d'immobilité intérieure. De Marie-Louise Brassard tapie derrière son rideau au point de se confondre avec lui, à Marie-Sylvia ronchonnant derrière la fenêtre de son restaurant, de l'appartement de Mercedes au royaume domestique d'Albertine, *La grosse femme d'à côté est enceinte* favorise et valorise l'abri des fenêtres et le point de vue intérieur. Ce retranchement des postes d'observation n'est cependant nullement synonyme de nécrose. Au contraire. Dans ces endroits en retrait – maisons, appartements, chambres, salles de restaurant ou de taverne – règne souvent une vie trépidante, agitée, tonitruante, mais la vivacité de cette vie, cette vie elle-même, ne se manifeste que par l'entremise des phrases et des mots, des murmures et des coups de gueule, des arguments et des répliques. Elle virevolte dans cette maison que les cris d'Albertine traversent parfois « comme des couteaux à viande » (*GF*, 42), dans cette salle où se répand régulièrement « "le sermon de Gabriel", cette inévitable harangue politique que le mari de la grosse femme commençait après sa huit ou neuvième bière et qui pouvait se poursuivre jusque très tard dans la soirée si l'orateur était en forme et le public attentif » (*GF*, 201). Retirés de la rue, ces lieux où pavoise la parole sont à proprement parler les scènes du roman ; elles y enchâssent les linéaments d'un théâtre qui tire sa matière de ce qu'il

---

6. André Laurendeau, *la Crise de la conscription*, Montréal, les Éditions du Jour, p. 121. Pour être tout à fait exact, il faut préciser que Laurendeau intègre les minorités françaises du Canada (hors Québec) dans cette unanimité, confirmant de la sorte la formule de François-Albert Angers : « un vote de race ». On notera la présence récurrente de processions et de cortèges, vaguement curieux, parfois officiels, quelquefois spontanés, tout au long des « Chroniques du Plateau Mont-Royal » : voir « l'étrange cortège » qui vient « du nord de la Main » dans *Des nouvelles d'Édouard* (Montréal, Leméac, 1984, p. 44) ou la « mini-procession » de la Fête-Dieu dans *Thérèse et Pierrette à l'école des Saints-Anges* (Montréal, Leméac, 1980, p. 338 et suiv.).

rapporte de l'extérieur, de la rue, du quartier[7]. De l'existence de ce courant d'air qui va de la scène intérieure à la rue, et vice versa, de ce passage dépendent et la respiration des textes et la santé de la communauté du texte. Qui ne respecte pas ce corridor entre le verbe et l'action étouffe : « Elle [Marie-Louise Brassard] était la totale immobilité dans ce maelstrom de passions, de joies, de cris, de farces, de tragédies, d'amours, de pleurs, de rires et la rue Fabre l'étouffait comme une chape d'asphalte. » (*GF*, 212)

Que le romanesque soit ainsi gros de théâtre inocule à l'écriture de Tremblay une dualité qui justifie pleinement l'appellation « chroniques[8] », et constitue la facette autoréflexive de la figure cardinale du roman. Car l'image de la femme enceinte, imposée dès le titre, ne cesse de se dédoubler et de se redoubler, engendrant un enchaînement de synecdoques et de métonymies qui s'emboîtent les unes dans les autres : le roman est gros du théâtre, la maison de la rue, la rue du quartier, celui-ci de la ville (qui n'existe que par lui puisqu'on la devine à peine), et ainsi de suite. Dans cette concaténation rhétorique, le terme le plus grand ou le plus éloigné comporte souvent un parfum d'aventure ou d'hostilité que les

---

7. Cette remarque peut être mise en relation avec cette déclaration : « Pour moi, une pièce de théâtre, c'est une suite de scènes dans lesquelles il n'y a rien qui se passe, mais dans lesquelles on parle de choses qui se sont passées ou qui vont arriver. » (Roch Turbide, « Michel Tremblay : Du texte à la représentation », *Voix & Images*, vol. VII, n° 2, hiver 1982, p. 214.)

8. Le métier de chroniqueur du Plateau Mont-Royal ne diffère pas beaucoup de celui des grands chroniqueurs d'autrefois tels Villehardouin et Froissart. À leur exemple, il présente les faits comme s'ils étaient contemporains ou, à tout le moins, comme s'ils étaient inachevés ; sa vision du monde est résolument partiale (ceci donne lieu, chez Tremblay, à d'intempestives interventions d'auteur qui nuisent au coulé de sa prose romanesque et aux illuminations poétiques qu'il s'autorise deçà et delà) ; même s'il fait voir plusieurs aspects de la réalité et s'il se montre critique à l'occasion, sa relation des faits est globalement apologétique (cependant, il faudrait parler ici de l'apologie d'un lieu) ; il s'astreint à étudier dans le détail un moment (un lieu ?) qu'il considère digne d'être remémoré et commémoré de façon tout à fait subjective ; enfin, soucieux d'être entendu du plus grand nombre, il intègre le langage vernaculaire dans sa prose. Plusieurs choses distinguent cependant Tremblay de cette tradition : la vie populaire et la quotidienneté des faits qu'il rapporte ; la multiplicité des voix assemblées par son écriture ; le rythme des fragments dont chaque volume des « Chroniques » se soutient. Ces trois éléments rapprochent les romans de l'auteur des *Belles-Sœurs* du chroniqueur journalistique. La pratique de la *Chronique* a également ses exigences esthétiques : il ne s'agit pas ici d'« un miroir que l'on promène le long d'un chemin », mais d'un miroir fixe devant lequel passent et repassent les membres d'une communauté close, qui sont tous en interaction les uns avec les autres.

personnages vont humer ou affronter. Toutes ces figures[9] forment une constellation autour d'un noyau métaphorique central : la gestation, dont la *grossesse* de la *Grosse* Femme offre la plus signifiante et redondante incarnation. Gilles Marcotte a bien vu que cette

> grossesse de la « grosse femme » [...] procède d'une décision tout à fait libre, audacieuse, qui met en danger sa vie même. Elle veut l'enfant pour l'enfant ; elle est la maternité artiste, par opposition à la maternité industrieuse – on n'oserait dire industrielle – qui est de règle dans la société qui l'entoure. Aussi bien la maternité, pour elle, est-elle associée au rêve impossible qu'elle entretient de voir un jour Acapulco, et à la littérature qui en est l'accompagnement obligé. [...] On voit comment, ici, Michel Tremblay magnifie la traditionnelle fécondité canadienne-française, et du même coup la pervertit. Plus question d'une revanche des berceaux ; la « grosse dame » procrée par plaisir, pour s'accomplir dans l'abondance. Elle trône, dans l'appartement encombré par trois générations, comme la déesse ou mieux comme l'idée pure de la fécondité[10].

Un topos reconduit par toutes les versions légitimes de l'histoire se voit de la sorte désamorcé et déplacé par le roman. Mais ce motif de la gestation, qui informe tous les plans (esthétique, sémiotique, politique) du texte, est plus riche encore. Il signale que chaque morceau de la fresque dessinée par le chroniqueur est porteur, au sens plein du terme, d'une promesse d'avenir, d'une éclosion prochaine. C'est un autre lieu de l'histoire consacrée qui se trouve (en même temps que ladite revanche des berceaux) repris et déplacé par le roman : la fresque est grosse d'une naissance prochaine, qui aura lieu dans une atmosphère pacifiée, tranquille. Plus outre, quand la Grosse Femme, aux dernières pages apaisées du récit, quitte son

> immobilité quasi totale [...], [elle] qui ne se déplacera dans toute sa journée qu'une seule fois, de son fauteuil près de la fenêtre au balcon, [immobilité qui] lui assurera paradoxalement un point de vue beaucoup plus englobant et infaillible sur les êtres et les choses, qu'à tous les autres personnages du roman qui guettent autour d'elle[11],

9. Le doublet synecdoque/métonymie (réduction-expansion/proximité-éloignement) est annoncé par la conjonction de ces mots : enceinte, à côté.

10. Gilles Marcotte, « Histoire du temps », *Canadian Literature*, n° 86, automne 1990, p. 98.

11. Ginette Michaud, « Mille plateaux : topographie et typographie d'un quartier », dans Groupe de recherche Montréal imaginaire, *Lire Montréal. Actes du Colloque tenu le 21 octobre 1988 à l'Université de Montréal*, Montréal, Université de Montréal, Département d'études françaises, 1989, p. 56.

lorsqu'elle atteint ensuite le balcon et invite les six autres femmes enceintes du voisinage en ces termes : « Moé aussi j'attends un bébé comme vous autres… V'nez, on va en parler. » (*GF*, 328)

C'est un autre moment historique, ordinairement symbolisé par le slogan « on est 6 millions, faut s'parler », qui est convoqué et déplacé par le texte. Le motif de la gestation condense de la sorte plusieurs fragments du texte historique québécois, tel qu'il est généralement écrit et accepté.

Du balcon à la rue

Le Premier Quartier de la lune, cinquième tome des « Chroniques du Plateau Mont-Royal », accuse ce caractère cyclique en marquant sa relation privilégiée avec *La grosse femme d'à côté est enceinte*. Les deux romans respectent à la lettre l'unité de temps : au 2 mai 1942, segment horaire de *La grosse femme…*, correspond le 20 juin 1952, fuseau du *Premier Quartier…* Divers thèmes et motifs sont communs aux deux textes, même s'ils changent ici et là de valence et de sens : au cortège de Victoire se superpose le « beau bloc d'enfants qui fuient les tourments de l'école » (*PQL*, 229) ; au « repas mémorable » dont « l'atmosphère en était une de veille d'apocalypse » (*GF*, 267) succède le souper « morne et silencieux » qui voit Albertine « dans un de ses mauvais jours » (*PQL*, 256). Le renvoi de texte à texte le plus marqué réside dans ce tableau inspiré du théâtre classique grec, avec ses plaintes qui s'enroulent autour du chant principal, son chœur de six enfants (Marcel en est exclu), qui montre Albertine lancer un chant tragique du balcon vers la rue et qui est la réduplication de la scène finale de *La grosse femme d'à côté est enceinte*, ainsi que le texte, un peu inutilement, le souligne :

> Exactement dix ans plus tôt leurs mères, enceintes, avaient chanté « Le Temps des cerises » sur ce même balcon dans un moment de communion unique dans leur vie. La grosse femme n'était pas reléguée au rang de confidente, alors ; elle était la soliste d'un chœur plein d'espoir qui avait monté tout droit dans la nuit de la rue Fabre [12]. (*PQL*, 249)

---

12. Pour mesurer l'importance de la tragédie grecque comme *Urform* de l'œuvre de Michel Tremblay, régulièrement signalée depuis telle interview de l'auteur avec Martial Dassylva (« Une pièce inspirée de la tragédie grecque », *La Presse*, 13 mai 1978, p. D-1), on lira les excellentes pages de Micheline Cambron, dans son essai *Une société, un récit*.

Le dialogue établi entre les deux romans et le chemin parcouru de l'un à l'autre se perçoivent cependant plus encore dans le fait que *le Premier Quartier...* parachève le mouvement ébauché par le personnage éponyme de *La grosse femme d'à côté est enceinte*. En ce dernier, le fond d'immobilité générale (voir *supra*) met en évidence l'avancée de la Grosse Femme de son fauteuil au balcon, précédemment citée. Cette esquisse de sortie, de marche vers l'extérieur, se complète dans le dernier volume du cycle, dont le lieu par excellence est *la rue*. Cette modification de l'espace permet de revenir sur la convocation de l'Histoire qui est mise dans les « Chroniques » et d'en raffiner l'interprétation.

Tout comme *La grosse femme d'à côté est enceinte, le Premier Quartier de la lune* est empli de boutures de récit historique, dégagées de leur fonction habituelle et greffées sur une écriture romanesque qui les sémantise de façon singulière, en les intégrant à son plan et en les soumettant à sa visée propre. Cette insolite, et quelque peu hérétique, convocation de l'Histoire se donne à lire dans d'innocentes entrées en matière comme celle-ci : « Autrefois, après un discours enflammé de Duplessis, il se jetait dans une activité, n'importe laquelle. » (*PQL*, 253) Elle intervient de façon moins évidente mais non moins active dans des séquences de ce type :

> il aurait voulu voler Marcel, cambrioler, dévaliser sa forêt enchantée, s'approprier ses rêves une fois pour toutes pour voir comment c'était que d'être un...
> [...]
> ... comment c'était que d'être un élu ! (*PQL*, 181)

où, soit le vieux mythème du « peuple élu », soit la valorisation sociale de l'élu de mise sous le régime duplessiste se retrouve privatisé, costumé, réduit et muté dans le rêve jaloux d'un enfant. Se ferait-elle très discrète dans cette comparaison entre la forêt enchantée de Marcel et une tombe :

> jamais il n'aurait pensé que cet endroit unique, parfaitement imperméable au reste du monde et calme comme une tombe au dire de Marcel, pouvait se

---

Discours culturel au Québec (1967-1976), Montréal, l'Hexagone, coll. « Essais littéraires », 1989, p. 125-145. Le brouillage et la redéfinition des frontières génériques auxquels se livrent les « Chroniques » mériteraient une étude singulière et détaillée ; pour ce qui est de la trace laissée par la tragédie classique, cette étude devrait tenir compte d'une médiation possible, celle de *la Naissance de la tragédie* de Nietzsche.

trouver en pleine rue Gilford, à quelques pieds à peine des autos qui passent en faisant un bruit d'enfer ou d'une grappe de fillettes qui jouent à « ciel, purgatoire, enfer »[13] (*PQL*, 29) ?

Il faut laisser un point d'interrogation planer sur ce dernier exemple, mais tout lecteur est invité à se poser la question tant d'innombrables traces de la version consacrée de l'Histoire parsèment les « Chroniques ».

De la rue à la littérature

Or l'une des originalités des « Chroniques » réside dans le fait que ces inserts travestis, tirés de l'Histoire (de sa version la plus courante et légitimée), jouxtent une kyrielle de détails référentiels qui produisent un effet de réel lors même qu'ils inscrivent les textes dans un temps historique fictif. Les évocations de la guerre froide, de la bombe atomique (*PQL*, 90), de l'irruption de la télévision – « Un nouveau mot. Télévision. Le cinéma chez soi. » (*PQL*, 138) – ou, plus largement, de la vie mont-réalaise, ont la même fonction que dans un roman réaliste : elles datent et vraisemblablilisent.

Le mixte d'étrangeté et de vraisemblable [14] qui résulte de ce double traitement du texte historique – lequel n'est que l'une des composantes de l'interdiscursivité génératrice des textes – neutralise la distorsion potentielle entre le temps du récit (1942, 1952) et celui de l'écriture (1978, 1989) pour ne laisser agir au bout du compte que le temps du rituel, que le temps cristallisé de la perpétuation.

Perpétuellement à la recherche de ce temps retrouvé, c'est le personnage de Marcel qui, après la disparition de Florence, Rose, Mauve et

---

13. Le travestissement de l'allusion historique passe ici par la toponymie. « Gilford » est en effet la déformation de Guibord, héros de la célèbre « affaire Guibord », au cours de laquelle maints personnages jouèrent à « ciel, purgatoire, enfer ».

14. La première phrase de l'incipit du *Premier Quartier de la lune* : « Il sortit de la maison au moment précis où l'été commençait », indique l'entorse aux règles du code esthétique réaliste commise par Tremblay, puisqu'elle prend sa distance à l'égard de la phrase qui, depuis les surréalistes, est devenue la caricature même du projet réaliste : « La marquise sortit à cinq heures. »

Violette, ces tricoteuses de destins [15], semble devenir le délégué du temps dans les romans, lui qui, devant le frère Martial, « donnait plutôt l'impression d'être réfugié à l'intérieur même de l'horloge, d'être lui-même devenu le temps qui passe » (*PQL*, 66), lui dont le « grand désir était de recommencer sa mère » (*PQL*, 264), rien de moins. Mais un désir de recommencement n'est pas un recommencement en tant que tel, et le travail exercé sur l'Histoire n'a rien de commun avec une simple volonté de restitution documentaire. La description du motif de la gestation, présentée ci-dessus, montre que la saisie de l'Histoire opérée par Tremblay satisfait aux exigences de deux logiques complémentaires : d'une part, elle se soumet aux deux lois fondamentales de la transposition onirique, la condensation et le déplacement ; d'autre part, elle actualise les faits, les rend et les annexe au présent, les exile dans une sorte de rêve réveillé d'hier préalable à leur resémantisation symbolique. En d'autres termes, le projet des « Chroniques », tel qu'il est donné dès *La grosse femme d'à côté est enceinte*, est celui d'une archéologie romanesque de la Révolution tranquille, capable d'exonder du passé ce que Benjamin appelle, en s'inspirant de Bloch, le « Savoir non-encore-conscient de l'Autrefois [16] », et qui s'appellerait plus justement, en ce qui concerne Tremblay, le désir non-encore-désirant de l'Autrefois.

De 1978, année de la parution du premier tome des « Chroniques », à 1989, année de celle du dernier tome paru, le projet est-il resté tel quel ? Dans la visée générale, probablement ; dans la réalisation effective, il est permis d'en douter. Le bain idéologique, discursif, socio-historique dans lequel produit le romancier-archéologue n'est en effet plus le même. À l'autre bout du premier cycle des « Chroniques », le descellement du temps historique prend la forme d'un nœud et d'un rite sacrificiel imaginaire :

---

15. Comme le signale Antoine Sirois, de nombreux critiques (Robert Melançon, Jacques Ferron, André Vanasse, Jacques Allard) ont reconnu les Parques dans ces tricoteuses. Il ajoute lui-même la possible source grecque : « On aura reconnu les trois Parques (latines) ou les Moïra (grecques) et leur mère, la Nuit, les divinités du Destin. » (Antoine Sirois, « Délégués du Panthéon au plateau Mont-Royal : Sur deux romans de Michel Tremblay », *Voix & Images*, vol. VII, n° 2, hiver 1982, p. 320.)

16. Walter Benjamin, *op. cit.*, p. 881.

Sans transition, comme si on avait fait un nœud dans le temps, sans voir Victoire se pencher sur lui, il se sentit soulevé, projeté vers le ciel. Il était maintenant au milieu d'elles. Sa grand-mère le tenait à bout de bras, face aux étoiles agonisantes. Il n'avait plus quatorze ans, il avait tous ses âges en même temps, il était tous les Marcel qu'il avait été et ses souvenirs n'en formaient plus qu'un, d'une grande, très grande tristesse. Avec des éclairs de joie fulgurante mais qui se situaient tous dans le passé. Devant lui, une insoutenable grisaille qu'il n'avait pas envie de connaître.

Quelqu'un, sa grand-mère, l'offrait au complet, tel quel, en sacrifice, mais à qui ? (*PQL*, 141)

Étoiles agonisantes, souvenir unique d'une grande tristesse, grisaille en guise d'avenir : ces trois notations circonscrivent un climat fort proche de celui qui imprégnait la scène discursive québécoise entre le 3 septembre 1987 et le 15 juin 1989, dates de composition du roman. Le projet archéologique semble avoir été maintenu (la silhouette du chat Duplessis s'efface sur les dessins de Marcel), mais il a dévié, s'est modifié en cours de route. De leur fenêtre ou du balcon, les personnages de *La grosse femme…* demeuraient au seuil et séparés de l'Histoire. Dans *le Premier Quartier…*, Marcel et le fils de la Grosse Femme, eux, sont dans la rue, parmi les rues. Celles-ci ne leur appartiennent pas encore vraiment. Elles sont d'ailleurs moins des lieux que des écrans sur lesquels ils projettent leurs fantasmes, leurs pulsions, leurs désirs. Ces rues, pourtant, sont l'espace d'une collectivité plus large que le clan familial, un premier espace où peuvent s'affronter des intérêts privés qui ne sont pas nécessairement réconciliables, à l'inverse de la maison familiale où toute dispute est assurée de voir une réconciliation lui succéder. Mais les événements de la rue, à l'instar des événements de l'Histoire, ne les atteignent pas, ou à peine ; les protagonistes sont sur le lieu de leur théâtre mais n'ont pas de prise sur eux, et demeurent indifférents à ce qui leur est extérieur. Le projet archéologique débouche dès lors sur une histoire qui manque au rendez-vous, sur une faillite de l'Histoire. Les ruines elles-mêmes font défaut, et Marcel tente d'en faire en détruisant sa forêt enchantée, en mettant le feu à la maison de Florence et de ses filles. Mais la renaissance espérée de la destruction tourne court et s'encombre pour lui d'une grande détresse et d'une forte nostalgie ; il y a qu'il vient d'accéder à la conscience du désir, qu'il sait, en conséquence, que rien ne sera jamais plus pareil, que le monde de sa folie rêveuse lui est à jamais fermé. À la fin du roman, Marcel vient de faire un énorme saut dans une solitude moderne et urbaine, dont il ne peut encore que deviner les contours (la dernière personne qu'il rencontre, Thérèse, est le symbole de cette solitude). L'épilogue de ce cycle ne peut lui appartenir, il revient de droit au fils de la Grosse Femme. Comme sa mère à la fin du premier tome des « Chroniques », ce dernier est le seul à gagner un poste de regard d'où il puisse bénéficier d'une vue panoramique sur la rue Fabre. Du toit du hangar de monsieur L'Heureux où il vient de grimper, « on dominait […] la rue Fabre, on se sentait puissant, on pouvait voir sans être vu, on pouvait même faire peur à tout le quartier en lançant des hurlements de loup ou des rires de vampires » (*PQL*, 279).

Cette position dominante, la *chose* qu'il a découverte durant cette journée du 20 juin 1952 lui permet de l'occuper. Cette chose est la joie du mensonge, le plaisir et le pouvoir qu'il a pu conquérir en racontant bien un mensonge, en créant « de toute pièce une vérité invraisemblable mais à laquelle il arrivait à donner un parfum de vraisemblance parce qu'il y croyait » (*PQL*, 208). Lui qui avait l'habitude, à chaque moment de panique, de se réfugier dans le rêve auprès de Robin Hood et, plus souvent, de Peter Pan, vient de découvrir l'utilité et la communicabilité de cette création imaginaire. En d'autres termes, c'est la littérature qu'il vient de découvrir et, plus précisément encore, le théâtre : « il "actait" pour la première fois de sa vie et en ressentait une jubilation qu'il avait peine à contenir » (*PQL*, 208-209).

Fort de cet avantage, de cette rue *fable* qu'il vient d'inventer, il s'apprête à raconter une histoire à ses amis durant l'été. La mise en abyme était attendue : « Cette histoire aurait pour héros un petit garçon et un chat dans une forêt enchantée et on croirait parce que désormais il savait bien mentir, que ce petit garçon était lui-même. » (*PQL*, 281)

Mais elle est plus substantifique qu'un simple procédé technique. La littérature, la fable viennent ici combler cette faillite de l'Histoire [17] qui

---

17. Cette faillite de l'Histoire est étroitement reliée à ce que Robert Mane appelle la « multiple carence » de la ville dans son étude sur les quatre premiers tomes des « Chroniques » : « Il n'est pas que l'oxygène qui manque dans ce genre d'aquarium. La ville, chez Tremblay, apparaît sous le signe d'une multiple carence : carence d'argent, carence d'espace, de liberté. » « L'image de Montréal dans les "Chroniques du Plateau Mont-Royal" », *Études canadiennes/Canadian Studies. Revue interdisciplinaire des études canadiennes en France*, n° 19, 1985, p. 128.

traverse toutes les « Chroniques du Plateau Mont-Royal » et sont dési-
gnées pour remplacer le récit historique consacré à titre d'horizon du tissu
collectif. Comme toute fable, celle-ci a sa morale, qui est, en la circonstance, autoréflexive : la fable de la rue, la fable du petit territoire vaut
mieux que le grand récit du temps.

GEORGES-ANDRÉ VACHON

L'enfant de la Grosse Femme

On peut croire que le cycle des « Chroniques du Plateau Mont-Royal » est maintenant clos. Aux dernières pages du *Premier Quartier de la lune* l'enfant de la Grosse Femme n'a toujours pas de nom, mais avant bien longtemps il va lui arriver cela même qui, le 20 juin 1952, arrive à son cousin Marcel : il passera brutalement de l'enfance à l'adolescence. Marcel, quant à lui, met le feu à la maison enchantée, et sombre dans la folie.

Un roman d'apprentissage

Michel Tremblay est tout le contraire d'un amuseur. Il s'attaque aux grands sujets, aux gros sujets et à ceux-là seulement. C'est pourquoi il possède et exploite avec la dernière précision le don si rare de faire rire. La vie n'est pas un jeu, voilà en tout et pour tout ce qu'il a à vous dire, à vous qui allez au théâtre et lisez des livres, prétendûment pour vous oublier vous-même. Habilement, sûrement, vous provoquant à rire, il vous y ramène. Il sait mieux que vous qui vous êtes. De tous ceux qui disent vous connaître, il est peut-être le seul qui vraiment vous aime ; et pour cause : vous ne l'avez jamais rencontré, il ne sait ni votre nom ni quels sont vos parents, et moins encore quelle est votre patrie. Il peut en toute liberté vous poser quelques questions. Il en a du reste une seule en tête. C'est la seule qui vaille d'être posée, en tout cas si l'on aime, en tout cas si l'on a quelque souci du sort de l'autre en cette vie.

Vous croyez que la vie est un jeu ? Admettons. Mais il y a jeu, et jeu. Jeu avant, et jeu après un certain point de passage qui, pour chacun, intervient environ la douzième, treizième année de la vie. C'est le moment où soudain vous devenez sexué, c'est-à-dire séparé, et, dans la terreur, êtes contraint de vous reconnaître tel : séparé des autres, au sein d'une espèce séparée en mâles et femelles, séparée d'avec elle-même. Avant, il y avait la vie, comme un jeu sans fin. Après, il y a la vie, avec la mort en surplomb. Vous sortez de l'enfance, vous allez sur vos treize ans : à vivre ainsi séparé, comment savoir s'il existe pour vous la moindre chance de survie ? Naître, vous ne saviez pas que cela allait vous arriver. Une sorte de cataclysme vous a jeté dans la vie, un spasme échappé à votre mère, qui n'en pouvait plus. Puis, vous avez vécu une dizaine d'années dans une sorte de brume, croyant que vous, avec les autres : grandes personnes, chiens et chats, oursons et poupées, formiez quelque chose comme une boule, énorme, indivise. Un jour, une chaleur inconnue vous monte aux joues, puis, encore plus inconnue, inconnaissable, une émotion. Et soudain, dans un spasme encore, une sensation sans nom, sans cause apparente, sans origine, fait démarrer en vous l'horloge qui désormais compte les années, les jours, les secondes, mesurant au plus juste la durée de votre vie : c'est parti !

Les « Chroniques » sont une machine à analyser ce moment-là. Elles commencent au printemps 1942 : l'enfant de la Grosse Femme va bientôt naître. Elles se terminent au printemps 1952 : l'enfant de la Grosse Femme va bientôt entrer dans l'adolescence, le chroniqueur laissant entendre que le petit deviendra écrivain.

Mais il y aura un laissé-pour-compte, il y aura un mort, et c'est Marcel. Marcel, de tous les personnages de ce long récit, celui auquel le lecteur s'identifie le plus spontanément. L'enfant d'Albertine tantôt s'éclipse du paysage de la rue Fabre et tantôt y rentre en force, le lecteur toujours espérant, toujours attendant le tome suivant, curieux qu'il est de savoir quelle forme prendra finalement le destin de cet être exceptionnel. Comme dans *Wilhelm Meister* et *David Copperfield*, et comme au long des trois mille pages d'*À la recherche du temps perdu*, vous y apprenez comment un enfant devient un adulte, ou plutôt comment il peut le devenir, l'adolescence étant justement un point de passage : on en ressort à peu près vivant, ou guère mieux que mort. Tel, qui tourne le dos à la vie et devient fou, comme d'autres se suicident, aurait pu aussi bien tenter de devenir quelqu'un. Vous serez l'enfant mâle ou femelle de la Grosse Femme, ou bien, Marcel ou Marcelle, vous serez l'enfant d'Albertine. Une horloge biologique en aura bientôt décidé.

Il n'appartient pas au romancier de dire quelle part de conscience ou de liberté intervient dans le destin de chacun. On ne choisit pas son sexe, il semble qu'on ne choisisse pas non plus son destin. Le romancier se borne à montrer les choses, à les rendre intelligibles en les présentant dans un ordre qui, lui, est clairement voulu, choisi, construit. Là-derrière, invisible, quelqu'un tient les fils. Aperçue du dehors par vous, lecteur, l'histoire de l'enfant qui avance insensiblement vers le point de passage se déroule comme sur un théâtre de marionnettes. Le romancier ne fait que mettre à nu, exposer, expliquer le mécanisme. Expliquer, qui veut dire défaire les plis, mettre à plat, isoler les pièces.

Il y a le père, il y a la mère, il y a le petit, et c'est tout. Autour, dans le logement, à côté, dans le quartier, dans le vaste monde, c'est la même chose. Tout est identique à tout. Tous les êtres, toutes les situations s'équivalent. C'est un formidable travail de réduction, que celui du roman. Vous croyez que l'homme est libre ? L'homme, peut-être bien. Les humains, ceux de Paris ou de Londres, ceux du Plateau par exemple, c'est autre chose. À les regarder d'un peu près – le romancier vous en fournit l'occasion – vous constatez que la différence est mince entre les humains et les chats, les chiens qui hantent le même quartier, la même ville, le même monde sublunaire.

Oncles et tantes, voisins de la rue Fabre, voisines du Plateau, ce sont des pères, des mères qui eux-mêmes sont des enfants plus ou moins grandis, plus ou moins demeurés, pas tellement différents de la ribambelle de petits garçons et de petites filles qui, autour d'eux, croissent en taille, croissent en angoisse : demeurer en deçà du point de passage ? ou bien prendre le risque, faire le saut ? Car le monde des adultes n'est guère attirant, personne n'y entre de gaieté de cœur. Vous avez plutôt envie de le vomir, ce monde, envie d'en sortir, sans vous rendre compte que sortir, c'est rentrer dedans, les humains n'ayant apparemment d'autre destin que de refaire ce qu'avant eux avaient fait leurs père et mère, leurs grand-père et grand-mère et leurs aïeux : faire des petits, exactement comme les chats du quartier, en cette belle fin de printemps 1942.

Il ne faudra pas moins de sept cents pages réparties sur deux tomes pour établir le cadre, détailler les tenants et aboutissants d'une naissance qui, aux premiers jours de juin, aura enfin lieu. Le petit une fois né, il en

47

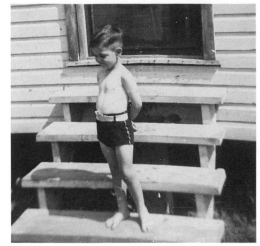

48

49

faudra plus encore : environ mille sur trois autres tomes, pour évaluer ses chances de survie, l'attention du lecteur étant constamment accaparée par son double, Marcel, qui, lui, est voué à l'anéantissement pur et simple. Accaparée, votre attention l'est aussi par Édouard, l'oncle de Marcel et du petit, et par une vingtaine de survivants de la même aventure. Ce roman d'apprentissage est en effet déguisé en chronique, il est tout ponctué de dates, celles de la vie d'un quartier et d'une ville, sur une dizaine d'années.

L'adolescence, comme un drame

Les événements racontés au tome I tiennent dans une seule journée, le 2 mai 1942. Ceux du tome II se déroulent entre le 1er et le 4 juin de la même année, c'est-à-dire à la veille de la naissance de l'enfant de la Grosse Femme. Aux tomes III et IV, nous voici en 1946 et 1947, et c'est Édouard qui occupe le premier plan du récit. Les enfants grandissent, l'oncle meurt assassiné ; encore quelques années, et les plus jeunes sont fin prêts pour la journée fatale, 10 juin 1952, qui fournit le cadre temporel du tome V. La maison enchantée part en fumée, Marcel est brutalement éjecté du décor ; et, pour le meilleur ou pour le pire, l'enfant de la Grosse Femme se trouve projeté dans la vie.

Mais cette chronique fournit la mise en scène d'un drame unique, et c'est le drame de l'adolescence.

Pour l'essentiel, le drame se déroule entre les murs d'un *deuxième* de la rue Fabre. La vie y est agitée à l'extrême, elle est mouvements plutôt que mouvement, désordonnés, le plus souvent dirigés les uns contre les autres, tout le monde, dans ce logement où il y a à la fois trop de monde et trop peu d'espace, gesticulant et criant en même temps.

Tous ceux qui ont grandi dans un quartier de « maisons en rangées » – ce sont les *row-houses* du début de l'ère industrielle, et le quartier peut être Hochelaga ou le *Mile-End*, le Brooklyn de Woody Allen aussi bien que le Plateau – savent que ces sortes de logements, dits aujourd'hui « sept et demi » ou « neuf et demi », sont tout le contraire d'une maison. D'abord il y en a trois l'un sur l'autre empilés, pris entre trois autres sur la gauche comme sur la droite, et ainsi de suite jusqu'aux deux extrémités du « bloc » – c'est le *block* de ce type d'architecture urbaine –, chaque logement formant un espace étriqué à l'extrême, subdivisé qu'il est en salles communes, réduits et chambres, celles-ci guère moins communes que les autres, la plus spacieuse étant le « salon double » avec son « arche », qui elle-même est susceptible d'accueillir et de vaguement séparer des autres, l'espace d'une nuit, sur un lit escamotable, l'un ou l'autre des personnages qui, entre ces murs, tentent de vivre. À l'intérieur d'un tel espace, tout en angles rentrants, sortants, impossible de se déplacer sans buter contre quelqu'un, sans se blesser à quelque chose. Aux yeux de l'ancien enfant, que vous êtes, il y aura toujours, entre l'escalier qui mène à la rue et le hangar qui donne sur la ruelle, un nombre indéterminé d'humains plus grands que vous et plus ou moins parvenus à maturité. Avec le recul, il devient possible de les compter. Il y en a neuf. D'abord il y a vous. Mais pour l'instant, vous êtes l'absent, et de ce logement et de ce drame. Vous êtes au sein de la Grosse Femme. Alors recommençons.

Il y a vous, c'est-à-dire Marcel. Il y a sa mère, Albertine, sa grand-mère, Victoire, qui est aussi la mère d'Édouard, et de Gabriel, l'époux de la Grosse Femme. Celle-ci a déjà deux enfants, Richard et Philippe, et Marcel a une grande sœur, Thérèse. C'est tout, ou à peu près. Car il y a aussi un Jos-le-Violon, frère de Victoire, qui de temps en temps rend visite à la famille. Il est le père de Laura Cadieux, l'une des sept qui, rue Fabre, ce printemps 1942, ensemble sont enceintes, ensemble attendent un enfant. Ce sont, outre Laura Cadieux, Marie-Louise Brassard et Claire Lemieux, et les trois filles de Rita Guérin : Gabrielle Jodoin, Rose Ouimet et Germaine Lauzon. C'est enfin, plus enceinte encore que les autres, les dominant et dominant tout le quartier, de son poids, de sa stature, et depuis son balcon, la Grosse Femme.

En bas, inégalement distribués le long de la rue, il y a des Beausoleil, des L'Heureux, des Guillemette. Il y a surtout, derrière le comptoir d'un petit commerce, dépanneur avant la lettre, une Marie-Sylvia, et le chat Duplessis, qui, comme s'il était un humain, vaque à ses amours et y risque la mort. Il y a enfin, prototype des jeunes du quartier, Gérard Bleau. Amoureux de Thérèse, un premier baiser a raison de lui, il pense mourir, de honte, de désespoir ou de plaisir, il ne sait, forme le dessein de se suicider et, finalement, part à la guerre. Les autres mâles ne valent pas mieux. Ou bien, comme le père de Marcel, ils sont entrés dans l'armée, et c'est alors pour fuir femme et enfant - et c'est tant mieux! rugit Albertine – ou bien, comme l'excellent Gabriel, pour éviter l'armée, ils font à leur femme un enfant de plus.

Ce n'est pas d'aujourd'hui, ce n'est pas depuis qu'ils sont arrivés en ville, que les hommes sont des sans-dessein. Déjà à Duhamel, village mythique, Victoire avait épousé, à une époque mythique, un Télesphore, dont il n'y aura à tout jamais rien à dire sinon qu'il était « doux et mou ». Ainsi Mastai Jodoin, ainsi Hector Lemieux, ainsi Léopold Brassard, qui apparaissent furtivement dans le paysage, rasant de près le fond du tableau. Se détache quelque peu du peloton Gabriel, prototype des mâles du quartier et le mari de la Grosse Femme. Gabriel est un adolescent grandi, grossi et, pour cause, pourvu d'un sexe démesuré, ce trait distinctif valant pour un trait de caractère : toute l'identité dans le sexe. Comme les Mastai, Léopold et autres Hector, ce Gabriel exerce un métier peu lucratif. Il ne fait pas grand-chose de sa vie, et qu'importe ! la vie, ce printemps, consistant à faire l'amour à peu près tous les jours à une enceinte devenue énorme au-delà de toute mesure : une enceinte de neuf mois. Sa grosse femme, c'est à peine s'il lui parle, il ne sait que la clouer et matin et soir la reclouer sur place. Ne tenant plus sur ses jambes, clouée à son lit, clouée à son fauteuil, à son balcon, la Grosse Femme est l'Immobile de ce roman, de ce drame. C'est pourtant elle et elle seule qui lit. Elle lit *Eugénie Grandet* et *Notre-Dame-de-Paris*, *Bug Jargal* et *la Chartreuse de Parme*, *la Duchesse de Langeais* et *la Fortune de Gaspard*, *l'Assommoir* et *Bonheur d'occasion*. Toutes lectures qui, rue Fabre en 1942, ne sont pas plus vraisemblables que l'existence, de l'autre côté de la rue, d'une maison enchantée.

Pourtant vous y croyez ferme, à cette maison de l'ancien temps littéralement parachutée dans le paysage urbain. De tous ceux qui fréquentent le logement, vous seul et Marcel, sans la moindre difficulté, sans le moindre « problème d'adaptation » passez d'un côté de la rue à l'autre, de la maison à étages à la maison sans étage, du logement où s'entassent, s'entrechoquent, explosent ou implosent un nombre indéterminé de mères, d'oncles, de cousins et de cousines, à la maison, pour ainsi dire construite sur mesure, où vivent en parfaite harmonie quatre dames, un petit garçon, et un chat. C'est une maison à pignon, en bois, avec sa galerie en bois, son jardin, sa clôture, *comme dans le temps*. C'est une maison pas comme les autres : c'est une vraie maison. Y habitent trois dames et leur mère, des femmes comme il n'en existe plus – du moins par les temps qui courent et de ce côté-ci de la rue – occupées qu'elles sont en tout et pour tout à tricoter, jouer du piano, cuire des gâteaux pour Marcel, lui apprendre la musique, verser du lait à son chat.

Tricotez ! Arrêtez pas !

Depuis que le monde est monde, elles tricotent. Elles ont vu naître tous ceux du logement d'en face, les parents comme les enfants, elles étaient même là avant, à Duhamel, où sont nés les parents et grands-parents de ceux qui, dans le fameux deuxième, sont les plus vieux. De tout temps elles ont tricoté le temps, c'est-à-dire qu'elles tricotent de ces minuscules capuchons de laine, dits « pattes de bébés », un pour chaque patte, deux pour chaque bébé, bleus pour les futurs petits mâles, roses pour les futures femelles. Car, depuis que le monde est monde le temps n'avance pas autrement qu'à coups de bébés, mâles ou femelles avant que de naître, moitiés d'humains, en quelque sorte, et ainsi, avant même que de naître voués à copuler, à faire l'amour pour faire que l'espèce, elle du moins, soit sauve, et se perpétue. Et quant à vous, homme, quant à vous, femme, aucune des sempiternelles tricoteuses ne semble avoir songé que vous puissiez, vous, avoir un destin à vous, autre que celui de l'espèce, et tenter de la faire, de la construire en vous, l'éternellement manquante moitié de vous.

Parmi les tricoteuses, il y a heureusement une étourdie, et c'est grâce à elle que tout peut basculer : tout l'édifice des générations et de l'espèce, qui tient ensemble par la seule cheville du sexe, toute la maison édifiée par le vieillard Temps, qui ne sait que répéter ses figures, refaire la même histoire avec le même commencement, le même milieu, la même fin. Le cliquetis des broches est si monotone, le mouvement est si mécanique, que Violette, le temps d'une petite distraction et tricotant sur sa lancée annonce soudain, avec un rire sec, nerveux, gêné : « Moman, j'ai fermé ma dernière patte ! J'étais dans'lune, pis j'ai fermé la patte complètement… J'ai tricoté une boule parfaite ! » (*GF*, 207-208)

C'est là l'événement capital des « Chroniques du Plateau Mont-Royal ».

Car voici un possible commencement absolu ; enfin quelque chose qui a quelque chance de casser la série ; enfin une patte non pas mal tricotée mais trop bien, tricotée au point d'en être fermée, et qui pourrait bien provoquer l'interruption du millénaire enchaînement des pattes de bébés, et des bébés. Ce que Violette vient de déposer dans le roman et dans la vie – la vôtre – c'est une hypothèse ; c'est aussi bien une semence, mais d'une autre sorte que celle dont le Temps, ce vieillard, et dont le Sexe, ce radoteur, sont capables. C'est aussi bien une *idée*, chose rarissime, non engendrée, non produite, fût-ce par l'intelligence, fût-ce par l'imagination, mais chose donnée, purement donnée.

C'est l'idée même qui vous aura effleuré, adolescent, l'espace de quelques mois, pour aussitôt être étouffée, puis anéantie par l'angoisse. Et si la vie, songiez-vous, était autre chose qu'une existence à sexe et à couteaux tirés – car l'un ne va pas sans l'autre – dont les grandes personnes, entre les murs de ce logement et de ce monde, ici, maintenant et depuis toujours, donnent le spectacle ? Et si la vie réelle était autre chose qu'un théâtre où chaque personne est un personnage, tient un rôle qu'il n'a pas inventé, débite les mots et les gestes qui blessent après les mots et les gestes qui caressent, la haine toujours accompagnant l'amour, comme son ombre, comme sa moitié damnée ? La vie, après les douze ou treize ans, pourrait bien se dérouler comme elle se déroule, harmonieuse, musicale, dans la maison d'en face : pourquoi pas ? Ces hypothèses, vous aurez tôt fait de les oublier, l'instinct de survie aura raison de vos questions. Vous survivez en effet – n'êtes-vous pas l'enfant de la Grosse Femme ? – tandis que d'autres, autour de vous – ce sont les Marcels – basculent pour toujours dans le rêve ou, plus radicalement, plongent dans la mort. Quant à vivre, c'eût été autre chose : autre chose que survivre ; autre chose : quoi ? Le romancier n'en sait rien. Il n'est pas plus savant que vous. Il est seulement plus lucide. Le temps que vous allez à vos affaires, à vos amours, croyant aller quelque part et faire quelque chose, lui, regarde, toujours de plus près, finit par voir et vous faire voir cette vie, la vôtre, en toujours plus précis et plus vrai. Ni bleue ni rose, dit-il, couleur de ciel ou couleur de bonbon : plutôt tirant sur le noir.

Il n'a rien d'autre à exposer. Aussi doit-il prendre avec vous d'extrêmes précautions. D'abord vous persuader que ce qu'il a à dire, loin d'être le fruit de quelque délire ou vision de fou, est solide, cohérent, indiscutable comme seule peut l'être la vérité. Il doit ensuite, ou plutôt il doit en même temps trouver le moyen de vous faire rire, la vérité étant chose qui ne se peut regarder fixement. D'une part vous asséner la vision du pire, et d'autre part provoquer chez vous le spasme qui permet, comme à la naissance, et sans doute aussi comme à l'instant de la mort, de voir, de saisir ce qui vous arrive, et aussitôt de décrocher.

La solidité du propos se traduit par l'invention d'une espèce de forme fixe – fixe, comme on dit que le sonnet, le dizain, le huitain sont des formes fixes –, chaque tome du roman étant composé de blocs qui, plutôt que des chapitres, seraient des strophes. Ce sont en tout cas des morceaux que le lecteur perçoit comme sensiblement égaux en longueur. Ces morceaux ne sont pas numérotés, ils se trouvent simplement juxtaposés et ils ont quelque chose de carré, de fermé, encadrés qu'ils sont, comme autant de sonnets, par une proposition d'attaque et une « chute ». La phrase d'attaque est habituellement déroutante, elle bouscule le lecteur, le projette sans transition – l'effet Tremblay est presque toujours un effet de choc plutôt qu'un effet de dégradé – dans un espace et souvent dans une époque autres que ceux qui fournissent la mise en scène du morceau relativement bref que l'œil vient de parcourir. La dernière phrase, ou chute, est invariablement coupante, dans tous les sens du mot. Abruptement, péremptoirement, elle met fin à quelque chose : à cela qui, sur cinq, six ou sept pages s'était construit et à l'intérieur de quoi vous commenciez à vous sentir bien, à être à peu près heureux. Mais les bonnes choses ont une fin : survient la chute. Le bonheur de lecture doit être bref, il est à l'image du bonheur de vivre ; et l'écrivain faillirait à sa tâche s'il vous laissait croire que la vie est chose faite pour durer, recommencer, être rejouée, indéfiniment. La vie est tout le contraire d'un jeu. Il n'y en a qu'une, et elle est faite pour cesser tel jour de telle année. D'où le caractère définitif de la « chute », qui prend à l'occasion la forme d'une réplique, cinglante, assassine.

Du reste tout, dans les romans comme dans le théâtre de Tremblay, est meurtrier ; en particulier les reparties des personnages, qui calquent au plus près le langage parlé.

La parole, comme un spasme

L'on dit, l'on répète et l'on répétera longtemps encore, que Tremblay « écrit en québécois ». Il n'en est rien. D'abord parce qu'il n'existe pas de *langue* québécoise. La langue que nous parlons est bel et bien le français, assorti d'un petit nombre de particularités lexicales et syntaxiques. Cette langue, nous la prononçons autrement qu'on ne le fait, à Paris ou à Dakar par exemple. La couleur des consonnes et des voyelles, le débit, le rythme de la phrase ne sont pas les mêmes ici, et là. Voilà qui tombe sous le sens. Ce sont ces traits de prononciation et d'élocution qui font que les Français ont de la difficulté à nous comprendre, tout comme nous, passant brusquement de Montréal à Sainte-Anne-des-Monts ou à Paspébiac, éprouvons de la difficulté à déchiffrer le parler de la région. C'est ce *parler*, c'est ce français purement *oral*, séparé par trois siècles d'histoire du français qui se parle à Paris, dont Tremblay tente de fournir un équivalent *écrit* – un peu comme Céline a tenté de le faire pour le français qui se parlait dans les quartiers populaires de son enfance. Mais Céline exploite à fond les ressources expressives de l'argot, ce que Tremblay ne fait à peu près jamais. La création littéraire, chez lui, passe par la solution d'un tout autre problème : celui, apparemment simple mais en réalité presque insoluble, de la transposition du *sonore* dans l'*écrit*. Nul intérêt, chez lui, pour les mots, les expressions, les tours même les plus pittoresques. Cette spécialité, il l'abandonne volontiers aux écrivains régionalistes. Nul intérêt pour ce qui, avant l'élocution, hors la parole vive, est simple signe d'objet et, comme l'objet lui-même, est insonore, incolore, sans saveur. Tant qu'ils ne sont pas dans la bouche, les mots n'ont aucun goût, pas la moindre couleur. Tant qu'ils ne sont pas prononcés par un vivant, à l'intention d'un vivant – dans tel logement de telle rue, ou sur la scène – ils ne présentent pas le moindre intérêt ; ils ne présentent pas non plus le moindre danger. Mais, qu'une Albertine ou un Édouard, un Marcel ou une Victoire en prononce un seul, et du coup le mot cesse d'être une de ces abstractions, convenues entre les humains pour se signaler les uns aux autres, paisiblement, la présence parmi eux de tel ou tel objet. Prononcés, les mots remontent depuis les tripes, ramenant avec eux tout le paquet. Et l'on ne sait plus au juste ce qu'ils désignent. Une seule chose est claire : ces mots-là *servent* à quelque chose. Ils servent à projeter, à mettre dehors à la face des autres tout le personnage : tout ce qui, depuis qu'il était haut comme ça, encaissé, rentré, sous pression, soudain à l'âge de douze ans, de quarante ou de soixante-dix demande à exploser, explose dans une première réplique, puis dans une autre, réaction en chaîne qui peut fournir les reparties d'une longue suite romanesque ou la matière de plusieurs pièces de théâtre.

Non : les personnages de Tremblay ne parlent pas comme vous parlez, même pas comme on parle dans tel quartier de Montréal ; et il est faux de dire que le chroniqueur du Plateau se contente de transcrire ce qui peut s'entendre dans telle rue, telle cuisine, tel salon double. Il ne transcrit pas : il transpose. Il reconstruit. Et voilà bien pourquoi ces reparties à tout coup font mouche. Qu'elles soient drôles ou qu'elles soient assassines, à tout coup elles étonnent, elles saisissent, elles déclenchent en vous la mécanique du rire. Les attaques d'Albertine, les questions de Marcel, même les drôleries d'Édouard ou de Victoire produisent un effet de choc ; et vous riez jaune. L'espace d'un instant vous avez vu quelque chose : vous-même, dans ces mots que vous n'avez jamais prononcés, dans cette drôlerie tragique, dans ce cri de détresse, dans ce trait d'humour noir que personne autour de vous n'eût été capable d'articuler. L'espace d'un instant vous avez la vision de l'insoutenable, qui est vous-même : le rire vous en avertit. Dans le même instant vous prenez vos distances, vous décrochez, quitte à vous laisser reprendre quelques lignes ou quelques pages plus bas par une autre réplique d'Albertine, de Marie-Sylvia, par une autre réflexion de Duplessis, qui est un chat. Vous ne pouvez pas alors ne pas vous demander si l'idée de donner un tel nom à un chat de gouttière ne serait pas autre chose, tout autre chose qu'une drôlerie.

C'est là en effet une *idée*, chose rarissime, dans les livres comme dans la vie. Une idée, c'est-à-dire quelque chose de neuf, qui déstabilise la machine à fabriquer des objets de pensée et pourrait bien vous mettre sur le chemin redouté, de la réflexion.

Les « Chroniques du Plateau Mont-Royal » sont construites sur quelques-unes de ces trouvailles. La Grosse Femme, de tous les personnages du roman certainement le plus humain, n'a pas de nom. Voilà une idée. Voilà, dans l'univers des « Chroniques », quelque chose qui manque, quelque chose ouvert sur tous les possibles : la Grosse Femme n'a pas de nom, sans doute parce qu'elle est un paradigme de l'espèce ; le paradigme aussi de cette moitié de l'espèce qui n'a pas droit à son nom propre, l'autre moitié le lui enlevant, rituellement, sitôt qu'elle projette de s'unir à elle et de s'y fondre. Tout sans-desssein qu'il soit, c'est Gabriel, c'est ce porte-semence qui prétend définir sa femme, dire qui elle est ; mais pour une fois le nom ne suivra pas la semence, Gabriel ne réussit à l'imposer à personne, et surtout pas au petit dernier. Du reste aucun des membres de cette famille – ni Victoire ou son Télesphore, ni Albertine ou son soldat de mari, ni aucun de leurs rejetons – ne se trouve identifié par un patronyme. La Grosse Femme pourra chanter sur tous les tons qu'elle « voulait cet enfant », tout son être physique dément ce discours ; et ce n'est pas un hasard si, aux dernières pages du deuxième tome, elle rassemble sur son balcon les enceintes du quartier qui, toutes, maudissent leur sort, maudissent le jour où un homme eut l'inspiration de leur faire un enfant. Femme exemplaire, hors du commun, elle a été « élevée par les Indiens Cris dans le fin fond de la Saskatchewan ». C'est par le mariage, et pour ainsi dire parachutée, qu'elle a fait son entrée dans cette tribu dont les racines sont à Duhamel, pays faiblement réel lui aussi, irréel et vide comme peuvent l'être, pour des Montréalais, les plaines de l'Ouest canadien.

Autre idée : celle de faire, d'un chat, un véritable personnage. Dès les premières pages du roman, le sort de Duplessis préfigure celui des humains. Notre chat vaque à ses amours, en ressort blessé, tout sanglant, pour être sauvé de justesse par Marcel, qui a l'intelligence de le confier aux dames de la maison enchantée, elles qui pourtant n'entendent rien à la mort, pas grand-chose non plus, à la vie réelle. Un éternel sourire aux lèvres et mécaniquement, passivement, elles tricotent un Temps bien abstrait. Idée encore, celle d'introduire dans le roman des prostituées notoires, personnages à part entière et non simples figurants. De cette vie, que font-elles ? Rien d'autre que ce qu'en font les chats, les chiens, les hommes, les femmes du quartier. Elles font l'amour, et pour le reste elles s'ennuient, elles se demandent à quoi la vie peut bien rimer. À Béatrice qui la trouve « vite en affaires » parce qu'elle est prête à exercer dès le lendemain le plus vieux métier du monde, Mercedes répond : « Quoi c'est que vous voulez que j'fasse d'autre ! » En effet. Point d'autre occupation pour les femmes que le métier d'amoureuse. Professionnelles de l'amour, les filles de joie et les épouses, particulièrement les sept enceintes, qui l'exercent bien malgré elles, leur métier. C'est Édouard qui aura eu l'idée de les réunir toutes, les filles perdues et les mères, et de la grand-mère à la petite-fille, Thérèse, dans une mémorable « fête de famille ». Édouard, dont Tremblay a eu l'idée de faire un travesti.

En changer, peut-être ?

Édouard a une seule passion, qui est d'*imiter les femmes*. C'est exactement en quoi consiste l'œuvre de Tremblay, théâtre et roman. Écrire, pour lui, c'est littéralement donner la parole aux femmes ; et non seulement les faire parler mais serrer au plus près, imiter avec la dernière précision le *parler* des femmes – au point que, sur des dizaines de pages, dans *Thérèse et Pierrette...* par exemple, l'imitation risque de devenir caricature et de se perdre en babillage. Et quant aux hommes, qui font l'autre moitié de l'espèce, il est entendu que ça ne parle pas. S'ils parlent, comme cela arrive à Gabriel, c'est pour dire qu'ils ont envie de quelque chose qui se fait dans le noir, et tient lieu de parole ; ou bien, comme Pit Cadieux, cuisinier émérite, ils sont experts à engraisser leur femme comme à l'engrosser. « Tais-toé pis mange ! » dit-il à Laura (*GF*, 297).

Mais les Laura, les Thérèse, les Albertine, les Victoire prennent la parole, et violemment. Dans cette œuvre, l'un des sommets de notre littérature, seules les femmes existent, et massivement.

Or, la littérature est chose ambiguë. En donnant la parole aux seules femmes, le romancier cherche à rétablir un équilibre rompu depuis toujours, à l'avantage des hommes. Il rétablit tout aussi bien le mythe de l'Éternel féminin, lui conférant même une sorte de virulence. Il y a, qui domine tout le roman, la Grosse Femme. Il y a, dominant celle-ci, les Rose, Violette et Mauve. Il y a enfin, insigne tricoteuse et surfemme, Florence, leur mère à toutes. Leur mère à tous.

Qu'est-ce qu'un mythe ? C'est un fantasme figé. C'est un modèle, c'est une catégorie mentale, à vous imposée et qui vous interdit ou, pour mieux dire, que vous utilisez pour vous interdire, vous, de bouger. C'est une invention dont les mâles de l'espèce sont sans doute les premiers, sinon les seuls responsables. Ils ont inventé les religions, les philosophies, le récit sous toutes ses formes, en un mot : toutes les fictions que les humains depuis que le monde est monde se transmettent à peu près telles quelles, à peu près intactes. La littérature, qui de génération en génération fait mine de tout bouleverser, c'est peut-être elle au contraire, c'est peut-être elle justement, qui fait que personne n'ose bouger. L'Éternel féminin par exemple, déclencheur de toutes les passions, moteur de tous les drames et récits de tous les temps. Les hommes, rien d'autre ne les fait chanter, écrire, construire – créer, comme on dit. Cela et rien d'autre. Mais c'est cela aussi qui consolide le mythe et, de siècle en siècle, fait de chaque femme à la fois une Grosse Femme et une Mercedes ; à la fois une déesse, et tout autre chose qu'une déesse.

Il serait temps d'en changer.

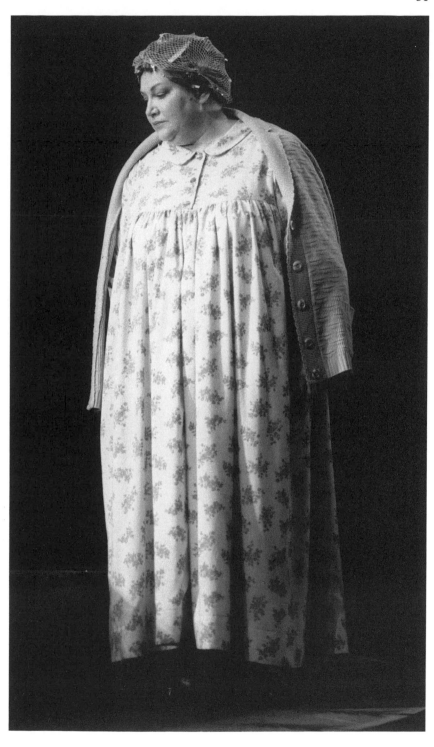

IV

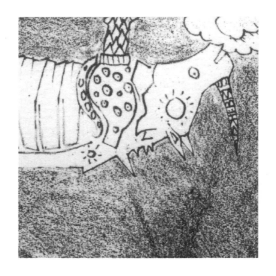

CHEMINS D'UNE ÉCRITURE

DOMINIQUE LAFON

Généalogie des univers
dramatique et romanesque

L'analyse d'une œuvre dans sa globalité suppose bien sûr une lecture minutieuse de chacune de ses manifestations. Mais elle s'éclaire parfois singulièrement d'une attention aux titres. C'est ainsi que l'œuvre de Michel Tremblay, au-delà de sa double nature théâtrale et romanesque, consacre le personnage en lui accordant la plupart du temps « le rôle-titre ». Ce terme appartient au code dramatique, mais il peut, par analogie, s'appliquer aux romans de Tremblay, qui sont conçus à partir des noms ou surnoms des personnages. L'auteur a récusé cette hégémonie au cours d'une entrevue présentée dans une émission télévisée qui mettait en évidence un autre type d'organisation de l'œuvre, d'ordre spatial et référentiel, résumée par le titre, *les Trois Montréal de Michel Tremblay* [1] :

> Mes romans, mes pièces ne partent jamais des personnages eux-mêmes. Ça part toujours d'une idée. J'ai un sujet de pièce. J'ai envie de parler d'un problème, et parfois ça peut me prendre jusqu'à un an, deux ans avant de trouver les personnages et la situation qui vont pouvoir véhiculer ces problèmes.

Si, au moment de la conception, le personnage est soumis au thème ou à la situation, il n'en reste pas moins que c'est à partir des personnages, des familles de personnages que le lecteur saisit la cohérence d'une production qui procède par regroupements et récurrences. Là encore, les titres viennent corroborer la volonté de l'auteur d'établir des liens étroits

---

1. Cette émission consacre une tripartition qui n'existe pas dans l'œuvre. L'univers géographique de Tremblay est explicitement binaire. S'il existe bien un Cycle des *Belles-Sœurs* et des « Chroniques du Plateau Mont-Royal », aucun regroupement ne constitue les personnages de la *Main* en saga. Plus encore, les grandes figures de travesti, qui jalonnent aussi bien l'univers théâtral que l'univers romanesque, appartiennent toutes à la généalogie familiale du Plateau. *Les Trois Montréal de Michel Tremblay* établissent donc une ligne de partage que l'œuvre récuse avec éclat dans l'un des titres du Cycle des *Belles-Sœurs*, *Damnée Manon, Sacrée Sandra*. Est-ce la manifestation d'une censure inconsciente, ou peut-être le piège de la consécration de l'auteur ? À preuve, cette « erreur » dans le commentaire de la même émission qui situe *le Vrai Monde ?* à Outremont…

entre ses différentes œuvres, pour lesquelles il utilise des termes synthé-
tiques, « cycle » dans « Cycle des *Belles-Sœurs* », ou « chroniques » dans
« Chroniques du Plateau Mont-Royal ». Cette volonté de constituer des
familles d'œuvres se retrouve dans le traitement de la fiction qui établit
systématiquement des liens entre les personnages appartenant à des
œuvres différentes. Ces liens peuvent être d'ordre familial, comme c'est
le cas dans « la Trilogie des Brassard » : *À toi, pour toujours, ta Marie-
Lou, Damnée Manon, Sacrée Sandra* et *Sainte Carmen de la Main*, ou
d'ordre spatial, le voisinage, comme dans les « Chroniques ». Cette
structuration collective constitue donc non seulement le ressort d'œuvres
isolées, *les Belles-Sœurs, En pièces détachées*, mais aussi la ligne directrice la plus apparente de toute la production. Concrètement, elle a pour
repère la récurrence des noms de personnages qui apparaissent dans
plusieurs œuvres, selon un procédé qui évoque des précédents littéraires,
tels *les Rougon-Macquart* ou *la Comédie humaine*.

Est-ce à dire qu'il faut concevoir l'œuvre de Tremblay comme
« l'histoire naturelle et sociale » d'une famille montréalaise ? C'est un pas
que n'ont pas manqué de franchir certains critiques en lui appliquant une
grille d'analyse essentiellement sociologique. Dans cette perspective, la
production de Michel Tremblay est évaluée à l'aune du réalisme, voire du
naturalisme, et restreinte, du même coup, aux œuvres de « l'Est ». Les
premières œuvres, *Contes pour buveurs attardés* et *la Cité dans l'œuf*, datées
respectivement de 1966 et 1969, sont trop manifestement fantastiques
pour figurer dans cette veine ; de plus, l'inscription réaliste de *la Cité dans
l'œuf* se situe, selon la fiction établie par le préambule, dans l'Ouest :

> Voici donc fidèlement recopié ce texte illogique [...] que j'ai découvert sous
> les débris calcinés de la maison d'Outremont. (*CO*, 16)

C'est encore à Outremont que sont localisées de plus en plus explicitement certaines œuvres d'après 1980, *l'Impromptu d'Outremont, les
Anciennes Odeurs* et *le Cœur découvert,* qui semblaient marquer un
changement, tant géographique que narratif, de l'écriture chez Tremblay.
Ce passage de l'Est à l'Ouest, de la classe ouvrière au milieu bourgeois,
des travestis de la *Main* aux jeunes comédiens de l'École nationale, mettait un terme à la généalogie de personnages dont « les Chroniques »
avaient fixé le substrat historique.

Cette dichotomie spatiale Est/Ouest, doublée de son corollaire stylistique – joual/non-joual – est, à l'examen des dates de publications, des titres des œuvres, un leurre que révèle explicitement l'avant-dernière pièce de Tremblay, *la Maison suspendue*. En effet, à partir de 1980, on assiste à une alternance des deux branches de la généalogie de l'œuvre, alternance qu'un repérage chronologique éclaire singulièrement :

1978	*La grosse femme d'à côté est enceinte*	
1980	*Thérèse et Pierrette*	*L'Impromptu d'Outremont*
1981		*Les Anciennes Odeurs*
1982	*La Duchesse et le Roturier*	
1984	*Des nouvelles d'Édouard Albertine, en cinq temps*	
1986		*Le Cœur découvert*
1987	*Le Vrai Monde ?*	
1989	*Le Premier Quartier de la lune*	

Il apparaît ainsi que la « chronique outremontoise » que constituent *les Anciennes Odeurs* et *le Cœur découvert*, pièce et roman centrés sur le même personnage, Jean-Marc, participe du processus créateur des « Chroniques du Plateau Mont-Royal ». Plus encore, les titres des deux lignées d'œuvres ainsi dégagées présentent des correspondances symboliques. *Le Cœur découvert* et *le Vrai Monde ?* renvoient au même sémantisme de l'authentique, du cœur mis à nu, de la confession, un sémantisme nourri dans la fiction par un certain repérage autobiographique qu'autorise, par exemple, le personnage de Claude, dans *le Vrai Monde ?*, figure de dramaturge en quête de réalisme familial... Dans cette perspective d'une écriture dédoublée, *le Premier Quartier de la lune*, cinquième titre d'une série qui, à l'origine n'en comportait que quatre, trouve un statut particulier. Seul roman des « Chroniques » à ne pas mettre en titre le nom d'un personnage, à briser le rythme de publication qui faisait se succéder les volumes tous les deux ans, *le Premier Quartier...* apparaît plus comme un rajout postérieur au virage outremontois que comme la simple clôture d'une chronique familiale.

La généalogie de l'œuvre semble donc plus globalement cyclique qu'une première lecture pourrait le faire croire. C'est dire qu'il faut abandonner l'image traditionnellement représentative de la généalogie – l'arbre aux branches divergentes – et interroger le symbolisme des titres qui déclinent les figures de la gestation (*la Cité dans l'œuf*, *La grosse femme d'à côté est enceinte*) et de la circularité (*le Premier Quartier de la lune*). Ces bornes de l'œuvre romanesque publiée, véritables phases lunaires, trouvent leur ultime sanction dans le titre et la matière de *la Maison suspendue* dans le ciel étoilé de Duhamel ; cette pièce est non seulement une image lunaire transfigurée par une vision poétique et fantastique, mais encore la nécessaire synthèse de deux univers faussement divisés et à tout jamais réunis sur la galerie d'une maison qui devient le berceau de tous les personnages d'une œuvre désormais ancrée au lieu unique de sa conception.

La Maison suspendue, sous le paillasson la clé d'une conception

Le projet romanesque de Tremblay est un projet rétrospectif. Les « Chroniques » sont conçues, selon ses termes, pour « rajeunir [ses] personnages de vingt-cinq ans et aussi faire une genèse de [son] théâtre. J'ai écrit, dit-il, un cycle entre 1965 et 1976, et j'ai eu besoin de décrire au monde comment les personnages en étaient arrivés à ce qu'ils étaient. Quand les quatre romans des « chroniques » vont être finis, l'œuvre suivante sera *les Belles-Sœurs*[2]. » C'est donc un projet qui inverse les rapports temporels ordinaires à la narration, puisqu'il est organisé à la fois comme un *flash-back* et comme une justification. Plus encore, il inverse les modalités ordinaires de l'adaptation, du passage d'un type d'écriture à un autre. Ce sont les romanciers qui deviennent dramaturges, rarement l'inverse. C'est que la matière romanesque s'accommode d'un resserrement de sa fiction : on peut isoler tel ou tel personnage d'un roman et le consacrer héros d'une intrigue théâtrale. Il est beaucoup plus original d'inverser ce processus et de donner un poids romanesque à un personnage prisonnier d'un instant théâtral précis.

---

2. Donald Smith, « Michel Tremblay et la mémoire collective », *Lettres québécoises*, n° 23, automne 1981, p. 55.

52

Il faut bien dire que l'ambiguïté de ce projet apparaît tout entière dans sa réalisation, à savoir les « Chroniques du Plateau Mont-Royal ». Ainsi, les Belles-Sœurs de la pièce fondatrice du Cycle, c'est-à-dire les membres de la famille de Rita Guérin, ne sont que prêtées au cycle romanesque, en une sorte de chœur dont les apparitions récurrentes sont toujours fonction du contexte social et spatial qu'est le Plateau. Mais les Guérin ne connaissent pas de destin individualisé et sont, au contraire, de plus en plus assimilés à des citations nominales, réduits au rôle fictif de spectateurs. Par ailleurs, la famille centrale de l'univers théâtral, la plus prolifique au regard des œuvres, n'est pas la figure centrale de l'univers romanesque : les Brassard, qui génèrent, en quelque sorte, *À toi, pour toujours, ta Marie-Lou*, *Damnée Manon*, *Sacrée Sandra* et *Sainte Carmen de la Main*, ne sont que mentionnés dans *La grosse femme…* et cités dans *la Duchesse et le Roturier* et dans *le Premier Quartier de la lune*. Inversement, la famille centrale du cycle romanesque, la famille *sans nom*, sans patronyme, celle de Victoire, ne renvoie que de fort loin aux œuvres antérieures, alors qu'elle suscite les quatre pièces ultérieures : *Albertine, en cinq temps*, *le Vrai Monde ?*, *la Maison suspendue*, *Marcel poursuivi par les chiens*. Par exemple, *C't' à ton tour, Laura Cadieux* n'entretient que des liens fictionnels très distendus avec *La grosse femme…* À preuve, cette inadvertance qui est, en fait, une contradiction fictionnelle concernant le personnage de Pit Cadieux. Alors qu'il est, dans *La grosse femme…*, maître saucier dans un grand hôtel de Montréal, sa première apparition, elle aussi romanesque, même si *C't' à ton tour, Laura Cadieux* est très proche du monologue théâtral, le décrit comme incapable de réussir un simple souper familial :

> J'avais été obligée de téléphoner à Pit pour y dire de faire le souper, c'te fois-là. Quand j'tais r'venue, j'avais été obligée de toute r'commencer un autre souper parce que c'que Pit avait faite était pas mangeable… (*LC*, 34)

Quant au personnage d'Édouard, personnage central, narrateur du cycle romanesque, il ne figure que dans *la Duchesse de Langeais*, qui est encore un monologue. Seule *En pièces détachées* semble préfigurer la place qu'occuperont Albertine, Thérèse et Marcel dans l'œuvre romanesque. Néanmoins, les écarts sont sensibles qui, du théâtre au roman, transforment Robertine en Albertine et passent sous silence l'existence de Joanne, la fille de Thérèse et de Gérard[3].

Le projet initial, « expliquer *les Belles-Sœurs* », apparaît donc, à l'examen du cycle romanesque, un prétexte, ou un « post-texte », faudrait-il dire, puisqu'il s'agit d'une justification rétrospective. Bien que l'on puisse établir une concordance entre les personnages des deux univers[4], dès le troisième volume des « Chroniques » cette mise en parallèle cesse d'être signifiante en ce qu'elle devient répétitive. Loin d'éclairer ou de justifier la production théâtrale, la production romanesque s'en écarte et privilégie des personnages qui, en une inversion de la rétrospective, deviennent les héros de pièces ultérieures[5]. Ces personnages fondateurs appartiennent tous à la même famille, celle de Victoire, qui devient le centre névralgique des « Chroniques ». Au projet généalogique global s'est substituée une quête généalogique spécifique dont *la Maison suspendue* fournit une des clés. *La Maison…*, maison familiale de Duhamel, réunit non seulement trois enfances, mais aussi deux écritures. En présentant simultanément sur la scène Gabriel, Marcel et Sébastien au même âge, onze ans, Tremblay associe le réseau généalogique romanesque au réseau théâtral et réalise une symbiose entre les deux lignées de sa production. En effet, Jean-Marc, personnage central des *Anciennes Odeurs* et narrateur du *Cœur découvert*, s'y désigne explicitement comme le fils de Gabriel et de la Grosse Femme, donc comme l'enfant en gestation du premier roman, cet enfant sans nom qui est le personnage principal du dernier, *le Premier Quartier de la lune*. Cette révélation généalogique

---

3. Dans le dernier roman des « Chroniques », Albertine envisage la possibilité d'une grossesse « rédemptrice » qui aurait obligé Thérèse à « se ranger , à quitter son club pour le Beau Coq Bar-B-Q ». Mais ce n'est qu'un rêve, une promesse de bonheur que Thérèse détruit en annonçant à sa mère son retour sur la *Main*. Il faudra attendre *Marcel poursuivi par les chiens* pour que le personnage de Johanne [*sic*] soit récrit, réinventé ; non sans quelque ambiguïté fictive. Son destin de garde-malade d'Albertine, prophétisé – et donc « authentifié » – par l'une des Parques domestiques, contredit *a posteriori* les données d'*Albertine, en cinq temps*. On se rappelle que, dans cette pièce, c'est Madeleine qui prend soin du personnage-titre… fût-ce au mépris de la chronologie fictive qui établit son décès lorsque Albertine a cinquante ans.

4. Pour l'établissement de cette concordance, voir mon article « Dramaturgie et écriture romanesque chez Tremblay, la généalogie d'un autre lyrisme », Cahiers de théâtre *Jeu*, n° 21, 1981.4, p. 95-103.

5. Ce mouvement apparaît très clairement dans la synthèse schématique présentée p. 322.

oblige à une relecture des œuvres antérieures, qui s'inscrivent non seulement dans une même lignée fictive, mais aussi dans un même processus créateur, qui fait coïncider la naissance de l'enfant de la Grosse Femme avec l'émergence, chez Tremblay, d'une écriture critique, spéculaire. L'enfant sans nom, le personnage périphrastique du cycle romanesque, apparaît dans *la Duchesse et le Roturier*. Il vient au monde fictif après *Thérèse et Pierrette...* dont la conception est parallèle à celle de *l'Impromptu d'Outremont*, première pièce à ne pas appartenir au Cycle des *Belles-Sœurs* et dont le titre renvoie à une réflexion critique, selon une tradition théâtrale où figurent Molière, Giraudoux, Ionesco. L'année suivante, en 1981, *les Anciennes Odeurs* amorcent une forme plus lyrique, plus intime, qui sera développée en 1986 par *le Cœur découvert* et, en 1987, par *le Vrai Monde ?*, véritable mise en scène du vampirisme créateur que l'œuvre manifeste de plus en plus. Cette émergence du narrateur-auteur s'accompagne d'une réflexion sur la culture populaire. À la passion pour la grande musique et l'opéra des sœurs Beaugrand de *l'Impromptu...* répond la célébration du music-hall de *la Duchesse et le Roturier*, en une confrontation qui culmine avec *Des nouvelles d'Édouard*. Sur le bateau qui le conduit en France, Édouard, narrateur-scripteur, rencontre la mère des sœurs Beaugrand, Antoinette. Cette rencontre symbolique d'Outremont et du Plateau est aussi, et surtout, une projection du clivage d'une œuvre qui interroge ses rapports à la « Culture » et aussi à l'écriture. Des signes formels rendent compte de cette mise en abyme, que sanctionnera *le Vrai Monde ?* et dont le personnage d'Édouard est la première figure. C'est ainsi qu'il revient à Édouard, la Duchesse, le privilège d'esquisser, durant sa longue soirée d'agonie, une sorte de résumé du destin des personnages, véritable récapitulatif des œuvres jouées ou publiées par Tremblay. Cette rétrospective ouvre le quatrième roman, *Des nouvelles d'Édouard*, celui-là même qui, à l'origine, devait clore la série :

> Maurice aussi ! Même lui ! Elle revit l'adolescent beau comme le diable qui faisait ses quatre volontés sur le Plateau Mont-Royal, coqueluche des filles de la rue Fabre et des hommes mûrs du Palace, rue Mont-Royal au coin de Fullum. La fin des années quarante. *La genèse*. Puis les années cinquante : leur glissement progressif vers la Main, Maurice de plus en plus beau, *la duchesse de plus en plus drôle et omniprésente*[6], Thérèse de plus en plus fuckée [...] (*NE*, 24-25)

---

6. C'est nous qui soulignons.

Qui parle ici ? Un personnage narrateur qui s'identifie lui-même comme personnage en utilisant son pseudonyme, ou l'auteur ? Un auteur qui n'hésite pas, quelques pages plus loin à utiliser le clin d'œil culturel, paraphrasant la citation de Valéry, emblématique de toutes les fictions : « La duchesse sortit à cinq heures. Du matin. » (*NE*, 31) Un auteur qui prête à son personnage dans le cours du roman une conscience stylistique : « En me relisant je me suis rendu compte que mon style commence à changer… J'aime assez ça. » (*NE*, 103) Il est sûr qu'avec Édouard meurt une des consciences du cycle romanesque, puisque son agonie lui fait entrevoir le cortège des personnages de Tremblay, parade finale suivie d'une image cinématographique qui sanctionne tout à la fois la fin d'une histoire et la fin d'un personnage :

> Montréal se serait enfin éloignée lentement sur un fond de lever de soleil pendant qu'aurait défilé le *générique*[7]. Dans *la vraie vie*, Édouard avait déjà commencé à pourrir. (*NE*, 45)

De la « vraie vie » au *Vrai Monde ?*, il y a plus qu'une simple récurrence de termes, il y a la perpétuation d'une généalogie de narrateurs. À Édouard narrateur-écrivain se substitue Jean-Marc narrateur explicite du *Cœur découvert*, que *la Maison suspendue* permet d'identifier comme l'enfant de la Grosse Femme, le personnage central du *Premier Quartier de la lune*. La généalogie fictive ne fait que justifier *a posteriori* la généalogie de la création.

Car le jeu des identités et des liens familiaux tissés par Tremblay de façon de plus en plus explicite, jusqu'au nœud inextricable que révèle *la Maison suspendue* abolit la dichotomie apparente de l'œuvre et lui confère une cohérence de plus en plus avouée, assumée. Un dernier point « généalogique » confirmera cette affirmation. *La Maison suspendue* donne une autre clé pour déchiffrer l'œuvre, secret familial « dans la vraie vie », « le vrai monde », repère thématique dans la généalogie de l'écriture. Gabriel, le mari de la Grosse Femme, le père de Jean-Marc, est le fruit d'un inceste, celui de Josaphat et de Victoire. Ce lien secret est certes la métaphore du lien incestueux qui unit les deux lignées de l'œuvre, puisque, symboliquement le « fils » du Plateau devient le « père »

---

7. C'est nous qui soulignons.

d'Outremont. Car *les Anciennes Odeurs* et *le Cœur découvert* sont bien deux variations sur la fonction paternelle du personnage central, substitut paternel pour Luc dont le père est à l'agonie, redoublement paternel pour Sébastien dont le père est l'amant de Jean-Marc. Il explique en outre la place excentrique, « apatride », qu'occupe *Bonjour, là, bonjour*, dans la généalogie. La « famille » de cette pièce est la seule à ne pas appartenir explicitement au cycle théâtral, la seule à ne pas être justifiée dans le cycle romanesque, même si sa structure n'est pas sans évoquer certaines constantes de la cellule familiale chère à Tremblay : quatre sœurs, comme chez les Guérin, un père nommé Gabriel et une tante Albertine, comme dans la famille de Victoire. Lors de la réédition de la pièce en 1987, à la demande de l'auteur, les noms d'Albertine et de Gabriel sont modifiés en Gilberte et Armand. La note de l'éditeur précise que par cette modification Tremblay veut « éviter toute confusion avec les autres pièces du Cycle des *Belles-Sœurs* et les "Chroniques du Plateau Mont-Royal" ». Lors d'une entrevue accordée à une étudiante en octobre 1990[8], Tremblay justifie le changement par le fait « que ça n'allait plus dans [s]on plan initial de famille ». C'est dire qu'à l'origine la famille de *Bonjour, là, bonjour* y appartenait. Cette appartenance survit à la nouvelle identité des personnages. Ce qui, en fait, rattache *Bonjour, là, bonjour* à la généalogie symbolique de l'œuvre, c'est la problématique de l'inceste. Serge et Nicole, deux prénoms qui ne seront pas repris dans la suite de l'œuvre, sont frère et sœur, et amoureux ; l'intrigue décrit la reconnaissance de cet amour et la détermination des personnages à l'assumer socialement en vivant ensemble. Plus encore, ils associeront leur père, Gabriel/Armand, à cette cellule paradoxale, un père conscient et consentant, malgré l'opposition du clan des femmes, des sœurs que la jalousie, plus que les convenances, a mobilisées.

Loin d'être une exception dans la généalogie des personnages, *Bonjour, là, bonjour*, la seule œuvre que Tremblay ait dédiée à sa famille, en l'occurrence à son père, est au centre névralgique d'une filiation que

---

8. Entrevue dont la transcription m'a été aimablement transmise par Laurence Joffrin et qui figure en annexe de son mémoire de maîtrise intitulé « *Les Vues animées* de Michel Tremblay, une autre vision de l'autobiographie », Université de Provence, Aix-Marseille I, 1991.

les noms des personnages balisent. Gabriel, le premier nom donné au père des enfants incestueux, c'est aussi le nom que portera, seize ans plus tard, dans *la Maison suspendue*, le père de l'enfant de la Grosse Femme, fruit de l'inceste entre Victoire et Josaphat. Plus que le signe d'une inadéquation au plan initial, il faut voir dans la correction nominale le signe d'une modification de la perspective narrative. Si, dans *Bonjour, là, bonjour*, le père était le témoin de l'inceste, dans *la Maison suspendue*, malgré les données de l'œuvre romanesque, il devient le fruit d'un inceste semblable (frère/sœur). L'arrière-plan est passé au premier plan, le tabou rejoint la loi paternelle. Car douze ans après *La grosse femme…*, Michel Tremblay récrit l'histoire de Victoire et de Josaphat, personnages dont il avait alors donné une tout autre version. Dans la première version, Josaphat était bien la « seule grande passion » de la vie de Victoire, mais « leurs rapports étaient toujours restés très étroits et une passion bizarre s'était développée entre eux, d'où la sexualité était totalement absente […] » (*GF*, 206 et 271) L'inceste, sa consommation charnelle, est donc refusé aux personnages par le milieu rural dont ils sont issus et qui voue à l'opprobre le plaisir, au nom d'une étroite morale religieuse. *La Maison suspendue* reprend certaines données du passé de Victoire évoquées dans *La grosse femme…* : son mariage sans amour avec Télesphore et son départ pour Montréal ; mais, significativement, elle situe la naissance de Gabriel à Duhamel et fait de lui l'aîné de la famille. Alors que le roman précisait que, lors de la conception d'Édouard au Parc Lafontaine, « […] Albertine pis Gabriel […] étaient encore bebés […] » (*GF*, 238), la pièce le fait quitter Duhamel à onze ans. Plus encore, *la Maison suspendue* connaît, elle aussi, deux versions. Dans la première, déposée au C.E.A.D., Victoire et Josaphat n'avaient qu'un seul enfant, Gabriel. Dans la seconde, présentée à la création, Victoire est enceinte d'Albertine, ce qui, selon Tremblay, « s'est décidé à la dernière minute, deux semaines avant la première de la pièce. Ce n'était pas dans la pièce, précise-t-il, puis je l'ai ajouté à la toute fin parce que je trouvais ça dramatiquement intéressant. Ce qui fait que ça me donne des problèmes de dates ; je me rends compte qu'en faisant ce que j'ai fait, Édouard est un petit peu plus jeune que je l'avais décidé d'abord, parce que dans *la Duchesse de Langeais* je dis qu'il est dans la soixantaine alors qu'il devrait être fin cinquantaine. Il y a quatre-cinq ans de flottement là, mais c'est de la fiction alors… C'est peut-être irréparable, je ne le sais pas, mais c'est pas très grave… [9] ».

C'est dire assez que les exigences, la logique du symbolisme de l'inceste et de la coïncidence des générations de l'œuvre l'emportent sur la cohérence fictive. Au mépris des liens familiaux fixés dans l'œuvre antérieure, *la Maison suspendue* décline le paradigme de trois personnages : Gabriel, Marcel, Sébastien, dont la rencontre à travers le temps abolit la vraisemblance, mais sanctionne, au-delà de leur âge commun, leur commune appartenance à une œuvre par eux ultimement unifiée. Associer *in extremis* le personnage d'Albertine à la problématique de l'inceste relève, pour une part, de la même volonté. On peut en effet mettre en doute la fonction dramaturgique d'une information qui ne s'adresse pas à Josaphat, père et protagoniste, mais à l'enfant en gestation en un monologue que la didascalie isole :

> *Elle s'éloigne de Josaphat. Elle pose ses mains sur son ventre.* (*MS*, 112)

Il s'agit donc moins d'une annonce que d'une annonciation que seul le public, lecteur de l'œuvre antérieure, peut valider :

> Si t'es une p'tite fille, j'vas t'appeler Albertine, comme *la mère de ma mère*, dans l'espoir que tu soyes aussi douce pis aussi fine qu'elle… Non, si t'es une fille, tu seras pas fine, *je le sais*. Tu vas… tu vas hériter de tout c'que j'ai de plus laid, tu vas hériter de ma toute rage d'avoir été obligée de laisser la campagne […] J's'rai pas capable de pas te transmettre mon malheur… pis de pas le transmettre aussi *à tes enfants*. (*MS*, 112-113) [10]

Cette curieuse prophétie à rebours ne trouve sa fonction que dans la perspective d'une causalité rétroactive qui explique la caractérisation du personnage d'Albertine et consacre la place prépondérante qu'il occupe dans l'œuvre. Ce personnage central, auquel Tremblay consacre toute une pièce après l'avoir mis au centre de l'œuvre romanesque, réintègre ainsi doublement la lignée fondatrice : fruit de l'inceste, Albertine porte en outre le nom de la grand-mère de Victoire, ce qui l'inscrit dans une généalogie matrilinéaire qui pondère, en quelque sorte, la filiation presque exclusivement paternelle de la pièce. Mais cette pondération, loin de

---

9. Entrevue avec Laurence Joffrin, *op. cit.*

10. C'est nous qui soulignons.

rééquilibrer la structure de *la Maison suspendue*, apparaît bien comme une tentative « de dernière minute » qui, non seulement intervient alors que tout est joué, mais encore ne suscite aucune réaction de la part de Josaphat, dont le monologue final ne tient aucun compte de la nouvelle annoncée par Victoire. De plus, cette nouvelle filiation désorganise la correspondance des trois générations qui se déclinait en figures mascu-lines représentées par le même acteur-enfant. Le fait qu'Albertine soit sur le même plan que Gabriel, que Jean-Marc soit, comme Marcel, le petit-fils d'une relation incestueuse, brouille la lignée des correspondances sans la rendre dramatiquement plus fonctionnelle. Il y a dans cet ajout, au-delà de la maladresse dramaturgique, la volonté d'atténuer pour une part le caractère trop explicite d'une histoire du père. Il n'en demeure pas moins que la fonction première de la présence d'Albertine en gestation dans *la Maison suspendue* est de dire au public, et à lui seul, qu'Albertine, un des personnages les plus connus de ce même public, appartient, malgré la chronologie fictive, à la « lignée » directrice de l'œuvre.

Les phases de l'œuvre

Pour figurer schématiquement l'univers des personnages de Trem-blay, il faut donc substituer à une généalogie fictive des personnages, la généalogie d'une écriture qui procède d'un double mouvement dans le temps : une rétrospective, propos du cycle romanesque, suivie ou doublée d'une mise en perspective. Ce double mouvement conçu à partir des personnages, de leurs apparitions, organise la représentation concentrique proposée ici et qui tente de saisir les phases de l'œuvre dans sa double généalogie, celle des personnages et celle de l'écriture [11].

Au centre du schéma, le cercle du premier roman, gros de la presque totalité des personnages passés ou futurs, un cercle que *Thérèse et*

---

11. Ce double mouvement est représenté par des axes fléchés, suivant la convention ◄— : rétrospective et —► : perspective. Certains axes sont doublement fléchés (◄—►), soulignant que l'œuvre ultérieure récrit, voire contredit la fiction de l'œuvre antérieure. C'est le cas de *la Maison suspendue*, ainsi que de *Marcel poursuivi par les chiens*, cette dernière pièce se libérant du cycle romanesque pour renouer avec le cycle théâtral initial.

LES CHRONIQUES DU PLATEAU MONT-ROYAL

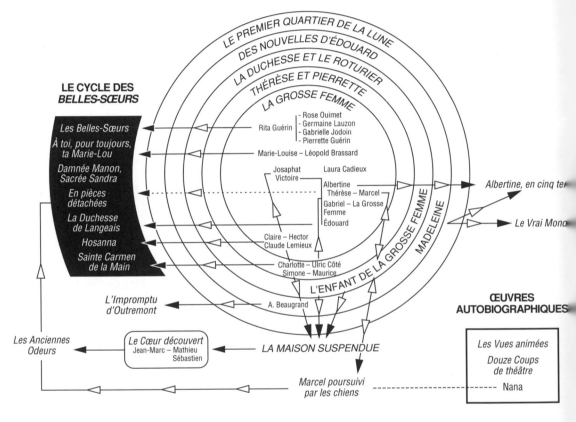

Pierrette... ne fera que préciser, que grossir de la famille Côté. Cette première phase est « justifiée », en ce qu'elle renvoie à la presque totalité de l'œuvre dramatique antérieure. On peut même inclure dans ce décompte *Françoise Durocher, waitress*, un film tourné pour la télévision, et *Demain matin, Montréal m'attend*, une comédie musicale. La serveuse qui redoute de servir Victoire lors de sa sortie mémorable s'appelle aussi Françoise, comme le nom de guerre choisi par Béatrice, Betty Bird, est celui que porte la tenancière du bordel de *Demain matin...*

La seconde phase se distingue de la première par l'émergence d'un nouveau personnage, l'enfant de la Grosse Femme, dont l'apparition coïncide avec la mort de Victoire. Il y a là non seulement le passage d'une génération à une autre, mais aussi la fin d'une époque mythique, celle du passé ancestral dont Victoire et Josaphat étaient les derniers témoins. C'est d'ailleurs à partir de *la Duchesse et le Roturier* que Victoire devient un « auteur » d'aphorismes que Tremblay égrène dans les œuvres romanesques ultérieures sous forme d'épigraphes extraits d'une œuvre, *les Dits de Victoire*. Leur mise en exergue est doublement signifiante dans la mesure où la citation, référence ordinairement rétrospective, fonctionne dans un rapport de simultanéité à la narration. Par exemple, l'intercalaire I est précédé de cette « citation » :

Un gros homme c'est ridicule ; une grosse femme c'est ragoûtant. (*DR*, 139)

qui est aussi un jugement ou une mise en garde du narrateur. Dans les pages qui suivent cet exergue, Édouard, encouragé par la Grosse Femme, décide d'assumer son obésité et son homosexualité, c'est-à-dire de devenir une « grosse femme ragoûtante ». À partir du troisième roman, c'est toute une stratégie narrative que construisent les mises en exergue, stratégie qui confère aux personnages un statut d'écrivain. Si les deux premiers romans des « Chroniques » s'ouvraient sur des citations en *langue étrangère* (« Eppur si muove », « Imagining something is better than remembering something »), les trois derniers affichent de plus en plus explicitement la problématique de la coïncidence entre le personnage et le narrateur.

La Duchesse et le Roturier

    épigraphe 1   « Il n'y a pas de mal à être né dans une basse-cour quand on sort d'un œuf de cygne. »
                              Hans Christian Andersen, « *Le vilain petit canard* »

    épigraphe 2   « Si tu continues à te moquer de toi-même, tu pourras bientôt te moquer de tout le monde. »
                              Honoré de Balzac, « *Histoire des Treize* »

Des nouvelles d'Édouard

    épigraphe   « À quoi ça sert de conter ta vie si t'en inventes pas des bouts ? »
                              La duchesse

Le Premier Quartier de la lune

                       « Quand Victoire apercevait le premier quartier de la lune, a'disait toujours : « Tiens, le bon Dieu vient de se couper un ongle d'orteil… » Moé, j'pensais : « Le monde recommence en neuf comme à tous les vingt-huit jours. »
                       Josaphat-le-Violon dans *les Dits de Victoire*

Les trois dernières œuvres du cycle romanesque ont donc une autre fonction que celle du projet initial ; à la généalogie des personnages s'est substituée une généalogie d'auteur(s). Aussi les personnages romanesques ne sont-ils plus seulement les ancêtres ou les parents d'une famille théâtrale antérieure, mais ils suscitent des œuvres théâtrales contemporaines du cycle romanesque.

À partir du roman *Des nouvelles d'Édouard*, le mouvement s'inverse, la rétrospective romanesque précède la création théâtrale : *Albertine, en cinq temps*, en 1984, *le Vrai Monde ?*, en 1987, développent des personnages jusque-là absents des structures familiales romanesques, qui contraignent l'auteur à des réajustements fictifs. Le personnage de Madeleine, quatrième enfant de Victoire, est révélateur de ce phénomène. Absente des trois premiers romans, elle est mentionnée dans le journal d'Édouard :

> Je sais que Gabriel, votre mari, pis Madeleine, notre benjamine à nous autres, si discrète et si généreuse, m'en veulent pas, mais peut-être qu'un jour je vous raconterai la scène qu'Albertine m'a faite quand elle a appris que je partais en France avec l'argent de notre mère. (*NE*, 89)

La naissance de Madeleine « oblige » Tremblay à corriger l'édition de *la Duchesse de Langeais*. Alors que dans l'édition originale, Édouard attribuait son initiation au whisky à sa sœur Laurette lors de sa première communion, s'accusait d'avoir une fois « fini la nuit avec le mari de [s]a sœur Pauline », dans la réédition de 1984 Laurette devient Albertine ; Pauline, Madeleine. Ce réajustement qui resserre les liens familiaux souligne, *a contrario*, l'importance de la modification dont *Bonjour, là, bonjour* fait l'objet en 1987 et confirme l'hypothèse précédemment formulée ; si *Bonjour, là, bonjour* doit demeurer une pièce excentrique par rapport à la généalogie fictive, c'est que son thème central, l'inceste, est devenu le centre de la quête de filiation et qu'il doit être attribué non plus à des personnages secondaires, mais aux figures mythiques des origines que sont devenus, après le cycle romanesque, Josaphat et Victoire. Dans la même perspective, Madeleine, personnage secondaire d'*Albertine, en cinq temps*, pièce contemporaine du roman où elle apparaît pour la première fois, deviendra le personnage principal du *Vrai Monde ?*, pièce qui révèle *a posteriori* le mensonge de son bonheur conjugal évoqué dans *Albertine...* La généalogie symbolique est là encore révélatrice, puis-qu'elle fait de son fils, Claude, un auteur de théâtre, brouillant ainsi la ligne directrice amorcée dès *La grosse femme...*, où le narrateur futur est le fils de Gabriel. On obtient ainsi un glissement de filiation que l'on peut figurer comme suit :

La grosse femme d'à côté est enceinte (1978)
   narrateur potentiel dans l'avenir : l'enfant en gestation, fils de Gabriel.

Des nouvelles d'Édouard (1984)
   diariste explicite dans le passé : Édouard, frère de Gabriel.

Le Cœur découvert (1986)
   narrateur explicite dans le présent : Jean-Marc (sans filiation).

Le Vrai Monde ? (1987)
   personnage d'auteur dramatique mis en abyme : Claude, fils de Madeleine, neveu de Gabriel, d'Édouard et d'Albertine.

La Maison suspendue (1990)
   personnage du retour aux sources, Jean-Marc, fils de Gabriel.

C'est donc au théâtre que revient ultimement le privilège d'actualiser, de dire – et non plus de raconter –, la lignée du narrateur, jusque-là médiatisée en figures successives. Cette quête des origines d'un récit « authentique » s'inscrit dans une quête des origines familiales qui n'est pas sans rappeler le sujet du premier roman de Tremblay, *la Cité dans l'œuf*, où le fantastique, le monde originel, est reçu en héritage, héritage paternel là encore. On retrouve ce nécessaire passage par un fantastique initiatique dans *le Premier Quartier de la lune*, où le héros, l'enfant de la Grosse Femme, s'identifie à la fois à Marcel, le visionnaire de l'au-delà mythique, et à Peter Pan, le génie volant qui soulève le toit des maisons pour en connaître tous les secrets. Une identification que résume ce passage :

> L'enfant de la grosse femme se leva, s'approcha du bord du toit, se pencha au dessus du vide. [...] Tout dormait, les objets comme les humains. Et lui veillait. Il aurait pu nommer chacun des habitants de chacun des appartements de chacune des maisons qu'il dominait [...] surtout ses amis à qui il s'apprêtait à raconter pendant tout l'été une histoire sans fin qui mêlerait tout ce qu'il savait : leur vie quotidienne à eux, celle de sa propre famille, les films qu'il avait vus, les livres qu'il avait lus, les émissions de radio qu'il avait écoutées alors que ses parents le croyaient endormi... et le génie de Marcel qu'il s'apprêtait à piller.
>
> Cette histoire aurait pour héros un petit garçon et un chat dans une forêt enchantée et on croirait parce que désormais il savait bien mentir, que ce petit garçon était lui-même. (*PQL*, 281)

Cet extrait, qui clôt le cycle romanesque, est révélateur de la dialectique narrative de l'œuvre de Tremblay construite entre les deux pôles du rapport auteur-personnages, entre « Je est un autre » et « Madame Bovary, c'est moi ». L'écrivain entretient en effet avec ses personnages un rapport de distance et de proximité qui varie d'œuvre en œuvre, mais qui devient avec le temps de plus en plus conscient. *La Maison suspendue* est, à ce titre, une étape essentielle dans la mesure où, par le biais d'une généalogie, elle tente de résoudre fictivement l'appartenance de l'auteur au monde de ses personnages : le narrateur lyrique du *Cœur découvert* – titre révélateur s'il en est – y réintègre la famille des *Belles-Sœurs*. Ce « rapatriement » *in extremis* oblige le lecteur à abolir la dichotomie de surface qui semblait organiser l'œuvre de Tremblay en deux courants, en deux univers Est/Ouest. La volonté d'unification, de réunion de ces deux généalogies – d'œuvres et de personnages – est corroborée par un autre type de filiation, une filiation thématique qui construit l'unité de l'œuvre.

53

La filiation thématique

En effet, des constantes thématiques, rattachées aux personnages dans la mesure où elles relèvent de la caractérisation ou de la situation, créent un autre type de filiation, filiation de la récurrence, qui ne recoupe pas forcément les liens familiaux fictifs mais qui sert à resserrer le réseau de l'intertextualité.

C'est ainsi qu'il existe une famille d'obèses : Laura Cadieux, la Grosse Femme et, bien sûr, Édouard. Ils ont de plus en commun un statut narratif particulier, soit qu'ils prêtent leur voix à l'œuvre à laquelle ils appartiennent, soit qu'ils en soient, comme la Grosse Femme, « le centre de gravité » au point d'y perdre leur identité, leur nom. Il est remarquable que Robertine, dans *En pièces détachées*, que Madeleine, dans *Albertine, en cinq temps*, soient caractérisées dans le discours des autres personnages comme d'anciennes obèses. Les personnages névralgiques de l'œuvre partagent une caractérisation physique qui est la métaphore de leur importance narrative [12].

Une autre caractérisation partagée souligne une filiation profonde : le rapport à l'écriture, à la musique ou au spectacle. Édouard, Carmen sont des écrivains ; Marcel est un prodige musical, comme deux des sœurs Beaugrand. Édouard rêve d'une carrière au music-hall, comme Hosanna s'identifie à Liz Taylor. La Grosse Femme, lectrice avide d'évasion, est profondément troublée par *Bonheur d'occasion*. Ce roman proche, par son sujet, des romans de Tremblay n'est qu'implicitement évoqué dans *la Duchesse et le Roturier*, comme s'il revenait au lecteur d'en découvrir le titre et de renouer les fils d'une intertextualité qui est l'image d'une autre filiation, la filiation littéraire. Par ailleurs, un des romans, *Thérèse et Pierrette...*, est composé comme une œuvre musicale, comme un concerto pour deux personnages, récurrence d'une orchestration de l'écriture que manifestaient, dès l'origine, *les Belles-Sœurs*. Ce n'est donc pas seulement les personnages qu'apparente la référence à d'autres formes artisti-

---

12. Faut-il rappeler que Tremblay lui-même est un ancien obèse auquel un traitement inspira *C't'à ton tour, Laura Cadieux* ?

ques, c'est aussi l'écriture, la conception de l'auteur qui fait écho à cette caractérisation [13].

Certaines mises en situation unissent entre eux des personnages d'œuvres qu'aucun lien fictif ne met en rapport. La plus caratéristique est le voyage en France qui unit Serge de *Bonjour, là, bonjour*, Édouard et, en filigrane, Jean-Marc, qui partage avec Édouard une même fascination goguenarde pour le cinéma français de l'entre-deux-guerres. Là encore, la récurrence est signe d'une convergence que la généalogie fictive de *la Maison suspendue* exhibe.

Une dernière caractérisation permet de confirmer la polysémie fonctionnelle du personnage d'Édouard. Sa bisexualité, son hermaphrodisme se multiplie dans les figures spectaculaires du travesti. Mais s'il existe dans l'univers théâtral des personnages explicitement travestis comme Édouard/la Duchesse, Claude Lemieux/Hosanna, il revient à l'œuvre romanesque de poser la question de l'identité sexuelle de l'enfant de la Grosse Femme. Dès *la Duchesse et le Roturier*, l'enfant s'interroge sur une appartenance, une orientation que les conditions de sa conception ont rendue délicate :

> L'enfant de la grosse femme savait que ses parents auraient préféré avoir une fille ; ils les avaient souvent entendus parler, parfois à mots couverts, parfois ouvertement quand ils le croyaient endormi, de cette belle fille, leur aînée, morte de leucémie au début de la guerre [...] et qu'ils avaient essayé de remplacer malgré l'âge un peu trop avancé de la grosse femme. (*DR*, 322)

Cette précision n'apparaît nulle part dans les romans antérieurs à la naissance du personnage. C'est dire assez qu'elle n'est conçue qu'en fonction de sa prise de conscience, qu'en fonction d'un choix qu'inspire furtivement la personnalité de son oncle Édouard :

> « Y a peut-être été élevé comme moé, lui... entre les deux. Peut-être qu'on est chanceux, après toute... » (*DR*, 324).

---

13. On peut aussi percevoir un écho de cette caractérisation des personnages dans la médiatisation du mode autobiographique qu'effectue Tremblay dans *les Vues animées* et *Douze Coups de théâtre*. L'aveu, la confidence intime, comme l'acte mnémonique ont pour repères, pour balises, des événements spectaculaires, films ou pièces de théâtre. À la chronologie personnelle se substitue ainsi une programmation qui inscrit l'auteur dans le générique ou... la distribution auxquels ses personnages rêvent, eux aussi, d'appartenir.

Cette alternative sexuelle se retrouve, comme l'était la fascination pour la musique, structurellement inscrite dans l'œuvre ; tout particuliè-rement dans la dichotomie de *Damnée Manon, Sacrée Sandra*, dernière pièce écrite avant le passage de Tremblay au roman. Cette pièce, au regard de la généalogie des personnages, est aussi importante que *la Maison suspendue* en ce qu'elle révèle implicitement une filiation fictive à la limite de l'aveu autobiographique. Manon y évoque deux personnages, références nominales furtives, qui sont les seules mises en contexte du passé des protagonistes. Hélène et son cousin Michel sont, pour Manon, des figures respectivement répulsives, Hélène « la démone », et attractives, « Je l'aimais tellement Michel ». À la lumière d'une lecture rétrospective que la généalogie des œuvres de Tremblay autorise et que l'édition de *Théâtre I*, qui substitue Thérèse à Hélène, sanctionne, Hélène apparaît comme une préfiguration de Thérèse :

> Hélène. La déchue. Avec le même sourire, le même sourire si doux de la Vierge Marie… mais ses yeux à elle. Les yeux de son frère fou. Ses yeux fous qui me brûlaient toujours quand j'tais p'tite pis qu'a descendait de chez eux en nous regardant jouer, son cousin [Michel] pis moé. (*DS*, 50)

Hélène, c'est encore le prénom dédicataire de *La grosse femme…*, celle « qui s'est révoltée vingt ans avant tout le monde et qui en a subi les conséquences ». Aux concordances nominales sur lesquelles se construit la généalogie des personnages viennent ainsi se greffer des coïncidences référentielles transgressant les frontières ordinaires qui séparent la dédicace de l'œuvre qu'elle annonce sans lui appartenir, qui séparent encore le fictif de l'autobiographique.

Si Hélène, dédicataire réelle, renvoie à Thérèse, c'est dire que son cousin nommé ici Michel peut être l'enfant de la Grosse Femme, cet enfant qui ne trouve de nom fictif que par l'aveu d'un inceste. L'univers théâtral fait référence à un autre Michel. Michel Tremblay, l'enfant que sa mère cherche à faire rentrer à la maison dans *En pièces détachées*, celui dont Mme Monette prend la défense :

> Laissez-le donc jouer, c't'enfant là ! Y'est toujours en-dessous des jupes de sa mère ! Vous savez c'que vous allez finir par en faire de vot'garçon, Mme Tremblay ? (*EPD*, 12 ; version télévisée, 1972)

L'allusion à l'homosexualité, aux clichés du discours sur ses origines, est ici assez claire pour confirmer une intertextualité qui établirait
un paradigme Michel (Tremblay), Sandra. C'est dire qu'entre Édouard,
Sandra et/ou l'enfant de la Grosse Femme existe une filiation que la
généalogie fictive sous-tend, mais que la récurrence thématique, la
convergence nominale sanctionne. *Damnée Manon, Sacrée Sandra*, dans
sa violence ou à cause de sa violence, apparaît alors comme une revendication angoissée d'identité, que *la Maison suspendue* assume par le biais
de la métaphore de l'inceste et du rachat de la maison familiale, un rachat
qui a aussi pour fonction de racheter la faute du grand-père coupable
d'avoir par sa vente déraciné la famille [14]. Du tabou personnel stérile – les
deux personnages sont, dans *Damnée Manon, Sacrée Sandra*, côte à côte
et ne se rejoignent jamais –, on passe au tabou collectif et politique qui
donne naissance à une famille, à une généalogie fictive dont la structure
organise l'œuvre qui la constitue, ancrée symboliquement dans un lieu
retrouvé, reconquis : la maison de Duhamel. Il est significatif que ce
retour aux sources des fictions théâtrale et romanesque coïncide, dans la
production de Tremblay, avec le passage à un autre mode d'écriture : le
récit autobiographique. C'est dans *les Vues animées* que l'auteur, en effet,
assume pour la première fois le pacte d'un discours de l'authentique,
validé par l'aveu explicite d'une homosexualité jusque-là déléguée aux
personnages. Certes, leur identité dessinait, par approches successives et
concentriques, les figures de plus en plus précises d'une identification,
mais elle restait inscrite dans la convergence de cycles narratifs, dont *la
Maison suspendue*, consécration de toutes les fictions, réalisait l'apogée.
Dans cette perspective en point de fuite, *Marcel poursuivi par les chiens*
fait figure de rajout, de redite. Faiblement motivée par une intrigue qui
répète le topos tragique de *Sainte Carmen...* et du roman *Des nouvelles
d'Édouard*, cette pièce opère en fait une synthèse scénique des lieux
symboliques (Duhamel–le Plateau–la *Main*) et des modes narratifs (naturaliste et mythique) qui légitime une surenchère – peut-être ultime – de
l'intertextualité : celle du fictif et de l'autobiographique. Cette conver-

---

14. Ce rachat peut être également envisagé dans une perspective historique ou sociocritique. Voir, à ce titre, les articles réunis sous le titre « *La Maison suspendue*, autoportrait
d'une œuvre », Cahiers de théâtre *Jeu*, n° 58, mars 1991, p. 99 et suiv.

gence semble délibérée chez un auteur qui dévoile simultanément le prénom de sa mère – dans *Douze Coups de théâtre* – et celui de la Grosse Femme, la tante Nana de Marcel. Coïncidence temporelle, coïncidence nominale qui donnent au détail valeur de signature et renouvellent les modalités de l'inscription du sujet dans l'œuvre de fiction. Après les variations sur la mise en abyme – dans *le Vrai Monde ?*, *Des nouvelles d'Édouard* –, les deux dernières œuvres manifestent l'ubiquité de la triade narrateur-auteur-personnage qui contraint le lecteur à une saisie rétrospective de l'œuvre dans sa totalité. C'est cette omniprésence, autre métaphore de l'omniscience, qui autorise les rapaillages narratifs qui tissent l'œuvre en un réseau inextricable, nécessaire, qui ne saurait s'embarrasser des contraintes de la cohérence fictive.

Constituée *a posteriori* dans un mouvement de saisie, de captation narrative, la famille des personnages de Tremblay – ou faudrait-il dire des personnages-Tremblay – a peu de choses à voir avec les sagas familiales du type Rougon-Macquart. Car c'est après les avoir conçus isolément que l'auteur opère une filiation de ses personnages, quitte à en modifier les modalités. Il s'agit bien d'une saisie réflexive qui reflète une hégémonie narrative et symbolique. Il y a, dans cette volonté explicite de ne rien laisser au hasard, dans ce refus de la création *ex nihilo*, une quête sous-jacente, celle de la signature. Ne pas donner de nom à un personnage, ou ultimement lui attribuer celui d'un personnage qui n'a, avec lui, que la parenté de l'écriture, c'est manifester une volonté, peut-être inconsciente, d'assimiler la fiction du récit à la réalité de l'acte créateur. Il n'est pas étonnant alors qu'une analyse de la généalogie des personnages de Tremblay en vienne à questionner l'inscription du nom même de l'auteur, point ultime des convergences, des concordances qui caractérisent toute la production. Cette constatation ne saurait autoriser une lecture autobiographique de l'œuvre de Michel Tremblay. La quête de l'identité du narrateur y est par trop modalisée, aussi bien dans le temps de l'écriture que dans ses variations. Du théâtre au roman, du roman à l'autobiographie, d'un personnage à l'autre, la quête connaît de multiples relais qui interdisent qu'on la résume, qu'on l'assimile à un quelconque fil directeur. Il n'en demeure pas moins qu'elle s'affirme dans la constitution d'une généalogie de plus en plus explicite, fondée sur la double métaphore d'un inceste paternel et d'une paternité homosexuelle, légitimée par le sceau du *cognomen* maternel. On est loin, on le voit, d'une « histoire naturelle et sociale » ; très près, sans doute, d'un « mythe personnel » qui a trouvé, dans la constellation de la maison suspendue à tout jamais dans le ciel étoilé de Duhamel, la cosmogonie rédemptrice qui concilie enfin mémoire personnelle et héritage collectif.

LISE GAUVIN

Le théâtre de la langue

Écrire une langue, c'est s'éloigner d'une langue. C'est la transposer. C'est ce qui fait notre utilité à nous, écrivains. On existe pour filtrer.
Michel Tremblay, *Possibles*, 1987

Depuis le début, la langue dans l'œuvre de Tremblay est le lieu de constants malentendus. Et ce aussi bien au Québec qu'à l'étranger. Comment revoir la question trente ans après *les Belles-Sœurs ?* L'enjeu est vaste. La question de la langue a toujours été au cœur même de la création littéraire québécoise, liée à la formation de cette littérature comme institution. Cette question n'a cessé d'apparaître, au cours des époques, comme le lieu de convergence de plusieurs problématiques, comme un catalyseur des discours littéraires et comme la mise en scène et en mots de positions idéologiques particulières. Révélatrice d'un « procès » littéraire plus important que les procédés qu'elle met en jeu, cette interrogation est indissociable du concept de littérature nationale, de la condition sociale de l'écrivain et, enfin, de l'horizon d'attente du public. Y a-t-il une résolution possible de ce conflit des codes dont faisait état André Belleau ? Conflit qu'il voyait à l'œuvre en littérature québécoise aussi bien dans l'opposition nature/culture, dans la figure double de l'écrivain que, de façon plus globale, dans une dissociation de l'Appareil et de la Norme : « Dans plusieurs secteurs de la sphère littéraire québécoise, si l'Appareil est québécois, la Norme demeure française [1]. » Qu'en est-il de Tremblay ? Peut-on parler dans son cas d'une intériorisation ou d'une réappropriation de la Norme ? Comment s'exprime dans cette œuvre la « surconscience linguistique [2] » que l'on constate chez la plus

---

1. André Belleau, *Surprendre les voix*, Boréal, 1986, p. 170.

2. J'ai déjà utilisé la notion de « surconscience linguistique » dans « À propos de langue et d'écriture », *Possibles*, printemps 1987, et dans « L'écrivain et la langue », Revue *Europe*, mars 1990, « Littérature nouvelle du Québec », p. 4-13. On peut se référer également à « Littérature et langue parlée au Québec », *Études françaises,* vol. 10, n° 1, février 1974, p. 80-119, à « Problématique de la langue d'écriture au Québec, de 1960 à 1975 », *Langue française,* Paris, Larousse, 1976, p. 74-81 et enfin à « L'Amérique entre les langues », *Études françaises*, hiver 1992-1993, sous la direction de Lise Gauvin et Jean Jonassaint.

grande partie des écrivains québécois ? Ici comme ailleurs, et encore plus explicitement, la langue n'est-elle pas le sujet de l'œuvre ? Comme le personnage de l'écrivain, elle est un motif inlassablement repris. Mais qu'entend-on par joual [3] ? Peut-on limiter la chose à un simple phénomène d'oralité dans l'écrit ? Comment se joue, du théâtre au roman, l'intégration des langages sociaux ? À quoi renvoient les stratégies textuelles choisies ?

De la recherche d'un lieu pour faire jouer *les Belles-Sœurs* (une attente de trois ans) aux premières représentations dans un théâtre subventionné et bourgeois, la scène du Rideau Vert, jusqu'à l'attribution du Prix David en 1990, le théâtre et l'œuvre de Tremblay passent par toutes les étapes d'une légitimation et d'une institutionnalisation acquises difficilement mais sûrement. L'enjeu de la langue y est d'autant plus visible et important qu'il s'agit non plus de continuer une tradition du burlesque où

---

3. On se rappellera que les écrivains de la revue *Parti pris* (1963-1968) ont réfléchi à la question de la langue littéraire et provoqué les lecteurs par l'utilisation du joual, un mot qu'André Laurendeau et, surtout, le Frère Untel avaient popularisé. Les partipristes ont repris le diagnostic sévère du Frère Untel et dénoncé avec virulence la désintégration de la langue, au Québec, comme symptôme d'une acculturation, d'un malaise plus total. Laissant de côté l'aspect bucolique du joual, cette langue de l'arrière-pays dont André Laurendeau ne cessait de vanter les charmes et que les adeptes du régionalisme avaient tenté de mettre en valeur, ils en ont fait avant tout la langue parlée dans les milieux populaires montréalais, une langue dont la détérioration reflète l'infériorité économique du Canadien-français, dominé par le capitalisme anglo-saxon. Une mise au point publiée dans la revue constitue un essai de définition : « Un patois est une forme de parler vernaculaire tout à fait différente de l'idiome général. Le patois est employé au sein d'une communauté restreinte, isolée dans une nation délimitée. Un dialecte est une forme déficitaire de la langue générale que l'usager ne songe nullement à substituer à cette langue générale. Le joual n'est ni un patois ni un dialecte. Il relève plutôt d'une forme linguistique issue de l'absence de langue nationale et du voisinage d'une langue étrangère dominatrice. Il ne peut que devenir argot, ce serait sa place normale, ou bien marquer la dernière étape vers l'anglicisation. » (Laurent Girouard, « En lisant *le Cassé* », *Parti pris*, vol. 11, n° 4, p. 64) À noter ici l'aspect politique de la définition : « l'absence de langue nationale ». Bien avant l'adoption de la loi 101, instituant le français langue officielle (1977), et au moment où la littérature s'affirme comme québécoise, on reconnaît l'absence d'une Norme québécoise du français, aussi bien oral qu'écrit. Or on sait depuis Bourdieu que « la langue officielle a partie liée avec l'État et que c'est dans le processus de constitution de l'État que se créent les conditions de la constitution d'un marché linguistique unifié et dominé par la langue officielle ». (Pierre Bourdieu, *Ce que parler veut dire*, Fayard, 1982, p. 27) Les partipristes seront parmi les premiers à considérer la littérature comme système greffé sur les autres systèmes institutionnels et à penser le littéraire en fonction du contexte socio-politique global.

un parler populaire s'est toujours senti à l'aise, mais de ce qui va devenir bientôt le répertoire « officiel » et « classique » du théâtre québécois. Le rapport langue/institution s'est donc trouvé au centre de la polémique dès lors que l'œuvre écrite en joual, non seulement déplaça l'attente du public, mais reçut une sanction positive et fut publiée, participant ainsi de la langue officielle, celle qui était tenue pour légitime : « Au modèle imposé jusqu'ici par l'école d'un français écrit, littéraire et fondé sur des ouvrages du passé, on venait tout à coup, sinon de substituer, du moins d'autoriser un modèle oral. Il faut voir dans cette ratification de l'oralité un signe révélateur de l'évolution de la société québécoise qui s'était toujours refusée à valider le langage populaire [4]. » Avant d'aborder les textes, voyons ce qu'en pense Tremblay lui-même et comment il justifie son propre usage.

Tremblay en cinq temps

L'auteur, souvent pris à partie, répond, se défend, se justifie, explique son vouloir-dire. J'ai préféré ne faire intervenir, pour esquisser ce Tremblay en cinq temps, que des entrevues publiées dans des journaux, au moment des représentations et des publications. Ces cinq temps renvoient à l'argument entourant la question du joual.

1 – *Le joual-reflet.* Dès sa première prise de parole, Tremblay déclare : « Le joual ? C'est mon principal moyen d'expression. Je m'étais dit : si jamais j'écris un jour, je ne tricherai pas. Je ferai parler mes personnages avec les expressions qu'ils utilisent dans leur vie de tous les jours. Par souci *d'exactitude,* ils ne diront pas « mosus » mais « tabarnak »[5]. De toute

---

4. Chantal Hébert, « De la rue à la scène », dans « Oralité et littérature : France-Québec », *Présence francophone,* n° 32, Sherbrooke, 1988, p. 51. Mentionnons également, dans ce processus de légitimation et d'institutionnalisation du langage populaire, la caution importante apportée par la critique parisienne et, en particulier, par le journaliste du quotidien *Le Monde,* Jacques Cellard, qui déclarait en 1973 : « La pièce est en joual comme *Andromaque* est en alexandrins parce qu'il faut une langue à une œuvre et une forte langue à une œuvre forte. Celle de Michel Tremblay garderait ses significations et sa vérité humaine en berlinois à Berlin, en milanais à Milan et en cockney à Londres – privilège d'un théâtre qui est en même temps d'une date et d'un lieu, d'aujourd'hui et de partout. » (*Le Monde*, 25-11-1973)

5. *La Presse,* 17 décembre 1966.

façon, ajoute-t-il plus tard, « le joual que j'emploie n'est absolument pas exagéré, même que c'est un joual très sage. […] C'est aussi le reflet d'une grosse, très grosse partie de la société[6]. »

2 – *Le joual-politique.* « C'est une prise de conscience que je fais[7].» Se rapprochant de l'optique de *Parti pris*, Tremblay déclare : « Le joual, c'est une arme politique, une arme linguistique que le peuple comprend d'autant plus qu'il l'utilise tous les jours. […] C'est un devoir que d'écrire en joual tant qu'il restera un Québécois pour s'exprimer ainsi[8]. » Il va même jusqu'à affirmer ailleurs qu'il a fait un théâtre de « claque sur la gueule » et croit que l'actualité de sa pièce passera. Un théâtre politique, dit-il encore, mais au deuxième degré, sans démonstration apparente.

3 – *Le joual universel.* Tremblay est conscient de l'aspect écrit, voire littéraire du joual. « Quand on fait du théâtre, il faut toujours transposer[9]. » À ce titre, il rejoint tout un courant de la littérature et du théâtre contemporains qui ont un souci analogue de retrouver l'oralité du langage. « Dans tous les pays du monde, il y a des gens qui écrivent en joual[10]. » De « langue punie », le joual passe ainsi à un statut de simple langue orale littérarisée : « Tennessee Williams écrit en joual, l'original d'*Amarcord* de Fellini est écrit et parlé en joual lombard. À l'extérieur du Québec, tous m'ont dit que la langue de mes personnages est une langue superbe[11]. » Concernant l'écriture de ses romans, Tremblay explique : « C'est la première fois que je prends le rôle traditionnel du conteur qui écrit une langue et fait parler les personnages dans leur langue à eux. Quand je parle, c'est moi qui parle ; quand eux parlent, il n'y a pas de « dit-il », « dit-elle », « fit-il », « fit-elle » ; je ne m'immisce jamais dans ce que mes personnages disent. J'ai fait le roman dans une seule coulée, sans alinéa, sans paragraphe, parce que je voulais qu'à la longue, le lecteur ne voie plus la différence entre mon style et celui de mes personnages. Si j'avais fait

---

6. *La Presse,* 15 août 1969.
7. *La Presse,* 16 août 1971.
8. *La Presse,* 16 juin 1973.
9. *La Presse,* 16 août 1969.
10. *Ibid.*
11. *Le Soleil,* 21 octobre 1978.

des paragraphes avec moi qui parle, j'aurais eu peur que ça donne : « l'écrivain qui s'en est sorti et qui se penche sur le pauvre monde »[12].

4 – *Le joual exportable.* « Ce qui me permet d'aller ailleurs, dit encore Tremblay, c'est mon côté local ou régional[13]. » Au moment où il est invité à Paris, il tient absolument à ce que son théâtre soit joué dans sa version originale. C'est ce qui arrive avec *les Belles-Sœurs* et *À toi, pour toujours, ta Marie-Lou.* Il refuse même des propositions prestigieuses, celles de Montfort et Cacoyannis : « Si un théâtre veut monter mes pièces dans leur mise en scène originale et avec des comédiens québécois, je suis tout à fait d'accord. Mais ils n'ont pas d'argent pour le faire et nous n'avons pas d'argent pour venir à Paris[14]. » Une fois cette étape franchie, il a accepté transcriptions, adaptations, voire traductions « en français ».

5 – *Le joual : ni écran ni refuge.* « Tanné » et excédé d'avoir à défendre son usage du joual, Tremblay en vient à dire : « Qu'on me câlisse donc la paix » ou encore : « Regardez pis écoutez-moé. » « Pourquoi certaines personnes continuent-elles à m'achaler et à me persécuter parce que j'écris en joual ? C'est du pur fascisme ! Si j'écris en joual, c'est pas pour me rendre intéressant ni pour scandaliser. C'est pour décrire un peuple. Et le monde parle de même icite[15] ! » Déjà en 1971, Tremblay avait déclaré : « On n'est pas des Jeanne d'Arc[16]. » Il déplore que le joual ait fait jusqu'à un certain point écran. À propos d'*À toi, pour toujours…*, il déclarait : « C'est tellement effrayant que c'est peut-être la première pièce où le joual est tellement terrible qu'il devient secondaire, qu'on l'oublie tellement vite. Remarquez que dans mes autres pièces, je considérais pas ça comme un récital de joual[17]. » En somme, il revendique la liberté du créateur de choisir ses langages et d'en changer à sa guise. Après le passage au roman, il constate : « Naturellement j'ai changé […] Mon emploi de la langue québécoise, mon écriture ne sont plus tout à fait les

---

12. *Le Monde*, 9 novembre 1979.
13. *Le Devoir*, 26 février 1977.
14. *La Presse*, 21 avril 1976.
15. *Le Jour*, 2 juillet 1976.
16. *La Presse*, 2 mars 1971.
17. *La Presse*, 1er mai 1971.

54

55

mêmes.[…] Quand j'ai commencé mes romans, je me suis rendu compte que je devais permettre à l'œil de s'accrocher, donc je me rapproche de l'étymologie, je pratique l'élision : à c't'heure… (au lieu de asteur [18]) ». Plus récemment : « Dans mon écriture, tu verras toujours la *patte*, mais c'est évident que j'écris un français différent, plus clair, moins *garroché* et si notre langue est moins rude, elle sera toujours truffée de *québécismes* [19]. »

L'effet joual

Pour qualifier le théâtre de Tremblay, on a parlé de « réalisme », de « nouveau réalisme » à la manière du nouveau théâtre américain, du théâtre de l'absurde, du burlesque, etc. Pour qualifier sa langue, un seul mot revient avec insistance, le « joual ». De plus en plus conscient des procédés de mise à distance utilisés dans ses pièces (chœur, double niveau scénique, voix parallèles…), la critique a pris l'habitude de mettre le mot réalisme entre guillemets, encouragée en cela par l'auteur lui-même qui déclare péremptoirement : « Mon théâtre n'est pas un théâtre réaliste mais flyé, si on peut s'exprimer ainsi. On y dit des choses réalistes mais dans un contexte qui ne l'est pas. Ce n'est pas du tout le théâtre du "passe-moi le beurre". Les Français ne sont pas habitués à ce mélange de théâtre réaliste et de théâtre absurde [20]. » On peut supposer que Tremblay a fait subir à la langue un traitement analogue à celui de ses formes théâtrales et qu'à une architecture scénique correspond une *architexture* langagière, résultat d'un savant dispositif. Le joual donc. Mais encore. S'agit-il d'une simple reproduction des langages sociaux ? Ou plutôt d'une transposition, ainsi que l'avoue Tremblay de plus en plus explicitement ? Qu'on relise à ce sujet la phrase qui figure en exergue de cet article. Quelles transformations recouvre ce passage de l'oral à l'écrit ? Et à cette première mise à distance, ne s'en ajoute-t-il pas une autre, soit le phénomène lié à la compétence même de l'écrivain ? Comme le constate Bourdieu : « Pour écrire un parler qui, comme celui des classes populaires, exclut l'intention

---

18. *Le Monde,* 16 novembre 1988.
19. *Le Devoir,* 15 septembre 1990.
20. *Le Devoir,* 23 février 1980.

littéraire (et non le transcrire ou l'enregistrer), il faut être sorti des situations et même de la condition sociale où on le parle et que l'intérêt pour les « trouvailles », ou même le seul fait de la recollection sélective, excluant tout ce qui se rencontre *aussi* dans la langue standard, bouleverse la structure des fréquences [21]. »

Quant au mot « joual » lui-même, devenu quasi mythique, il résiste aux définitions. Il me paraît assez juste de dire qu'il matérialise, dans l'œuvre de Tremblay, « l'imaginaire » de l'oralité québécoise [22]. L'écrivain tient à préciser lui-même que son joual est celui d'un quartier de Montréal, sans plus : « J'ai toujours détesté le mot joual, déclarait-il en 1987, parce que c'est une expression péjorative. Je n'ai jamais prétendu écrire dans la langue du Québec. Il n'y a pas un seul écrivain au monde qui aurait la prétention de représenter son peuple au complet [23]. » Aussi ai-je choisi de porter attention, dans les pages qui suivent, moins au phénomène du joual comme tel qu'à ce que j'appelle « l'effet joual » des textes de Tremblay.

Historiquement, selon Henri Meschonnic, l'oral a été identifié au « registre populaire », mais on aurait tout intérêt à éviter la confusion, pour ce qui est de la littérature contemporaine, entre l'oral, le parlé, le populaire [24]. Dans le cas de Tremblay, les trois réseaux se recoupent, et la première caractéristique de son théâtre est de faire entendre, par *transcription* mimétique, la dimension orale de la langue. Cette transcription/ reproduction de la langue parlée se reconnaît à la fréquence de l'ellipse, à la segmentation de la phrase, à sa dislocation. Mais aussi à la déformation imitative des mots, à l'élision systématique du « e » muet ou d'autres voyelles non accentuées et à certaines conventions servant à signaler le registre populaire. Par exemple « Ben non, hein », ou encore « quequ'chose », « ma p'tite fille ». On peut mentionner en outre un relâchement syntaxique, dont toutes les langues sont affectées, relâchement qui donne,

---

21. Bourdieu, « Vous avez dit populaire ? », *Actes de la Recherche en sciences sociales,* Paris, Maison des Sciences de l'homme, mars 1983, p. 99.

22. L'expression est de Claude Filteau dans « Oralité et littérature : France-Québec », *Présence francophone*, n° 32, Sherbrooke, 1988, p. 5.

23. Entrevue accordée à Lise Gauvin, *Possibles*, vol 11, n° 3, printemps/été 1987, p. 211.

24. Henri Meschonnic, « Oralité et littérature : France-Québec », *Présence francophone, loc. cit.*, p. 16.

notamment, ceci : « C'est mes timbres. » Mais la particularité de Tremblay a été de transcrire *cette* langue parlée dite le joual, soit un certain
vernaculaire, celui de la région montréalaise, et plus particulièrement
d'un quartier de Montréal, une langue que les linguistes s'entendent pour
considérer non pas comme une langue différente mais plutôt comme un
sous-ensemble dialectal du français, régi par un ensemble de règles
structurées[25]. Quant au mot dialecte comme tel, il importe de préciser
qu'il désigne « toute variété d'une langue parlée par une communauté
linguistique[26]. » À quoi tout cela ressemble-t-il ? À titre d'exemple,
revoyons la première tirade de Germaine Lauzon :

> Ben non, hein ? Moé aussi j'ai resté surpris ! Tu v'nais juste de partir, à matin,
> quand ça sonné à'porte ! J'vas répondre. C'tait un espèce de grand gars. J'pense
> que tu l'aurais aimé, Linda. En plein ton genre. Dans les vingt-deux, vingt-trois
> ans, les cheveux noirs, frisés, avec une petite moustache… Un vrai bel homme.
> Y m'demande, comme ça, si chus madame Germaine Lauzon, ménagère. J'dis
> qu'oui, que c'est ben moé. Y m'dit que c'est mes timbres. Me v'là toute
> énarvée, tu comprends. J'savais pas que c'est dire… Deux gars sont v'nus les
> porter dans'maison pis l'autre gars m'a faite un espèce de discours… Y parlait
> ben en s'il-vous-plaît ! Pis y'avait l'air fin ! Chus certaine que tu l'aurais trouvé
> de ton goût, Linda… (*BS*, 15)

Si on accepte que le joual se définit essentiellement par « des règles
de réduction de surface phonétique[27] », on est ici servi à souhait. Les
réductions en effet sont nombreuses, soit par apocope (« y » pour « il »,
« not' » pour « notre »), syncope (« v'là » pour « voilà », « v'nus » pour
« venus », « c'tait » pour « c'était », « pis » pour « puis », « à » pour « à
la », etc.) ou suppression de hiatus (« ça sonné » pour « ça a sonné »).
D'autres modifications phonétiques se notent encore, dans cet extrait et
ailleurs dans la pièce, dans l'ouverture de certaines voyelles (« énarvée »
pour « énervée »), les transferts (« tu-seule » pour « toute seule », « a »
pour « elle », « entéka » pour « en tous cas », « cataloye » pour « catalogue », « mégasinage » pour « magasinage »), les ajouts (« c'te » pour
« ce »), la sonorisation finale (« icitte »), le recours à certains usages

---

25. Voir Claude Filteau, « *Le Cassé* de Renaud : un certain parti pris sur le vernaculaire
français québécois », *Voix & Images*, vol. IV, n° 2, hiver 1980, p. 275.

26. Laurent Santerre, « Essai de définition du joual », *Revue de l'Association de linguistique des provinces atlantiques*, vol. 3, 1981, p. 41.

27. Laurent Santerre, *loc. cit.*, p. 45.

archaïsants (« moé » pour « moi ») ou régionaux (« chus » pour « je suis »). Mais la réduction s'opère aussi au niveau syntaxique, ainsi qu'en témoigne la première réplique : « Misère, que c'est ça ? » pour « Qu'est-ce que c'est ça ? » « J'comprends rien pantoute pis j'veux rien savoir ! Parle-moé pus… » (*BS*, 17), déclare encore Germaine Lauzon. On remarque ici, en plus de la réduction (« parle-moé pus »), le phénomène de redondance très fréquent dans la syntaxe du joual : « j'comprends rien pantoute » ou « Les femmes portent seulement que des jupes. » (*BS*, 27) Cette redondance trouve son illustration la plus éloquente dans une expression comme « a vient-tu » ou mieux encore : « A vient-tu elle itou ? » (*BS*, 21) soit la duplication du pronom et en même temps son changement de personne. À cela s'ajoutent d'autres « fautes » de syntaxe comme les liaisons erronées : « J'leur s'ai dit d'arriver de bonne heure ! » (*BS*, 21) Notons en passant que le « s » euphonique n'est pas transcrit par un « z » mais par un « s ». À ces particularismes phonétiques et syntaxiques, greffons un lexique qui fait un usage abondant des emprunts à l'anglais (« smatte », « cute », « shape »), des calques (« aller aux vues »), des jurons bien sonores (« crisse ») ou des expressions idiomatiques du genre de celles-ci : « Maudit verrat de bâtard que chus donc tannée ! » (*BS*, 17), et nous aurons une bonne idée de l'« effet joual » des *Belles-Sœurs* obtenu par la transcription du vernaculaire [28].

Cependant cette transcription, destinée d'abord à mimer le registre populaire de la langue parlée, est aussi convoquée pour donner à lire la partition théâtrale. À ce titre, elle procède d'un double code, soit d'un code oral et écrit, ou plus exactement d'une écriture de l'oralité qui s'effectue par un *transcodage* complexe. Le spectateur, s'il a été capté par le phénomène de reconnaissance du joual lors de l'audition de la pièce, ne

---

28. Pour une étude plus complète, on pourra consulter le mémoire de L. C. Fortin, « Analyse descriptive de quelques aspects de la langue du théâtre de Michel Tremblay », Simon Fraser University, 1972, 98 p. Après une analyse qui porte sur les trois premières pièces, l'auteure en conclut que la langue du corpus « est constamment tiraillée par deux pôles qui se contredisent, soit le principe d'économie et le principe d'information maximale ». (p. 92) Elle ajoute : « Nous tenons à préciser que, du point de vue qualitatif, les éléments relevés du corpus sont à notre connaissance des éléments réels du français québécois, mais il nous semble que, du point de vue quantitatif, il soit difficile de les trouver réunis dans un même idiolecte. En ce sens, nous pouvons dire que cette langue constitue un stéréotype. » (p. 94)

peut que s'étonner, au moment où il devient lecteur, d'un dialogue constant entre le recours à l'orthographe classique et la transcription phonétique. Dans une phrase comme celle-ci : « Pis l'autre gars m'a faite un espèce de discours », on se demande pourquoi on note dans un cas le conformisme le plus total (« l'autre gars ») et dans l'autre la transcription phonétique (« m'a faite »). Ce double code sans cesse à l'œuvre accentue encore ce que j'appelle « l'effet joual » du texte, puisqu'il a comme résultat de marquer davantage l'écart et de souligner les éléments « déviants ». Il donne lieu parfois à un hyper-correctisme : « On n'est même pas capable de rien faire, icitte ! » (*BS*, 19) Pourquoi écrire « n'est » en effet puisque le « n », dans ce cas, n'ajoute rien aux sonorités, étant déjà implicite dans le « on ». Pourquoi encore « énarvée » respecte-t-il l'accord grammatical du féminin, tout en transformant le « e » en « a » ? Même chose dans « y m'dit » et « j'dis ». Quelle différence entre « tu v'nais » et « les cheveux » ? Pourquoi enfin dans l'expression : « J'hais ça comme une bonne ! » (*BS*, 23), ne pas avoir choisi « haïs », plus conforme à l'usage québécois [29]. Plusieurs autres marques d'écriture sont visibles dans le texte, notamment par l'abondance des points d'exclamation, qui renvoient à l'intonation outrée et polémique des répliques.

En plus du transcodage, on assiste, avec *les Belles-Sœurs,* à un véritable phénomène de *littérarisation* du joual. Ce phénomène est dû en tout premier lieu à l'accumulation et à la concentration des éléments renvoyant à la langue populaire, c'est-à-dire cette « recollection sélective » dont parle Bourdieu. Qu'on relise les tirades de Germaine Lauzon et on verra que l'accumulation est telle qu'on a l'impression de se trouver devant un véritable « répertoire » du joual. Mais la littérarisation est surtout présente dans le rythme même des répliques, la dynamique de l'enchaînement et une prosodie très calculée qui passe de la répétition litanique à l'orchestration chorale ou à l'énumération poétique. Le morceau de bravoure que constitue, à la fin de la pièce, l'assemblage des noms propres, pour la plupart reliés entre eux par une allitération ou un jeu d'assonances, est digne de la plus « haute » poésie :

---

29. Voir l'article de Jean Cléo Godin à propos de Jean-Claude Germain, « Mal écrire ou parler beau », « Oralité et littérature : France-Québec », *Présence francophone*, *loc. cit.*, p. 113-120.

Ensuite, y'avait les autres invités : Antonio Fournier, pis sa femme Rita ; Germaine Gervais était là, Wilfrid Gervais, Armand Gervais, Georges-Albert Gervais, Louis Thibault, Rose Campeau, Daniel Lemoyne, pis sa femme Rose-Aimée, Roger Joly, Hormidas Guay, Simonne Laflamme, Napoléon Gauvin, Anne-Marie Turgeon, Conrad Joannette, Léa Liasse, Jeannette Landreville, Nina Laplante, Robertine Portelance, Gilberte Morrissette, Laura Cadieux, Rodolphe Quintal, Willie Sanregret, Lilianne Beaupré, Virginie Latour, Alexandre Thibodeau, Ovila Gariépy, Roméo Bacon, pis sa femme Juliette […] (*BS*, 82-83)

Chose étonnante, dans cette nomenclature, Tremblay a renoncé aux diminutifs – péjoratifs ? – en « ette » ou « et » qui caractérise l'onomastique des *Belles-Sœurs*. Le lecteur, dépaysé dans un premier temps par l'écriture de l'oralité, se retrouve dans le registre conjugué de l'écrit et du littéraire.

Le contraste se perçoit également par voisinage des autres langages sociaux. L'effet joual du langage des *Belles-Sœurs* est accentué par les efforts exagérés de Lisette de Courval pour « bien perler » : « À Paris, tout le monde perle bien, c'est du vrai français partout… C'est pas comme icitte… […] c'monde-là, c'est du monde *cheap* […] » (*BS*, 59) Mais le langage du personnage trahit rapidement ses origines et appartient au même sociolecte que les autres : « Moi, quand je suis t'allée en Urope… » (*BS*, 24). Lisette de Courval parle un « faux joual » ou un « faux français » : peu importe puisqu'elle parle faux, de toute façon. D'autres registres de la parole deviendront plus présents dans les pièces suivantes de Tremblay. Mais déjà ici l'« effet joual » est posé comme un effet contrasté et un système de rapports entre les langages.

Le dernier élément, enfin, qui intervient est l'effet qui résulte de la fusion entre la banalité, voire la trivialité des propos et la noblesse des figures théâtrales retenues ; monologues et chœurs, associés au rythme, à la musicalité des répliques, à la répétition litanique et au chant de l'ode sacralisent en quelque sorte le bingo, la « maudite vie plate », le « maudit cul » ou le party de timbres. Cette parole ritualisée, lyrique, procède – on l'a vu plus haut – d'une culture savante et d'une maîtrise indiscutables. L'attention vers le bas, le rappel incessant du corps grotesque et de la vie matérielle, le choix quasi exclusif du vernaculaire rapprochent par contre ce théâtre du burlesque et du carnavalesque. Mais en donnant à ces éléments un traitement élevé, digne du « grand théâtre » tragique et poétique [30], Tremblay favorise non seulement une rupture de l'illusion réaliste mais un transfert des codes, qui se fait à l'avantage de la culture et de la langue populaires. La parole maîtrisée et littérarisée participe de ce bouleversement et se trouve affectée d'une double compétence : celle des personnages et celle de l'œuvre. Il ne s'agit plus d'un conflit des codes mais d'un brouillage et d'un *renversement*. Le langage populaire devient ainsi synonyme du langage de la maîtrise et fondement de la parole culturelle. C'est là à mon avis la cause première du scandale des *Belles-Sœurs*.

Que se passe-t-il dans les autres pièces de Tremblay ? On constate que, à quelques variantes près, la transcription du joual se fait de la même façon que « d'habetude ». En même temps que de nouveaux lexiques, des personnages ou objets exotiques font leur apparition : un « oiéseau du paradis », des « suyers », un « génie-coloye [31] », de même que le monde du « stage », du « show », des « girls », qui est l'équivalent pour le spectacle du monde de la « shop » dans *les Belles-Sœurs*. *Johnny Mangano and His Astonishing Dogs, Gloria Star* et les autres font partie de cet univers clinquant et « successful » qui parle anglais. Le transcodage, par contre, subit quelques modifications dans la mesure où les éléments destinés à mimer l'oralité apparaissent moins fréquemment et sont repris avec plus de précautions. Tremblay n'utilise les conventions d'oralité, et notamment l'élision, que pour souligner un écart et lorsque qu'il faut indiquer une prononciation différente. Ainsi le « ç'a » devient-il « ça a », plus conforme à l'orthographe conventionnelle et, par conséquent, plus lisible.

L'effet joual s'obtient encore par la recollection et l'accumulation des particularismes et par les divers procédés stylistiques qui signalent la littérarisation. À la fonction poétique du langage, déjà notée, s'ajoute un traitement ludique et parodique qui, dans certains cas, prend des proportions « hénaurmes ». Comme si l'auteur voulait explorer tous les possibles de la langue. Citons à titre d'exemple cette imitation profanatrice : « Sainte

---

30. D'après Micheline Cambron, « la tragédie "transfigure" le réalisme apparent des *Belles-Sœurs* ». *Une société, un récit. Discours culturel au Québec (1967-1976)*, Montréal, l'Hexagone, coll. « Essais littéraires », 1989, p. 142.

31. Dans *C't à ton tour, Laura Cadieux*. Cette œuvre est intitulée roman mais a la même forme qu'un monologue théâtral.

56

Sandra la Verte de la Vente de Feu. [...] Je suis l'Immenculée conception ! » (*DS*, 56) Ou encore cette double comparaison : « J'vous suis
comme un grain de poussière mais pourtant j'irradie comme une comè-
te ! » (*DS*, 64) Toutefois, c'est dans l'abondance des effets contrastés que
se manifestent surtout les différences dans le traitement de la langue entre
les autres pièces de Tremblay et la première. Contrastes entre les registres
de la parole chez un même personnage (*la Duchesse de Langeais*), entre
les registres bourgeois, populaire et folklorique chez plusieurs personnages
(*l'Impromptu d'Outremont, la Maison suspendue*), etc. Mais l'effet joual
demeure dominant, en ce qu'il colore aussi bien le langage des travestis,
des acteurs et des mystiques que celui des prolétaires sans autre rêve que
quelques images nostalgiques du passé. Celui du personnage-écrivain,
par contre, et celui du professeur de français se cantonnent dans une
neutralité prudente et légèrement marquée de « québécismes ». Signalons
également la pièce *les Héros de mon enfance*, dans laquelle l'utilisation
d'un français standard est donnée comme procédé de mise à distance
culturelle : « Les personnages des *Héros de mon enfance* sont des imitations de Français évoluant dans un décor français factice et parlant un
« français de France » emprunté, faux mais, évidemment, très châtié [32]. »

L'exploration des langages, cependant, n'a rien ici d'anecdotique. La
suite du théâtre de Tremblay amplifie le renversement des codes déjà
observé et désigné précédemment comme représentatif de l'« effet joual ».
Renversement, c'est-à-dire juxtaposition, transfert et transformation des
figures opposées du haut et du bas, du sacré et du profane, de la culture
savante et de la culture populaire. Ce qui donne la « cantate cheap » d'*À
toi, pour toujours, ta Marie-Lou* dans laquelle l'alternance et le chassé-
croisé des répliques scandent, à travers deux temporalités différentes, la
mésentente tragique et dérisoire des personnages. Dans *Sainte Carmen de
la Main,* déjà le titre renvoie à trois isotopies concurrentes, à savoir
l'opéra, la sainteté et le milieu populaire de la *Main* : les chœurs antiques
sont convoqués pour rythmer et amplifier l'immolation sacrificatoire de
l'héroïne, Carmen, dont le nom est aussi donné comme synonyme du
soleil. Dans *Hosanna*, la référence biblique recouvre les rêves grotesques

32. Préface de l'auteur.

d'un travesti d'abord surnommé Rose-Anna. *Damnée Manon, Sacrée Sandra* est un autre exemple de cette rhétorique de l'inversion qui consacre d'un même souffle le haut et le bas : dans cette pièce, en effet, le mysticisme érotique de Manon est le double symétrique des rituels érotomanes et profanateurs de Sandra ; mais ici le ton est plutôt à la charge parodique qu'à la grandeur tragique. En choisissant de mouler et de modeler le langage populaire dans les formes et figures de la plus haute théâtralité, jusque-là associés à la culture dite savante, Tremblay a profondément modifié les règles du jeu littéraire québécois de même que l'attente du public. Plus encore, il a délégué jusqu'à un certain point sa propre recherche à ses personnages. Quand Carmen, la reine du « yodle », non contente de chanter des chansons de cow-boy en français dit : « Peut-être que petit à petit j'vas pouvoir abandonner tranquillement le western pour me trouver un style à moé » (*SCM*, 66), elle passe du statut de personnage-porte-parole à celui de personnage-auteur et se trouve elle-même affectée de la double compétence dont procède le théâtre de Tremblay, soit celle de la culture populaire traduite et transmuée dans les codes de la culture savante. De façon analogue, l'évolution qui s'est manifestée dans la réception de ce théâtre est résumée par ces deux répliques d'Albertine :

> Mais y me semble… que j'ai jamais parlé beau, comme ça… (*ACT*, 22)
> J'ai tellement été élevée à me trouver laide que j'ai de la misère à penser que j'ai déjà dit des belles choses… (*ACT*, 23) [33]

Ces remarques ne coïncident-elles pas étrangement avec celle d'un critique qui, une fois le premier choc passé, déclarait : « Tremblay a fait un bijou du langage québécois [34] » ?

La place du marché linguistique

Il semble aller de soi, lorsqu'on qualifie l'œuvre de Tremblay, de faire appel à la notion de carnavalisation, dans la mesure où il s'agit d'une confrontation du *bas*, du populaire, du comique et du *haut*, du sérieux, du

---

33. Voir également, sur ce sujet : Jean Cléo Godin, « Le 'tant qu'à ça' d'Albertine », *Quebec Studies*, n° 11, 1990-1991, p. 111-116.
34. Martial Dassylva, *La Presse,* 27 août 1988.

tragique. Mais cette confrontation s'effectue moins par *cohabitation* des styles et des registres que par suppression des distances et *renversement/ substitution* des codes dont le résultat est la prise en charge du populaire par le sérieux et le savant. Dans les romans, par contre, plusieurs registres voisinent et se fréquentent sans s'annuler, dans une joyeuse relativité des langages. Il y aurait, au dire de Bakhtine, une coïncidence formelle profonde entre la structure dialogique du carnaval et le roman. Comme la place du marché est le lieu par excellence du langage carnavalesque, le roman peut être considéré comme une « place du marché linguistique[35] ». Comment s'effectue donc, dans le cas des romans de Tremblay, l'inscription du langage populaire et l'interaction dialogique ?

Dans *La grosse femme d'à côté est enceinte*, qui servira ici de texte-témoin, on remarque une intégration des paroles des personnages aux passages narratifs, comme une actualisation immédiate de la scène, et une diminution de l'écart entre le langage du narrateur et celui des personnages :

> Elle regarda longuement Édouard. « J'aimais pas ben ben ça… mais j'voulais un autre enfant pis j'savais que c'était le temps… » Édouard avait baissé les yeux. C'était la première fois qu'il entendait sa mère faire allusion au sexe et cela le gênait. Victoire continua son histoire en ramenant son regard vers le bosquet. « Là, y m'a demandé : « Y'a tu du danger, ces jours-citte ? » J'y ai dit non. Y voulait pus d'enfants, j'ai jamais su pourquoi… Y m'a répond : Tant mieux ! » Pis on t'a faite. » Elle entra dans le bosquet sans s'occuper des branches qui s'accrochaient à sa robe. Elle se pencha un peu. « Juste icitte. » (*GF*, 242)

André Belleau souhaitait que l'on fasse une typologie des narrateurs selon l'accueil qu'ils font au discours intratextuel d'autrui[36]. Dans le cas qui nous occupe, il s'agit d'un narrateur non autoritaire, peu présent et peu évaluatif, constamment prêt à s'éclipser devant la parole des personnages, qu'il enchâsse de manière fort souple. La hiérarchie est oubliée, de même que tout commentaire explicatif visant à traduire, pour un destinataire étranger, les expressions idiomatiques, créant ainsi ces fameux « procès de traduction » que l'on retrouve un peu partout dans les romans de littératures francophones, surtout ceux dont la visée est folklorisante.

35. Morton, cité par André Belleau, « Carnavalisation et roman québécois », dans « Sociologies de la littérature », *Études françaises,* vol. 19, n° 3, hiver 1984, p. 58.
36. André Belleau, *op. cit.*, p. 59-60.

Dans la prose de Tremblay, on passe insensiblement de l'un à l'autre discours : le narrateur du roman réaliste ne se permet pas un tel chassé-croisé. On parlera alors de modulation ou encore d'un tissage destiné à atténuer la tension entre les registres de paroles. Première figure de l'hybridation romanesque chez Tremblay, celle-ci s'accompagne également de la présence du langage populaire dans le discours du narrateur. Le clivage entre les deux registres est loin d'être aussi total qu'on a coutume de le déclarer. Si le langage du narrateur n'est pas marqué par les procédés de transcription et de transcodage de l'oralité, il n'en est pas moins truffé d'un lexique et d'expressions proprement québécoises, c'est-à-dire les mêmes qu'utilisent les personnages : « peinturée », « balloune », « une gang », « matchait », « siau », etc. Il y a donc également « contamination » et hybridation malgré la « dés-oralisation » dont témoignent les romans [37]. Dernier élément enfin à noter : le chat Duplessis et le chien Godbout, non seulement sont dotés de paroles, mais ils parlent le joual le plus pur du Plateau Mont-Royal : « Au beau milieu de la bataille, alors que Duplessis, au comble de la joie, criait à la balle de laine : "Ça sert à rien de résister, maudite folle, tu sais ben que ta fin est proche ! Rends-toé ! Rends-toé, pis j'te f'rai pus de mal !" Florence sortit de la maison et s'assit dans sa chaise berçante. » (*GF*, 107) Rompant avec l'esthétique du roman balzacien, Tremblay atteste par là ses accointances avec un certain « réalisme magique ». Il atteste en outre son désir d'une suppression joyeuse des distances dans une participation universelle et ludique à la parole. Une parole dont l'hybridation et le dialogisme – associés au rappel incessant du corps et de la vie matérielle – renvoient à l'ambivalence carnavalesque.

La représentation des langages, dans les romans de Tremblay, n'est pas exempte de variations. Les procédés déjà notés, encore accentués par les idiolectes et niveaux de langue propres à certains personnages (le père de Simone, Florence et ses filles, etc.) se reproduisent à peu près dans toute la série des « Chroniques », à l'exception du roman *Des nouvelles d'Édouard,* dans lequel le narrateur, Édouard lui-même, est en situation d'écriture – il rédige le récit de son voyage – et cherche un ton et un style

---

37. Bruno Vercier, « La "dés-oralisation" dans les romans de Michel Tremblay », « Oralité et littérature : France-Québec », *Présence francophone, loc. cit.*, p. 35-44.

qui sont en quelque sorte un mixte des langages précédents. Autre exception : *C't'à ton tour, Laura Cadieux*, appelé roman mais plutôt proche du monologue théâtral. Dans *le Cœur découvert*, enfin, le personnage principal, professeur de français de son métier, ne dit plus « Chus », mais « Chuis » et utilise un langage plus châtié. Les québécismes sont moins nombreux, et les dialogues nettement dégagés des paragraphes consacrés à la narration. La même chose se reproduit dans *le Premier Quartier de la lune*. « Pour faciliter la lecture », m'explique Tremblay.

Cette place du marché linguistique où viennent figurer les langages sociaux est une place où chacun peut s'installer à l'aise. Au conflit des codes, on préfère une tension faite de tolérance et d'interaction. L'image du langage littéraire, chez Tremblay, est un système ouvert et en constante évolution. Elle trahit une recherche qui tend à dépasser l'opposition des catégories en une intégration festive des langages. En ce sens, le sujet de *la Maison suspendue* et le souci de réconciliation dont la pièce témoigne appartiendrait davantage au monde des romans qu'à celui du théâtre.

L'expérience du langage

On ne saurait parler des réseaux langagiers dans l'œuvre de Tremblay sans considérer la récurrence de la langue comme thème et comme isotopie distincte aussi bien dans son théâtre que dans ses romans. Les personnages participent, au fil des pièces et des romans, à une véritable thématisation de leur rapport à la langue et rendent compte de leur expérience du langage. On les croirait même parfois atteints de la *surconscience* linguistique dont témoignent les écrivains québécois depuis les débuts de cette littérature. Que révèlent-ils de leurs attitudes face à la langue ? On a déjà vu qu'Albertine s'étonne, à la fin de sa vie, de « parler beau ». Mais avant de « parler beau », il faut d'abord – est-il besoin de le préciser – arriver à parler. Parler sans fard et sans prétention. Parler juste et parler pour soi avant d'imiter qui que ce soit : « J'parle comme que j'peux, pis j'dis c'que j'ai à dire, c'est toute ! Chus pas t'allée en Urope, moé, chus pas t'obligée de me forcer pour bien perler ! » (*BS*, 25) Le fait même de parler rend beau : « Quand y parle, on oublie qu'y'est laid ! » (*BS*, 53) Les mots viennent difficilement : « J'pourrais pas te dire… j'ai pas les mots pour t'expliquer ça… » (*ACT*, 32), dit Albertine. Ne pas hésiter, quand même, à tenter l'expérience de dire et de dévoiler : « […] j'voulais que ces choses-là soient dites une fois pour toutes » (*VM*, 25), dit Claude dans *le Vrai Monde* ? Et malgré tout le plaisir qu'ont certains personnages de Tremblay à se travestir, le langage, lui, ne souffre aucun masque : « Si tu m'as emmenée icitte pour me parler, […] fais-lé sans déguisement. » (*MS*, 88) Aussi quand Édouard/la duchesse s'essaie-t-il à parler à la française, sa langue prend un aspect caricatural et faux, comme Lisette de Courval dans *les Belles-Sœurs*. À la limite, mieux vaut un acteur qui zozote, comme Luc dans *les Anciennes Odeurs,* qu'un professeur de français qui écrit un roman sans faute et ennuyeux : « […] c'est relativement bien construit mais c'est irrémédiablement plate » (*AO*, 71) constate Jean-Marc à propos de son manuscrit. Ce qui ne l'empêche pas de fustiger la « médiocrité collective et consentante » (*AO*, 80) de certains téléromans. Même si l'anglais est la langue du succès et du spectacle, les personnages tiennent à s'exprimer « en français ». « Pis parle-moi en français ! » exige Carlotta dans *Trois Petits Tours…,* « Tu le sais que j'comprends rien en anglais pis que j'veux rien comprendre ! » (*TPT*, 29) Quant aux effets pervers du bilinguisme, ils sont soulignés dans cette réplique du M.C. : « Here they are, ladies and gentlemen ! Aren't they gorgeous ? Et voilà, mesdames et messieurs, ne sont-ils pas gorgeux ? » (*TPT*, 21)

Dans *l'Impromptu d'Outremont*, l'auteur récapitule sa poétique et, par personnages interposés, fait dire à Fernande, une précieuse de la bourgeoisie montréalaise : « Moi, je considère qu'on n'est pas obligé de parler joual pour se faire comprendre, mais pour certaines personnes complexées, je suppose que c'est mieux que rien… » (*IO*, 68) Et encore : « N'empêche que l'ère du lavabo et du fond de cour devrait être révolue ! Depuis le temps que ça dure ! Dix ans, c'est déjà trop, qu'on nous montre autre chose ! Une mode qui dure trop longtemps finit par devenir sa propre caricature ! » (*IO*, 100) À cela répond un appel à la tolérance et à la cohabitation pacifique : « C'est bien pour ça que je te dis toujours qu'il faudrait qu'il y ait de la place pour tout ! Pour le fond de cour comme pour le salon. Pour la bouteille de bière comme pour le martini. Qu'il y ait de la place pour les deux, Yvette, pour les deux ! Avant, y en avait que pour nous ! Je veux dire pour notre monde... [...] Mais maintenant que les rôles sont *renversés* [38] [...] » (*IO*, 101)

L'expérience du langage, dans les romans, passe aussi par la difficulté de dire et les censures intérieures. Une sorte de pudeur indescriptible interdit de parler de certaines choses et rend l'expression des sentiments ardue. Comme Gabriel, les personnages de Tremblay ont les mots rares quand il faut dire l'amour :

> Gabriel posa sa tête sur la vaste poitrine de sa femme. Ils restèrent ainsi assez longtemps, Gabriel à genoux dans le lit, la tête appuyée contre les seins de sa femme, comme endormi, la grosse femme lui caressant les cheveux, le cou, le visage. "J't'aime, t'sais." Les mots étaient sortis difficilement, la grosse femme le savait. Son mari, orateur de taverne émérite, pourtant, et pilier de party, se retrouvait étonnamment dépourvu et impuissant devant les mots d'amour. Une pudeur presque maladive l'empêchait de parler "de ces choses-là", comme il les appelait [...] (*GF*, 128)

Les personnages des « Chroniques » partagent cependant une sorte d'hyperconscience de la langue qui prend les formes les plus diverses. Charlotte éprouve de la fascination devant la maîtrise et l'efficacité du langage des religieuses dans *Thérèse et Pierrette à l'école des Saints-Anges* : « Charlotte n'avait pu placer un seul mot. Le flot de paroles de mère Benoîte des Anges, son ton péremptoire, ses expressions recherchées et la rapidité avec laquelle elle s'exprimait l'avait subjuguée, la laissant sans mot, la bouche ouverte, le regard incrédule. » (*TP*, 74) Cette maîtrise nouvellement acquise peut amener certains personnages, telle Lucienne dans *la Duchesse et le Roturier,* à renier leur milieu. D'autres, au contact des Français « de France », se lancent dans une défense du québécois : « Savez-vous ça, vous, qu'on le savait pas qu'on avait un accent avant de se le faire dire bête de même ! Moé, avant tout ça, j'étais sûr que c'tait vous autres qui aviez un accent ! » (*DR*, 102)

La préoccupation dominante des personnages de Tremblay n'est cependant pas la confrontation mais l'apprentissage de la langue. Comme Marcel, au cours des « Chroniques », se mettra à l'école de Florence et du chat Duplessis, dont les leçons lui permettent d'augmenter son vocabulaire et de connaître de nouvelles règles syntaxiques, l'enfant de la Grosse Femme rumine dans sa tête les mots qu'il a appris en écoutant les adultes.

---

38. C'est moi qui souligne.

L'apprentissage se poursuit avec Édouard. Celui-ci, une fois arrivé en France, achète un dictionnaire et prend plaisir à le consulter. Sans renier sa « langue québécoise », et malgré la difficulté qu'il a à se faire comprendre – d'un chauffeur de taxi qui le trouve drôle, notamment – Édouard cherche à augmenter ses compétences langagières et s'amuse à inventer des mots comme « houler ». Seul personnage en situation d'écriture, il avoue ses lacunes en « français écrit » et promet d'écrire « comme je vous parlerais ». Conséquence de sa recherche, il se rend compte que son « style commence à changer » et qu'il « aime assez ça ». Pourtant le drame d'Édouard, c'est encore, comme celui des autres personnages, de ne pas pouvoir dire : « J'ai pas les mots pour vous décrire tout ça pis ça m'enrage ! » (*NE*, 69)

L'impuissance à parler, telle est la maladie à vaincre, maladie beaucoup plus grave que les « fautes de français » des cégépiens. « Tragique statue oubliée dans une cuisine pauvre, impuissante dans son manque de vocabulaire » (*PQL*, 133), Albertine est condamnée au silence. Même l'enfant de la Grosse Femme a du mal avec les mots qui continuent « à lui échapper ». « Mais les seuls mots qui se présentaient à son esprit étaient les pitoyables borborygmes, les insignifiants sous-produits de blasphèmes, les niaiseux dérivés d'injures qu'il avait toujours entendu son père, ses oncles et, plus récemment, ses frères prononcer quand ils avaient bu ou que le vocabulaire leur manquait. » (*PQL*, 182)

Motif inlassablement repris, la thématisation de la langue rend compte des tensions internes de l'écriture de Tremblay et de la recherche d'une liberté du discours que l'on pourrait résumer par cette déclaration de Jean-Marc : « J'ai toujours prôné un français simplifié, adapté au milieu de celui qui l'emploie ; une langue correcte, soit, claire, bien sûr, mais ni guindée ni pompeuse ni, surtout, émasculée ou décolorée. Après tout, le français que j'emploie moi-même n'est pas toujours des plus orthodoxes… » (*CD*, 133). À travers la récurrence du thème, il faut voir le désir soutenu de franchir le mur de la parole, comme on traverse une opacité cotonneuse. Pour arriver à trouver qu'elle parle beau, Albertine doit d'abord s'écouter, et l'enfant de la Grosse Femme, comme Édouard ou Marcel, apprendre à lui rendre justice ou justesse par les mots. L'expérience du langage, dans le monde de Michel Tremblay, pour être douloureuse, n'en est pas moins affectée de signes positifs dans la mesure où chacun des protagonistes prend la peine d'identifier et de clarifier, à l'instar de l'auteur lui-même, son propre rapport à la parole. Cependant la double figure de l'écrivain qui apparaît de plus en plus nettement dans cette œuvre – celle d'Édouard et celle de Jean-Marc – manifeste un certain nombre de conflits encore irrésolus. Il faudra attendre le prochain roman de Tremblay, celui qui aura pour narrateur Jean-Marc, pour les mettre à jour plus explicitement. Une étude du statut de la langue littéraire et des rapports langue/littérature ne saurait être complète en effet sans une analyse parallèle des représentations de l'écriture et de l'écrivain [39].

« J'aime mieux avoir une littérature qui a une âme et qui est écrite comme on parle que d'avoir une littérature désincarnée », déclare Tremblay qui ajoute : « Je ne suis pas un styliste [40].» Si on ne peut qu'acquiescer à la première affirmation, la seconde est plus douteuse. Proche de la parole spontanée, l'œuvre de Tremblay n'est pas pour autant dépourvue de la maîtrise du styliste. C'est précisément cette maîtrise, alliée aux figures d'une grande efficacité théâtrale qui en fait l'originalité et qui assure la « normalisation » du langage populaire. Aussi bien dans son théâtre que dans ses romans, Tremblay a en effet « normalisé » le joual, et cela dans les deux sens : en le légitimant d'une part et aussi, d'autre part, en atténuant peu à peu, dans les romans tout particulièrement, les effets de contrastes et de provocation causés par l'accumulation des particularismes. L'effet Tremblay est un effet complexe, fortement appuyé sur un système de représentations, dans l'écrit, de l'oralité des langages sociaux, mais un système plus voisin du traitement poétique que de l'imitation dite réaliste. Si l'écrivain prête à ses personnages de théâtre sa propre compétence d'auteur en moulant leur « parler beau » et le joual dans les codes de la dramaturgie classique et souvent tragique, il associe ses héros romanesques à sa propre recherche langagière. Une recherche qui a toutes les séductions et les tolérances de la place du marché carnavalesque, au milieu de laquelle l'expérience de la langue serait, au terme de mille morts et d'une initiation à la fois douloureuse et spectaculaire, une forme de naissance apprivoisée.

---

39. Étude qui sera poursuivie dans le cadre d'une recherche sur « L'écrivain et la langue au Québec », recherche à laquelle collaborent Rainier Grutman, Alexandra Jarque et Suzanne Martin. Je les remercie de leur précieux concours.

40. Entrevue accordée à Lise Gauvin, *loc. cit.*

LUCIE ROBERT

L'impossible parole des femmes

Dans *la Duchesse et le Roturier*, le petit Jean-Marc reçoit des mains de sa mère, la Grosse Femme, un roman, *Bonheur d'occasion* de Gabrielle Roy [1], qui lui a été donné par son mari Gabriel : « Ça a été le livre le plus important de mon existence. Lis-lé. Attentivement. T'as la chance de le connaître à quinze ans. Moé, je l'ai connu à quarante-cinq. » (*DR*, 256)

Le roman est commenté à une autre reprise, dans *Des nouvelles d'Édouard*, journal d'un voyage à Paris, par la duchesse de Langeais, qui a également lu le roman sur les conseils de la Grosse Femme, et qui compare le personnage de Florentine Lacasse à la Gervaise de *l'Assommoir* d'Émile Zola [2]. Topographie du quartier Saint-Henri à Montréal, roman fondateur du réalisme au Québec, *Bonheur d'occasion* apparaît ainsi comme l'archétype d'une lecture du social au cœur de l'écriture de Michel Tremblay. Cet archétype a, entre autres caractéristiques, celle de placer au premier plan, dans la description d'un quartier populaire, le personnage de la jeune fille pauvre cherchant dans le mariage un instrument d'ascension sociale et, au second plan, celui de la mère, vieillie et aigrie par les grossesses nombreuses et les difficultés de toutes sortes. Cet archétype est renforcé par la référence à *l'Assommoir* qui se trouve lu par la duchesse à la lumière du roman de Gabrielle Roy.

Les « belles-sœurs [3] » de la Grosse Femme, tout comme la duchesse, fréquentent un théâtre, le Théâtre National, dirigé par Rose Ouellette, dite la Poune, héritière de la tradition du burlesque, qui marque dans sa structure même la dramaturgie de Tremblay. Le burlesque québécois,

---

1. Il sera encore question du «dernier roman de Gabrielle Roy» dans *le Premier Quartier de la lune*, Montréal, Leméac, 1989, p. 245.

2. *Des nouvelles d'Édouard*, Montréal, Leméac, 1984, p. 299.

3. « Belles-sœurs » est entendu ici, comme dans la dramaturgie de Tremblay, autant au sens propre qu'à un sens figuré qui considère le quartier comme une grande famille.

comme l'a montré Chantal Hébert dans ses travaux, est essentiellement féminin, contrairement au burlesque américain [4]. Il est féminin en ce qu'il est destiné à un public très majoritairement composé de femmes ; il est écrit, adapté ou conservé, du moins dans sa période tardive, précisément celle qui m'intéresse, celle des années quarante et cinquante, par des femmes, en particulier par Rose Ouellette et Juliette Pétrie. Auteure, comédienne, directrice d'un théâtre spécifiquement populaire, la Poune, en ce sens, devient également un personnage archétypal en assumant le rôle traditionnellement masculin de *comic* [5], que Tremblay lui aussi investira au féminin. Il n'est sans doute pas inutile de rappeler ici l'importance que prendront dans la dramaturgie de Michel Tremblay les personnages féminins, qui permettront à plusieurs comédiennes de quitter les rôles traditionnels de jeunes premières, de soubrettes ou de femmes d'âge mûr.

Michel Tremblay signale ainsi deux influences qui marquent profondément son écriture : celle de la Poune et celle de Gabrielle Roy, deux femmes, Montréalaises d'adoption. Les personnages de Florentine Lacasse, de sa mère Rose-Anna (dans la dramaturgie de Tremblay se dressent des personnages identiques, Lise Paquette et Albertine, qui connaissent toutefois des destins différents) et celui de la Poune fournissent le modèle des figures dominantes de l'univers créé par un auteur dont l'écriture opère la fusion des univers réaliste et burlesque. Nulle part, ces sources ne sont-elles aussi évidentes que dans ce qu'il est convenu d'appeler le Cycle des *Belles-Sœurs* et qui comprend *les Belles-Sœurs* (1968), *En pièces détachées* (1969), *la Duchesse de Langeais* (1969), *Demain matin, Montréal m'attend* (1970), *Trois Petits Tours…* (1971), *À toi, pour toujours, ta Marie-Lou* (1971), *Hosanna* (1973), *Bonjour, là, bonjour* (1974), *Surprise ! Surprise !* (1975), *Sainte Carmen de la Main* (1976), *Damnée Manon, Sacrée Sandra* (1977). Autour de ce noyau gravitent un certain nombre d'autres textes qu'on ne saurait négliger. Le film *Il était une fois*

4. Chantal Hébert, *le Burlesque au Québec. Un divertissement populaire*, préface d'Yvon Deschamps, Montréal, Cahiers du Québec/Hurtubise HMH, coll. « Ethnologie », 1981 ; *le Burlesque québécois et américain. Textes inédits*, Québec, Presses de l'Université Laval, coll. « Vie des lettres québécoises », n° 27, 1989.

5. Le *comic* et le *straight*, l'acteur comique et son faire-valoir, sont les deux piliers du théâtre burlesque. Voir Chantal Hébert, *le Burlesque au Québec, op. cit.*, p. 124-127.

dans l'Est (1974) utilise les mêmes personnages et donne à certaines scènes une conclusion ou un développement inédit au théâtre. *Albertine, en cinq temps* (1984) développe, après plusieurs années de silence, un personnage connu sous le nom de Robertine dans la première version d'*En pièces détachées* et lui donne une nouvelle vie, inspirée davantage de l'écriture romanesque des « Chroniques du Plateau Mont-Royal » que de son origine théâtrale. *Le Vrai Monde ?* (1986) et *la Maison suspendue* (1990) participent également de cette révision du Cycle entreprise dans les romans. L'intégration des *Héros de mon enfance* (1976) est faite par l'auteur lui-même, qui donne au personnage de la fée Carabosse la figure de Pierrette Guérin, personnage des *Belles-Sœurs*. Le statut de *l'Impromptu d'Outremont* (1980) est plus ambigu : en tant qu'impromptu, la pièce est une réflexion sur l'écriture dramatique où abondent les références directes ou indirectes à la création des *Belles-Sœurs*, alors qu'en tant que fiction elle présente un univers radicalement différent, mais qui peut être relié au Cycle précisément par la symétrie de l'inversion qu'il fait subir à l'univers de référence.

Ouvrière, ménagère ou maîtresse d'école

L'Impromptu d'Outremont rend apparent cet univers référentiel en se situant chronologiquement quinze ans après la création d'une pièce dont on parle sans jamais en préciser le titre, mais dont l'action est elle-même datée de 1965. Les habitués du théâtre de Tremblay reconnaissent là *les Belles-Sœurs*. On peut donc supposer que l'action dramatique de chacune des pièces du Cycle est contemporaine de la date de création théâtrale (à l'exception bien sûr de l'univers féerique des *Héros de mon enfance*) et, par conséquent, que cet univers est situé entre 1965 et 1990, bien que les pièces plus récentes présentent parfois des fragments d'un temps antérieur pouvant remonter jusqu'aux années 1910, c'est-à-dire à la jeunesse des grands-parents, Victoire et Josaphat. La référence géographique apparaît elle aussi rétrospectivement, *les Belles-Sœurs* ne contenant aucune référence précise à ce sujet. D'une pièce à l'autre, on apprendra toutefois à situer le Plateau Mont-Royal, en particulier dans sa section nord-est, précisément au coin des rues Fabre et Mont-Royal, dans la paroisse Saint-Stanislas. On apprendra également à situer, par opposition, la *Main*, c'est-à-dire le boulevard Saint-Laurent près de la rue Sainte-Catherine, et le « bas » d'Outremont, entre la rue Laurier et la rue Bernard, ainsi nommé par opposition à un « haut » plus cossu. Les pièces les plus récentes font également référence au village de Duhamel, dans les Laurentides, lieu d'origine de la famille, sorte de Paradis terrestre, dont Victoire et Josaphat furent chassés pour avoir commis l'inceste. Davantage, on apprendra à évaluer ces divers lieux géographiques comme des univers sociaux hermétiquement fermés les uns aux autres, univers où le statut des femmes est représentatif à la fois d'un rôle social particulier et d'un univers culturel spécifique : les femmes de Tremblay sont ainsi les femmes fictives du Plateau, de la *Main* et d'Outremont – les références à Duhamel sont encore trop peu nombreuses pour produire l'effet d'un univers complexe –, chacune de ces catégories ayant ses particularités, toutes représentant un aspect de la condition féminine.

La rareté des renseignements d'ordre géographique dans la pièce éponyme du Cycle est largement compensée par la richesse de la description du milieu social, campé avec beaucoup de précision. On a beaucoup décrit l'univers des *Belles-Sœurs* comme un « enfer des femmes », en utilisant des adjectifs comme vulgaire, misérabiliste, médiocre, pauvre[6]. On a moins remarqué la division sexuelle du monde qui est opérée dans la pièce. D'un côté, les hommes travaillent en usine ou dans le secteur des services, comme « livreur » ou « colleur de semelles », en espérant devenir « p'tit boss » et gagner quatre-vingts « piasses » par semaine. De l'autre côté, les femmes travaillent à la maison comme ménagères. Elles ne sont pas si pauvres qu'elles ne puissent dégager un surplus pour organiser le « party de collage de timbres » avec « chips et coke » ou s'offrir, comme Angéline le fait, un verre dans un bar. Leur activité principale consiste toutefois à jouer dans les concours, qui sont ainsi opposés au travail quotidien comme source de revenu, pour « gagner » – le mot prend ici un double sens – des prix, plutôt qu'un salaire. La solidarité ou l'absence de solidarité qui réunit les femmes du groupe n'est

---

6. L'expression est empruntée à Laurent Mailhot, « *Les Belles-Sœurs* ou l'enfer des femmes », dans Jean Cléo Godin et Laurent Mailhot, *le Théâtre québécois. Introduction à dix dramaturges contemporains*, Montréal, Hurtubise HMH, 1970, p. 191-202.

que le reflet domestique des relations de travail et de la concurrence sur le marché de la chance, qui unissent les membres des classes populaires dans l'univers de Tremblay. Leur sort est ainsi aux mains des autres, aux mains du hasard le plus souvent, et ces femmes n'ont aucune prise sur l'Histoire, sur la sphère publique, ni même sur la transformation de la nature.

Les timbres-primes sont donc la monnaie principale en circulation dans l'univers féminin et, grâce à eux, on espère pouvoir acheter les objets de luxe meublant l'univers domestique. La circulation de cette monnaie-marchandise crée un univers fermé, fondé sur la chance plutôt que sur l'échange, duquel il n'existe que deux moyens de s'échapper. Le premier de ces moyens est le mariage, dans la mesure où on y cherche une promotion sociale qui, toutefois, demeure illusoire, sauf pour les Drapeau d'Outremont dont le sort ne sera pourtant guère plus enviable. Il est à noter que le marché du mariage demeure une loterie. C'est au lendemain des noces que l'on découvre le gain réel que représentent les maris, qui se révèlent souvent, tel le Léopold de Marie-Lou ou le Gérard Bleau de Thérèse, une grenouille plutôt qu'un prince. Le second moyen est le travail, qui suppose que l'on passe dans l'univers masculin, ce que font volontiers les adolescentes. Les jeunes filles travaillent en usine, au restaurant ou au *club*, comme « colleuse de semelles », serveuse, caissière ou même chanteuse, et elles découvrent la place que l'univers masculin leur réserve en reproduisant dans la vie professionnelle les catégories de la vie domestique : harcèlement sexuel, salaire minable, conditions précaires sont leur lot. Il n'y a pas de différence en ce sens entre la vie de Rose Ouimet, de Lise Paquette et de Pierrette Guérin.

Ainsi a-t-on eu largement raison d'étudier la géographie de cette dramaturgie qui montre, selon l'expression de Carole Fréchette, l'« impossible rencontre des hommes et des femmes [7] » et de signaler la logique d'enfermement qui assigne aux personnages féminins une place précise : toute tentative de s'échapper conduit à un enfermement supplémentaire, affirme Marie-Lyne Piccione, confirmant en cela les hypo-

---

7. Carole Fréchette, « Les femmes de Tremblay et l'amour des hommes », Cahiers de théâtre *Jeu*, n° 47, 1988.2, p. 94.

57

58

thèses de Yolande Villemaire selon laquelle ces sorties sont toutes des « fausses sorties [8] », depuis celle de Pierrette Guérin vers la *Main*, celle de Lise Paquette vers l'amour, de Lisette de Courval vers la France, de Rose Ouimet vers le mariage, d'Angéline Sauvé vers le *club*, de Carmen vers Nashville, des Drapeau vers Outremont, et même celle de Lorraine Drapeau vers Saint-Léonard, sortie inachevée en ce cas, puisque ce personnage revient célébrer chaque anniversaire avec ses sœurs d'Outremont.

C'est pourquoi le personnage de Suzanne Ménard apparaît si exceptionnel. Sœur de Ginette Ménard, elle n'a pas d'existence théâtrale : elle n'est qu'un des quelque cent vingt personnages cités dans *les Belles-Sœurs*. À Rose Ouimet qui demande : « Pis ta sœur ? », Ginette répond en effet :

> Suzanne ? C'est toujours la smatte d'la famille ! Sont toutes pâmés devant elle ! Y'a rien qu'elle qui compte. « Ça c't'une bonne fille. Tu devrais faire comme elle, Ginette. A l'a réussi, dans la vie, elle ». Moé, j'compte pas. Ils l'ont toujours aimée plus que moé. J'le sais. Pis asteur qu'est rendue maîtresse d'école, vous comprenez, c'est pus des maudites farces ! (*BS*, 93)

On n'en apprendra guère plus sur Suzanne, mais le fait que, dans l'univers de Michel Tremblay, une femme ait « réussi », et en devenant « maîtresse d'école », mérite qu'on s'y arrête.

Suzanne Ménard ne sera pas le seul personnage à s'orienter vers l'enseignement dans la dramaturgie de Tremblay, qui compte également un professeur d'université, Jean-Marc, « l'enfant de la Grosse Femme ». On apprendra également que Richard, son frère aîné, enseigne lui aussi, mais sans plus de précision. Si, dans *la Maison suspendue*, il est question de la vie professionnelle de Jean-Marc, c'est qu'il la remet en cause, questionnant en fait non pas tant son travail que les conditions dans lesquelles il doit l'exercer, avant de tenter l'expérience de la création littéraire. On pourrait dire ainsi que, dans l'univers institutionnel de la littérature, le professeur est le détenteur de la norme, de la *doxa*, alors que l'écrivain, comme Jean-Marc, choisit la libre écriture, c'est-à-dire le

---

8. Marie-Lyne Piccione, « De Michel Tremblay à Élizabeth Bourget : images de la femme dans le théâtre québécois contemporain », *Études canadiennes*, XV, décembre 1983, p. 47-52 ; Yolande Villemaire, « Il était une fois dans l'Est : l'empire des mots », Cahiers de théâtre *Jeu*, n° 8, printemps 1978, p. 62.

paradoxe. Le statut littéraire de la « maîtresse d'école » diffère de celui du professeur en ce qu'il est généralement connoté positivement, car il représente la voie d'accès à la *doxa*, normalement interdite aux femmes. C'est ce qui le rend « littérairement » plus intéressant que l'autre métier traditionnellement féminin qu'est celui d'infirmière[9].

Dans *les Belles-Sœurs*, le motif de « la maîtresse d'école » donne encore une envergure toute particulière au personnage de Pierrette Guérin. C'est Gabrielle Jodoin qui rappelle en effet :

> Quand a l'a fini ses études primaires, on y'a demandé [à Pierrette] c'qu'a voulait faire. A voulait faire une maîtresse d'école. Est-tait pour commencer ses études… Mais y fallait qu'a rencontre son Johnny ! (*BS*, 69)

On apprendra également que Pierrette était, à l'époque, une excellente élève, qu'elle avait décroché des prix : prix de français, prix d'arithmétique, prix de religion. Pour les belles-sœurs, il apparaît évident que l'obstacle au succès de Pierrette fut Johnny, « un vrai démon, sorti de l'enfer » (*BS*, 69). Et dans l'économie générale de la dramaturgie de Michel Tremblay, le personnage ou, devrais-je dire, les personnages de Johnny abondent. Johnny, en effet, est à la fois le *chum* de Pierrette, de Carlotta, de Betty Bird et de Louise Tétreault : un seul prénom désigne plusieurs figures, le plus souvent celle du grand séducteur qui abandonne les femmes qu'il a séduites. Johnny est également le nom que Tremblay donne au prince charmant des *Héros de mon enfance*, confirmant ainsi la valeur mythique et l'hérédité chargée du personnage. À plusieurs reprises, et sous diverses formes, les pièces de Tremblay déconstruisent les contes de fées et les romans d'amour à l'eau de rose qui servent néanmoins de canevas aux relations entre les hommes et les femmes, tels ces romans de Magali, que lit Lisette de Courval, et qui se trouvent pastichés dans le quintette intitulé « Une maudite vie platte ! », telles encore ces « vues françaises » que dénonce Rose Ouimet (« c'est facile pour une actrice de faire pitié dans les vues ! » *BS*, 101).

---

9. On retrouve le même motif dans plusieurs romans et nouvelles de Gabrielle Roy, notamment dans *la Petite Poule d'eau*. C'est encore ce motif qui ouvre *les Filles de Caleb*, d'Arlette Cousture : l'héroïne, Émilie Bordeleau, connaît une longue carrière d'institutrice alors que sa fille Blanche choisit le métier d'infirmière. On notera enfin que le rôle de professeur d'université a jusqu'à présent, dans la littérature québécoise, été réservé aux hommes.

Le diable et le bon Dieu

La séduction qu'opère le personnage de Johnny sur ces femmes est double. Je passerai rapidement sur l'attrait du « sacré impur [10] » qu'exerce le milieu qu'il représente, milieu de rêve et d'évasion, distinct de la vie quotidienne. En effet, Johnny, en plus de sa personne, offre la *Main* en partage, c'est-à-dire la scène, le *club*, tout ce qui apparaît à une jeune fille comme brillant et clinquant (et qu'on découvre sans appel dès que les premières rides font leur apparition). Cette dimension sacrée est confirmée dans la pièce par l'opposition entre le diable et le bon Dieu. Johnny, dans cette équation, est le diable, le « démon », pour utiliser le mot précis de Gabrielle Jodoin. L'abbé de Castelneau est « le bon Dieu en personne », c'est-à-dire celui qui organise les loisirs de la paroisse. Si Johnny séduit Pierrette Guérin par ses belles promesses, l'abbé de Castelneau séduit Lisette de Courval par la qualité de son langage. Se trouve ainsi créé un double rapport au langage, au cœur de la séduction même. D'une part, une séduction « du contenu », que représentent les promesses de Johnny et, d'autre part, les séductions « de forme » que représentent les paroles de l'abbé de Castelneau, mais aussi, dans une moindre mesure, celles du vendeur de brosses qui raconte des histoires salaces à Des-Neiges Verrette. La séduction « par le contenu » a pour effet premier de faire sortir les femmes du milieu familial et de les transformer en marchandises offertes sur le marché des valeurs sexuelles, mais sans la permanence et la sécurité garanties par le mariage. En effet, les promesses de Johnny ne sont pas sanctionnées par une institution sociale et, pour cette raison, contrairement à celle des maris, elles n'ont pas à être tenues. En revanche, la séduction « par la forme » est largement garantie, mais elle n'a pas à être matérialisée. Liée essentiellement à l'univers du sacré pur, elle peut conduire certaines femmes jusqu'au mysticisme, comme dans le cas de Manon.

---

10. J'emprunte cette expression à Yvon Desrosiers, qui oppose le *club* et la *Main*, lieux du sacré impur, à la famille et au quartier, lieux du sacré pur, opposition que Tremblay utilisera comme fondement de *Damnée Manon, Sacrée Sandra*. Voir « Structures du sacré dans le théâtre de Michel Tremblay », *Sciences religieuses/Studies in Religion*, X, 3, été/Summer 1981, p. 303-309.

Aussi bien reconnaître que seuls les hommes qui manient la parole et maîtrisent la langue opèrent la séduction, et que les deux maîtresses d'école apparaissent comme les relais féminins et nécessaires de cette séduction. On sait que le rôle social traditionnel de la maîtresse d'école est lié à l'enseignement de la norme linguistique. Suzanne Ménard parlerait alors la parole du bon Dieu. En revanche, ne dit-on pas de Pierrette qu'elle parle la parole du diable ? Dans un cas comme dans l'autre, ces femmes parlent les mots de quelqu'un d'autre. Aussi, cette dramaturgie nous entraîne-t-elle dans une réflexion sur l'autorité, celle du pouvoir et celle de l'auteur, autorité patriarcale, avec une sensibilité que les féministes de *La Vie en rose* avaient bien reconnue, puisqu'elles ont consacré à Michel Tremblay l'entrevue en tête du numéro « Des hommes pour le dire [11] », mais qu'on a à tort assimilée à une sensibilité féministe. Les femmes de Tremblay, quoique révoltées, demeurent muettes, incapables de formuler leurs revendications propres dans un langage qui soit le leur et qui, en ce sens, prendrait en charge aussi bien la *doxa* que le *paradoxe*.

La chanteuse western et le travesti

Cette forme symbolique de silence est la caractéristique la plus fondamentale des personnages féminins de Michel Tremblay, et elle traverse les quartiers comme les classes sociales. En témoignent notamment les sœurs Drapeau, dans *l'Impromptu d'Outremont*, qui ont toutes les quatre étudié un langage artistique dont elles croyaient pouvoir faire un usage public avant de découvrir que leur formation artistique n'avait pour seule fonction que d'ajouter à leur valeur sur le marché (privé) du mariage. Toutes les quatre se sont ainsi vu interdire l'accès à la parole publique. En tant que réflexion sur la dramaturgie, *l'Impromptu d'Outremont* superpose ainsi le problème de la norme linguistique à celui de la condition féminine. Le patriarcat se confond avec la *doxa*, prenant la figure de la norme, norme linguistique et norme littéraire à la fois. Les sœurs Drapeau n'ont pas, dans leur salon, le même plaisir à carnavaliser la langue que les belles-sœurs qui, dans leur cuisine, peuvent au moins se consoler, entre deux séries de

---

11. Voir l'entrevue réalisée par Marie-Claude Trépanier et Hélène Pedneault, « Appeler un chat un chat », *La Vie en rose*, n° 31, novembre 1985, p. 42-45.

mots croisés, de mots cachés, de mots-mystères, en disant avec Rose Ouimet : « J'parle comme que j'peux, pis j'dis c'que j'ai à dire, c'est toute ! » (*BS*, 25)

Le personnage de Johnny est celui qui permet à une maîtresse d'école de traverser Montréal vers la *Main*. L'univers de la *Main* est celui du spectacle, monde de saltimbanques où la parole est possible, quoique déterminée par les lois du marché, c'est-à-dire en autant qu'il assure la vente des places et le profit des propriétaires. La scène remplace la cuisine pour les femmes en verve, alors que l'arrière-scène appartient aux hommes qui gèrent tant le spectacle lui-même que les conditions de sa production. Le corps féminin est la monnaie d'échange, dans cet univers fortement lié à celui de la pornographie et de la prostitution. Comme Lisette de Courval, perdue dans ses romans d'amour, les femmes de la *Main* se noient le plus souvent dans un exotisme inscrit jusque dans leurs noms : Carlotta, Lola Lee, Lyla Jasmin, Gloria Star, Betty Bird, et même Carmen. Leur métier est de vendre du rêve, ce rêve qu'elles ont acheté elles-mêmes au début de leur carrière.

De Carlotta, qui joue un rôle de soutien dans le spectacle de chiens du Coconut Inn, jusqu'à Carmen, qui écrit les paroles de ses propres chansons pour le public du Rodéo, les femmes de la *Main* connaissent une évolution que les femmes du Plateau Mont-Royal semblent ignorer dans l'apprentissage d'une parole autonome. Le succès de Carmen est d'abord lié au référent de ses chansons. Elle qui a passé des années, dit-elle, à chanter un Colorado imaginaire, revient de Nashville pour parler de la *Main* et des personnes qui y vivent, répondant en cela au souhait de Rose Ouimet qui constate, de son côté, que les « vues françaises » ne décrivent pas la réalité, laquelle est, par opposition au rêve, le triste lot des femmes du Plateau Mont-Royal [12]. La langue de Carmen constitue l'autre élément de son succès. Des chansons en espagnol, sur des rythmes sud-américains, de Gloria à celles de Carmen, qui chante en français et qui, peu à peu,

---

12. On trouve un écho de ce souhait chez la Grosse Femme qui, jusqu'à ce qu'elle découvre *Bonheur d'occasion*, préférait, pour leur exotisme, les romans tirés de la littérature française du XIXᵉ siècle et qui, par la suite, leur reproche de toujours « se passer ailleurs ».

espère « pouvoir abandonner tranquillement le western pour [se] trouver un style à [elle] » (*SCM*, 66), la question de la langue d'interprétation continue de se poser d'une pièce à l'autre, jusqu'à *l'Impromptu d'Outremont*. Fernande Drapeau peut bien conserver dans son grenier une correspondance littéraire écrite dans un français soigné, Lisette de Courval peut toujours essayer de « bien perler », le succès sera celui de Carmen, en langue populaire.

Ce succès sera bref, ne durant que le temps d'une représentation de son spectacle. Carmen est assassinée par Tooth Pick, sur l'ordre de Maurice, pour s'être approprié la parole publique et ainsi avoir désobéi à la loi du Père [13]. Malgré cette mort, il faut bien constater que Carmen est le seul personnage féminin créé par un homme dans la dramaturgie québécoise contemporaine, qui choisisse la parole au risque de sa vie. Francine Noël conclut à juste titre son « Plaidoyer pour mon image » en rappelant que le personnage de Carmen, contrairement à la Sarah Ménard de Jean-Claude Germain, « refuse de n'être que la voix d'un discours étranger, de rester interprète [14] ».

Carmen n'est pas la seule à mourir sur ordre de Maurice. Deux semaines auparavant, on trouvait la duchesse de Langeais assassinée dans un parking. L'assassinat, à deux semaines d'intervalle, des deux seuls personnages à avoir tenté de prendre la parole de manière autonome n'est pas un hasard. On ne peut comprendre la place des femmes dans la dramaturgie de Michel Tremblay sans y saisir en même temps la place du féminin. Les personnages de travestis sont alors d'une importance capitale. Ces hommes, qui vivent avec les attributs extérieurs de la féminité et qui s'identifient le plus souvent aux rôles traditionnellement féminins, subissent la même loi patriarcale que les femmes, et ils parlent eux aussi les mots écrits par les autres. Édouard est ainsi travesti en duchesse de Langeais, mais la duchesse est elle-même travestie, comme en un second

---

13. Il faut rappeler ici l'étude de Patricia Smart, *Écrire dans la maison du Père* (Montréal, Québec/Amérique, coll. « Littérature d'Amérique », 1988) qui, bien que portant sur le roman québécois, n'en permet pas moins une intéressante lecture de cette problématique de la loi du Père et de l'ordre patriarcal dans la dramaturgie de Tremblay.

14. Francine Noël, « Plaidoyer pour mon image », Cahiers de théâtre *Jeu*, n° 16, 1980.3, p. 41.

temps, en Shirley Temple, en Mae West, en Bette Davis, en Sarah Bernhardt dans le rôle de l'Aiglon. Claude Lemieux, alias Hosanna, joue lui-même le rôle d'Elizabeth Taylor dans le rôle de Cléopâtre. On peut ainsi comparer la démarche de Lisette de Courval, de Carmen, de la duchesse de Langeais et d'Hosanna, quatre personnages qui ont un rapport très particulier au langage et à la culture. Lisette de Courval (on pourrait ajouter Fernande Drapeau) et la duchesse de Langeais privilégient la grande culture française, alors que Carmen et Hosanna choisissent les formes américaines plus populaires. Aussi n'est-ce pas non plus un hasard si nous apprenons, dans les « Chroniques du Plateau Mont-Royal », que le journal de voyage qu'Édouard a écrit en France, et qui témoigne de sa déception face à la culture et à la société françaises, est remis à Hosanna, comme pour marquer une trajectoire vers la reconnaissance d'une culture nord-américaine.

Hosanna est celui qui vit la première étape dans l'élimination du féminin chez les personnages de Tremblay. Objet d'une immense moquerie dont la *Main* parlera longtemps, il est conduit, par là même, à remettre en question sa féminité et à assumer sa condition d'homme. La pièce qui porte son nom se termine sur ces paroles qu'il répète maintes fois et dont la reconnaissance par Cuirette/Raymond est l'enjeu du deuxième acte : « Chus t'un homme. » Le personnage de Serge dans *Bonjour, là, bonjour* vit l'étape suivante par le dédoublement de l'identité sexuelle. Serge n'est pas un travesti. Il tombe amoureux de sa sœur, avec qui il a une relation incestueuse mais malgré tout présentée comme égalitaire et profondément narcissique : Nicole peut être vue comme le double de Serge, comme cette féminité détachée de lui-même, mais encore assez proche pour qu'il en tombe amoureux. Cette division du féminin et du masculin permet également au personnage d'entreprendre la réconciliation avec le Père. *Bonjour, là, bonjour* est en effet la première pièce du Cycle où le père assume une réelle présence, n'ayant été jusque-là mis en scène que pour désigner son insignifiance. Ce processus de réconciliation sera poursuivi, mais pas atteint, dans *le Vrai Monde ?* où, pour la première fois dans cette dramaturgie, quelqu'un prend la parole sans en mourir : ce sera un homme qui a écrit une pièce, pour parler notamment des femmes de sa famille.

59

Dans le Cycle des *Belles-Sœurs*, l'écriture opère ainsi l'effacement progressif du féminin. Des personnages féminins aux travestis, puis au personnage masculin amoureux de son double féminin et, enfin, au jeune homme qui écrit l'histoire des femmes de sa famille se creuse une rupture de plus en plus grande entre les deux sexes, rupture qui mime, mais à l'envers, la situation d'isolement qui caractérisait au départ les relations entre les hommes et les femmes dans la dramaturgie de Tremblay. Le personnage masculin sans féminité ne sera cependant sans doute jamais atteint, car il est le Père lui-même, personnage hautement symbolique en ce qu'il représente la Loi, mais dont pourtant on voudrait faire un homme tout simplement. *La Maison suspendue* met en scène un « nouveau père », c'est-à-dire un père qui refuse d'exercer l'autorité patriarcale de manière traditionnelle et qui, par conséquent, demeure avant tout un fils : ainsi, Mathieu parle-t-il souvent de sa propre famille, qu'il n'a guère connue, et il envie son fils Sébastien [15]. Une dramaturgie qui posait le problème de la rupture entre l'univers des hommes et celui des femmes devient ainsi une dramaturgie préoccupée de la relation entre le fils et le père, à propos des femmes. Carole Fréchette est sans doute la seule à avoir posé justement ce problème, dans un texte sur *le Vrai Monde ?* précisément, en voyant les personnages féminins « comme les véhicules d'une autre parole ; elles devenaient transparentes et avec elles, je pouvais apercevoir "le jeune auteur" qui "réglait ses problèmes" [comme le dit Madeleine à son fils] avec un homme, ou avec les hommes, ou, à tout le moins, avec un certain modèle masculin ; [... j'entendais la voix] d'un homme qui exprime son propre rejet à l'égard d'autres hommes [16] ».

En fait, la dramaturgie de Tremblay est d'abord et avant tout une réflexion sur le pouvoir et une critique du pouvoir patriarcal. Que cette réflexion se soit d'abord appuyée sur une analyse de la condition des femmes n'est guère étonnant puisque, là, ce pouvoir se trouve exercé de

---

15. Sur cette relation entre le Père et le Fils, on peut lire Madeleine Ouellette-Michalska, *l'Échappée des discours de l'Œil*, édition revue et augmentée, Montréal, l'Hexagone, coll. « Typo », 1990.

16. Carole Fréchette, *loc. cit.*, p. 90.

la manière la plus violente et la plus immédiate : par le meurtre (de Carmen), le viol (de Rose Ouimet et de Marie-Lou), la séduction (de Lise Paquette, de Pierrette Guérin), la prostitution (de Betty Bird). Il s'y trouve également exercé par le confinement à la vie privée que vivent en particulier les belles-sœurs et les sœurs Drapeau, et par l'exploitation sexuelle de l'ensemble des femmes de la *Main*. La situation théâtrale pose cette problématique sur le terrain de la parole. Les femmes « placotent », « jasent », « se chicanent », « prient » ou « interprètent » pour n'utiliser que quelques mots d'un vocabulaire fort riche qu'elles utilisent elles-mêmes pour désigner la situation linguistique qui est la leur. Cependant, elles ne « parlent » pas – le mot lui-même n'apparaît jamais pour désigner la parole féminine – et, de toute manière, personne ne les écoute, ce dont elles se plaignent abondamment. Carmen est, avec Suzanne Ménard – mais celle-ci n'a pas d'existence théâtrale –, la seule exception, et elle en meurt.

L'élimination du féminin a pour effet premier de raffiner l'analyse du patriarcat et de situer le rôle du Fils, en particulier du fils marginal qui refuse les attributs conventionnels de la masculinité. Elle a pour effet second d'introduire des personnages qui maîtrisent la parole et qui peuvent même la créer, personnages d'écrivains et de rêveurs. Les seules femmes à survivre à ce processus seront Albertine, Madeleine et la Grosse Femme, archétypes du personnage de la mère, jusque-là absente de cette dramaturgie. On me répondra que la plupart des « belles-sœurs » ont des enfants, ce qui est juste. Leur fonction dramatique est toutefois celle de créer une collectivité réunie par une condition qui leur est commune, la condition féminine, dont la maternité n'est qu'un aspect, et même un aspect plutôt secondaire dans les premières pièces du Cycle. C'est cette dimension collective, la création d'un groupe social, que désigne le titre même du Cycle, *les Belles-Sœurs*, alors que les pièces plus tardives ins-crivent une logique de filiation et, de ce fait, privilégient une probléma-tique de la famille où les femmes sont d'abord et avant tout définies par leur fonction maternelle. Ainsi, à la fin du Cycle et dans les œuvres qui vont suivre, qu'elles soient dramatiques ou romanesques, la mère rem-place la fille comme figure féminine maîtresse du milieu social fictif. Le romancier et dramaturge remonte ainsi le temps, vers les générations antérieures, où Thérèse et Marcel cèdent la place à leur mère Albertine, et même à leur grand-mère Victoire. La maternité remplace la parole comme œuvre de création réalisée par les femmes[17].

Une telle démarche nous ramène à première vue bien en deçà du point de départ. En effet, ce qui se présentait comme une problématique centrée sur le rôle social des femmes et sur leur accès (ou leur non-accès) à la parole publique, a fait place à une problématique centrée sur les relations entre les hommes et sur les relations entre les hommes et leur famille, par la réduction du rôle des femmes à celui de mère. Les personnages masculins les plus récents sont ainsi, pour la plupart, homosexuels et non travestis, tels Jean-Marc et Mathieu dans *la Maison suspendue*. Mal accepté, souvent tabou, le personnage homosexuel, dans la littérature et dans la dramaturgie, a été longtemps peint sous les traits d'une femme, créant ainsi un personnage hybride, une figure féminine qui refuse le rôle traditionnel des femmes. De même, les relations homosexuelles ont été elles aussi maquillées. C'est sans doute une des caractéristiques de la dramaturgie québécoise des années quatre-vingt que la « découverte » de l'homosexualité par l'abandon du travestissement. Dans la dramaturgie de Tremblay, ce travestissement a permis la création de superbes personnages féminins, étonnants de force. En revanche, il obligeait, chaque fois, la destruction, par le silence ou par la mort, de ces personnages qui érigeaient un mur contre l'expression d'une problématique de l'homosexualité. Ainsi, dans un univers essentiellement *doxique*, un univers hétérosexuel, Michel Tremblay créait-il un espace où le *paradoxe*, tel Hosanna, pouvait survivre et s'exprimer. C'est là, d'ailleurs, ce qui distingue la dramaturgie de Michel Tremblay d'une dramaturgie qui serait féministe. Dans le premier cas, les homosexuels constituent le *paradoxe* dans une société hétérosexuelle et, dans le second, les femmes sont le *paradoxe* dans une société dominée par les hommes. Il en résulte de réelles alliances dans la remise en question du patriarcat, alliances cependant fragiles et parfois difficiles, dont la relation entre Édouard et Albertine, telle que mise en scène dans *la Maison suspendue,* est le prototype.

---

17. On pourrait voir en cela l'inversion du schéma présenté par les romans de Gabrielle Roy où des personnages définis par leur rapport à la maternité (comme Florentine et Rose-Anna dans *Bonheur d'occasion*) font place à des personnages d'écrivaines.

Une fois la véritable problématique de cette dramaturgie exposée, la parole dont il est question devient celle du Fils. L'enjeu des deux pièces les plus récentes ne concerne-t-il pas, en effet, la capacité créatrice des fils ? Les femmes y parlent encore la parole de quelqu'un d'autre, désormais celle du Fils plutôt que celle du Père. La parole du Fils est toutefois moins autoritaire ; elle laisse place au *paradoxe*. Aussi voit-on Madeleine se rebiffer ou discuter, et l'on entend avec plaisir le rire de la Grosse Femme qui, dans *la Maison suspendue*, monte sur les planches pour la première fois :

> J'connaissais pas c'te femme-là, Mathieu. Depuis combien de temps c'te femme-là était pas entrée dans l'eau comme ça ? Pis tout d'un coup, a'l' a envoyé sa tête un peu plus par en arrière, pis a' s'est mise à rire... Un rire d'enfant content qui découvre l'eau d'un lac pour la première fois [...].
>
> *La grosse femme se met à rire.* (*MS*, 117)

PIERRE GOBIN

Portrait de l'artiste
en Protée androgyne

L'œuvre de Michel Tremblay semble se constituer à travers un ensemble de stratégies textuelles qui évoquent plus ou moins métaphoriquement des travaux de production textile. Il y a quelques années, Dominique Lafon et moi-même nous rencontrions (à notre insu) pour voir dans les processus intertextuels qui s'y exercent une espèce de tissu [1] : je parlais alors de « trame des romans, chaîne des drames » pour décrire la construction des réseaux temporels, en diachronie dans un cas – ce que confirme la désignation de « Chroniques » – en synchronie dans l'autre. Depuis, élargissant l'application d'une image récurrente des romans, celle des sœurs-Parques visibles-invisibles sur la galerie de leur demeure, au 1474 de la rue Gilford, l'éditeur de Tremblay a pu écrire, à propos du *Premier Quartier de la lune*, dernier volume des « Chroniques du Plateau Mont-Royal », que l'écrivain « avec des mailles de réalisme et de fantastique nous a tricoté un grand morceau de l'histoire de la rue Fabre ». Par ailleurs, lecteurs-spectateurs et critiques ont pu déceler, dans l'ensemble du corpus, des motifs, des dessins (manifestations de desseins plus ou moins délibérés, projections de préoccupations subconscientes, de hantises ou de fantasmes personnels, affleurements de l'inconscient du texte) tout à fait analogues aux figures dans le tapis (« figures in the carpet ») dont parlait Henry James. Je pense que toutes ces lectures demeurent dans l'ensemble valables, et que la parution de nouveaux romans ou la représentation de nouvelles pièces ne les infirment aucunement, même si le

---

1. Pierre Gobin, « Michel Tremblay : An Interweave of Prose and Drama », *Yale French Studies*, n° 65, 1983, *The Language of Difference : Writing in Quebec(ois)* edited by Ralph Sarkonak, p. 106-123. [Le titre de l'original en français – inédit – se lisait : « Chaîne des romans, trame des drames » ; ce texte avait été rédigé en 1981-1982.] Dominique Lafon, « Dramaturgie et écriture romanesque chez Tremblay », Cahiers de théâtre *Jeu*, n° 21, janvier 1982, p. 95-103.

développement de l'œuvre oblige à quelques mises au point : ainsi *Albertine, en cinq temps* modifie notre perception de la synchronie dramatique ; *le Cœur découvert* et *la Maison suspendue* dévident et remontent d'autres fils que ceux qui tricotent le destin des habitants de la rue Fabre ; *le Vrai Monde ?* évoque davantage des jeux de miroirs et de prismes que des motifs de tapisserie. Mais il y a lieu, peut-être, de reconsidérer les problématiques *binaires* qui sont postulées par les métaphores textiles « directes », si appropriées qu'elles puissent être, si susceptibles d'élaboration et de développement, si aptes à la formalisation et au travail cybernétique. Il y a lieu, d'une part, d'envisager non seulement les « pleins » que constituent les « fils », mais aussi les « vides » que dessinent les mailles du réseau ou les boucles du tricot : le chroniqueur de la rue Fabre a commencé par des échappées vers la spéculation/fantaisie sinon la science-fiction, et le « fantastique » de Mauve, Rose, Violette et Florence ouvre des univers plus structurés qu'on ne le soupçonne. Il convient aussi, d'autre part, de considérer le « montage » des éléments textiles/textuels, la façon dont ils s'assemblent selon des « patrons », afin de couvrir non des surfaces mais des volumes, comme le font les vêtements « ouverts » et pas seulement les « pattes de bébés » refermées en boules ; là encore, c'est à travers le discontinu que le continu doit être élaboré. Par ailleurs, les motifs « visibles » à l'endroit de la tapisserie ou de la broderie résultent d'un travail « à l'envers » que l'on ne saurait négliger[2] ; il faut suivre les fils qui se manifestent en des « points », épouser les détours des nœuds qui rendent possible la matérialisation du carton et donnent au « dessin » sa couleur et sa *texture*. Enfin et surtout, il faut tenter de voir comment le tissu textuel, susceptible de « mille et un plis » comme l'inconscient du poète selon Butor (*Matière de Rêves V*), ou comme le temps humain selon Cocteau, est retenu lorsqu'il revient sur lui-même, « broché » comme un livre, épinglé comme une liasse : car l'œuvre de Tremblay offre, je crois, une cohérence cumulative particulière, analogue à celle que supposait Pascal lorsqu'il rassemblait des fragments sur des cordelettes dont la disparition n'a laissé que des

---

2. Cette association est mise en évidence dans le roman de Marie Cardinal : *le Passé empiété*, en partie grâce à la polysémie du titre qui renvoie à un point de broderie en même temps qu'à une expérience vécue et à sa transposition romanesque.

trous et nous réduit à des hypothèses sur l'organisation du grand traité d'*Apologie de la religion chrétienne*, ou que constituait Proust en enfilant ses « paperolles ». Seulement, chez le Québécois, les trous et les nœuds ne sont pas (pour autant que je sache) des procédures pour *penser/classer*, ou pour servir le « discours d'un récit[3] », mais des modalités de l'énonciation qui, au-delà du mouvement de navette régissant la constitution du texte même, rassemblent les éléments produits[4]. Les traces qui en résultent sont donc sans doute moins les vestiges « archéologiques » du travail préliminaire à une entreprise consciente, visant à un « traité », à une « recherche », à un « mode d'emploi » *méthodiques,* que les marques « organiques » de modes d'articulation inhérents à la création poétique elle-même, à son *système,* en somme. « Trous et nœuds » ne relèvent donc pas du paratexte ou du « péritexte » (comme un échafaudage ou un plan d'architecte) mais du texte même qu'ils ont pénétré et en quelque sorte programmé (on pourrait alors les situer au niveau du « génome »). Ils peuvent toutefois être visibles en clair dans les énoncés de Tremblay, séparément[5] ou conjointement.

Ainsi, dans ce texte du *Premier Quartier de la lune,* le trop-plein du signifié (qui pourtant renvoie à une prise de conscience du délaissement total et de la malédiction) se manifeste, chez Albertine, par un vide du signifiant que l'auteur doit cerner et traduire dans le discours :

---

3. Je pense ici au livre de Georges Pérec : *Penser, classer* et à ses propres techniques de création romanesque, ainsi qu'aux « textamorphoses » de Michel Butor.

4. La « continuité » du texte de Tremblay est en effet découpée de maintes façons, soit pour les commodités de la mise en scène ou de la lecture, soit en fonction de nécessités « internes » – changement de point de vue par exemple. Je ne m'attaquerai pas ici à ce problème, qui mérite une étude détaillée. Il serait sans doute intéressant d'examiner par ailleurs comment le métier de typographe exercé par Tremblay de 1963 à 1966 a pu influencer ses procédures de composition : d'autres grands réorganisateurs du réel, Restif de la Bretonne, Honoré de Balzac et même Charles Dickens ont appris à se situer « à partir de Gutenberg ».

5. Un relevé exclusif des diverses occurrences serait un travail de longue haleine qui devrait être constitué comme une concordance « hiérarchisée » de l'œuvre de Tremblay, les termes « simples » et les ensembles analogiques auxquels ils renvoient étant classés à un premier niveau, les termes polysémiques pouvant servir d'entrée dans plusieurs schèmes métaphoriques et/ou métonymiques étant localisés à un « degré » plus élevé, les termes « hyperstructurants » qui semblent indiquer des replis du discours dans *l'ensemble* de l'œuvre formant le « troisième degré » qui m'intéresse ici.

« [...] Y brille pas dans' noirceur, non plus, on a de la misère à le trouver le jour !
Y... Y... »

Elle s'arrêta. La source n'était pas tarie, mais les mots manquaient. Elle gardait
la bouche ouverte, sa bouche était remplie de choses laides à dire absolument,
des accusations, des plaintes, des malédictions, mais rien ne sortait et elle restait
figée près de l'évier, tragique statue oubliée dans une cuisine pauvre, impuissante dans son manque de vocabulaire. (*PQL*, 132-133) [6]

Mais, même dans ce cas, la langue nouée et le scandale de l'impuissance
reprennent un nœud et un vide « structuraux » qui étaient déjà en évidence à
la fin des *Belles-Sœurs* sans être explicités par le discours de l'auteur :

GERMAINE LAUZON – Mon dieu ! Mon dieu ! Mes timbres ! Y me reste
pus rien ! Rien ! Rien ! Ma belle maison neuve ! Mes beaux meubles ! Rien !
Mes timbres ! Mes timbres !
*(Elle s'écroule devant une chaise et commence à ramasser les timbres qui
traînent. Elle pleure à chaudes larmes. On entend toutes les autres à l'extérieur
qui chantent le « Ô Canada ». À mesure que l'hymne avance, Germaine
retrouve son « courage » et elle finit le « Ô Canada » avec les autres, debout
à l'attention, les larmes aux yeux. Une pluie de timbres tombe lentement du
plafond...) (BS*, 109) [7]

---

6. Le ressentiment de la mère de l'enfant « fou », Marcel, dont elle vient d'apprendre que
l'école ne pourra plus le garder, face à la mère de l'enfant « génial », « qui brille dans'
noirceur », la Grosse Femme, est proprement indicible. Mais en même temps que sa langue
est « nouée » (ce qui conduit à l'aphasie, comme le « nœud de l'aiguillette » conduisait à
l'impuissance), sa bouche est remplie d'un « nœud » (analogue au « nœud de vipères »),
où s'enlacent, s'accouplent, se stimulent toutes sortes de « choses » monstrueuses,
émanations de paroles maudites. Ainsi le *trou de l'expression* est rempli et bloqué par un
nœud des contenus, qui réunit des fils multiples.

7. Germaine hurle sa frustration, sa conscience de se trouver en présence d'un *vide*
(« rien ») dont les bords sont remplis par les objets dont elle a rêvé (« ma belle maison
neuve !... »). Elle invoque la transcendance dans une parole *vaine* (« Mon dieu », sans
majuscule, pur explétif) pour réclamer une grâce « fiduciaire » ou fictive (« Mes timbres
bres », reprise évidée du « mes gages » de Sganarelle à la fin de *Dom Juan* de Molière),
qu'elle recevra en effet (une « pluie de timbres » qui fait d'elle un simulacre stérile de
Danaé).

En même temps, la communauté des jalouses (qui a exclu cette protagoniste dérisoire)
s'est *nouée à l'extérieur*, à travers un « catalyseur d'unanime » mystifiant pour cette
collectivité spécifique – il ne le serait pas pour des hommes associés au pouvoir politique,
disons des députés au Parlement fédéral – ; Germaine ne peut résister à l'appel de cette
fausse communauté et chante « avec les autres » (ce qui revient à dire qu'elle *renoue*), elle
fait plus, elle se raidit « à l'attention », marionnette réifiée, manipulée par un surmoi fictif
(c'est-à-dire une *idée vide*).

Les larmes de Germaine sont au premier degré (voir note 5), une réaction purement
émotive et un substitut de discours (dans l'expérience « vécue » et dans la gestuelle
théâtrale) ; mais au second degré, elles expriment une sublimation factice, une expérience
quasi religieuse ; et elles ont aussi une signification au troisième degré, et pour nous
spectateurs-lecteurs (ce que Jean-Claude Germain traduit dans sa préface à la première
édition : « Regardez bien ! C'est comme ça ! C'est aussi pire que ça ! ») : le « chagrin et
la pitié » qui suscitent une catharsis moderne.

La pièce de Tremblay figurait ainsi, sinon comme le lien qui traverse les « trous » (de l'expression, du contenu) et constitue, en revenant sur lui-même, les « nœuds » qui inhibent mais peuvent aussi rassembler, du moins comme une espèce de vecteur fantôme où ce lien pourrait « passer », à travers la verticalité trompeuse qui fait se dresser Germaine « à l'attention » – la « charmant » comme le cobra qui s'élève du vase, ou la corde qui se déroule vers le haut aux sons de l'instrument du fakir[8] – et laisse pleuvoir des timbres-primes comme une grâce fétichisée. *La Maison suspendue* propose, à travers le « dit » de Josaphat, un personnage charismatique, artiste à l'état sauvage et père caché – à la fois agent de la magie et métaphore du sacré, dont le nom évoque les fins dernières[9] – un discours de la verticalité, et une image très explicite de ce lien :

> JOSAPHAT, *choisissant ses effets* – R'garde sus le toit… ça paraît pas encore à c't'heure-citte parce qu'y fait trop clair… mais… y'a une corde qui part du toit pis qui monte jusqu'au ciel ! Pis au bout de la corde, y'a une ancre de bateau ! Notre maison est pas posée sur la terre, Gabriel, notre maison est suspendue au bout d'une corde pis d'une ancre de bateau plantée dans le ciel ! (*MS*, 40-41)

Par ailleurs, les personnages qui se manifestent dans cette maison suspendue – espèce d'arche polysémique, châsse où repose le gage d'une alliance avec le cosmos et nef qui vogue sur le temps humain et les vagues de l'histoire[10], véhicule du sacré dans l'un et l'autre cas – reprennent, à des intervalles de quarante ans, des configurations analogues, même si les conditions sociales et les transpositions (évhéméristes) de l'expérience vécue y introduisent des différences de « tout ».

---

8. Il s'agit précisément là, pour Peter Brook, d'un des ressorts les plus puissants que la magie théâtrale puisse exercer sur l'imaginaire (*The Empty Space*, London, Mc Gibbon and Kee, 1968, *in fine*).

9. Dans *la Bible, Joël* 3, 2 : « Je les ferai descendre dans la vallée de Josaphat » et 3, 12 : « que les nations se révèlent et qu'elles montent dans la vallée de Josaphat » préfigurent l'*Apocalypse* et indiquent le double mouvement des âmes devant comparaître au Jugement Dernier ; mais les deux *sens* postulent une même *direction*, verticale.

10. Cette maison suspendue, la famille doit s'en déposséder en 1910, y reparaît de façon précaire en 1950, se la réapproprie en 1990 : elle ressemble à l'héritage québécois. Les membres de cette famille sont bien sûr des personnages très présents à travers le reste de l'œuvre romanesque et dramatique, ceux de 1910 et 1950 dans le répertoire et les chroniques de la rue Fabre, ceux de 1990 dans *le Cœur découvert*, « roman d'amours » et dans *les Anciennes Odeurs*.

En 1910, Victoire (« la trentaine ») a pour fils Gabriel, 11 ans, et pour frère Josaphat-le-Violon, la trentaine. Mais Josaphat est le véritable père de l'enfant. La faille de la malédiction portée sur l'inceste traverse le nœud familial redoublé ; de plus, Josaphat l'artiste est inhibé dans l'action, la très pratique Victoire impuissante devant le symbolique, et l'enfant au prénom d'ange annonciateur dépossédé de son héritage.

En 1950, la Grosse Femme (« la quarantaine »), épouse de Gabriel – qui n'apparaît pas dans cette génération – et mère de trois enfants – dont celui qui, dans tout le corpus, n'est jamais désigné que comme « l'enfant de la grosse femme », mais dont le regard est celui de l'auteur, omniprésent et caché –, se trouve dans la maison avec son beau-frère Édouard (« la quarantaine »), la sœur de celui-ci, Albertine (« la quarantaine »), et le fils de cette dernière, Marcel (« 11 ans »).

Ici les liens du sang ne sont pas renforcés par des liens (quasi) conjugaux. D'ailleurs, Albertine hait Édouard (elle ne peut accepter que son frère soit homosexuel), de même que son propre fils (qui présente trop de signes d'aliénation mentale), et elle ne tolère sa belle-sœur que comme la médiatrice qui permet aux tensions d'être sinon sublimées ou dialectisées, du moins « tamponnées » par l'humour et l'amour. Le nœud familial pourrait bien être un nœud de vipères (comme dans *En pièces détachées*, ou dans les premiers romans des « Chroniques »), s'il n'était ainsi aéré grâce au membre par alliance de la famille. Par ailleurs, ce qui durcit Albertine envers ses proches, c'est, en partie du moins, l'angoisse de voir la famille perdue (un célibataire affirmé, un enfant fou) et sa propre « mission » de femme anéantie, la confirmation qu'elle est une mauvaise sœur et une mauvaise mère, et elle se crispe autour de ce vide.

Le troisième groupe de personnages (1990) ne compte plus de femme : pourtant Jean-Marc (« la quarantaine ») et Mathieu (« la trentaine ») forment un couple, et accordent à Sébastien, « 11 ans », le fils de Mathieu, une attention et un amour tout à fait parentaux. Mais cette « famille » comporte tout de même une faille, puisque l'enfant est seulement *en visite* auprès de son père et de l'amant de celui-ci.

On le voit, une même problématique traverse les trois époques : celle de l'impossible famille, ou plutôt celle de l'amour traversé par des malédictions sociales ou psychiques. Menacée de sombrer, l'arche est sauvée par l'art, la poésie, l'invention (Josaphat-le-Violon, conteur et ménestrier, est relayé par Édouard, qui même loin de la *Main*, conserve le génie de *la Duchesse de Langeais* pour relancer l'imaginaire, et par l'écrivain en puissance qu'est Jean-Marc). Menacée d'être emportée par ses voiles trop vastes, la nef se maintient grâce à son ancre, le travail de Victoire la boiteuse (qui garde un pied sur terre), le bon sens généreux de la Grosse Femme, la bonne volonté et la disponibilité de Jean-Marc, homme de la ville perméable à la nature, père aliéné accessible au merveilleux de l'enfance.

De même qu'elle réunit deux mondes, populiste (1950) et intellectuel (1990), au lieu des origines, en cette maison de Duhamel dont se dégage « *une étrange et puissante énergie* […] *comme si toute l'histoire du monde s'y était déroulée* » (didascalie initiale, *MS*, 11) au bord de ce cratère ombilical qu'est le lac, et en invoquant un cosmos et une nature qu'on n'avait encore rencontrés au théâtre que dans *Albertine, en cinq temps*, *la Maison suspendue* semble élucider un paradigme présent dans toute l'œuvre antérieure. Certes, les personnages dont les trois groupes distincts, séparés par quarante années « objectives », reprennent une problématique analogue, coexistent sur la scène – ce que la mise en scène de Brassard à la Compagnie Jean-Duceppe soulignait en attribuant les trois rôles de « Gabriel, 11 ans », « Marcel, 11 ans » et « Sébastien, 11 ans » au même jeune comédien –, et leurs dialogues se développent en contrepoint[11]. Mais la pièce organise une « liasse » pascalienne autour d'une métaphore fondamentale[12] qui est ici explicitée en dépit des incertitudes de l'improvisation du conteur qui navigue « entre dieu et yable », entre réprouvés confiants en la chasse-galerie et anges gardiens ramenant à tire d'ailes vers le lieu appointé, sans pourtant jamais quitter tout à fait le domaine du sacré.

---

11. Nous avons donc une composition *musicale*, peut-être moins évidente que dans *l'Impromptu d'Outremont* ou *le Vrai Monde ?*, mais apparentée. Le goût de Tremblay pour l'*oratorio* et les effets qu'il en tire semblent mal appréciés par la plupart des critiques : la vieille accusation de « statisme » qui avait marqué la réception de *Sainte Carmen de la Main* refait surface à propos de *la Maison suspendue*. En fait, le cadre et les personnages renvoient ici plutôt à *Albertine, en cinq temps*, et l'atmosphère poétique associée à un « dialogue de morts » évoque – pour moi du moins – le merveilleux *Quatre à quatre* de Michel Garneau, et confirme la puissance lyrique de Tremblay, qu'il faudra bien étudier un jour.

12. Qu'il faut bien sûr se garder de confondre avec une « métaphore obsédante » selon Mauron, qui permettrait d'accéder au mythe fondamental de l'écrivain. Cela suppose

En ce sens, le vide (ou la succession de trous superposables) n'est peut-être que la zone inaccessible que constituent les interdits au cœur du quotidien. Une telle hypothèse permettrait alors de rendre compte du *réalisme magique* de tout l'œuvre tremblayen : le tissu des représentations du vécu, avec ses lieux, sa temporalité, ses expériences et ses personnages familiers, se trouve traversé par l'insolite, le merveilleux ou l'inacceptable, dont la perception en définit l'histoire (ou la fable), en diachronie, et établit les conditions du drame (confrontation) ou de l'accord (harmonie), en synchronie.

Le monde « réel », avec ses références objectives et ses expériences communes, se trouve alors traduit en univers, à travers le déroulement sélectif d'épisodes *attestables* ou *idiosyncratiques* (trame fictionnelle), ou la conjonction de forces incarnées en figures *plausibles* ou *surprenantes* (surgissement du drame). Dans les romans, la reconstitution de « moments privilégiés » tend vers l'indicible, même si le témoin en est posé, car il est arraché au contingent par une sorte de grâce ou par une horreur sacrée. Grâce, comme la découverte du royaume caché de Marcel par l'enfant de la Grosse Femme, qui, touchant le front de son cousin, endormi après une crise épileptique, éprouve le jaillissement d'une « nuée d'oiseaux […] de toutes les couleurs en même temps […] [q]ui éventaient le front de Marcel endormi [et qu'il regarde] *ravi* incapable de suivre le vol d'un seul oiseau mais tout à fait habile à sentir la pulsation de la nuée parce qu'elle formait un être complet ». (*PQL*, 118)[13]

cependant une corrélation *positive* (*évhémériste*) entre l'expérience et la création. Malgré la cohérence et la récurrence de plusieurs schèmes chez Tremblay, je crois impossible de proposer *une* lecture à visée totalisante d'un corpus où le jeu des *persona* est si riche, et où les coups de sonde jetés dans les « trous » conduisent souvent à des observations « indécidables ». Ma lecture est donc « négative » (comme on parle de théologie négative) ; mais ici Tremblay invite à la superposition et métaphorise la verticalité, même si l'ancrage de Josaphat est mouvant.

13. C'est moi qui souligne. On remarquera que l'épisode de *La grosse femme…* (p. 98-99) est aussi traduit en vision d'un *oiseau* et que Ti-Lou, « crucifiée à sa fenêtre » et qui lance un hurlement qui se répercute « partout », est substituée à « quelqu'un d'autre ». (*GF*, 282-283) Toute la question de l'émergence symbolique est déjà posée ; mais ceci appellerait une longue analyse d'expériences comme celle de Béatrice « témoin indigne de ce premier grand amour barbouillé de sang et d'encre » (*GF*, 100). « L'être complet » du *Premier Quartier…* unit la volée d'oiseaux (objet, projection), le corps de Marcel parcouru de décharges électriques (site, événement, dynamique) et la conscience du témoin (récepteur privilégié/émetteur distancié ou *alter ego* de l'écrivain mais aussi toujours-déjà de son lecteur), en une expérience sacrée multiple.

Le témoignage est alors « testament », puisqu'une grâce quasi mystique prend en charge l'aura de Marcel ex-stasié et constitue l'ineffable (mort) par une expérience sensible, servant de « conducteur » singulier à une pluralité labile, foudroyante et prismatique où se déchargeait l'altérité extrême. À l'inverse, la restitution de la vision peut se faire dans l'horreur « apocalyptique » comme lorsque dans *La grosse femme…*, Béatrice enfant avait assisté à la défenestration de la religieuse Marie de Fatima. Mais, dans un cas comme dans l'autre, ce qui est énoncé est proprement sacré pour la conscience « interne » des témoins.

À la limite, l'expérience n'a pas de témoin, comme la mort de la « Louve d'Ottawa » dans *La grosse femme…*, bien qu'elle puisse faire l'objet d'une relation par celui qui en est le sujet/objet/site (*Des nouvelles d'Édouard*). Dans les textes (dia) « chroniques » ou dramatiques, elle peut s'effectuer sur le mode *conflictuel* – ce qui n'a rien pour surprendre –, sur le mode *consensuel* – et cela se manifeste par des musiques *chorales* qui sont des fuites (« l'ode au bingo », le « Ô Canada » des *Belles-Sœurs*) ou des fugues (*Sainte Carmen de la Main*) –, ou de façon plus complexe par une espèce de *contrepoint* de voix complémentaires et rivales – le cas le plus intéressant étant sans doute offert par *l'Impromptu d'Outremont*, où le thème de l'abandonnée (« Remember me » de l'opéra de Purcell) vient relayer la chanson populaire de la jeunesse révolue (« jeune[s] fillette[s] ») pour attiser les rancœurs des quatre sœurs indissociables et opposées, comme les doigts d'une main amputée du pouce et inapte à saisir le réel.

Mais tous les personnages ne sont pas parties prenantes dans la relation au sacré, et tous ne sont pas aptes à l'assumer. Certains vont se raidir devant les perspectives vertigineuses qui s'ouvrent devant eux et se nouer sur eux-mêmes, comme Albertine dans le passage du *Premier Quartier de la lune* cité précédemment. D'autres restent à les contempler, médusés et mystifiés, tout en s'accrochant à leur monde « plate » (ce que fait Germaine Lauzon à la fin des *Belles-Sœurs*).

Il en est qui, bien que prisonniers des contingences et liés par leurs responsabilités, oseraient donner libre cours à leurs rêves, comme Victoire, la Grosse Femme, Jean-Marc, les enfants Gabriel et Sébastien dans *la Maison suspendue*, si leurs « nœuds » familiaux ou professionnels ne les arrêtaient au bord du trou ; mais ils ont aussi « partie liée » avec ceux qui ont osé y plonger pour l'explorer, et peuvent sympathiser avec ceux qui y ont été entraînés. Ces personnages sont de plain-pied avec les récepteurs « bénévoles » de l'œuvre. Situés dans *l'homogène* où nous vivons (ce que Madeleine I, dans *le Vrai Monde ?*, considère comme la seule réalité possible), ils osent concevoir que le « vrai monde » est peut-être ailleurs, sans pour autant être prêts à s'aventurer du côté de *l'hétérogène*[14].

Il est encore des personnages qui sont prêts à considérer une telle aventure comme légitime ; mais ils s'en tiennent à sa figuration « symbolique » (ce sont alors plutôt des « hétérologues » ou hétérologistes que des êtres livrés à l'hétérogène). Dans *la Maison suspendue*, Josaphat et Jean-Marc, le conteur et l'écrivain, sont de ceux-là (de même, bien sûr, que l'enfant de la Grosse Femme, qui tient la plume dans l'*après-coup*).

Édouard également (en tant qu'Édouard, qui a momentanément laissé à Montréal sa *persona* de duchesse), qui joue de ses créations symboliques pour modifier le « réel » ambiant : « J't'ai dit que j'me changerais pas tant que j't'aurai pas vue rire ! » (*MS*, 69) réplique-t-il à sa sœur qu'il scandalise par son déguisement.

D'autres n'ont presque plus de choix et sont livrés à l'altérité, soit à la suite d'une *ascèse* ou d'un martyre qui les entraîne miraculeusement vers le sacré (SAINTE Carmen de la *Main*), soit au terme d'une *descente* terrible vers les enfers (le personnage de Marcel dans toute l'œuvre). Seulement, dans certains cas, il y a *retournement*, avec triomphe du sacré bas. J'ai analysé ailleurs le cas de *Damnée Manon, Sacrée Sandra* ; mais il n'est pas unique. Ainsi, Marcel est apte à s'élever au-dessus des contingences – comme lors de la mort de Victoire au début de *la Duchesse et le Roturier*[15] – et à passer du désespoir à l'apothéose : sa déception

---

14. L'hétérogène représente le « radicalement autre » par rapport au « moyen », à l'ordinaire, au *même* (homogène). Je me suis expliqué sur ces notions dans le texte liminaire du numéro spécial d'*Études littéraires* intitulé *Dire l'hétérogène* (Québec, Université Laval, vol. XXII, n° 2, automne 1989, p. 7-9), et mes collègues ont exploré certaines des limites critiques mises en évidence par des théoriciens tels que Georges Bataille et Mikhaïl Bakhtine, Michel de Certeau et André Belleau. J'ai également analysé un exemple particulier emprunté à l'œuvre de Tremblay (*Damnée Manon, Sacrée Sandra*) lors du colloque de la Société d'Histoire du Théâtre du Québec (« Pour une analyse hétérologique de la dramaturgie québécoise », *Annuaire Théâtral : le Théâtre au Québec, mémoire et appropriation*, nos 5-6, p. 399-419).

15. Pour *Damnée Manon...*, voir la note précédente. Pour *la Duchesse et le Roturier*, voir p. 23-30 de l'édition originale (Montréal, Leméac, 1982).

atroce à l'idée de n'avoir pas vu l'âme de sa grand-mère s'envoler vers les cieux est corrigée par les révélations de Florence, la mère des tricoteuses-Parques détentrice des ultimes secrets ; en accompagnant l'âme de Victoire, il va percevoir tout ce dont celle-ci rêvait (ou pouvait rêver), un immense territoire libre et innocent, Duhamel, berceau de la famille, tout un Québec délivré des aliénations sordides et de la « vie plate ». Mais le retournement du bas vers le haut s'effectue par le passage de l'extérieur (une chambre étouffante de la rue Fabre, une vieille femme brisée par les travaux et les chagrins) à l'intérieur (une âme immense et triomphante), ainsi que par une remontée du monde de la *chute* au monde édénique de l'*élévation*. Ainsi l'espace, le temps, l'identité des personnages, le sort qui les a toujours-déjà piégés, et même les *relations* catégorielles (intérieur/extérieur ; objet (mort)/sujet (vie *retrouvée*, comme le temps proustien) se trouvent inversés pour ces *élus* d'une étrange espèce. C'est ce que comprend très tôt l'enfant de la Grosse Femme, qui éprouve une jalousie diffuse envers son cousin Marcel (cette jalousie établit l'*ethos* du *Premier Quartier de la lune*). C'est ce que comprend confusément Béatrice la future « guidoune » lorsque, enfant, elle a, dans un « geste maladroit d'affection [...] renversé son encrier qui s'était vidé sur la feuille, noyant le mot « ange » sous une mer d'un noir total » (*GF*, 99). La sœur Marie de Fatima, objet d'amour mais broyée par les règles de son ordre, perçoit cet accident comme un jugement et se précipite vers la fenêtre dont elle brise les carreaux en l'ouvrant :

> Et Béatrice, les mains et le visage noirs du sang de l'ange, avait vu l'oiseau déployer ses grandes ailes de corbeau et tenter maladroitement de s'envoler dans un cri d'horreur. Appuyée contre la clôture [N. B. : au moins dix ans plus tard, lorsqu'elle a elle-même touché le fond de la dégradation dans l'hétérogène bas], Béatrice entendit encore une fois la chute de l'ange, ce bruit mat d'os qui se brisent sous des couches de tissu épais [...] (*GF*, 99)[16]

Seulement, il ne suffit pas d'être *témoin* de l'*élection*, il faut aussi en percevoir les implications (ce que fait l'enfant de la Grosse Femme) et les

---

16. Il y a de nombreux autres exemples concernant des religieuses ou des personnes pieuses mise en présence de *rebelles*. Les dépositaires du sacré ne sont pas où l'on croit : le simulacre (reposoir) que construit la sœur Sainte Catherine avec Thérèse, Pierrette et les autres enfants est la contrepartie artistique purifiante (malgré son caractère tant soit peu « quétaine » et *kitsch*) de l'institution, de ses hiérarchies réifiées et de ses répressions, celle-ci étant incarnée par la Directrice, Mère Benoîte des Anges, devenue antagoniste.

assumer pour soi-même et par soi-même (ce qu'il ne peut effectuer pleinement, en tant que personnage, faute de maturité, et, en tant qu'*alter ego* de Tremblay, afin de produire une œuvre « *positive* » ou d'en établir les conditions – puisque « là où il y a œuvre, il n'y a pas folie », comme le notait Foucault). C'est par cette union de la conscience et de la folie, *au bord de l'œuvre* (peut-être dans la sphère de ce que Julia Kristeva appellerait la *chora sémiotique*, et que Nietzsche a explorée avant d'y succomber) que se constitue la « création négative » sous sa forme la plus originale. L'agent et le « site » de cette union délibérée et subie, nous le trouvons en un personnage *humain, trop humain*, et *mythique* à la fois, démiurge et hermaphrodite, sordide et sacré, carnavalesque et tragique, dont la présence/absence travaille l'œuvre entier. Il s'agit, bien sûr, d'Édouard/la Duchesse.

Le personnage d'Édouard, dont les multiples facettes se révèlent à travers tous les textes des « Chroniques » (de *La grosse femme…* à *Des nouvelles d'Édouard*, où il assume la position d'un évaluateur en même temps que celle d'un « acteur » du récit et révèle une part importante des codes qui sous-tendent l'œuvre entier de Tremblay, point sur lequel je reviendrai) et, à l'exception de *la Maison suspendue*, de façon plus furtive, dans le répertoire dramatique ou dans ses marges (« la Duchesse, habillée en homme » dont parle le/la protagoniste d'*Hosanna*, le voyageur retour d'Acapulco d'*Il était une fois dans l'Est*), ne constitue en effet qu'une des « moitiés » d'un extraordinaire androgyne – *le portrait de l'artiste en gros homme québécois*, pour ainsi dire : l'autre moitié, la duchesse, qui se met à nu dans le monologue dont elle est l'éponyme, dont une chronique de la constitution nous est donnée dans *la Duchesse et le Roturier*, puis dans *Des nouvelles d'Édouard*, et qui s'amplifie aux dimensions d'un mythe, *le mythe de Protée comédien(ne) et martyr(e)* [17] en quelque sorte, relève franchement de l'hétérogène plutôt que de l'hétérologie.

----

17. L'évocation de Genet et de ses créations s'impose ici : de *Notre-Dame-des-Fleurs* à *Pompes funèbres*, des *Bonnes* au *Balcon*, et bien sûr dans le modèle de « *mythanalyse existentielle* » que constitue l'essai de Sartre, on retrouve presque tous les éléments qui président à la constitution du mythe de la duchesse. Toutefois, le « voleur » désigné par autrui ne fait pas, comme le Protée autoconstruit, « vœu de pauvreté », tant à travers le jeu sur une langue misérabiliste (le « naturel » de l'est montréalais – « on peut sortir la fille

La *persona*, empruntée à une fiction française (la grande dame que l'amour jette dans une « vocation » de carmélite et qui, ironiquement, meurt sans savoir que son écartèlement entre le monde et le Salut reposait sur un malentendu) va se constituer à travers une série d'ascèses dans un milieu à la fois fondamental pour l'imaginaire du Québec (à partir du Monument National, et le long de la *Main*, la valeur sémantique du terme anglais ne devant jamais être abolie mais hanter l'univers tremblayen, carnavalesque – « burlesque » au sens de Chantal Hébert – et tragique) et « parfaitement » marginal, de par sa situation géographique (charnière entre l'est et le « centre », sociologique (rencontre du luxe et du faux-luxe masquant la misère), et culturelle (carrefour de traditions nationales, confrontation du terroir et de l'exotisme – ô pitoyable *Coconut Inn* !), dans un temps qui brouille les catégories du présent, du passé et de l'avenir (*Demain matin, Montréal m'attend*) pour transposer le réel sordide et agresser les modèles sur lesquels on cherche à rapailler des fantasmes (d'*Hosanna* aux *Héros de mon enfance*), autour de personnages mystifiés-mystifiants. Cette « face » d'Édouard-la duchesse évoque d'autres saint(e)s du répertoire tremblayen (sainte Carmen, « la » sacrée Sandra qui fait pendant à la damnée Manon, Ti-Lou d'Ottawa, Béatrice, Thérèse) péche-resses insignes et modèles de pureté, martyres qui professent leur foi sans faiblir, et la mort du personnage, dont la relation forme le « prélude » à *Des nouvelles d'Édouard* ne fait ici que confirmer ce que révélaient des textes antérieurs [18].

---

de l'est, mais pas l'est de la fille » – n'est transcendé qu'incomplètement, et cela par choix) qu'à travers un renoncement « modèle » (la duchesse-carmélite qui n'est pas là par antiphrase, quoi que l'on puisse penser), en passant par une espèce de *potlach* de l'héritage (le voyage à Paris, en première classe, « craque » tout ce qui reste du patrimoine familial), dont la gratuité n'a pas de compensation somptuaire comme chez les Indiens qu'étudie Mauss (*Essai sur le don*). On aurait donc tort de voir en Tremblay un épigone de Genet.

18. Il est significatif que ce soit « Tooth Pick » (l'assassin de l'héroïne de *Sainte Carmen de la Main*) qui vienne chouriner la duchesse (je l'ai d'ailleurs déjà comparé au violeur impuissant qu'est « Popeye » dans le *Sanctuary* de Faulkner) et que le vieux Protée affaibli (menacé d'être dépouillé de son mythe) s'en aille mourir « debout » face au Monument National, ce qui lui donne le *droit* de voir *tout* l'univers tremblayen défiler devant lui (*Des nouvelles d'Édouard*, p. 39-45).

Le sacré qui nous est alors ouvert est cependant un sacré *vide* dérisoire ou paradoxalement « contingent »[19]. La duchesse mourante est
accompagnée par un « chœur de sans génie » qui ne tarde pas à se taire,
et le cortège funèbre qui semble la saluer reste fantomatique (« silhouettes
silencieuses », « hommes sans visage ») et n'établit pas de vrai contact
avec elle (« Et quand le passé de la duchesse se pencha sur elle […] il était
trop tard. » *NE*, 44) Sans doute les « Parques » qui ont présidé au destin
de toute la tribu de la rue Fabre ont-elles établi la clôture de tout l'univers
qui gravitait autour du « martyr » (« Quatre femmes tenant des tricots
achevés glissaient sur l'asphalte en psalmodiant d'apaisantes incan-
tations. ») Sans doute une vision panoramique de « cinéma » établit-elle
une relation hypothétique entre le destin de la duchesse et sa ville par une
sorte d'*illusion lyrique* (« *pathetic fallacy* ») (« on aurait aperçu […] les
toits de la Main qui déchire la ville en deux, puis la Catherine [ici
sécularisée] si pitoyable aux petites heures du matin ; Montréal se serait
enfin éloignée lentement sur un fond de lever de soleil […] », *NE*, 44-45).
Mais cet « univers symbolique » est relativisé par le rappel du « générique » qui en accompagne la projection, et surtout par la brutale notation
qui clôt le prélude : « Dans la vraie vie, Édouard avait déjà commencé
à pourrir. » En d'autres termes, la sacralisation noble (pompe funèbre)
de la duchesse *persona* ne peut voiler la « sacralisation impure » de la
charogne existentielle d'Édouard. Reste à savoir quel est le statut de la
« vraie vie » (curieux oxymore pour évoquer un cadavre) au sein d'un
texte romanesque. Car Tremblay est beaucoup trop habile pour donner
dans l'illusion chosiste ou le réalisme primaire (Édouard aussi est un
personnage).

Et cela nous ramène aux problèmes des limites de la « magie »
(« réalisme magique »), de la représentation (qui établissent le sujet mais
aussi l'action de sa pièce *le Vrai Monde ?*) et de l'art (ce que je désignais

---

19. Raymond Joly l'avait remarqué très tôt (« Une douteuse libération. Le dénouement
d'une pièce de Michel Tremblay », *Études françaises*, vol. VIII, n° 4, novembre 1972,
p. 363-374). Dans *Sainte Carmen…*, la « lueur » attendue au bout de la rue est éteinte par
Tooth Pick (« R'gardez pas au bout d'la rue, ça sert à rien. Le soleil se lèvera pas ! »,
p. 75). Dans *Damnée Manon…*, le salut des deux « énergumènes » est carrément situé *dans
la fiction* (« Sandra – […] *(Elle hurle)* Amène-moé avec toé parce que moé non plus
j'existe pas ! Moé aussi j'ai été inventée ! » *DS*, 66). Mais, nous le verrons plus loin, c'est
cette fiction même qui en garantit l'authenticité.

plus tôt sous la rubrique d'*hétérologie*, plutôt que d'hétérogène). Le
« corps » du roman *Des nouvelles d'Édouard* va nous aider à situer ces
limites, d'abord de façon métaphorique, puis de façon « syntaxique »,
dans l'organisation du texte *enchâssé* attribué à Édouard, enfin de façon
proprement structurale. Sans doute le journal du gros homme pose-t-il les
problèmes de façon moins subtile que le célèbre *Journal des Faux-
Monnayeurs* face auquel il se situe probablement dans un rapport intertextuel[20]. Sans doute les modalités de l'enchâssement – qui renvoient expressément à Schéhérazade (Intercalaires, p. 47 ; p. 167 ; p. 193 ;
p. 303) mais en laissant la voie ouverte aux hypothèses sur l'identité de
« conteuse », narratrice posthume qu'est la proto-duchesse – Édouard
tenant la plume – récitante contrainte à une séduction phatique (Hosanna
lisant le journal à Cuirette : « On continue-tu, ou ben donc si t'aimes
mieux dormir ? Le jour se lève… » ; *NE*, 195), ou, à la limite, Michel
Tremblay lui-même faisant des coquetteries avec ses lecteurs – sont-elles
déjà familières au public des *Mille et Une Nuits*, ainsi qu'aux lecteurs de
textes comme celui de Todorov sur *la Littérature fantastique*.

Mais l'originalité du texte qui nous intéresse tient, je crois, à ce que
le narrateur (Édouard) est en situation de *passage* : entre le monde familier de son Québec/Amérique natal et un lieu (Paris) attesté mais fantasmatique, puisqu'il est à l'intersection des lectures fictionnelles et des
renseignements pratiques ; entre le statut médiocre de vendeur de chaussures et sa carrière prestigieuse de « grande cocotte »/travesti, affichant
un nom de guerre aristocratique ; entre le rôle rapaillé d'une « doublure »,
imitant La Poune ou Madame Pétrie, et l'univers vertigineux d'un
créateur de mythe original, qui devient le « modèle » d'une société. Son
journal est ainsi un « livre de raison » qui établit le bilan de ses expériences
d'apprentissage. Mais, et c'est là sans doute le plus remarquable, ces
expériences, tout compte fait, n'aboutissent à rien : nous aurions donc un
anti-Bildungsroman (beaucoup plus divertissant que l'*Oblomov* de
Gontcharov cependant, parce que ce rien est nourri d'activités).

---

20. Tremblay a-t-il nommé son héros avant de savoir s'il allait l'appeler à tenir un
journal ? Mais le prototype des Édouards n'est-il pas *le confesseur*, roi et saint, doublement
sacré, étranger de surcroît pour les francophones ? Et le personnage le plus hétérogène *et*
hétérologique de tout l'œuvre de Bataille n'est-il pas *Madame Edwarda*, putain, maquerelle
et organisatrice de rituels fantasmatiques ?

Édouard va traverser l'Atlantique, la France, Paris, sans en rien rapporter de « positif » ; il va côtoyer une révélation cosmique sans en tirer autre chose qu'« une paix presque inquiétante » (*NE*, 79) ; il va se trouver en contact avec un groupe de gens « qui discutaient fort et d'une façon très sérieuse, au sujet d'une pièce qu'ils avaient vue et qui s'appelle *Les bonnes*. […] Celui qui semblait être le chef du groupe […] s'appelait Jean-Paul […] La femme, Simone, très belle, au visage tellement intelligent que ça en coupait le souffle, écoutait l'homme longtemps avant de lui répondre […] Le troisième, Albert, […] avait l'air très sûr de lui […] » Mais, même s'il conclut : « Ce doit être du monde connu » (*NE*, 288-289), il n'engage la conversation que pour demander son chemin[21].

C'est d'abord par mauvaise honte qu'il élude la relation à l'Autre, représenté par la richesse (les passagers de première classe), le prestige et l'élégance (le capitaine du *Liberté*), les relations mondaines (Madame Beaugrand et sa fille). Puis, soucieux de faire impression, il donne dans l'esbroufe (se présentant comme acteur, puis écrivain) et doit broder pour couvrir ses impostures. Mais il ne peut « tenir » et lâche le morceau devant le snobisme de ceux qu'il a voulu impressionner (« Vous creyez n'importe quoi d'abord qu'on vous le dit avec un accent qui vient d'ailleurs ! » *NE*, 135). Seulement sa franchise semble le résultat d'un artifice supérieur : « Quel acteur ! Mais quel acteur ! Il peut changer d'accent, comme ça, à volonté ? » s'écrie la « supposée princesse » Clavet-Daudun (*NE*, 136).

Il commence alors à comprendre le principe qu'il énoncera tout à la fin de son journal, après avoir découvert que le *vrai Paris*, celui qui l'émeut enfin – alors que la ville réelle a glissé sur lui comme l'eau sur les plumes d'un canard – c'était le Paris de Zola (*NE*, 297-299), de Balzac, « décrit dans des dizaines de livres qui me faisaient rêver ». Dès lors, il n'a plus

---

21. Tremblay s'était déjà amusé à ce petit jeu du « vraisemblable de la coïncidence » en faisant rencontrer à la bande de fêtards qui regagne le Plateau Mont-Royal dans une tempête de neige un grand jeune homme hyperdistingué, qui s'était présenté comme Valéry Giscard d'Estaing (*la Duchesse et le Roturier*, p. 84 et suiv.). Dans *Des nouvelles d'Édouard* également, Édouard se voit offrir le privilège d'entrer en surnombre au *Tabou* pour écouter Boris Vian, mais décline parce que cela eût été le désigner lui-même comme Québécois (« […] je refuse de faire le singe pour une gang de Français paquetés en mal de folklore ! » *NE*, 286).

besoin de voyager, il lui suffira d'inventer[22]. Mieux, il lui faudra évacuer tout ce qui ne relève pas du fantasme :

> La Duchesse de Langeais est en moi, et elle ne sera efficace que si je l'invente de toutes pièces. [...]
>
> Ce n'est pas l'expérience qui compte, c'est le mensonge bien organisé. Et je vais vous organiser les plus belles menteries [...] (*NE*, 302)

Comment « organiser ces menteries » ? La prise de conscience de leur intégrité artificielle (ce que Cocteau appelait « la vérité du mensonge » et faisait reposer sur la découverte de la nécessité de « s'élever par machine ») n'est en effet que le point de départ d'un projet. Il *faut* partir du vide (et peut-être du désespoir, comme chez Sartre, Genet, voire Valéry[23]). Mais ce vide du moi et du monde est habité par une conscience parasitaire qui « fait son trou ». Elle n'est d'abord capable que

---

22. Il se comporte donc en des Esseintes (la *recherche* de l'expérience compte plus que l'expérience elle-même) mais paradoxalement populiste : il est en effet situé dans un milieu précis, qui lui est nécessaire (voir p. 293, sa conversation avec « Simone » :

– Vous avez besoin d'aide ?

[...]

– Oui. Mais l'aide que j'ai de besoin est de l'autre côté de l'Atlantique.

– Mal du pays ?

– Surtout mal de mes amis...)

De plus il a besoin d'un public « double » comme nous le verrons, le cercle d'admirateurs et d'admiratrices à qui il va offrir une version mythique de son voyage (ceux qui privilégieront *la Duchesse*), la conscience privilégiée de la Grosse Femme à qui il se confie dans son journal (« vous à qui je donnerai à lire ce morceau de moi que nous devons rester seuls à connaître » *NE*, 301-302). Bien entendu, une fois « mort », ses confessions/confidences sont accessibles à d'autres lecteurs (Hosanna/Schéhérazade et nous-mêmes). Nous retrouvons alors le jeu complexe de rôles dont je parlais dans *le Fou et ses doubles* à propos de la pièce *la Duchesse de Langeais*, mais transposé et généralisé.

23. Qui ici n'est pas le désespoir *ontologique*, cependant, ou même *phénoménologique*, mais une espèce de gros chagrin d'amour (Je « est »/« hais » un autre, et ceux dont je voudrais être aimé sont à jamais inaccessibles – un peu comme dans le monologue de *la Duchesse de Langeais* [pièce]). L'ontologie ne reparaît qu'à travers un « mot d'esprit » (freudien ?) comme celui de Sol (Marc Favreau) dans son titre *L'univers est dans la pomme*. La « pomme », c'est Paris dont la forme ramassée sur le plan d'Édouard évoque un fruit, et qui, mieux que New York, est « the Big Apple », objet de la tentation (*la Bible*), de la discorde (*l'Iliade* « conditionnant » les mythes grecs), mais catalyseur de la découverte cosmique (Newton) ou sociale (Fourier).

Le désespoir permet de cheminer vers la liberté (*les Mouches, les Chemins de la liberté, l'Être et le Néant*), d'inventer le « génie » (« Le génie, c'est l'issue que l'on invente dans les cas désespérés », dit Sartre encore, à propos de Genet), ou de penser l'univers : « Tu n'as que moi pour contenir tes craintes !/Mes repentirs, mes doutes, mes contraintes/Sont le défaut de ton grand diamant... », dit Valéry au cosmos dans *le Cimetière marin*. Par ailleurs Édouard, dans le roman de Tremblay, éprouve quelque chose qui ressemble à la *nausée*

de métaphores. Édouard, cette grosse larve (qui va bientôt se métamor-
phoser « vraiment » en brillante duchesse-*imago*) a cheminé d'un bout à
l'autre de la ville, dévorant des impressions sans en percevoir la valeur
(c'est seulement quand il comprend la nature de son projet, dans le regard
« *nourrissant* » de « Simone » (*NE*, 293) qu'il va se sentir capable de
l'ultime transformation) et remarque d'abord en contemplant la carte
ouverte devant lui :

> Sans m'en rendre compte j'ai pénétré dans Paris comme un ver qui s'introduit
> dans une pomme, de la pelure au cœur.
>
> Et naturellement, je me suis senti comme un intrus, un indésirable qu'on n'a pas
> invité mais qui s'installe quand même chez vous comme si tout lui était dû.
> Quelque chose qui ressemblait à de la gêne mêlée de peur m'a froissé les tripes.
> (*NE*, 292)

Les parcours antérieurs (« traversées ») prennent alors confusément
leur sens, et, rétrospectivement, le long épisode de *la Duchesse et le Roturier*, avec la remontée dans la souffleuse (« un énorme tramway ramasse-
neige », *DR*, 93) depuis la *Main* jusqu'au Plateau Mont-Royal, la
« pseudo-rencontre » du futur président français, la conjonction des
modèles (La Poune, Madame Pétrie), des associés (Samarcette), des
disciples (Mercedes, qui sera Betty Bird), du « public » lointain/voisin
(les femmes du Plateau Mont-Royal ; Gérard Bleau, le conducteur de
tramway), et surtout l'exclamation joyeuse d'Édouard :

> […] chargée de sens, mais qu'il n'aurait peut-être pas voulu comprendre. « On
> ouvre la voie, Samarcette ! On ouvre la voie ! » Il ne savait pas pourquoi il avait
> dit ça, c'était sorti tout seul. (*DR*, 98-99) [24]

---

sartrienne ; mais chez lui la gêne viscérale (« la peur m'a froissé les tripes ») est plus liée
encore au système digestif qu'il emplit et vide consciencieusement tout au long de sa
carrière (voir *Des nouvelles d'Édouard*, p. 32-34.) – la duchesse mange « avec une sur-
prenante application » et plus loin, toutes les notations concernant « le plein » de
nourriture, et « la vidange » des boyaux – mais aussi *la Duchesse de Langeais*, *La grosse
femme…*, *la Duchesse et le Roturier*).
24. C'est à ce moment même que meurt Victoire, sa mère (*cf.* l'exclamation indignée
d'Albertine, mais aussi le commentaire émerveillé du petit Marcel, p. 136). On sait que
c'est l'héritage de Victoire qui permet à Édouard son voyage à Paris, vain en apparence
mais qui le transforme radicalement. Dans *La grosse femme…* (p. 236-242), Victoire tient
à rappeler à son fils les conditions de sa procréation, associée à un fiasco public (la gondole
qui coule lorsqu'on veut la « baptiser » au champagne) et à une manipulation privée
(« j'voulais un autre enfant pis j'savais que c'était le temps » ; « là y m'a d'mandé « y'a
tu du danger ces jours-ci ? » J'y ai dit non. Y voulait pus d'enfant, j'ai jamais su
pourquoi »), lors d'un parcours vers les origines (le parc Lafontaine, au nom prédestiné,
fons et origo).

Une autre métaphore, utilisée par Édouard dans son journal, mais qui revient dans l'ensemble de l'œuvre, n'est plus biologique mais cosmique ; elle se traduit, non plus en termes de malaise nauséeux, mais de vertige (« une espèce de vertige de l'espace » *NE*, 69). Le gros homme est victime d'une crise de claustrophobie dans sa cabine, puis d'une espèce d'agoraphobie fondamentale (« Gros épais ! Qu'est-ce qui m'a pris d'aller me sacrer au milieu de l'océan comme ça, moi qui a peur de mettre le pied dans la gondole du parc Lafontaine » [voir note 22]), qui s'évanouit cependant lorsqu'il découvre l'infini du ciel et de la mer, et le traduit en termes pascaliens populistes :

> [...] mettez l'obèse le plus obèse au milieu de l'océan, coupé de son entourage, même si c'est le plus grand roi du monde y va rester petit ! (*NE*, 69)

Réfléchissant à cette expérience, une fois « rentré dans son trou », il l'ouvre sur *un double vide*, celui de sa personne, ronde mais dérivative, subordonnée, pâle reflet d'une lumière trop lointaine, et celui de son environnement. Mais ce vide est déjà l'amorce du détachement artistique et de la re-patriation dans un milieu et un public :

> Je suis tout seul pour la première fois de ma vie ! Je me suis toujours entouré : à l'école, à la maison, au travail, dans ma gang du Plateau Mont-Royal... J'ai toujours vécu en troupeau pis me v'là tout seul comme une grosse lune au milieu de rien ! (*NE*, 71)

Ses métaphores s'apparentent à celles de Josaphat-le-Violon, bien qu'il adopte la « plénitude » alors que son oncle voulait susciter *le premier quartier de la lune*, des planètes, ou encore des artefacts folkloriques comme le canot de la chasse-galerie : il a donc déjà « épuré » sa vision, et effectué une espèce d'ascèse, – puisqu'il se voit en satellite infécond – et de dépouillement artistique – puisqu'il perçoit l'autonomie de son univers par rapport au cosmos en même temps que la nécessité d'un monde susceptible de le recevoir[25].

À la perception métaphorique va donc pouvoir succéder la construction/déconstruction d'un mythe, hétérogène s'il en est. En effet, Édouard

---

25. C'est en somme le rêve de Flaubert voulant créer une œuvre qui se « tienne seule » par la force interne de sa création.

postule une polarisation sacrée, non seulement dans la *projection* de sa *persona* (la duchesse qui se déclare « sublime », « géniale », en somme veut faire l'ange mais se sait avilie, dégradée, prête à « crever comme une chienne » *DL*, 90 et 105), mais dans l'*examen* de sa personne vers le bas (« j'me laisse couler » *NE*, 81 ; « je me sens […] le dernier des derniers » *NE*, 94) et vers le haut (« quand j'vas refaire surface, r'gardez moi ben aller ! Vous aurez jamais vu une solitude aussi bien entourée ! » *NE*, 312). Il va se « construire » en tant que totalité à partir d'éléments marqués comme hétéroclites tels que les « imitations » et parodies plus ou moins respectueuses de poètes et d'interprètes qui constituent le répertoire de *la Duchesse* (et le seul relevé intertextuel en formerait tout un livre) ; les « vacheries » inventées qui constituent un affront perpétuel au public de la *Main* et supposent une intelligence acérée et une grande maîtrise de l'équilibre ; les épanchements confidences et les réminiscences intimes qui se font jour à travers les fanfaronnades, associant le pathétique à la provocation.

Il va ainsi fabriquer une culture de l'*anti-nature* (non pas crispée, militante et mystique, à la limite comme celle de Sandra, cet autre travesti, mais ludique et carnavalesque), d'une part en empruntant des éléments culturels « préconstruits » entre la « grande culture » et la tradition populaire et, d'autre part, en transposant les données de son expérience (« sortie de l'est » mais inhérente à l'est), ce qui postule une « nature » de la *contre-culture*. Il arrive du reste que les schèmes se brouillent, que les références externes se confondent (la duchesse de Langeais cite *Athalie* lorsqu'elle évoque son imitation de Marguerite Jamois dans *Britannicus* – *DL*, 90), que les souvenirs se télescopent, que s'affole le « tourniquet » dont parle Sartre à propos de Genet et qui, ici, fait intervenir un mouvement entre « apparence et réalité », grâce au jeu de forces égales et contraires investies et appliquées chez l'homme/québécois/populiste/*personne* et la femme/française/aristocrate/*persona*. Mais ces « trous » permettent de plonger vers l'indicible, ces délires offrent des aperçus vertigineux vers la *chora sémiotique* où Kristeva décèle l'émergence de l'art :

> Le deuxième numéro… Ah ! ça, c'était mon chef-d'œuvre… Écoutez ben ça, mes p'tites filles : Sarah Bernhardt en personne dans « L'Aiglon » ! Avec la

jambe de bois pis toute ! […] J'avais un de ces petits costumes de soldat… Ben, c'est ben simple, j'avais quasiment l'air d'un homme ! (*DL*, 90) [26]

En effet, l'artifice poussé à l'extrême, jouant sur une *persona* portée « à la énième puissance » (la duchesse imite un monstre sacré, vieille actrice jouant en travesti le rôle d'un jeune homme [et de plus, amputée, assumant une pose héroïque, comme Ti-Lou mourante dans les « Chroniques »] ; et cela dans la transposition symbolique d'un épisode occulté de l'histoire… dont le protagoniste est l'héritier dépouillé d'une dynastie usurpatrice exilée, qui va mourir avec lui à bien des égards), l'artifice, donc, permet de révéler la nature. Enfin, « quasiment », puisque « l'animal dépravé » de Rousseau a commencé sa progression/calvaire vers le sémiotique (*chora*), le symbolique (au-delà du miroir et de la castration), bref vers tout ce qui nous apparaît comme « le propre de l'homme » : le langage, l'art, la socialité avec tous ses modes et toutes ses tensions de l'amour à la guerre, le rire, la conscience de la mort.

Ce « quasiment » de la duchesse/Édouard confond d'ailleurs l'*ethos* du texte tremblayen dans « presque » toutes ses manifestations : le pathétique est drôle, le dérisoire tragique, le rassurant féroce. Les exemples foisonnent. Je me bornerai à l'un des plus curieux, puisque son titre semble annoncer une réminiscence intime, tendre, nostalgique, avec évocation d'un univers de puissance mythique et d'un récepteur simple, naïf, bien disposé, alors qu'il s'agit d'une pièce de théâtre « grand public » (comédie musicale commandée par un théâtre d'été), dont les personnages, l'auteur le déclare expressément dans un texte liminaire, « sont des imitations de Français évoluant dans un décor français factice et parlant un « français de France » emprunté, faux mais, évidemment, très châtié. […] Mes personnages sont, comme toujours, névrosés, précise l'auteur, mais cette fois ils sont cultivés. » (*HE*, 8) [27] et que le(s) récepteur(s) sont démultipliés, tant par le format de la pièce que par une série d'artifices.

---

26. Je me permets de renvoyer au commentaire que je donnais de ce passage dans *le Fou et ses doubles* (p. 221) ; « on voit dans quelle série de miroirs on s'enfonce : un homme travesti en femme, travestie en homme… » Je dirais aujourd'hui que ce texte, comme le tourbillon d'un ouragan ou d'un typhon, creuse et détruit ce qui est à la base pour élever une colonne (temporaire mais monstrueuse) vers le ciel.

27. Les personnages sont tous tirés de Perrault, de Madame d'Aulnoye, de Madame Leprince de Beaumont, et parfois *amalgamés* (« Carabosse », « Belle », « le Prince », « la Fée »).

Les Héros de mon enfance ne renvoient donc ni à des héros (du genre Batman, Zorro, ou même d'Artagnan, voire Barbarella), ni à l'expérience propre du dramaturge (« Mon enfance fut tiraillée entre "Pinocchio" et "Batman" [...] le "pan" des revolvers français et le "bang" des guns américains, [...] bref, entre la lointaine et illusoire Europe et la tangible et terre-à-terre Amérique » *HE*, 7-8), ni à l'enfance même.

Les personnages entrent en scène selon un ordre qui n'est *pas* « l'ordre de l'auteur » (*HE*, 12) ; ils sortent tous d'un corpus de *contes de fées* syncrétisé plutôt que d'un réseau de mythes organisé ; ils sont majoritairement féminins (et les personnages « masculins » souvent efféminés [le Prince] ou travestis [Poucet]), mais se présentent volontiers comme arrogants et dominateurs (la Fée veut « boucler » la pièce en clamant : « Il faut que l'ordre règne ! Il faut que l'ordre règne ! Il faut que l'ordre règne ! Il faut que l'ordre règne ! ») ; les « méchants » tels que le Loup et Carabosse se révèlent vulnérables, pathétiques, sentimentaux et serviles [28].

Surtout l'illusion comique est sans cesse brisée et de bien des façons : par les affrontements pirandelliens entre personnages en quête d'auteur, comédiens en mal de vedettariat, fantômes, ectoplasmes, fantasmes en quête d'incarnation ; par les commentaires ironiques et les apartés qui jugent les répliques et les tirades (Belle s'en fait une spécialité avec le leitmotiv : « Si le ridicule tuait... ») ; par les propos adressés directement au public qui sont souvent acerbes ou insultants (comme ceux de la duchesse aux « p'tites filles de la *Main* », ou le *Publikumsbeschimpfung* (*Outrage au public*) du dramaturge autrichien Peter Handke) ; par le passage de la comédie à l'opéra-comique dans ses avatars les plus désarticulés – et c'est dans les *vaudevilles* chantés que se situe le « message », comme à la fin :

---

28. Carabosse est, comme les « amoureuses » du répertoire de la rue Fabre ou de la *Main*, et comme les trois « jeunes premières » de la pièce – Cendrillon, Prince [épicène] Anne [c'est-à-dire Peau d'Âne], une victime du « Maudit Johnny » : « Tous les Johnny sont des écœurants ! » (p. 90). Comme Victoire évoquant ses étreintes au parc Lafontaine et comme la duchesse qui a « fourré sous toutes les latitudes », Carabosse se voit en « vieille vicieuse fatiguée » (p. 89). Elle voudrait retrouver la verve des ébats dans les buissons auxquels se livrent Poucet et Chaperon-rouge – doubles l'un de l'autre et réplique de ce qu'elle fut elle-même.

[*Tout le monde*]
Existe-t-il une belle histoire
Qu'on peut raconter en famille
Qui dit l'amour qui fourmille
D'idées nouvelles et non de gloire
Existe-t-il une belle histoire ! [etc.] (*HE*, 101)

Mais cette interrogation – qui met en cause la vertu du théâtre, puisqu'elle rejette les scénarios fantasmatiques des contes en les déformant (« J'aime mieux chanter et rire et vivre/Que par un prince être embrassée [...]/Ou par sept nains être violée [...] », *HE*, 101) et, à travers le chant « artistique », effectif sur la scène, le rire dérisoire de ce jeu qui est charge –, bref *ce qui n'est pas la vie* signale un fantasme plus profond et qui est peut-être au cœur de tout l'œuvre tremblayen. On pourrait l'énoncer ainsi : la vraie vie est ailleurs, ou, en termes complémentaires, une belle histoire ne saurait « exister ».

Cela n'empêche pas la comédie musicale de refléter les aspirations d'un public de jeunes adultes branchés en 1976 (« Faites l'amour, pas la guerre » ; « Sous les pavés, la plage » ; « la jeunesse n'est pas dupe des manipulations du pouvoir ») et sans doute les opinions « positives » de Tremblay lui-même. Mais je crois que la conscience plus ou moins nette de cette impossible adéquation – aporie poreuse, béance constituante de l'art – constitue « tout le sacré » de l'univers de notre poète, comme peut-être de tout créateur intelligent depuis Mallarmé. Et le pitre, s'il n'est plus « châtié », est hanté par ce fantôme, ce néant. Seulement à la différence du pauvre Marcel du *Premier Quartier de la lune*, qui voit s'effacer la « réalité séparée » fantasmatique du chat Duplessis[29] et s'enfonce ainsi dans un désespoir sans remède, l'absence au énième degré, pôle *esthétique* hétérogène « bas », il en tire la force de jouer. *Non è finita la commedia* ! Et même « mort », Édouard/la duchesse continue à nous intriguer.

_____

29. Il y aurait lieu de faire l'étude du chat fantasmatique dans l'imaginaire québécois (les *chats sauvages* de Marjo, le *Matou* de Beauchemin ont une parenté avec « Duplessis », et l'exemple du chat Pilou, dans *Mes romans et moi* de Bessette, montre comment on peut utiliser cet animal, *truchement* irréductible à l'homogène, pour contourner les censures de tous ordres). Peut-être comme le suggérait Baudelaire, ces sphinx donnent-ils accès à l'Érèbe. Et le « dessin de Marcel » est sans doute aussi une version magrittienne : ceci n'est *pas* un chat (même si Tremblay, « réaliste », appelle un chat un chat).

V

TRAJECTOIRES

HÉLÈNE RICHARD

Narcisse sur scène :
itinéraire de création

« L'art vient toujours des problèmes d'un individu ou encore d'un pays. De la Grèce antique à aujourd'hui, on ne trouve pas un pays au monde qui ait produit de l'art à travers le bonheur [1]. » Pourquoi donc l'œuvre théâtrale de Michel Tremblay, où l'univers du spectacle et les personnages malheureux sont pourtant largement représentés, met-elle sur scène si peu d'individus créateurs ? L'apparition de tels caractères dans sa production est-elle un effet de hasard ou est-elle déterminée par la présence de présupposés ?

L'outil théorique que représente le concept psychanalytique de narcissisme, si fréquemment employé dans les définitions de l'acte créateur, me permettra d'aborder ici la problématique de la créativité, au sens novateur de ce terme, mise en rapport avec l'évolution du narcissisme dans l'œuvre théâtrale de Michel Tremblay, ce concept étant compris dans le double sens psychanalytique du sentiment d'avoir une identité et de l'estime de soi [2]. Pour ce faire, j'analyserai différents phénomènes narcis-

---

1. Michel Tremblay, *Voir*, 13-19 septembre 1990, p. 16.

2. L'observation systématique de très jeunes enfants et les données du travail clinique avec enfants et adultes ont permis à la psychanalyse de distinguer deux types de narcissisme : le primaire et le secondaire. Le narcissisme primaire désigne le premier amour de soi du nourrisson alors qu'il n'a pas encore conscience de l'altérité des gens de son entourage, état où le nouveau-né est son propre idéal, dit Freud, car il ignore encore la réalité de ses besoins et de sa dépendance à l'égard des autres; premier amour de soi, donc, marqué par l'omnipotence et l'indifférenciation entre soi et autrui.

La découverte de son impuissance et de sa mère, en tant qu'objet nourricier distinct de lui, provoque cependant la déchirure du narcissisme primaire et amène le tout-petit à investir cette mère, c'est-à-dire à projeter sur elle son omnipotence perdue et à la voir comme la source de tous ses plaisirs et de tous ses maux, et cela dans un mouvement pulsionnel et idéalisant qui risque de le vider de tout amour de soi par l'importance obnubilante dont il revêt la mère. (On parle, dans ce contexte, de « fantasme de fusion » avec cet objet d'amour dans le but de retrouver la béatitude du narcissisme primaire et de nostalgie à l'égard de « l'objet perdu », notion désignant la perte du fantasme de cette mère fusionnelle de l'époque du narcissisme primaire.)

siques, tels qu'ils me sont apparus à la lecture des pièces, et tenterai d'en souligner l'évolution, ainsi que leur lien avec la créativité, cela à travers trois périodes de la production du dramaturge québécois. Il va sans dire que cette diachronie est animée de mouvements progressifs et régressifs ; les phénomènes narcissiques situés dans chaque période peuvent être repérés également, mais de façon moins marquée, dans des œuvres antérieures ou postérieures à chaque période. Cette exploration ne se prétend d'ailleurs pas exhaustive ; elle aura atteint son but si elle suscite chez le lecteur l'intérêt pour une telle problématique et si elle permet la formulation d'hypothèses heuristiques.

Premier temps : 1968-1973

Dès les premières pièces du dramaturge, on remarque la présence de deux problématiques narcissiques, soit un certain mode de pensée relié au concept d'objet[3] transformationnel, et un type de rapport avec autrui où ce dernier est considéré comme un objet narcissique.

Ce mouvement centrifuge est contrebalancé par l'avènement du narcissisme secondaire, qui consiste dans le retournement sur soi de l'amour que l'on portait à autrui. L'enfant intériorise l'amour que lui portent ses parents, puis s'identifie à celui-ci. Il apprend ainsi à s'aimer comme on l'aime (et pas autrement) et à développer un sentiment de soi, une identité. L'enfant intériorise aussi les attributs parentaux qu'il admire et envie et qui deviennent ce que les auteurs psychanalytiques nomment son idéal-du-moi. Il formule, en effet, le projet de les acquérir et ainsi de devenir aussi puissant que le sont, à ses yeux, ses parents idéalisés, récipiendaires de son omnipotence primaire ; l'idéal-du-moi s'exprime, entre autres, par la formulation de projets de vie et la quête d'un idéal. Le décalage plus ou moins grand entre cet idéal et la perception subjective de soi crée une tension qui s'exprime par la qualité de l'estime de soi.

Plusieurs auteurs psychanalytiques soulignent le lien existant entre le choix d'exercer un métier créateur et la façon dont fut éprouvée la perte de l'objet premier, la mère fusionnelle. Alors que, selon eux, l'élaboration psychique des épreuves de l'existence suffit à la plupart comme acte réparateur, certaines personnes éprouveraient la nécessité de créer pour représenter leur situation aux autres. En effet, des événements de la vie évoqueraient pour elles la déchirure du narcissisme primaire et leur solution anti-crise consisterait à élaborer la situation éprouvante dans une « mise en scène » jusqu'à ce qu'un sens lui soit intégré : passage à l'acte restaurateur. Dans un contexte plus précis, l'acte créateur prend le sens d'une re-mise au monde et cèle souvent un travail de deuil mené à terme.

3. Le terme objet désigne, en psychanalyse, une personne, un animal, une chose ou une pensée qui est l'objet d'un investissement émotif de la part du sujet. Dans le présent texte, le terme objet fait référence la plupart du temps à une personne.

L'objet transformationnel

La lecture des œuvres de jeunesse met en évidence la récurrence d'un mode particulier de pensée chez les personnages. En effet, ces gens, pour la plupart malheureux, souvent désespérés, menant une vie étriquée, conçoivent et attendent un bonheur qui, s'il advient, ne peut leur venir que de l'extérieur et d'une façon magique.

Pour les « belles-sœurs », par exemple, il provient des timbres, du bingo, des prix de présence, des « mots-mystères » et autres types de concours indiquant que le destin les a enfin remarquées. Berthe, dans *Trois Petits Tours…*, croit que « les artistes, c'est juste une gang de chanceux ! Y suffit que la chance te tombe sur la tête une fois, pis t'es lancée… Vedette ! Pis tout le pataclan ! Pis tu fais des millions, pendant qu'y en a qui… », et doit constater : « Berthe, ta vie achève ! T'as passé toute ta vie à attendre, pis y'a jamais rien qui est venu ! » (*TPT*, 13, 17) Dans la même œuvre, Johnny cherche dans les jeux de cartes sa rencontre avec la chance. Pour la duchesse de Langeais et Hosanna, par ailleurs, le bonheur réside dans l'illusion du travestissement sexuel. L'alcool, quant à lui, provoque une transformation magique du malheur en bien-être chez plusieurs personnages ; Thérèse dans *En pièces détachées* et Léopold dans *À toi, pour toujours, ta Marie-Lou* en constituent des exemples.

Selon la même logique de pensée, la cause du malheur de plusieurs personnages réside selon eux dans autrui, ce qui les livre à l'impuissance, au masochisme ou au leurre de l'impunité. Ainsi, par exemple, ce dialogue tragique entre Marie-Lou et Léopold :

LÉOPOLD – C'est ça, c'est toujours de ma faute…
[…]
MARIE-LOU – Oui… toujours…
LÉOPOLD – …jamais de la tienne…
MARIE-LOU – C'est toujours de ta maudite faute, toujours ! J'ai beau tout essayer pour nous en sortir, on se retrouve toujours un peu plus bas… (*AT*, 59)

Une conséquence de ce mode de pensée, où bonheur et malheur dépendent d'un extérieur incontrôlable, est la formation d'idéaux mégalomanes, compensateurs de l'impuissance ressentie mais aliénants par leur irréalisme et le sentiment d'échec qu'ils engendrent inéluctablement.

On retrouve ce type d'idéaux, entre autres, chez Lisette de Courval des *Belles-Sœurs* pour qui « y'a juste du grand monde » en Europe. « À Paris, dit-elle, tout le monde perle bien, c'est du vrai français partout… C'est pas comme icitte… J'les méprise toutes ! » (*BS*, 59) Il est exprimé de façon encore plus poignante par Hosanna, le travesti, pour qui l'idéal d'être est représenté par l'Américaine Elizabeth Taylor incarnant une fictive Cléopâtre au moment précis de son entrée triomphale dans Rome. La réaction d'Hosanna au mauvais tour que lui jouent les autres travestis (tous déguisés en Elizabeth Taylor dans *Cléopâtre* lors d'un bal costumé) démontre la fonction narcissique de cette chimère pour elle : celle de se rêver l'unique, la plus belle. « Vous avez toutes démoli ma vie en papier mâché ! » (*HO*, 74) Dans ces deux exemples, Tremblay soulignait le piège que représente la surestimation des modèles européen et américain pour l'identité culturelle des Québécois ; une telle lecture au niveau culturel n'est cependant pas incompatible avec une interprétation similaire se situant dans le registre de l'aliénation individuelle.

Ce mode de pensée, où bonheur et malheur proviennent de l'extérieur, évoque le concept d'objet transformationnel [4] désignant le parent qui œuvre à la métamorphose subie passivement par le nourrisson, à l'identité mal délimitée, lorsqu'il se sent passer de l'état de souffrance (faim, froid, peur, etc.) à l'état de bien-être, grâce à l'intervention d'un objet flou (la mère ou son substitut). La maturation permettra à l'enfant d'apprendre à reconnaître le parent protecteur et, plus tard, à accomplir les gestes nécessaires pour prendre soin de lui-même ; mais demeureront toujours, chez l'adulte, les relents d'une quête de cet objet transformationnel, éminemment narcissique, nostalgie qu'exploite très efficacement la publicité (on en trouve un exemple dans les affiches du genre « Nutri-Diet a transformé ma vie ! »). La capacité de rêver, issue de cette nostalgie, c'est-à-dire le potentiel créateur, est omniprésente dans l'œuvre de Tremblay – comme le résument bien les trois générations représentées dans *la Maison suspendue* – mais manque à plusieurs de ses premiers personnages la possibilité de dépasser la pensée magique, narcissique, pour réaliser leurs rêves dans la réalité.

---

4. C. Bollas, « The transformational object », *International Journal of Psychoanalysis*, 1948, p. 60, 97-107.

63

Dans ces premières pièces, le thème de l'objet transformationnel est particulièrement bien représenté dans un registre social par l'attitude de chacun des deux sexes à l'égard de l'autre ; davantage, peut-être, par celle des personnages féminins. Plusieurs femmes sont, en effet, dépeintes comme n'ayant pas de projet personnel, ou le sacrifiant à leurs rôles d'épouse et de mère, en conformité avec les normes sociales de l'époque. Elles attendent le bonheur de l'amour et attribuent à leur homme la fonction d'objet transformationnel, ce qui les mène inévitablement à la déception, à l'amertume et à une conception dévaluée de l'homme et de sa capacité de rêver. Il en est ainsi de Carlotta dans *Trois Petits Tours...* et de Marie-Lou, mais aussi de Thérèse et de Lise, la serveuse dans *En pièces détachées*, et de la plupart des femmes dans *les Belles-Sœurs*. Quant à la vision de la femme par l'homme, une version nous en est donnée par Hosanna et la duchesse de Langeais : celle d'une *bitch* régnante dont la beauté et la soif de pouvoir se substituent à sa capacité d'amour et de tendresse, donc narcissique et peu narcissisante pour autrui ; l'idéalisation de cette femme la place en position d'objet transformationnel auquel il vaut mieux s'identifier, car il s'avère être un objet d'amour décevant.

L'objet narcissique

Une autre caractéristique émergeant des premières œuvres de Tremblay est la façon d'interagir de plusieurs personnages. Il arrive souvent qu'ils ne s'écoutent pas les uns les autres, marmonnent, soliloquent parallèlement, semblant avoir perdu l'espoir d'être entendus dans leur différence. Et de fait, ils ont peu de chance de l'être, et peu de disponibilité pour écouter, submergés qu'ils sont par l'urgence de leurs propres besoins affectifs, ce qui les amène à traiter leurs partenaires comme des objets narcissiques, c'est-à-dire objets de besoin plutôt que de désir[5], et à ne s'y intéresser que dans la mesure où ils sont instrumentaux à la satisfaction de leurs besoins propres, l'utilité de l'autre pouvant résider simplement dans la fonction primaire et vitale d'objet « poubelle[6] » dans lequel projeter, ou bien assouvir, les aspects inacceptables de soi ou le trop-plein de pulsions étouffantes.

---

5. À l'image de l'enfant dont l'état de dépendance l'amène à n'apprécier ses parents qu'en fonction de la satisfaction de ses propres besoins et le rend incapable de tenir compte des leurs.

6. D. Meltzer, *le Processus psychanalytique*, Paris, Payot, 1971.

Ainsi, ce dialogue de sourds entre Carlotta et Johnny dans *Trois Petits Tours…* :

CARLOTTA [...] – Dire que j'ai marié ça parce qu'y'était beau pis que j'l'aimais… Dire que j'ai toute sacrifié parce que j'l'aimais…
JOHNNY – Quoi ?
CARLOTTA – Pis dire que je l'aime encore…
JOHNNY – Parle pour que je t'entende, bonyeu !
CARLOTTA – J'parle tu-seule, Johnny, j'parle tu-seule… C'est assez pas intéressant, si tu savais [...] (*TPT*, 35)

Des échanges presque identiques entre Hosanna et Cuirette, ainsi qu'entre plusieurs autres personnages que l'auteur qualifie, par la bouche de Marie-Lou, de « gang de tu-seuls ensemble » existent en grand nombre.

On retrouve, par ailleurs, plusieurs variantes de l'objet-poubelle. Ainsi, Carlotta, après avoir fait paniquer Johnny avec des menaces convaincantes de le quitter pour aller tenter sa chance comme danseuse, décide de renoncer à son projet personnel (satisfaite d'avoir inversé les rôles et repris son importance aux yeux de son mari) en se faisant croire qu'elle le fait par sacrifice et non par impuissance personnelle : « Y'est pas capable, tu-seul ! Y'est pas capable sans moi ! Y'ira pas sans moi ! » (*TPT*, 46) On retrouve le même scénario de dépendance sado-masochiste dans la joute mortifère entre Léopold et Marie-Lou. Hosanna, quant à elle, a « toujours eu la yeule pleine de poison » et elle l'aura toujours, dit-elle, car c'est la seule façon qu'elle connaisse de ne sentir ni sa souffrance ni sa peur. On ne saurait, à ce propos, passer sous silence le langage cruel qu'utilisent les travestis entre eux dans *Hosanna*, *la Duchesse de Langeais* et *Demain matin, Montréal m'attend*, les caractéristiques de leur orientation et de leurs pratiques sexuelles servant d'insultes lancées à la tête de l'autre dans un but d'humiliation, laissant ainsi deviner une estime de soi défaillante. Enfin, une dernière variante de l'objet-poubelle se situe sur le plan social et vaut la peine d'être mentionnée. Elle est illustrée dans *En pièces détachées* par les voisines à leurs balcons, qui assistent au spectacle des disputes entre Albertine (alias Robertine) et sa fille Thérèse derrière les fenêtres aux rideaux clos. Les commentaires moralisateurs qu'elles émettent à l'égard de cette famille cachent mal l'excitation sexuelle et belliqueuse éprouvée à l'audition de ces chicanes à saveur scandaleuse. Or il est intéressant de noter que Tremblay a esquissé pour presque chacune de ces voisines les éléments de ce qui pourrait constituer un drame familial : bagarre conjugale, inceste mère-fils, etc. La famille de Robertine sert d'objet-poubelle, ici, permettant de nier temporairement ses propres conflits, de « se consoler en se comparant ».

Ce type d'interaction narcissique, où l'autre est objet de besoin et objet-poubelle, exclut la possibilité de tendresse et donc, à mon avis, de créativité. La tendresse suppose, en effet, la prise de conscience de l'autre en tant qu'autre qui, elle-même, présuppose une certaine capacité de s'assumer soi-même nécessaire à l'acte créateur. Ce type d'interaction est également incompatible, selon moi, avec l'élaboration créatrice, parce qu'il signe l'évacuation hors de soi d'une partie essentielle du matériau de création, soit le conflit psychique qui, élaboré sur une scène extérieure, nourrit la tension dramatique d'une œuvre. Non que les premiers personnages de Tremblay soient foncièrement incapables de désir, de tendresse et de créativité, mais ils sont, pour la plupart, dépeints dans des moments de manque narcissique d'une telle intensité qu'il devient incompatible avec l'élan créateur. Il est en effet remarquable que, de toutes les pièces citées jusqu'à présent, une seule contienne une scène de tendresse explicite et élaborée, soit la scène finale de *Hosanna* où Hosanna/Claude dit s'accepter comme un homme et où Cuirette/Raymond lui confie qu'il l'aime pour la même raison. De la même façon, dans ces pièces où le monde du spectacle est pourtant représenté, il est très peu question de mouvement créateur et beaucoup plus de rêves non réalisés ou de répétitions mécaniques d'un premier scénario. Le seul personnage à dire avoir connu l'élan créateur m'apparait être la duchesse de Langeais, dans son répertoire d'illusionniste sexuelle ; il est aussi le seul à déclarer avoir aimé son métier.

Il est intéressant de comparer ces caractéristiques avec la façon dont Tremblay déclare avoir abordé l'écriture de ces œuvres de jeunesse : « Lorsque j'ai commencé à écrire du théâtre, je jugeais les autres et je donnais des coups de poing sur la table en criant que la société est pourrie [...] » ; « Auparavant, l'émotion dans mes pièces était individualiste ; c'était celle d'un soi face à soi [...][7] ». La différence entre

7. Roch Turbide, « Michel Tremblay : Du texte à la représentation », *Voix & Images*, vol. VII, n° 2, hiver 1982, p. 221.

Tremblay et ses premiers personnages est qu'il a su élaborer sa colère, donner ses coups de poing avec des mots et que, dans cette émotion d'« un soi face à soi », il a su tenir compte de l'autre suffisamment pour lui écrire sa révolte. Là où, par ailleurs, il ressemble à ses personnages, c'est quand il affirme « ne pas pouvoir créer dans la souffrance », tout en admettant que « toute source ou vocation artistique vient du malheur ».

Deuxième temps : 1973-1977

Les thèmes de l'objet transformationnel et de l'objet narcissique perdurent dans le deuxième temps de l'œuvre théâtrale de Tremblay, mais de nouvelles couleurs prennent progressivement plus d'importance dans sa palette : celle de la rupture avec une identité et celle de la narcissisation à travers la réalisation de projets personnels.

Rupture

Le thème de la rupture apparaît comme une condition de survie personnelle dans la production du dramaturge québécois. Distanciation d'avec le milieu familial, ou bien enfermement dans une fusion mortifère aux parents, dans la répétition, dans le vide. On retrouve ce thème exprimé par Louise dans *Demain matin, Montréal m'attend*, dans ce dialogue avec sa mère :

> LOUISE – Oui, maman, j'me sauve !
> [...]
> MÈRE – Que c'est qu'on va devenir moé pis ton père...
> LOUISE – Vous allez continuer c'que vous avez commencé y'a cinquante ans... Vous allez vous lamenter sans rien faire jusqu'à votre dernier souffle ! Vous avez pas besoin de moé pour faire ça... (*DM*, 14),

dialogue qui précède le texte de sa chanson « De l'air ! », dont le refrain est constitué des paroles suivantes : « De l'air ! De l'air ! De l'air ! Donnez-moé de l'air ! Même si est polluée ! » ; avant elle, sa sœur aînée, Rita, s'est également sauvée de la maison pour aller réussir une carrière de chanteuse à Montréal. Serge, dans *Bonjour, là, bonjour*, s'exile à Paris pendant trois mois avant de rompre avec les membres de sa famille (trois sœurs, deux tantes) qui ne voient en lui qu'un objet narcissique : « J'aimerais

64

65

juste pas être celui qui passe en arrière de vous autres pour ramasser votre marde ! » « Vous m'avez assez barouetté quand j'tais p'tit, asteur, c'est moé qui décide ! » (*BLB*, 65, 73) Carmen, quant à elle, le verbalise déjà dans *À toi, pour toujours, ta Marie-Lou*, quand elle exhorte sa sœur Manon à se débarrasser de ses souvenirs d'enfance : « Faut que tu fasses ta vie, toé aussi… ». Dans *Sainte Carmen de la Main*, elle s'absente de la *Main* pendant six mois avant de créer ses propres compositions pour témoigner de cet univers.

Il est à noter que, dans le théâtre de Tremblay, s'il s'agit toujours de rompre avec une impuissance personnelle pour se donner un souffle de vie, les parents – comme on a pu le constater dans les derniers exemples cités – incarnent bien souvent cette inertie qu'il est vital de dépasser. Ceux-ci sont presque toujours présentés sous un éclairage peu flatteur ; à tout le moins, comme des modèles d'identification peu attirants.

Les femmes, quant à elles, attendent le bonheur de l'amour, celui que mari et enfants leur donneront, et déploient souvent courage et ingéniosité pour faire vivre leur famille, palliant les manques de leur homme dans sa fonction de pourvoyeur. Déçues de leurs conjoints, victimes par atavisme, elles s'accrochent à leurs enfants, souhaitant que ceux-ci leur tiennent compagnie dans leur stagnation, attendant d'eux une vitalité qui les a quittées depuis longtemps. Ainsi, Marie-Lou, l'exemple peut-être le plus extrême, fantasme que son bébé à naître sera à elle seule, comme une chose, et la protégera de la solitude ; Robertine (Albertine), dans *En pièces détachées*, entretient une terrible joute sado-masochiste avec sa fille Thérèse, le soutien de famille, et Madeleine, dans *le Vrai Monde ?*, reste auprès de son mari par inertie, vide de tout intérêt personnel.

La plume de Tremblay est à peine plus clémente pour décrire les pères. Souvent inaptes dans leur rôle nourricier, ou déclarés tels, et donc méprisés par leurs épouses, ils régressent à une impuissance infantile, comme Gérard dans *En pièces détachées*, ou s'affaissent à la taverne, comme Léopold dans *À toi, pour toujours, ta Marie-Lou*. Apraxiques et peu communicatifs, comme Alex dans *le Vrai Monde ?*, ils savent cependant parfois être proches de leurs fils, comme Gabriel dans *Bonjour, là, bonjour*, ou comme Jean-Marc, le père symbolique, dans *les Anciennes Odeurs*. Amants déçus et décevants, anciens fils d'épouses insatisfaites, leur potentiel créateur – leur capacité de rêver – manque de moyens pour s'actualiser et semble, d'ailleurs, sacrifié dès le départ aux exigences insatiables de leur famille et de la figure maternelle revendicatrice en laquelle se transforment rapidement leurs jeunes épouses.

Il va de soi que les adolescents dévaluent leurs parents dans un processus de rupture avec l'enfance et de quête d'une identité adulte ; il est aussi notoire que les principaux reproches qu'ils adressent à leurs géniteurs se résument dans l'accusation de ne pas être à la hauteur de leurs idéaux, de l'image idéalisée qu'ils s'étaient faite d'eux. La charge de Tremblay contre les figures parentales me semble cependant polysémique et, dans son implacable justesse, dépasser la révolte adolescente. Elle dénonce, on le sait, les failles de l'identité québécoise, l'état anémique de ses idéaux culturels. Elle débusque aussi, selon moi, la prévalence sociale du maternel sur le féminin, valorisation selon laquelle la fille est conviée à devenir mère avant que d'être femme, ou plutôt, à renoncer à être femme pour devenir mère, à inciter son amant à un sacrifice semblable et, une fois déçue, à faire payer son destin à son homme et à ses enfants. Dans ce contexte, le mouvement de rupture apparaît comme une condition de survie personnelle aussi bien que culturelle.

Narcissisation par la réalisation de projets personnels

L'exultation de Louise, dans la chanson-thème de *Demain matin, Montréal m'attend*, aussi naïve qu'elle soit, témoigne bien de la vitalisation suscitée par la réalisation de projets personnels. Notons cependant que Louise vient rejoindre sa sœur Rita/Lola Lee pour qu'elle l'aide à devenir chanteuse espagnole comme elle ; son projet est encore fortement imprégné d'une motion identificatoire mimétique à l'égard de sa sœur aînée, qui aurait ses raisons, elle aussi, de vouloir chanter « De l'air ! ». Dans cette pièce, il est question de la réussite obtenue par un dur labeur (Lola, la duchesse), mais aussi de rêves de gloire (Louise, Marcel/Gérard) et de leurs effets transformationnels ; les répliques de la faune colorée du « Meat Rack Bar » à propos de Marcel/Gérard, travesti, en sont un exemple : « Pourtant, quand a faisait ses grands rêves, est-tait ben heureuse… […] Est-tait toute transformée ! Une vraie Alice au pays des merveilles ! » (*DM*, 42-43) On n'y voit cependant pas de créativité, au sens novateur du terme, mais plutôt les produits de l'ingéniosité, de l'ambition, de la rivalité. Il est, en fait, surtout question, dans cette œuvre, du caractère éphémère du narcissisme spéculaire [8] omniprésent dans le monde du spectacle, celui qui se vit à travers son propre regard et celui des autres, et dont on trouve un exemple chez le danseur qui utilise le miroir pour juger de sa performance lors des répétitions, pour ensuite se mirer dans les yeux du public au moment du spectacle [9].

La narcissisation de Carmen est, elle, spectaculaire : son retour sur la *Main* est comparé au lever du soleil. Elle accepte la gloire qu'on lui offre comme à un objet transformationnel, mais sa véritable métamorphose vient de l'intérieur : elle a découvert sa propre identité, a créé sa première chanson et songe à abandonner ses déguisements (les « yodles » de la chanson western, son costume de *cow-girl*) pour inventer son propre style. Cet investissement d'elle-même la rend capable d'altruisme, et la tendresse qu'elle éprouve pour les siens leur rend leur dignité : elle chante leur souffrance, leur offre un miroir embellissant, s'aliénant ainsi ceux qui exploitent cette douleur.

Dans *Damnée Manon, Sacrée Sandra*, Manon, enlisée dans une fusion avec sa mère, répète le scénario « maso-religieux » de cette dernière, tandis que Sandra, travesti imaginatif, ne vit que pour les moments de rencontre avec son amant du jour. Elles ont en commun l'élaboration d'un monde imaginaire fortement érotisé, servant d'exutoire à leur vide intérieur ; elles vivent exclusivement de leur obsession, dans une solitude affective où l'autre n'est qu'un instrument au service de leur rêve, devenu le centre de leur vie. L'auteur nous invite à visiter de l'intérieur leurs créations imaginaires. Manon, plus aliénée, s'en remet

8. C. Pujade-Renaud, *Danse et narcissisme en éducation*, Paris, Éditions ESF, 1976.

9. Il y aurait lieu de se demander quelle signification donner à la si grande représentation (sept pièces sur quinze en comptant celles qui mettent en jeu le travestisme), dans le corpus théâtral de Tremblay, de cet univers du spectacle où il s'agit de se montrer, de conquérir l'intérêt, de séduire, de vendre du rêve, de jouer avec les limites de son identité, où la qualité intrinsèque du travail produit est difficilement mesurable, car le succès dépend en une large mesure du caprice libidinal et narcissique du public.

toujours à la décision du Seigneur, alors que Sandra s'assume en tant qu'auteure de sa folie. On ne rencontre, dans cette pièce, ni rupture permettant de rencontrer l'autre dans sa différence ni valorisation de soi à travers la réalisation d'un projet mais, plutôt, dissolution de soi dans un autre imaginaire où l'on devient « une paillette d'or dans l'œil de Dieu ». Créations imaginaires sans destinataires réels.

Serge, dans *Bonjour, là, bonjour*, choisit de vivre avec les deux membres de sa famille qui peuvent le voir dans sa différence et l'aimer pour lui-même : son père Gabriel et sa sœur Nicole, dont il est amoureux. Il choisit donc du différent dans du même, projet de vie marginal dont la qualité de formulation le démarque des scénarios de vie itératifs et vides du reste de sa famille : « [...] c'est de l'amour, Lucienne, du vrai, sans histoires d'intérêt et de sécurité en arrière ; c'est de l'amour, pis c'est beau ! [...] On va s'aider à vivre, tou'es deux, pis on va vieillir ensemble, c'est-tu assez beau, on a décidé qu'on vieillirait ensemble sans se faire de mal ! » (*BLB*, 90-91)

On sait que Tremblay a reculé devant son projet initial de faire de ce scénario d'inceste fraternel celui d'une union homosexuelle plutôt qu'hétérosexuelle. Or, dans le contexte spécifique de narcissisme et de quête d'identité qui nous occupe, il est intéressant de noter que ce scénario initial – compte tenu du destin qu'a connu Serge, dès sa petite enfance, entre les mains de ses tantes et de ses sœurs – eût été mieux en accord avec les données psychanalytiques sur le développement identitaire. On sait, en effet, qu'au sortir de la période fusionnelle, le tout petit enfant peut émotionnellement tolérer de percevoir sa mère comme personne distincte de lui à condition de l'imaginer du même sexe que lui [10], la découverte de la différence des sexes ne devenant possible que plus tard ; le développement identitaire est un processus graduel, et tout s'y passe comme s'il fallait d'abord une quantité suffisante de ressemblances pour tolérer de se percevoir irrémédiablement distinct de l'autre. Dans la mesure où Serge, en quête d'identité, tente de rompre avec son statut d'objet narcissique pour devenir sujet de son propre destin, il n'aurait pas été incongru, sur le

10. P. Denis, « L'homosexualité primaire », *les Cahiers du Centre de psychanalyse et de psychothérapie*, n° 8, printemps 1984, numéro spécial sur « Homosexualité et identité ».

plan psychologique, de le voir s'allier à un partenaire de même sexe que lui. On observe d'ailleurs, actuellement, un phénomène semblable, sur le plan social, chez les femmes qui recherchent le soutien sororal du lesbianisme et du féminisme militant, dans leurs tentatives d'inventer de nouveaux modèles d'identité féminine.

Les pièces de la deuxième période offrent donc un matériel qui illustre, entre autres, les vissicitudes de l'élan de rupture et d'éclosion de soi.

Troisième temps : 1980-1990

Vient le temps de lier ce qui avait été présenté « en pièces détachées » sous l'explosion de la révolte et de la souffrance. Les thèmes présents dans les deux premières périodes persistent, mais apparaissent les éléments d'un mouvement d'intégration narcissique. Cette évolution n'est cependant pas linéaire ; elle est bousculée périodiquement par des moments de tension contradictoire indiquant la relance d'une quête, d'un cheminement.

Ainsi, dans *l'Impromptu d'Outremont*, reprise « bourgeoise » des *Belles-Sœurs*, on retrouve l'amertume, le vide, l'absence de projets personnels qui ont marqué les premières pièces, mais on y découvre aussi le bonheur conjugal (celui de Lorraine) dû à un éloignement des origines familiales, l'investissement de soi dans un art (les quatre sœurs pratiquent chacune un art par lequel elles parviennent à s'exprimer) et un potentiel créateur qui sera cependant « gardé entre nous » par la mère, c'est-à-dire interdit de rupture et sacrifié aux préjugés bourgeois.

Quant à la magnifique *Albertine, en cinq temps*, elle met en jeu l'impuissance, la rage, les regrets asséchés de larmes, mais aussi la tendresse et, pour la première fois, la compassion à l'égard de soi, la sagesse conduisant à une certaine sérénité. L'auteur introduit le thème de l'intégration par le contenu du texte, mais aussi par ses indications de mise en scène dans lesquelles les différentes Albertine se comportent de façon bienveillante les unes envers les autres. Les thèmes de la rupture et de la valorisation de soi à travers un projet (retour au travail) sont également présents dans l'œuvre. Il est intéressant de noter que la structure même de la pièce évoque ce qui a été défini par certains psychanalystes (voir la note 2) comme un « passage à l'acte » créateur. En effet, le travail d'élaboration psychique menant à l'articulation de diverses facettes de soi, à la consolidation du sentiment d'identité, est ici représenté « à l'extérieur » par le dialogue circulant entre cinq personnages différents incarnant autant d'Albertine, c'est-à-dire cinq temps dans la vie d'une même Albertine.

Par ailleurs, *les Anciennes Odeurs*, œuvre nuancée et introspective, m'apparaît signifier, entre autres, la problématique universelle de la solitude liée à la quête de son identité et de son idéal ; elle se situe dans « l'après-rupture » (au sens de divorce amoureux et de la rupture d'identité analysée plus haut) et illustre bien la pérennité de l'oscillation entre le sentiment d'étouffement et d'aliénation provoqué par la fusion idéalisante (incarnée ici dans la relation amoureuse du type père-fils), sentiment menant à la rupture, et la nostalgie de cette même fusion à certains moments de l'exil volontaire vers la quête de sa destinée. Cette pièce pleine de tendresse met en jeu la douleur liée à l'assomption de son unicité ; l'amour qu'éprouvent, en effet, les protagonistes l'un pour l'autre ne peut leur épargner la prise de conscience que leurs besoins sont incompatibles ; c'est la décision de respecter ces derniers qui les mène à la rupture.

Vient ensuite *le Vrai Monde ?* qui m'apparaît être, dans le corpus de Tremblay, l'illustration la plus explicite de l'œuvre d'art en tant que démarche d'intégration et de restauration narcissique. La négation de certaines zones sombres en soi est, en effet, représentée par le père Alex I et II : « ALEX I – J'vous l'ai toujours dit, quand j'rentre icitte, y faut que le party pogne ! » (*VM*, 54), alors que la douleur du renoncement à ce déni, condition qui me semble prérequise à la création novatrice, est illustrée dans les propos de la mère, Madeleine I et II : « MADELEINE I – C'est pas moi, ça ! […] Je veux pas ! » ; « MADELEINE II – […] C'est sûr que j'étais mieux quand j'savais rien […] Quand on sait rien on peut pas avoir de mal… » (*VM*, 23, 30) L'impossibilité de rupture par faillite de projet personnel est également incarnée par Madeleine I : son projet de vie était l'amour qu'elle croyait éprouver pour son mari ; quand ce sentiment s'éteint, elle renonce à quitter son époux ne sachant quel autre sens donner à sa vie, comme elle l'exprime à Claude, son fils écrivain :

« De toute façon, que c'est que ça me donnerait de faire comme dans ta pièce ? Oùsque j'irais, un coup divorcée ? M'ennuyer ailleurs ? » (*VM*, 43) L'origine narcissique de la créativité est, par ailleurs, nommée par Claude lui-même lorsqu'il s'adresse à sa mère : « Mais si moi j'avais besoin de vous défendre ? Si c'était ma façon à moi de m'exprimer ! » (*VM*, 51) L'œuvre d'art, en tant que fiction empruntant à la réalité événementielle mais la trahissant pour exprimer une vision subjective, l'œuvre d'art en tant que création narcissique, donc, (peut-il en être autrement ?) est mise en évidence par l'entrecroisement des répliques des personnages « fictifs » et « réels » qui montre que Claude fait dire à Madeleine II ce que lui-même pense et aimerait que sa mère pense, tout comme il fait exprimer par Alex II une partie des sentiments que lui-même éprouve à l'égard de sa sœur, de la même façon qu'il lui fait tenir des propos noircis par le ressentiment qu'il éprouve à l'égard de ce père, héros de son enfance qui l'a ignoré et déçu. La visée de réparation narcissique dans l'œuvre de Claude est explicite, comme le lui fait remarquer sa mère à propos du personnage de l'épouse la représentant et déclarant son mépris à son mari : « MADELEINE I – C'est à toi, que ça ferait du bien, Claude. C'est tes problèmes à toi avec lui que t'as réglés dans c'te pièce-là, pas les miens ! » (*VM*, 44) ; Claude lui-même exprime cette visée de réparation narcissique en parlant du sentiment de futilité qu'il éprouve après avoir écrit une pièce de théâtre réussie : « CLAUDE *à Alex I* – À quoi ça sert, papa, si j'peux pas me rendre jusqu'à ton cœur ? À quoi ça sert si tu refuses d'admettre que t'en as un ? » (*VM*, 105)

Dans *la Maison suspendue*, créée à l'automne 1990, Tremblay dit avoir voulu illustrer le thème de la réconciliation[11]. De fait, on sent une circulation facile entre les différents éléments de cette œuvre contrapuntique. Les personnages des romans côtoient ceux des pièces de théâtre ; ils forment diverses générations d'une même famille que tentera de recons-truire Jean-Marc, le dernier de la lignée, dans son projet de devenir écrivain pour retrouver un élan créateur en renouant avec ses origines. Le conflit demeure entre les projets chimériques des hommes (leur potentiel créateur) et les soucis matériels et affectifs des femmes, mais ils sont

---

11. *La Presse*, 1er septembre 1990.

reconnus et nommés. Les tensions sont d'ailleurs vécues d'une façon plus intérieure qu'interactionnelle dans la dernière génération, l'assomption de soi y étant plus manifeste et côtoyant avec plus d'aisance la quête d'identité toujours présente. De même voit-on illustré, pour la première fois dans le théâtre de Tremblay, le phénomène de bisexualité dans le couple que forment Jean-Marc et Mathieu, divorcé et père de Sébastien, les facettes hétérosexuelle et homosexuelle du désir, de même que les pôles féminin et masculin de l'identité sexuelle étant réunis dans un même personnage, l'amant, plutôt que clivés, comme ils le sont chez Édouard, de la génération précédente, et chez les autres personnages de travestis. (Cela me semble un message d'optimisme de la part de Tremblay, quand on sait que les personnages de travestis l'ont intéressé, non pour leur sexualité, mais pour leur identité trouble, reflet à ses yeux de l'identité collective des Québécois.) Enfin, dernier indice d'inté-gration, on retrouve le même mouvement non verbal de bienveillance et de soutien entre les personnages des diverses générations que chez ceux de la pièce *Albertine, en cinq temps*.

Les cinq dernières pièces de Tremblay semblent donc être marquées, entre autres, par un mouvement d'intégration narcissique qui accom-pagne l'incessante redéfinition de soi et de ses idéaux. Il est intéressant de noter que l'auteur parle de l'écriture de ces œuvres de maturité en termes similaires : « [...] au lieu de poser des questions aux autres, je me pose des questions. Cela donne des œuvres plus introspectives [...][12] » ; « [...] il faut voir *l'Impromptu* comme un joint, un joint temporaire entre un cycle que j'ai écrit par besoin et un cycle que j'ai eu envie d'écrire... Car c'est cela : j'ai maintenant envie de parler de ce que je vis [...][13] »

Épilogue

L'œuvre théâtrale de Michel Tremblay, on le voit, offre un matériel riche en illustrations de phénomènes narcissiques concernant la créativité et le fonctionnement psychique. Ce constat vient étayer la vision du

---

12. Michel Tremblay, *Voir*, *loc. cit.*
13. Roch Turbide, *loc. cit.*, p. 221-222.

dramaturge, qui conçoit une grande partie de ses pièces comme des allégories concernant l'identité individuelle et collective des Québécois.

Par ailleurs, on a pu remarquer, à travers quelques citations des propos de l'auteur, que l'évolution de son œuvre, expression surtout d'une problématique culturelle, semble suivre une trajectoire semblable à celle de sa vie privée. Comment s'en étonner ? Le parallélisme de ces trames pose, cependant, la question des rapports narcissiques d'identité entre trois registres de réalité : celui de l'homme et de sa vie fantasmatique privée, propulsive d'un élan créateur, celui de l'écrivain et de son œuvre, produit du fantasme d'un petit groupe de créateurs (dans la mesure où les versions initiales des pièces de théâtre de Tremblay ont été, selon ses dires, modifiées par le travail du metteur en scène et des interprètes), et celui de la collectivité culturelle se manifestant par la réaction de publics de cultures différentes, déclarant ce théâtre œuvre universelle. Comment relier et distinguer le narcissisme-dans-l'œuvre de celui qui lui a donné naissance et de celui qui consacre cette œuvre ? Il faut laisser ouverte une telle question, à la fin de cette exploration de la créativité, mise en rapport avec l'évolution du narcissisme dans l'œuvre théâtrale de Michel Tremblay.

66

PAUL LEFEBVRE

André Brassard :
la mise à l'épreuve d'une dramaturgie

« Je ne serais pas l'auteur que je suis s'il n'avait pas été là, et il ne serait sans doute pas le metteur en scène qu'il est si je n'avais pas été là également [1] », a dit Michel Tremblay en parlant d'André Brassard. Non sans raison, car Brassard a, en effet, créé et repris toutes les pièces majeures du dramaturge, toutes celles dont l'action se déroule sur le Plateau Mont-Royal et « sur la *Main* », auxquelles on doit ajouter les deux textes périphériques que sont *l'Impromptu d'Outremont* et *les Anciennes Odeurs* [2]. L'apport d'André Brassard à l'œuvre théâtrale de Tremblay est double. D'abord, comme partenaire artistique privilégié de Tremblay, il a été à même d'influencer le dramaturge dans le développement de son œuvre. Ensuite, et c'est probablement là l'aspect le plus important, le théâtre de Tremblay nous a été révélé à travers les lectures qu'en a faites Brassard. Car, est-il besoin de le rappeler, un metteur en scène ne fait pas que traduire scéniquement le texte d'un dramaturge : il en définit le sens, il le *lit*. Porté à la scène, le théâtre de Tremblay est aussi le théâtre de Brassard.

Une rencontre

Vers 1970, Tremblay et Brassard étaient surnommés *The Dynamic Duo* [3]. Il est vrai que Tremblay et Brassard formaient le premier véritable tandem auteur-metteur en scène de l'histoire du théâtre québécois et que leurs propositions textuelles et scéniques étaient non seulement inno-

---

1. Pierre Lavoie, « "Par la porte d'en avant…" Entretien avec Michel Tremblay », Cahiers de théâtre *Jeu*, n° 47, 1988.2, p. 66.

2. Il est plus simple de nommer les pièces de Tremblay que Brassard n'a pas créées : *Trois Petits Tours…*, *les Paons*, *les Héros de mon enfance*, *les Grandes Vacances* et *le Gars de Québec*, ainsi que la version scénique du roman *C't'à ton tour, Laura Cadieux*.

3. Le surnom de Batman et Robin dans la bande dessinée et la télésérie *Batman*.

vatrices mais remportaient un franc succès. Ce qui frappe, alors, comme l'a écrit Michel Bélair, c'est la « grande unité entre le texte et la mise en scène », le fait que « chacune des pièces de Tremblay apparaît comme un bloc dont on ne peut dissocier les éléments de mise en scène et le climat qui en résulte [4] ». Lorsque Bélair (tout comme Tremblay) emploie au sujet de cette relation artistique le terme d'« osmose », il pointe à la fois la perception générale de la collaboration entre Brassard et Tremblay et ce qui semble bien avoir présidé à cette démarche artistique commune.

Les deux hommes ont fait connaissance en 1964. Tous deux fréquentaient les théâtres et les cinémas d'art et d'essai et se connaissaient de vue. D'après Brassard [5], c'est Guy Bergeron (il avait fait le décor du *Tricycle* d'Arrabal, dans lequel Brassard jouait, à l'éphémère Théâtre de la Cabergnote), qui les avait d'abord présentés l'un à l'autre. Mais la véritable rencontre, comme Tremblay l'a souvent raconté, a eu lieu lorsque Brassard a croisé Tremblay dans la rue et lui a demandé « si c'était bien [lui] qui avait écrit *le Train* [6] » – cette pièce qui avait remporté le premier prix du Concours des jeunes auteurs de Radio-Canada avait été télédiffusée le 7 juin 1964. Même si, à ce moment-là, Brassard et Tremblay avaient déjà, chacun de son côté, entrepris une démarche artistique, Tremblay tient à préciser dès 1971 que « dans l'espèce de tandem Brassard-Tremblay, la chose extraordinaire, c'est l'amitié qu'il y a entre nous [7] ». Cette relation d'amitié a permis aux deux artistes de s'enrichir l'un l'autre et a trouvé un de ses prolongements dans la collaboration artistique, ce que Tremblay a bien exprimé en 1982 : « […] je crois que l'on pourrait dire que nous avons été pendant longtemps le mentor de l'autre. Jusqu'en 1977, année de *Damnée Manon, Sacrée Sandra*, nous évoluions parallèlement. C'est après que Brassard a pris une autre tangente que la mienne [8] ».

---

4. Michel Bélair, *Michel Tremblay*, Montréal, Presses de l'Université du Québec, coll. « Studio », 1972, p. 69.

5. Entretien avec André Brassard par l'auteur, 25 juin 1990.

6. Paul Lefebvre, « Tremblay/Brassard. Les beaux-frères », *MTL magazine*, septembre 1988, p. 70.

7. Rachel Cloutier, Marie Laberge et Rodrigue Gignac, « Entrevue avec Michel Tremblay », *Nord*, n° 1, automne 1971, p. 67.

8. Roch Turbide, « Michel Tremblay : Du texte à la représentation », *Voix & Images*, vol. 7, n° 2, hiver 1982, p. 218.

Cette amitié s'est développée sous le signe d'une complicité artistique qui a d'abord trouvé son champ de prédilection dans la critique de l'invraisemblable langue employée dans le cinéma québécois de l'époque[9]. D'ailleurs, Tremblay mentionne : « J'ai écrit *les Belles-Sœurs*, en fait, après avoir vu un film que [Brassard et moi] avions détesté. Pourquoi ? Parce que personne au monde n'avait parlé la langue qui était employée dans ce film. Nous avons découvert cela ensemble[10]. »

D'autres goûts communs ont aussi contribué au rapprochement artistique entre Tremblay et Brassard, en particulier leur fascination pour la tragédie grecque. À quinze ans, Tremblay avait été marqué par la lecture d'*Agamemnon*. Tous deux, avant même de se connaître, avaient été impressionnés par *les Choéphores* d'Eschyle, spectacle monté par Jean-Pierre Ronfard au Théâtre du Nouveau Monde en mai 1962. En 1966, Brassard allait signer sa première mise en scène d'un texte du répertoire avec *les Troyennes* au Théâtre des Saltimbanques. De là, aussi, « le goût d'aller vers les chœurs » et le désir commun de « faire une pièce avec des madames [qui] parleraient en chœur[11] ».

Entre l'écriture des *Belles-Sœurs* et la production professionnelle de la pièce au Théâtre du Rideau Vert trois ans plus tard, Tremblay et Brassard commencent leur association artistique. En 1965, dans la première version de *Messe noire*, un spectacle-collage de Brassard, on retrouvait un texte de Tremblay, *Maouna*, qui allait être publié l'année suivante dans le recueil *Contes pour buveurs attardés*. Et, surtout, en décembre 1966, le Mouvement Contemporain, une compagnie de théâtre que dirigeait Brassard, monte *Cinq*, un spectacle à partir de textes de Tremblay dans lequel on retrouvait une première ébauche du monologue de Berthe dans *Trois Petits Tours…*, ainsi que le duo des hommes-sandwichs, le trio des serveuses et le quatuor entre Robertine, Hélène, Francine et Henri, qui feront partie d'*En pièces détachées*. Même si ce

9. Michel Bélair mentionne *Caïn*, *Trouble-fête* et *la Corde au cou*, *op. cit.*, p. 67.

10. Entretien avec Michel Tremblay par Pierre Lavoie, *loc. cit.*, p. 66. *Caïn*, un film de Pierre Patry réalisé en 1965 d'après un roman inédit de Réal Giguère, aurait été l'exemple privilégié de ces discussions.

11. Entretien avec André Brassard par l'auteur, 25 juin 1990.

spectacle se compose aussi de scènes d'un genre que Brassard identifie péjorativement comme « fantastico-français », Tremblay et Brassard viennent de créer ce qui n'existait pas encore : du théâtre en joual, donnant un prolongement dramaturgique à une démarche déjà entreprise en littérature, particulièrement à la revue et aux Éditions Parti pris [12].

Un monde en formation

Avec ses premiers textes théâtraux, *les Belles-Sœurs, la Duchesse de Langeais, En pièces détachées, Trois Petits Tours...* et *Demain matin, Montréal m'attend*, Tremblay met en scène deux milieux, celui du Plateau Mont-Royal et celui de la *Main*, ainsi que plusieurs « familles ». Or on sait que les divers personnages de l'œuvre de Tremblay finiront par former un véritable réseau. Dans les premiers textes de Tremblay, l'existence de ce réseau est davantage de l'ordre de la virtualité ; or Brassard affirme avoir eu une influence majeure sur sa concrétisation. Il faut cependant signaler que certains liens existaient chez Tremblay dès le début de son œuvre théâtrale : ainsi, dans la version pour la scène d'*En pièces détachées*, qui date de 1969, le personnage de Claude parle de « mon oncle la duchesse [13] ».

D'après Brassard, une première étape de la création du réseau s'est faite lors de la scénarisation du court métrage *Françoise Durocher, waitress* [14] dans lequel l'auteur et le metteur en scène ont, pour la première fois, « mélangé les univers » : on y retrouvait des personnages des *Belles-Sœurs*, comme Pierrette Guérin et Lise Paquette, ainsi que le trio des *waitress* d'*En pièces détachées*. Selon Brassard, une autre étape impor-

---

12. Michel Tremblay, après avoir écrit *les Belles-Sœurs*, avait envoyé le texte aux Éditions Parti pris.

13. Michel Tremblay, *En pièces détachées*, suivi de *la Duchesse de Langeais*, Montréal, Leméac, coll. « Répertoire québécois », n° 3, 1970, p. 60. Il est à noter que cette allusion au personnage de la duchesse a disparu de l'édition ultérieure d'*En pièces détachées* (Leméac, 1982, 93 p.), cette seconde édition étant conforme à la version télévisée de la pièce.

14. « À cette époque-là, je disais qu'il y avait deux institutions chez nous : les belles-sœurs et les *waitress*. Parce que nous nous tenions beaucoup dans les restaurants et que nous avions une grande affection pour les *waitress*. Elles étaient nos mères par procuration. » Entretien avec André Brassard par l'auteur, 25 juin 1990.

tante dans le processus d'intégration des divers mondes de Tremblay a eu lieu en 1971, à la suite du tournage d'un film de Jean-Pierre Lefebvre pour la série *Adieu Alouette*[15] de l'Office national du film ; pour la fête qui marquait la fin du tournage de ce film, dans lequel on retrouvait plusieurs scènes tirées du théâtre de Tremblay, il fut décidé que les personnages du film recevraient l'équipe de tournage dans une cour. « C'était la première fois, dit Brassard, que le monde de la *Main* – les travestis, les personnages que nous avions commencé à dessiner pour *Demain matin, Montréal m'attend* – et que les personnages des *Belles-Sœurs*, ces deux mondes-là se rencontraient. Cela s'était terminé par une bataille épouvantable. [...] Tremblay et moi assistions à ça du haut d'une galerie et, à un moment, nous nous sommes regardés et j'ai dit : C'est *ça* qu'il faut faire ! Et *ça*, ce fut *Il était une fois dans l'Est*[16]. » Il est intéressant de noter que c'est au cinéma et non au théâtre que s'est d'abord manifestée cette mise en place du réseau des personnages.

Brassard dit avoir été influencé à ce moment-là par le roman de Pierre-Jean Rémy, *le Sac du palais d'été*, qui lui avait fourni l'exemple d'une fiction où les personnages, sans tous se connaître, étaient tous liés. « Je pense que mon désir de rassembler les divers mondes du théâtre de Tremblay, d'en mettre en valeur les oppositions, d'en donner une vision globale, est à l'origine de l'unité que prendra son œuvre[17]. » Cette période de travail (de 1971 à 1975) semble bel et bien correspondre à la phase d'« osmose » entre les deux créateurs. Après cette période, où le travail artistique semble en quelque sorte s'être exercé en continuité, la relation entre les deux artistes s'est cristallisée ponctuellement autour des productions. Bref, pour ce qui est de cette époque, on peut assumer que l'influence du metteur en scène sur l'auteur a été majeure, en ce qu'elle l'a encouragé à tisser des liens entre les personnages et les événements de son univers théâtral.

---

15. Cette série de courts métrages avait comme objectif de présenter au Canada anglais le Québec d'après la Révolution tranquille.

16. Entretien avec André Brassard par l'auteur, 25 juin 1990. *Il était une fois dans l'Est* a été réalisé en 1973.

17. Entretien avec André Brassard par l'auteur, 25 juin 1990.

Comédiennes, comédiens

C'est aussi à cette époque que Brassard rassemble le noyau de comédiennes et de comédiens qui incarneront les personnages du théâtre de Tremblay. Bien sûr, au fil des distributions, beaucoup de noms circulent, mais certains reviennent avec régularité, ce qui permet de suivre un même personnage d'une œuvre à l'autre, ou encore prête vie à une lignée de personnages. Ces comédiens n'ont pas seulement incarné pour le public les personnages de Tremblay, ils ont aussi mis au point une manière de les jouer et, pourrait-on même dire, une façon de jouer. Il faut se rappeler que l'écriture de Tremblay, à la fin des années soixante et au début des années soixante-dix, exigeait des comédiens un jeu plus direct et plus impudique, pour lequel ils n'étaient pas nécessairement formés. Les comédiens avec lesquels Brassard a travaillé ont su (re)trouver une gestuelle inspirée du quotidien et (re)créer les ponts entre la langue de Tremblay et la parole populaire montréalaise.

Certaines présences ont davantage marqué les premières œuvres de Tremblay : mentionnons Denise Filiatrault (Rose Ouimet dans *les Belles-Sœurs*, Carlotta dans *Trois Petits Tours…*, Lola Lee dans *Demain matin, Montréal m'attend* et Hélène dans *Il était une fois dans l'Est*) ; Denise Proulx (Germaine Lauzon dans *les Belles-Sœurs*, Berthe dans *Trois Petits Tours…* et Betty Bird dans *Demain matin, Montréal m'attend*) ; Luce Guilbault (Pierrette Guérin dans *les Belles-Sœurs*, Hélène/Thérèse dans *En pièces détachées* et Carmen dans *À toi, pour toujours, ta Marie-Lou*), et Hélène Loiselle (Lisette de Courval dans *les Belles-Sœurs*, Robertine/Albertine dans *En pièces détachées* et Marie-Louise dans *À toi, pour toujours, ta Marie-Lou*).

Claude Gai a marqué la duchesse de Langeais, tout comme André Montmorency, Hosanna (qui doit aussi beaucoup à Jean Archambault) et Sandra. On doit également souligner les apports d'Amulette Garneau (dont Bec-de-Lièvre dans *Sainte Carmen de la Main*), de Sophie Clément et de Michelle Rossignol. Mais les deux comédiens dont la collaboration avec le tandem Tremblay-Brassard est la plus soutenue sont Rita Lafontaine et Gilles Renaud. De Lise Paquette dans *les Belles-Sœurs* à Marie-Lou et Gloria dans *la Trilogie des Brassard*, Rita Lafontaine a joué dans une dizaine de pièces de Tremblay, marquant de son talent atypique les diverses incarnations de Manon et d'Albertine, ainsi que de Madeleine I, établissant au sein des productions des pièces de Tremblay une sorte de continuité. Quant à Gilles Renaud, il a su mieux que personne incarner la masculinité trouble qui traverse le théâtre de Tremblay : Cuirette (dans *Hosanna*), Gabriel (le père de *Bonjour, là, bonjour*), Jean-Marc (cet *alter ego* de l'auteur dans *la Maison suspendue*) et Alex I (dans *le Vrai Monde ?*).

L'auteur et le metteur en scène

Les textes de Tremblay sont très ouverts : « La grande qualité de mon théâtre réside dans le fait que le metteur en scène peut en faire tout ce qu'il veut[18]. » On peut lui donner ici raison : les pièces de Tremblay sont vraiment des systèmes ouverts, assemblages de structures et de rythmes, de personnages et d'actions, qui demandent impérativement d'être lus au sens fort du terme pour porter sens. De plus (« Je ne suis pas du tout un visuel[19] », avoue Tremblay), les indications scéniques se rapportant à la dimension scénographique de la représentation sont minimales, tout comme celles qui touchent le jeu. La matérialité de la représentation dépend ainsi énormément du metteur en scène.

Conséquent avec son écriture dramatique, Tremblay déclarait dès 1971 : « [Brassard] se mêle pas de mon texte, pis je me mêle pas de sa mise en scène[20]. » Au cours des années, la première partie de la proposition a quelque peu changé, mais la seconde, non : habituellement, Tremblay n'assiste qu'aux premières lectures et aux premiers enchaînements. Avec humour, Brassard confirme cet état de fait : « Ça ne l'a jamais intéressé : recommencer, arrêter, poser des questions, ça le tanne. Il n'aime pas ça[21]. » Tremblay, en 1988, précisait son attitude : « Certains crient que ça ne m'intéresse pas, que je hais les répétitions, ou que mon texte écrit, ça ne m'intéresse plus. Non, je les laisse créer. […] Je ne crois pas du tout à

---

18. Roch Turbide, *loc. cit.*, p. 218.

19. Pierre Lavoie, *loc. cit.*, p. 66.

20. R. Cloutier, M. Laberge et R. Gignac, *loc. cit.*, p. 67.

21. Entretien avec André Brassard par l'auteur, 25 juin 1990.

l'auteur omniprésent à la gauche du metteur en scène, lui susurrant des choses à l'oreille pendant que cette « engeance paranoïaque » que sont les acteurs se demande ce qui se passe… [22] ».

C'est à cause de son rapport de travail avec les acteurs que Brassard a dû articuler de façon claire les enjeux des textes de Tremblay. Au début de la collaboration entre l'auteur et le metteur en scène, ce travail d'articulation et de précision du sens n'existait pas ; le non-dit que permet toute complicité humaine et artistique en tenait lieu. De plus, il y avait chez Tremblay et Brassard un rejet somme toute conscient d'un travail drama- turgique passant par l'utilisation d'un outillage intellectuel précis ; c'est que tous deux assimilaient ce type de travail à « l'intellectualisme pari- sien » contre lequel, au cours des années soixante, ils étaient en réaction, le considérant comme une marque de colonialisme culturel. « Quétaines et fiers de l'être ! » disaient-ils à l'époque avec une joyeuse férocité [23]. En pensant de la sorte, Tremblay et Brassard n'agissaient pas tant en nova- teurs qu'en héritiers de cette tradition théâtrale, cristallisée ici par les Compagnons de saint Laurent, qui voudrait que tout travail « intellectuel » menace l'authenticité de la démarche artistique.

Pour Brassard, la recherche du sens semble être liée à celle du fonctionnement de la pièce, à son articulation concrète, à l'évolution psychologique des personnages. Lorsque Tremblay a terminé l'écriture d'un texte, il le lui fait lire. Et le metteur en scène travaille à comprendre ce qui se passe, dans le texte, avant de chercher à désigner ce qui s'y pense : il faut que tout soit clair. Le metteur en scène demande ensuite à l'auteur des précisions sur ce qu'il saisit mal. Tremblay décrit ainsi le processus : « Ce qu'il me dit surtout – parce que je lui raconte, avant, ce que la pièce va dire, ce que je pense qu'elle va vouloir dire – son argument ultime : "Tu m'avais dit que cette pièce voulait dire ça, y'en manque un bout." C'est un argument irréfutable [24]. » Ainsi, il peut arriver que Tremblay récrive certains fragments. Cela peut aller jusqu'à l'ajout d'une scène complète : lors du travail sur *le Vrai Monde ?*, Brassard a

---

22. Pierre Lavoie, *loc. cit.*, p. 67.

23. Entretien avec André Brassard par l'auteur, 25 juin 1990.

24. Pierre Lavoie, *loc. cit.*, p. 66.

convaincu Tremblay qu'une scène manquait, soit la confrontation entre le père et le fils. Tremblay a écrit la scène qui termine la pièce. Cette scène, une confrontation manichéenne où tout le mal est rejeté sur le père, n'est pas celle que Brassard attendait : le metteur en scène a beau exprimer ses désirs, il laisse le champ libre à l'auteur. Tremblay se sent libre d'accepter ou de rejeter les suggestions de Brassard : ainsi, dans *la Maison suspendue*, le metteur en scène aurait souhaité un conflit dramatique plus fort entre les personnages de Jean-Marc et de Mathieu.

Dans le travail de répétition, Brassard joue beaucoup avec le texte. Par exemple, dans son ouvrage sur le metteur en scène, Claude Lapointe décrit les déplacements que Brassard a effectués à même le texte d'*Albertine, en cinq temps* :

> L'atelier d'Albertine a surtout servi à Brassard pour sa prise de possession du nouveau texte. Il l'a tourné sens dessus dessous, l'a démoli, reconstruit différemment, comme s'il manipulait un jeu de blocs, un casse-tête. Lors des vraies répétitions, ayant saisi la structure de l'œuvre, il lui a rendu sa forme originale… ou presque [25].

En effet, Brassard aménage les textes de Tremblay (et des autres auteurs qu'il met en scène) selon les exigences de sa mise en scène. Claude Lapointe fait remarquer qu'il utilise particulièrement les redites, les coupures et les entrecroisements de scènes. Ces altérations du texte original ont habituellement pour but d'augmenter l'efficacité théâtrale du texte. L'auteur et le metteur en scène ont passé une sorte d'accord tacite : Tremblay laisse Brassard modifier le texte pour la représentation, mais il publie la pièce comme il l'entend.

Brassard va supprimer ce qu'il perçoit comme des indications scéniques déguisées pour les remplacer par une action ou simplement une onomatopée. Il va couper des phrases pour corser davantage la tension dramatique ; par exemple, dans *l'Impromptu des deux « Presse »*, il a supprimé une première allusion que fait l'auteur à vingt ans sur le sujet de sa pièce pour ne garder que celle qui clôt la dernière réplique : « Qui c'est que ça va intéresser, quinze femmes qui collent des timbres ! [26] » – ce qui,

---

25. Claude Lapointe, *André Brassard. Stratégies de mise en scène*, Montréal, VLB éditeur, 1990, p. 60.

26. Michel Tremblay, *l'Impromptu des deux « Presse »*, dans Centre d'essai des auteurs dramatiques, *20 ans*, Montréal, VLB éditeur, 1985, p. 297.

à cause de l'effet de surprise, est beaucoup plus fort[27]. Si les coupures peuvent, à l'occasion, être mineures, elles sont parfois importantes : selon le comédien Gilles Renaud, l'équivalent de trente-cinq minutes de ce qui a été publié n'a pas été joué lors de la création des *Anciennes Odeurs*[28]. Pour ce qui est des créations, il s'agit là d'un cas exceptionnel. Par contre, pour les reprises, Brassard se permet plus de libertés ; ainsi, lorsqu'il a remonté *l'Impromptu d'Outremont* en anglais au Centre Saidye Bronfman l'année suivant sa création, non seulement les quatre rôles féminins étaient-ils joués par des hommes, mais un bon tiers du texte avait été coupé.

Bien entendu, les modifications les plus significatives sont celles qui altèrent le sens. Car il existe un écart idéologique entre Tremblay et Brassard, que Tremblay résume ainsi : « Brassard cherche à montrer que l'homme n'est pas condamné. Moi, je suis convaincu du contraire[29]. » Le travail théâtral de Brassard s'articule autour de la notion de choix. Le théâtre, pour lui, doit montrer que la marche du monde n'est pas inéluctable et que chaque parole, chaque geste n'est qu'une possibilité parmi tant d'autres. (En cela, il est proche de l'esprit du théâtre de Brecht.) Et la représentation théâtrale doit mettre en évidence ces diverses possibilités d'agir, faire comprendre et sentir que le monde peut changer et être changé[30]. Ainsi, dans la production d'*Albertine, en cinq temps*, le metteur en scène a supprimé la réplique d'Albertine à 70 ans qui précède l'épilogue : « De toute façon... ça vaut pas la peine de vieillir...[31] » « C'est la seule fois où nous nous sommes démarqués philosophiquement. Parce que c'était par rapport au destin et que je refuse d'admettre que ça existe, le destin[32]. » Mais on peut aussi voir ce refus de l'inéluctable dans la

---

27. Entretien avec André Brassard par l'auteur, 25 juin 1990.

28. Entretien téléphonique avec Gilles Renaud par l'auteur, 12 août 1990.

29. Paul Lefebvre, « Tremblay/Brassard. Les beaux-frères », *MTL magazine*, septembre 1988, p. 72.

30. Consulter à ce sujet l'ouvrage précédemment cité de Claude Lapointe, en particulier le chapitre I : « Une approche de la pensée de Brassard », p. 17-40.

31. Michel Tremblay, *Albertine, en cinq temps*, Montréal, Leméac, coll. « Théâtre », n° 135, 1984, p. 100.

32. Entretien avec André Brassard par l'auteur, 25 juin 1990.

suppression qu'a faite Brassard, lors de la création de l'*Impromptu d'Outremont*, de la salve de mitraillette sur laquelle se termine la pièce.

Au-delà de cette divergence de vue fondamentale, il faut aussi remarquer que l'ensemble des moyens scéniques mis en œuvre sert une vision du monde qui s'oppose à celle de l'auteur. Parmi ces moyens, il faut signaler particulièrement la direction d'acteurs ; pour Brassard, les personnages peuvent toujours agir autrement qu'en a décidé l'auteur. Avec les comédiens, il explore en répétition ces autres possibilités, afin de montrer le trajet de chaque personnage, placé devant une série de choix. Ainsi, le désespoir de Tremblay est continuellement relativisé par des orientations scéniques qui indiquent la possibilité de prendre sa vie en main, celle d'échapper au désespoir.

Un lecteur privilégié

Pendant de nombreuses années, on peut dire qu'au Québec, Brassard a exercé un quasi-monopole de la mise en scène des textes de Tremblay, non seulement pour les créations mais aussi pour les reprises. Mais depuis le début des années quatre-vingt, d'autres metteurs en scène, au Québec, ont abordé avec pertinence les œuvres de Tremblay : pensons en particulier à André Montmorency (*À toi, pour toujours, ta Marie-Lou*), René Richard Cyr (*Bonjour, là, bonjour*), Lorraine Pintal (*Hosanna*), Serge Denoncourt (*les Belles-Sœurs*), Brigitte Haentjens (*Bonjour, là, bonjour*) et Denise Filiatrault (*les Belles-Sœurs*). Mais il demeure que personne d'autre jusqu'ici n'a réabordé de façon globale l'œuvre de Tremblay, y conférant un sens qui se démarquerait franchement de celui qu'a défini Brassard ; c'est toujours lui qui, en outre, assure la création des nouvelles pièces. Il fait remarquer qu'il est difficile pour lui d'avoir à dégager le sens des œuvres à mesure qu'elles jaillissent, sans posséder le regard rétrospectif que la connaissance des pièces qui suivent permet d'avoir. En préparant la mise en scène de *la Maison suspendue*, Brassard, faute de connaître la suite, avouait son incapacité à dire avec certitude s'il s'agissait vraiment là de la fin d'un cycle. C'est dire que Brassard ne considère pas l'œuvre de Tremblay comme une juxtaposition de pièces mais comme un système fictionnel en continuelle transformation, comme une matière complexe et inachevée qui approcherait de plus près, à chaque étape, de sa signification globale. Et Brassard est là, aux aguets, cherchant à distinguer, dans la constellation de signes que lui propose régulièrement l'auteur, ceux qui le guideront dans cet univers en expansion.

Comme le fait remarquer Gilbert David, « [Brassard] s'est davantage affirmé lors de ses nouvelles mises en scène des œuvres de Michel Tremblay[33] ». Pourtant, ces nouvelles lectures de pièces de Tremblay (pensons en particulier aux diverses reprises de *Bonjour, là, bonjour* faites autour d'une table), même si elles sont très personnelles à Brassard, ne sont pas des relectures radicales ; Brassard s'y place toujours comme interprète et ne cherche pas à se substituer à l'auteur. Et parfois même, l'interprète ne propose pas de nouvelles pistes ; *la Trilogie des Brassard*, par exemple, demeurait à l'intérieur de champs interprétatifs déjà définis.

Pour Brassard, l'œuvre de Tremblay, que ce soit dans sa phase « affirmative » jusqu'à *Damnée Manon, Sacrée Sandra*) ou dans sa phase actuelle, qui lui apparaît être plus interrogative, tourne autour d'une constante : « [...] le besoin de se réaliser de ces personnages-là. Ils ne savent pas comment s'y prendre parce qu'on ne le leur a pas dit, qu'ils n'ont jamais eu de modèle et qu'ils ont essayé pendant presque dix ans d'êtres eux-mêmes en se déguisant. [...] Et à partir du moment où l'on sait qu'il est inutile de se déguiser, il faut essayer de trouver qui l'on est[34]. » Ainsi, les incertitudes identitaires sont, pour Brassard, ce qui constitue la trame du théâtre de Tremblay, incertitudes qui vont se nicher jusque dans des œuvres « volontaristes » comme *l'Impromptu d'Outremont* dont le sens réel ne serait pas tant la critique avouée de la vieille droite que l'incertitude d'une culture déchirée entre l'opéra et les *clubs* de la *Main*.

Avec soupçon et passion

On s'arrêtera un instant sur les concepts d'affirmation et d'interrogation que Brassard appose aux œuvres de Tremblay. Brassard, on l'a bien vu, est un artiste du soupçon, des possibilités multiples, un artiste du

---

33. Gilbert David, « La mise en scène actuelle : mise en perspective », *Études littéraires*, vol. 18, n° 3, hiver 1985, p. 62.

34. Entretien avec André Brassard par l'auteur, 25 juin 1990.

doute, dont l'univers est interrogation. Pourtant, c'est à partir du moment où l'œuvre de Tremblay devient, selon le metteur en scène, plus inter-rogative, qu'il se détache du dramaturge. Si Tremblay, comme on l'a lu précédemment, dit qu'après *Damnée Manon, Sacrée Sandra*, « Brassard a pris une autre tangente que la mienne [35] », il dissimule ainsi la nouvelle tangente qu'il prend lui-même à ce moment-là, avec la parution du premier tome des « Chroniques du Plateau Mont-Royal ».

À partir de ce moment-là, qui commence en fait par le « j'ai… été… inventé… par… Michel » qui donne son sens à la conclusion de *Damnée Manon, Sacrée Sandra*, Tremblay, utilisant des doubles fictifs (l'enfant de la Grosse Femme/Jean-Marc, Claude), se place au centre de son œuvre romanesque, puis théâtrale. La parution de textes autobiographiques (*les Vues animées, Douze Coups de théâtre*) renforce cette stratégie, où Tremblay se positionne lui-même comme ultime sujet de son œuvre, théâtre y compris [36]. Or Brassard ne souhaite visiblement pas tenir compte de cette dimension de l'œuvre de Tremblay, dont il semble conscient, mais qu'il évite comme axe de travail, comme base de lecture. Dans son refus de contribuer au travail de mythification du dramaturge, Brassard fouille, en effet, ce que ces œuvres peuvent avoir d'interrogatif.

Si les collaborations entre André Brassard et Michel Tremblay ont pu être perçues comme des blocs monolithiques, c'est qu'elles l'ont été pendant un certain temps. Malgré leurs divergences de vues sur les finalités de l'art dramatique et sur le sens de l'œuvre de Tremblay, l'association entre le dramaturge et le metteur en scène semble encore féconde. La multiplication des reprises de pièces de Tremblay par d'autres metteurs en scène (depuis quelques années, il y en a au moins une par saison) montre deux choses : à quel point l'œuvre de Tremblay se prête à

---

35. Roch Turbide, *loc. cit.*, p. 218.

36. On pourrait aussi dire que l'œuvre de Tremblay semble en ce moment en contraction après une longue expansion. L'œuvre-charnière serait *la Maison suspendue*, où Tremblay révèle les liens qui unissent les principaux personnages de son œuvre. Il est encore tôt pour savoir si la tendance amorcée avec *Marcel poursuivi par les chiens* aura quelque écho, mais cette pièce donne l'impression de se situer à l'intérieur d'un cadre déjà solidement fixé, ajoutant une pièce à un *puzzle* dont l'image est somme toute presque entièrement définie. La pièce précise un point (pourquoi Marcel a-t-il choisi de demeurer fou ?) au sein d'un plus vaste ensemble.

des visions scéniques différentes et à quel point les mises en scène de Brassard ont établi une lecture fondamentale des textes. Car c'est par rapport à la « manière Brassard » de monter Tremblay que les autres mises en scène sont reçues. (Chose certaine, Brassard se considère peu influencé dans son travail par ces nouvelles mises en scène.) Et si Brassard a cessé d'être un *alter ego* scénique pour devenir un lecteur privilégié, ses préoccupations personnelles éclairent et mettent sous tension une œuvre qu'il lit à la fois avec soupçon et passion.

VI

BIO-BIBLIOGRAPHIE

PIERRE LAVOIE

Chronologie
de la vie et de l'œuvre
de Michel Tremblay

Toutes les œuvres de Michel Tremblay, publiées ou dont le texte est disponible sous une forme manuscrite ou audiovisuelle, figurent dans la bibliographie. Elles sont classées sous l'année de leur publication ou de leur rédaction, avec leurs rééditions et leurs traductions, selon le cas. Ne figure pas dans la bibliographie la liste des chansons dont Michel Tremblay a été le parolier.

Pour une théâtrographie et une bibliographie critiques détaillées (1964-1981), voir la « Bibliographie commentée » de Pierre Lavoie et Lorraine Camerlain, publiée dans *Voix & Images*, vol. VII, n° 2, hiver 1982, p. 225-306, ainsi que les dossiers de presse publiés par la bibliothèque du Séminaire de Sherbrooke, en deux volumes : *1966-1981*, 226 p. ; *1974-1987*, 174 p., et les tomes IV (*1960-1969*) et V (*1970-1975*) du *Dictionnaire des œuvres littéraires du Québec*, Montréal, Fides, 1984 et 1987.

Pour une chronologie plus détaillée, voir celle d'Aurélien Boivin, publiée dans *le Cœur découvert*, Montréal, Bibliothèque québécoise, coll. « Littérature », [1986] 1992, p. 407-414.

Repères chronologiques des titres d'œuvres par ordre alphabétique

À toi, pour toujours, ta Marie-Lou : 1971
Albertine, en cinq temps : 1984
Anciennes Odeurs (les) : 1981
Au pays du dragon : 1972

Belles-Sœurs (les) : 1968
Bonjour, là, bonjour : 1974

C't'à ton tour, Laura Cadieux : 1973
Camino Real : 1979
Cinq : 1966
Cité dans l'œuf (la) : 1969
Cœur découvert (le). Roman d'amours :1986
Cœur éclaté (le) : 1993
Contes pour buveurs attardés : 1966

Damnée Manon, Sacrée Sandra : 1977
Demain matin, Montréal m'attend : 1972
Des nouvelles d'Édouard : 1984
Douze Coups de théâtre : 1992
Duchesse de Langeais (la) : 1970
Duchesse et le Roturier (la) : 1982

Effet des rayons gamma sur
les vieux-garçons (l') : 1970
En pièces détachées : 1966
…Et mademoiselle Roberge
boit un peu… : 1971

Françoise Durocher, waitress : 1972

Gars de Québec (le) : 1985
Grand Jour (le) : 1988
Grandes Vacances (les) : 1981

Héros de mon enfance (les) : 1976
Hosanna : 1973

Il était une fois dans l'Est : 1973
Impromptu d'Outremont (l') : 1980
Impromptu des deux « Presse » (l') : 1985

J'ramasse mes p'tits
pis j'pars en tournée : 1981

La grosse femme d'à côté est enceinte : 1978
Le soleil se lève en retard : 1977
Les loups se mangent entre eux : 1990
Lysistrata : 1969

Mademoiselle Marguerite : 1975
Maison suspendue (la) : 1990
Marcel poursuivi par les chiens : 1992
Mistero Buffo : 1973

Nelligan : 1990

Oncle Vania d'Anton Tchekhov : 1983

Paons (les) : 1969
Parlez-nous d'amour : 1976
Premier Quartier de la lune (le) : 1989
Premières de classe : 1992

Qui a peur de Virginia Woolf ? : 1988

Sainte Carmen de la Main : 1976
Six Heures au plus tard : 1986
Six Monologues
en forme de mots d'auteur : 1977
Socles (les) : 1979
Surprise ! Surprise ! : 1977

Thérèse et Pierrette à l'école
des Saints-Anges : 1980
Train (le) : 1964
Trois Petits Tours… : 1971
Trompettes de la mort (les) : 1991

Ville Mont-Royal ou « Abîmes » : 1972
Vrai Monde ? (le) : 1987
Vues animées (les) : 1990

CHRONOLOGIE

1942

Naissance de Michel Tremblay, le 25 juin, à Montréal (rue Fabre, sur le Plateau Mont-Royal), fils de Rhéauna Rathier et d'Armand Tremblay, pressier.

1948-1959

Études primaires et secondaires jusqu'à la onzième année. En 1955, il reçoit une bourse d'études de la Province de Québec.

1959-1968

Livreur au Ty-Coq B.B.Q., il s'inscrit à 18 ans à l'Institut des Arts graphiques, où il apprend le métier de linotypiste. Typographe à l'Imprimerie judiciaire de Montréal, il exerce son métier de linotypiste jusqu'en 1966. De septembre 1966 à décembre 1967, il est magasinier au département des costumes de Radio-Canada.

1964

Drame en un acte, écrit en 1959 et télédiffusé à Radio-Canada (CBFT) le 7 juin 1964, dans une réalisation de Charles Dumas.

Création sur scène par le Théâtre de la Place, à la Place Ville-Marie, avec *le Triangle et le Hamac* d'André Ricard et *la Sortie* de Jacques Ferron, sous le titre général de *Canapés*, le 14 septembre 1965, dans une mise en scène de Pascal Desgranges.

Premier prix du Concours des jeunes auteurs de Radio-Canada pour *le Train*.

Rencontre d'André Brassard, partenaire artistique privilégié et metteur en scène de la quasi-totalité de son théâtre.

BIBLIOGRAPHIE

1964

Le Train

Montréal, Société Radio-Canada, Concours des jeunes auteurs, 1964.

Montréal, Leméac, coll. « Théâtre », n° 187, 1990, 50 p. [« Ma toute première pièce... », par Michel Tremblay, p. 9-10 ; Texte, p. 11-50.]

CHRONOLOGIE	BIBLIOGRAPHIE

1965

Écriture des *Belles-Sœurs*.

1966

Créée au Patriote par le Mouvement Contemporain, le 16 décembre 1966, dans une mise en scène d'André Brassard.

Créée au Théâtre de Quat'Sous, le 22 avril 1969, dans une mise en scène d'André Brassard.

Télédiffusée à Radio-Canada (CBFT), dans la série « les Beaux Dimanches », le 7 mars 1971, dans une réalisation de Paul Blouin.

1966

Cinq

Ottawa, Bibliothèque nationale du Canada, Division des manuscrits. Six pièces en un acte : *Solo, Duo, Trio, Quatuor 1, Quatuor 2, Quintette*.

En pièces détachées
[nouvelle version de *Cinq*]

Montréal, Leméac, coll. « Répertoire québécois », n° 3, 1970, 94 p., suivi de *la Duchesse de Langeais*. [« Michel Tremblay, un an après les Belles Sœurs… » [*sic*], préface de Jean-Claude Germain, p. 7-9 ; Texte : p. 11-63.]

Montréal, Leméac, coll. « Répertoire québécois », n° 22, [1972] 1976, 92 p. [Version pour la télévision.]

Montréal, Leméac, coll. « Français langue seconde », n° 4, 1972, 92 p. [Édition scolaire pour l'enseignement du français langue seconde, préparée et annotée par Lucie Desaulniers.]

Montréal, Leméac, coll. « Français langue seconde – série théâtre », [1972] 1974, 109 p., ill.

Montréal, Leméac, coll « Théâtre », n° 116, [1972] [1982] 1989, 92 p., ill.

Like Death Warmed Over, Toronto, Playwrights Co-op, 1973, 49 p. Traduction d'Allan Van Meer.

Montreal Smoked Meat, Vancouver, Talonbooks, 1975, 110 p. Traduction d'Allan Van Meer.

Broken Pieces, Vancouver, Talonbooks, 1975, 110 p. Traduction d'Allan Van Meer.

CHRONOLOGIE

BIBLIOGRAPHIE

Contes pour buveurs attardés

Quatre contes faisaient partie du spectacle *Messe noire*, créé en 1965 par le Mouvement Contemporain, au Théâtre des Saltimbanques, dans une mise en scène d'André Brassard : *Angus* ; *Wolfgang, à son retour* ; *Les Noces* [non édité] ; *Maouna*.

Montréal, Éditions du jour, coll. « les Romanciers du jour », n° R-18, 1966, 158 p.

Montréal, Éditions du jour, coll. « le Petit Jour », n° 84, 1979, 158 p.

Montréal, Éditions Alain Stanké, coll. « 10/10 », n° 75, 1985, 172 p. [Première partie : Histoires racontées par des buveurs : *Le Pendu* ; *Circé* ; *Sidi bel Abbes ben Becar* ; *L'Œil de l'idole* ; *Le Vin de Gerblicht* ; *Le Fantôme de Don Carlos* ; *Le Soûlard*. Deuxième partie : Histoires racontées pour des buveurs : *La Dernière Sortie de Lady Barbara* ; *Angus ou la Lune vampire* ; *Maouna* ; *La Treizième Femme du baron Klugg* ; *Monsieur Blink* ; *La Danseuse espagnole* ; *Amenachem* ; *Les Escaliers d'Erika* ; *Le Warugoth-Shala* ; *Wolfgang, à son retour* ; *Douce Chaleur* ; *Les Mouches bleues* ; *Jocelyn, mon fils* ; *Le Dé* ; *La Femme au parapluie* ; *La dent d'Irgak* ; *La Chambre octogonale* ; *Le Diable et le Champignon*. Dossier : *Contes pour buveurs attardés* (texte inédit de Michel Tremblay), p. 161 ; « Extraits de la critique », p. 163-164 ; « Études sur l'œuvre de Michel Tremblay », p. 165.]

Montréal, la Littérature de l'oreille, 1987, 31 p. [Avec une cassette de soixante minutes sur laquelle on trouve les contes suivants : *Le Pendu* ; *Circé* ; *Amenachem* ; *Le Diable et le Champignon*.]

Stories for Late Night Drinkers, Vancouver, Intermedia, 1977, 123 p. Traduction de Michael Bullock.

1967-1968

Boursier du Conseil des Arts du Canada, il se rend au Mexique, en janvier 1968, où il écrit *la Cité dans l'œuf* et *la Duchesse de Langeais*.

1968

Les Belles-Sœurs

Écrite en 1965, cette pièce fut créée le 28 août 1968, au Théâtre du Rideau Vert, à Montréal, dans une mise en scène d'André Brassard.

Télédiffusée à Radio-Canada (réseau anglophone), en mars 1979.

Montréal, Holt, Rinehart et Winston, coll. « Théâtre vivant », n° 6, 1968, 70 p. [« J'ai eu le coup de foudre », préface de Jean-Claude Germain, p. 3-5 ; « Quand le metteur en scène... », par André Brassard, p. 6 ; Texte : p. 7-70 (pour la première édition), p. 7-71 (pour la deuxième édition).]

CHRONOLOGIE   BIBLIOGRAPHIE

Montréal, Leméac, coll. « Théâtre canadien », n° 26, 1972, VII, 156 p., ill. [« Les *Belles-Sœurs* de Michel Tremblay cinq ans après », préface d'Alain Pontaut, p. I-VII ; Texte : p. 9-109 ; « Les personnages dont on parle, mais qu'on ne voit pas dans "les Belles-Sœurs" », par André Brassard, p. 111-117 ; « J'ai eu le coup de foudre », par Jean-Claude Germain, p. 119-125 ; « Quand le metteur en scène… », par André Brassard, p. 127-130 ; « La pièce devant la critique », p. 131-156.]

Théâtre I, Montréal/Paris, Leméac/Actes Sud-Papiers, 1991, 439 p. [*Les Belles-Sœurs* (1965), p. 7-76.]

Montréal, Leméac, coll. « Théâtre », n° 26, [1972] 1992, VII, 156 p., ill.

Vancouver, Talonbooks, 1974, 114 p. Traduction anglaise de John Van Burek et de Bill Glassco.

Vancouver, Talonbooks, 1991, 111 p. Traduction anglaise de John Van Burek et de Bill Glassco.

The Guid Sisters and Other Plays, London, Nick Hern Books, 1991, XV, 154 p. [« Introduction », par Annika Bluhm, p. VII-XV ; *The Guid Sisters*, p. 1-68, traduction écossaise de William Findlay et Martin Bowman ; *Manon/Sandra*, p. 69-100, traduction anglaise de John Van Burek ; *Albertine, in Five Times*, p. 101-147, traduction anglaise de John Van Burek et de Bill Glassco ; « Stage Histories and Chronology », p. 149-154.]

Autres traductions : *Jam* par Ayshe Raif (anglais, Londres) ; *Hen Night* par Ayshe Raif (adaptation anglaise, Londres) ; *The Good Sisters*, par Noel Greig (northern dialect, Londres) ; *Las Cunadas* par Morgan Desmond et Jose Fuster Retalli (espagnol) ; *Schwester-herzchen* par Hans Peter Plocher (allemand, publié par Max Niemeyer Verlag) ; *Cumnatele* par Petre Bokor (roumain) ; *Siostrzyezki* par Josef Kwaterko (polonais) ; *Di Shvegerins* (yiddish) ; *Le Cognate* (italien).

CHRONOLOGIE

1969

Créée au Centre national des Arts, à Ottawa, le 2 juin 1969, dans une mise en scène d'André Brassard.

Créée le 11 février 1970, par l'Atelier, au Studio du Centre national des Arts, à Ottawa, dans une mise en scène de Jean Lefebvre.

1970

Créée par les Insolents de Val d'Or, au printemps 1969, dans une mise en scène d'Hélène Bélanger.

Trophée Méritas pour la meilleure pièce de l'année : *les Belles-Sœurs*.

BIBLIOGRAPHIE

1969

Lysistrata

D'après Aristophane. Montréal, Leméac, coll. « Répertoire québécois », n° 2, 1969, 93 p. [Traduction et adaptation d'André Brassard et de Michel Tremblay.]

Les Paons

Montréal, [Centre d'essai des auteurs dramatiques, 1969], 55 p. [non publié]. [Pièce écrite en 1967.]

La Cité dans l'œuf

Montréal, Éditions du jour, coll. « les Romanciers du jour », n° R-38, 1969, 177 p.

Montréal, Éditions Alain Stanké, coll. « 10/10 », n° 74, 1985, 191 p. [Dossier : *La Cité dans l'œuf* (texte inédit de Michel Tremblay), p. 185 ; « Extraits de la critique », p. 186-187 ; « Études sur l'œuvre de Michel Tremblay », p. 188.]

1970

La Duchesse de Langeais

Montréal, Leméac, coll. « Répertoire québécois », n° 3, 1970, 94 p., précédée d'*En pièces détachées*. [« Michel Tremblay, un an après les Belles Sœurs... » [*sic*], préface de Jean-Claude Germain, p. 7-9 ; Texte : p. 65-94.]

Montréal, Leméac, coll. « Répertoire québécois », n°s 32-33, 1973, 106 p., ill., précédée d'*Hosanna*. [Texte : p. 77-106.]

Montréal, Leméac, coll. « Théâtre », n° 137, [1973] 1984, 106 p., précédée d'*Hosanna*. [Texte : p. 77-106.]

Théâtre I, Montréal/Paris, Leméac/Actes Sud-Papiers, 1991, 439 p. [*La Duchesse de Langeais* (1968), p. 77-95.]

CHRONOLOGIE   ## BIBLIOGRAPHIE

La Duchesse & Other Plays, Vancouver, Talonbooks, [1976] 1993, 125 p. Traduction anglaise de John Van Burek. [Texte : p. 7-30 ; *Berthe*, p. 31-40 ; *Johnny Mangano and His Astonishing Dogs*, p. 41-70 ; *Gloria Star*, p. 71-91 ; *Surprise, Surprise*, p. 93-125.]

L'Effet des rayons gamma sur les vieux-garçons

Créée au Théâtre de Quat'Sous, le 18 septembre 1970, dans une mise en scène d'André Brassard.

Montréal, Leméac, coll. « Traduction et adaptation », n° 1, 1970, 71 p. Traduction et adaptation du texte de Paul Zindel, *The Effect of Gamma Rays on Man-in-the-Moon*. [« Béatrice, Corneille et nous… », préface d'Alain Pontaut, p. 7-8 ; Texte : p. 9-71.]

1971   ### 1971

Trois Petits Tours…

Télédiffusée à Radio-Canada (CBFT), dans la série « les Beaux Dimanches », le 21 décembre 1969, dans une réalisation de Paul Blouin.

Montréal, Leméac, coll. « Répertoire québécois », n° 8, 1971, 64 p. Tryptique composé de *Berthe*, p. 9-17 ; *Johnny Mangano and His Astonishing Dogs*, p. 19-46 ; *Gloria Star*, p. 47-64. [Pièces écrites en 1969.]

Montréal, Leméac, coll. « Théâtre », n° 151, 1986, 85 p. [*Berthe*, p. 11-20 ; *Johnny Mangano and His Astonishing Dogs*, p. 21-58 ; *Gloria Star*, p. 59-85.]

Boursier du Conseil des Arts du Canada, il se rend à Paris, où il commence la rédaction de *C't'à ton tour, Laura Cadieux*.

Reçoit un Etrog pour le meilleur scénario, catégorie court métrage, pour *Françoise Durocher, waitress*.

Reçoit un Etrog (avec André Brassard) pour la meilleure œuvre, catégorie télévision, pour *Françoise Durocher, waitress*.

La Duchesse & Other Plays, Vancouver, Talonbooks, [1976] 1993, 125 p. Traduction anglaise de John Van Burek. [*La Duchesse de Langeais*, p. 7-30 ; *Berthe*, p. 31-40 ; *Johnny Mangano and His Astonishing Dogs*, p. 41-70 ; *Gloria Star*, p. 71-91 ; *Surprise, Surprise*, p. 93-125.]

Autre traduction : *Johnny Mangano…* en allemand, par Hubert Von Bechtolsheim ; *Johnny Mangano…* en anglais, par Arlette Francière, sous le titre *Cues and Entrances*, publiée par Henry Beissel en 1977.

CHRONOLOGIE	BIBLIOGRAPHIE

À toi, pour toujours, ta Marie-Lou

Créée au Théâtre de Quat'Sous, le 29 avril 1971, dans une mise en scène d'André Brassard.

Montréal, Leméac, coll. « Théâtre canadien », n° 21, 1971, 94 p., ill. [« *À toi, pour toujours, ta Marie-Lou* ou quand Michel Tremblay se permet d'espérer », préface de Michel Bélair, p. 5-31 ; Texte : p. 33-94.] [Pièce écrite en 1970.]

Montréal, Leméac, coll. « Théâtre », n° 21, [1971] 1991, 94 p., ill.

Théâtre I, Montréal/Paris, Leméac/Actes Sud-Papiers, 1991, 439 p. [*À toi, pour toujours, ta Marie-Lou* (1970), p. 97-139.]

Forever Yours, Marie-Lou, Vancouver, Talonbooks, 1975, 86 p. Traduction anglaise de John Van Burek et de Bill Glassco.

Autres traductions : *Für dich, ewig, deine Luise* (allemand) ; *Forever Yours, Marie-Lou* par Merwan P. Mehta (anglais) ; *Forever Yours, Marie-Lou* par Jill Morris (anglais, Londres) ; *Din for evigt Marie Louise* par Lars Willum (danois) ; *Tua para semple, Marie-Lou* par Roger Ramalhete et Carole Galaise (portugais) ; *Twoja na zawsze Marie-Loui* par J. Lagowska et A. Zakrzewski ; *Tua per sempre Maria-Luisa* (en italien).

...Et mademoiselle Roberge boit un peu...

Créée par la Compagnie des Deux Chaises, le 14 septembre 1971, au Théâtre Maisonneuve de la Place des Arts, à Montréal, dans une mise en scène d'André Brassard.

Montréal, Leméac, coll. « Traduction et adaptation », n° 3, 1971, 95 p. Traduction et adaptation du texte de Paul Zindel, *And Miss Reardon Drinks a Little*.

1972

1972

Au pays du dragon

Créée au Théâtre de Quat'Sous, le 13 janvier 1972, dans une mise en scène d'André Brassard, et précédée d'un extrait de *Berthe*.

Traduction et adaptation de Michel Tremblay de quatre pièces en un acte de Tennessee Williams : *Talk to Me Like the Rain and Let Me Listen* ; *Hello from Bertha* ; *The Lady of Larkspur Lotion* ; *I Can't Imagine Tomorrow*. [*J'peux pas m'imaginer demain*, Montréal,

CHRONOLOGIE

Trophée Méritas pour la meilleure pièce de l'année, *À toi, pour toujours, ta Marie-Lou.*

Chalmers Award pour *À toi, pour toujours, ta Marie-Lou.*

Comédie musicale créée au Jardin des étoiles de Terre des Hommes, le 4 août 1970, dans une musique de François Dompierre et une mise en scène d'André Brassard.

Créée dans *l'Immaculée-Création*, le 8 décembre 1972, une production du Centre d'essai des auteurs dramatiques pour protester contre la politique du ministère des Affaires culturelles.

Télédiffusé à Radio-Canada (CBFT), le 8 octobre 1972.

1973

Créée au Théâtre de Quat'Sous, le 10 mai 1973, dans une mise en scène d'André Brassard.

Chalmers Award pour *les Belles-Sœurs.*

BIBLIOGRAPHIE

École nationale de théâtre du Canada, 41 p. ; *La Dame aux longs gants gris*, Montréal, École nationale de théâtre du Canada, 19 p. ; *Parle-moi comme la pluie, pis laisse-moi écouter*, 15 p. ; *Hello from Bertha*, 30 p.] [non publié]

Demain matin, Montréal m'attend

Montréal, Leméac, coll. « Répertoire québécois », n° 17, 1972, 90 p. [Deuxième version.]

Disque 33 tours, sous étiquette « Les Belles-Sœurs ».

Ville Mont-Royal ou « Abîmes »

« Une belle pièce d'un acte en bon français dédicacée à Madame Claire Kirkland-Casgrain. » *Le Devoir*, 28 octobre 1972, p. XVII.

Françoise Durocher, waitress

Office national du film, 1972, 29 minutes. Scénario de Michel Tremblay, réalisation d'André Brassard.

1973

Hosanna

Montréal, Leméac, coll. « Répertoire québécois », n°s 32-33, 1973, 106 p., ill., suivi de *la Duchesse de Langeais*. [Texte : p. 7-75.] [Pièce écrite en 1971-1972.]

Montréal, Leméac, coll. « Théâtre », n° 137, [1973] 1984, 106 p., ill., suivi de *la Duchesse de Langeais*. [Texte : p. 7-75.]

Théâtre I, Montréal/Paris, Leméac/Actes Sud-Papiers, 1991, 439 p. [*Hosanna* (1971), p. 141-185.]

Vancouver/Los Angeles, Talonbooks, 1974, 102 p. Traduction anglaise de John Van Burek et de Bill Glassco.

CHRONOLOGIE	BIBLIOGRAPHIE

Vancouver, Talonbooks, 1991, 87 p. Traduction anglaise (revisée) de John Van Burek et de Bill Glassco.

Autres traductions : *Stuck in zwei Akten* par Reiner Escher (en allemand) ; en portugais par Maria Pompeu ; en néerlandais ; en hébreu.

C't'à ton tour, Laura Cadieux

Adaptation théâtrale réalisée par Claude Poissant et créée par l'Atelier Contemporain, à l'Université de Montréal, en janvier 1974.

Montréal, Éditions du jour, coll. « les Romanciers du jour », n° R-94, 1973, 137 p.

Télédiffusée à Radio-Québec (CIVM-TV), le 24 décembre 1978, dans une adaptation de Pierre Fortin et de Guy Leduc.

Montréal, Éditions Alain Stanké, coll. « 10/10 », n° 73, 1985, 149 p. [Dossier : *C't'à ton tour, Laura Cadieux* (texte inédit de Michel Tremblay), p. 141 ; « Extraits de la critique », p. 143 ; « Études sur l'œuvre de Michel Tremblay », p. 144.]

It's your Turn, Now, Laura Cadieux, traduction anglaise de John Van Burek.

Mistero Buffo

Créée au Théâtre du Nouveau Monde, à Montréal, le 14 décembre 1973, dans une mise en scène d'André Brassard.

Traduction et adaptation de Michel Tremblay du texte original de Dario Fo [non publié]. [Manuscrit disponible à la Division des manuscrits des Archives nationales du Canada, à Ottawa.]

Il était une fois dans l'Est

Montréal, Ciné/Art, les Productions Carle-Lamy, 1973, 100 minutes. [Scénario d'André Brassard et Michel Tremblay ; dialogues de Michel Tremblay ; réalisation d'André Brassard.]

Montréal, l'Aurore, coll. « les Grandes Vues », 1974, 108 p., ill. [Synopsis, p. 11 ; 102 séquences.]

CHRONOLOGIE

BIBLIOGRAPHIE

1974

1974

Bonjour, là, bonjour

Créée par la Compagnie des Deux Chaises, le 22 août 1974, au Centre national des Arts, à Ottawa, dans une mise en scène d'André Brassard.

Montréal, Leméac, coll. « Théâtre canadien », n° 41, 1974, 105 p., ill. [« Pour l'amour du bonjour », préface de Laurent Mailhot, p. 9-19 ; Texte : p. 21-105.]

Montréal, Leméac, coll. « Théâtre », n° 41, [1987] 1992, 105 p., ill. [Les prénoms d'Albertine et de Gabriel ont été changés pour ceux de Gilberte et d'Armand.]

Prix Victor-Morin de la Société Saint-Jean-Baptiste de Montréal pour l'ensemble de son œuvre.

Théâtre I, Montréal/Paris, Leméac/Actes Sud-Papiers, 1991, 439 p. [*Bonjour, là, bonjour* (1974), p. 187-240.]

Chalmers Award pour *Hosanna*.

Vancouver/Los Angeles, Talonbooks, 1975, 93 p. Traduction anglaise de John Van Burek et de Bill Glassco.

Vancouver, Talonbooks, 1988, 86 p. Traduction anglaise de John Van Burek et de Bill Glassco.

Autres traductions : japonais ; turc ; portugais (par Maria Pompeu) ; letton.

1975

1975

Mademoiselle Marguerite

Créée au Théâtre du Nouveau Monde, le 2 septembre 1975, dans une mise en scène de Jean Dalmain.

Montréal, Leméac, coll. « Traduction et adaptation », n° 6, 1975, 96 p. Traduction et adaptation du texte de Roberto Athayde, *Aparaceu a Margarida*.

Bourse du Conseil des arts du Canada pour un séjour d'un an à Paris.

Chalmers Award pour *Bonjour, là, bonjour*.

1976

1976

Les Héros de mon enfance

Comédie musicale créée au Théâtre de Marjolaine, à Eastman, le 26 juin 1976, dans une mise en scène de Gaétan Labrèche et une musique de Sylvain Lelièvre.

Montréal, Leméac, coll. « Théâtre », n° 54, [1976] 1992, 101 p., ill. [« Avant-propos », par Michel Tremblay, p. 7-8 ; Texte : p. 11-101.] [Pièce écrite en 1975.]

CHRONOLOGIE

BIBLIOGRAPHIE

Sainte Carmen de la Main

Créée par la Compagnie Jean-Duceppe, le 20 juillet 1976, au Théâtre Maisonneuve de la Place des Arts, à Montréal, dans le programme « Arts et Culture » des Jeux Olympiques, dans une mise en scène d'André Brassard.

Télédiffusée à Radio-Québec (CIVM-TV), le 7 avril 1980, dans une réalisation d'André Brassard.

Montréal, Leméac, coll. « Théâtre », n° 57, 1976, XVIII, 83 p. [« *Sainte Carmen de la Main* de Michel Tremblay », préface d'Yves Dubé, p. VII-XVIII ; Texte : p. 1-81.] [Pièce écrite en 1975.]

Montréal, Leméac, coll. « Théâtre », n° 57, [1976] [1989] 1991, 89 p. [Dans les rééditions de 1989 et de 1991, la préface a été supprimée.]

Théâtre I, Montréal/Paris, Leméac/Actes Sud-Papiers, 1991, 439 p. [*Sainte Carmen de la Main* (1975), p. 241-281.]

Prix du lieutenant-gouverneur de l'Ontario pour l'ensemble de son œuvre.

Adaptée par Michel Ouimet, sous le titre *Sainte Carmen de Montréal*, pour les Ateliers de Lyon, 1989.

Sainte-Carmen of the Main, Vancouver, Talonbooks, [1978] 1981, 77 p. Traduction anglaise de John Van Burek.

Autres traductions : adaptation anglaise pour un opéra par Lee Devin et Sydney Hodkinson ; version radiophonique anglaise par Caroline Raphael ; *Heilege Carmen Van de Kaap* par Gerard Willegers (en néerlandais) ; en finnois.

Parlez-nous d'amour

Montréal, Films 16, 1976, 122 minutes. [Scénario : Michel Tremblay ; réalisation : Jean-Claude Lord.]

1977

1977

Six Monologues en forme de mots d'auteur

Créée par les étudiants de l'École nationale de théâtre, à Montréal, le 16 février 1977.

Montréal, École nationale de théâtre du Canada, [1977], 43 p. [non publié]. [Texte disponible sous le titre : *Six Personnages en quête de mots d'auteur* : *Thomas Pollock Nageoire*, p. 1-6 ; *Phèdre*, p. 7-12 ; *Méphistophélès*, p. 13-20 ; *Jeanne d'Arc*, p. 21-28 ; *Néron*, p. 29-35 ; *Martha*, p. 36-43.]

CHRONOLOGIE

BIBLIOGRAPHIE

Damnée Manon, Sacrée Sandra

Créée au Théâtre de Quat'Sous, le 24 février 1977, dans une mise en scène d'André Brassard.

Montréal, Leméac, coll. « Théâtre », n° 62, 1977, 120 p., suivi de *Surprise! Surprise!* [« La fin de la nuit », préface de Pierre Filion, p. 7-21 ; Texte : p. 25-66.]

Théâtre I, Montréal/Paris, Leméac/Actes Sud-Papiers, 1991, 439 p. [*Damnée Manon, Sacrée Sandra* (1976), p. 283-306.]

Vancouver, Talonbooks, 1981, 43 p. Traduction anglaise de John Van Burek.

The Guid Sisters and Other Plays, London, Nick Hern Books, 1991, XV, 154 p. [« Introduction », par Annika Bluhm, p. VII-XV ; *The Guid Sisters*, p. 1-68, traduction écossaise de William Findlay et de Martin Bowman ; *Manon/Sandra*, p. 69-100, traduction anglaise de John Van Burek ; *Albertine, in Five Times*, p. 101-147, traduction anglaise de John Van Burek et de Bill Glassco ; « Stage Histories and Chronology », p. 149-154.]

Autres traductions : en anglais pour la Nouvelle-Zélande ; traduction et adaptation par Renate Usmiani et John Brown (en anglais).

Surprise! Surprise!

Créée au Théâtre du Nouveau Monde, le 15 avril 1975, dans le cadre du Théâtre-Midi du Maurier, dans une mise en scène d'André Brassard.

Montréal, Leméac, coll. « Théâtre », n° 62, 1977, 120 p., précédé de *Damnée Manon, Sacrée Sandra*. [« La fin de la nuit », préface de Pierre Filion, p. 7-21 ; Texte : p. 67-115.] [Pièce écrite en 1974.]

La Duchesse & Other Plays, Vancouver, Talonbooks, [1976] 1993, 125 p. Traduction anglaise de John Van Burek. [*La Duchesse*, p. 7-30 ; *Berthe*, p. 31-40 ; *Johnny Mangano and His Astonishing Dogs*, p. 41-70 ; *Gloria Star*, p. 71-91 ; *Surprise, Surprise*, p. 93-125.]

Le soleil se lève en retard

Télédiffusé à Radio-Canada (CBFT), au printemps 1979.

Montréal, Films 16, 1977, 111 minutes. [Scénario : Michel Tremblay ; réalisation : André Brassard.]

CHRONOLOGIE	BIBLIOGRAPHIE

1978

1979

Est nommé, par la Ville de Montréal, le Montréalais le plus remarquable des deux dernières décennies dans le domaine du théâtre.

Chalmers Award pour *Sainte Carmen de la Main.*

Créée par les étudiants de l'École nationale de théâtre du Canada, au Monument National, à Montréal, le 27 mars 1979, dans une mise en scène d'André Brassard.

1978

La grosse femme d'à côté est enceinte

Montréal, Leméac, coll. « Roman québécois », n° 28, 1978, 329 p. « Chroniques du Plateau Mont-Royal »/1.

Paris, Éditions Robert Laffont, [1978] 1979, 329 p.

[S.l. n.d.], Éditions du Club Québec Loisirs, 329 p.

Montréal, Leméac, coll. « Poche Québec », n° 5, 1986, 329 p.

Montréal, Bibliothèque québécoise, coll. « Littérature », [1978] 1990, 303 p. [« Une journée chez le monde de la rue Fabre », introduction d'Alain Pontaut, p. 7-12 ; Texte : p. 13-289 ; Chronologie et Bibliographie, par Aurélien Boivin, p. 291-303.]

The Fat Woman Next Door Is Pregnant, London, Serpent's Tail [1981] 1991, 204 p. Traduction de Sheila Fischman. [« First published in English 1981 by Talonbooks. This revised edition first published 1991 by Serpent's Tail. »]

1979

Camino Real

Traduction et adaptation de Michel Tremblay du texte de Tennessee Williams. [Montréal, École nationale de théâtre du Canada, 110 p.] [non publié].

Les Socles

The Pedestals (Les Socles), dans *Canadian Theatre Review*, n° 24, Toronto, automne 1979, p. 52-60. Traduction anglaise de Renate Usmiani, p. 53-56. [Pièce en huit scènes, non créée à la scène. Texte français, p. 58-60. Les personnages du père et de la mère sont inspirés de la pièce *les Paons.*]

CHRONOLOGIE	BIBLIOGRAPHIE

1980

1980

L'Impromptu d'Outremont

Créée au Théâtre du Nouveau Monde, le 11 avril 1980, dans une mise en scène d'André Brassard.

Montréal, Leméac, coll. « Théâtre », n° 86, [1980] 1993, 115 p. [« Une certaine Révolution culturelle vécue par une (autre) Bande des Quatre », préface de Laurent Mailhot, p. 7-19 ; Texte : p. 21-114.] [Pièce écrite en 1979.]

The Impromptu of Outremont, Vancouver, Talonbooks, 1981, 86 p. Traduction anglaise de John Van Burek.

Autres traductions : *Dört Kizkardes* par Serge Sanli (en turc) ; *Requiem für Mama* (en allemand) ; en portugais par Maria Pompeu ; en letton.

Thérèse et Pierrette
à l'école des Saints-Anges

Adaptation théâtrale réalisée par Élise Bertrand et Sylvain Legris, dans une production de la Mise en Mots, créée au Restaurant-théâtre la Licorne, en janvier 1986, dans une mise en scène de Michel Forgues.

Montréal, Leméac, coll. « Roman québécois », n° 42, 1980, 368 p. « Chroniques du Plateau Mont-Royal »/2.

Paris, Éditions Grasset et Fasquelle, [1980] 1983, 368 p.

[S. l. n. d.], Éditions du Club Québec Loisirs, 368 p.

Montréal, Leméac, coll. « Poche Québec », n° 6, [1980] 1986, 368 p.

Montréal, Bibliothèque québécoise, coll. « Littérature », [1984] [1988] 1991, 327 p. [« Thérèse et Pierrette, et Simone, sont-elles "regardables" ? », introduction de Francine Noël, p. 7-13 ; Texte : p. 15-311 ; Chronologie et Bibliographie, par Aurélien Boivin, p. 313-327.]

Thérèse and Pierrette and the Little Hanging Angel, Toronto, McClelland and Stewart, [1980] 1984, 262 p. Traduction anglaise de Sheila Fischman.

CHRONOLOGIE	BIBLIOGRAPHIE

1981

1981

J'ramasse mes p'tits pis j'pars en tournée

Créée par les productions Guy Latraverse/Kébec Spec, en collaboration avec le New York Shakespeare Festival, au Théâtre du Nouveau Monde, à Montréal, le 17 juin 1981, dans une mise en scène d'Olivier Reichenbach.

Traduction et adaptation de Michel Tremblay du texte de la comédie musicale de Gretchen Cryer, *I'm Getting My Act Together and Taking It on the Road*. [Manuscrit disponible à la Division des manuscrits des Archives nationales du Canada, à Ottawa.]

Les Grandes Vacances

Créée par le Théâtre de l'Œil, à la Salle Fred-Barry du Théâtre Denise-Pelletier, à Montréal, le 10 septembre 1981, dans une mise en scène d'Olivier Reichenbach.

Montréal, [1981], 40 p. [non publié]. [Sept scènes. Texte disponible à l'École nationale de théâtre du Canada.]

Les Anciennes Odeurs

Créée au Théâtre de Quat'Sous, le 4 novembre 1981, dans une mise en scène d'André Brassard.

Montréal, Leméac, coll. « Théâtre » n° 106, 1981, 92 p. [« *Les Anciennes Odeurs* une carte olfactive du Tendre », préface de Guy Ménard, p. 7-24 ; Texte : p. 29-92.]

L'Avant-Scène Théâtre, n° 841, Paris, 1er janvier 1989, p. 5-23, ill. Adaptation de Christian Bordeleau.

Adaptation de Roland Mahauden pour la Belgique.

Prix France-Québec pour *Thérèse et Pierrette à l'école des Saints-Anges.*

Théâtre I, Montréal/Paris, Leméac/Actes Sud-Papiers, 1991, 439 p. [*Les Anciennes Odeurs* (1981), p. 307-339.]

Remember Me, Vancouver, Talonbooks, 1984, 58 p. Traduction anglaise de John Stowe.

1982

1982

La Duchesse et le Roturier

Montréal, Leméac, coll. « Roman québécois », n° 60, 1982, 387 p. « Chroniques du Plateau Mont-Royal »/3.

Paris, Éditions Grasset et Fasquelle, [1982] 1984, 385 p.

CHRONOLOGIE	BIBLIOGRAPHIE

Montréal, Leméac, coll. « Poche Québec », n° 27, [1982] 1988, 387 p.

Montréal, Bibliothèque québécoise, coll. « Littérature », [1982] [1988] 1992, 343 p. [« Présentation », par Laurent Mailhot, p. 7-13 ; Texte : p. 15-328 ; Chronologie et Bibliographie, par Aurélien Boivin, p. 329-343.]

1983

Créée par le Théâtre Français du Centre national des Arts, à Ottawa, le 11 mars 1983, en coproduction avec le Théâtre du Nouveau Monde, dans une mise en scène d'André Brassard.

Sélection de *Thérèse et Pierrette à l'école des Saints-Anges* par les lectrices françaises du magazine *Elle*.

1983

Oncle Vania d'Anton Tchekhov

Montréal, Leméac, coll. « Traduction et adaptation », n° 10, 1983, 123 p. Traduction de Michel Tremblay, avec la collaboration de Kim Yaroshevskaya.

1984

Créée par le Théâtre Français du Centre national des Arts, à Ottawa, le 12 octobre 1984, en coproduction avec le Théâtre du Rideau Vert, dans une mise en scène d'André Brassard.

Est fait Chevalier de l'Ordre des Arts et des Lettres de France pour l'ensemble de son œuvre.

1984

Albertine, en cinq temps

Montréal, Leméac, coll. « Théâtre » n° 135, [1984] 1992, 103 p. [Pièce écrite en 1983.]

Théâtre I, Montréal/Paris, Leméac/Actes Sud-Papiers, 1991, 439 p. [*Albertine, en cinq temps* (1983), p. 341-388.]

Adaptation de Michel Ouimet pour la France.

Albertine, in Five Times, Vancouver, Talonbooks, 1986, 76 p. Traduction anglaise de John Van Burek et de Bill Glassco.

The Guid Sisters and Other Plays, London, Nick Hern Books, 1991, XV, 154 p. [« Introduction », par Annika Bluhm, p. VII-XV ; *The Guid Sisters*, p. 1-68, traduction écossaise de William Findlay et de Martin Bowman ; *Manon/Sandra*, p. 69-100, traduction anglaise de John Van Burek ; *Albertine, in Five Times*, p. 101-147, traduction

CHRONOLOGIE

BIBLIOGRAPHIE

anglaise de John Van Burek et de Bill Glassco ; « Stage Histories and Chronology », p. 149-154.]

Autres traductions : *Albertina, in cinco tiempos* par Gerardo Sanchez (en espagnol) ; *Albertine, fem gange* par Lars Willum (en danois) ; en indi.

Des nouvelles d'Édouard

Montréal, Leméac, coll. « Roman québécois », n° 81, 1984, 312 p. « Chroniques du Plateau Mont-Royal »/4.

Montréal, Leméac, coll. « Poche Québec », n° 28, [1984] 1988, 312 p.

Montréal, Bibliothèque québécoise, coll. « Littérature », [1984] [1988] 1991, 313 p. [« Introduction », par Gabrielle Poulin, p. 7-13 ; Texte : p. 15-298 ; Chronologie et Bibliographie, par Aurélien Boivin, p. 299-313.]

1985

Créée par la Compagnie Jean-Duceppe, le 30 octobre 1985, au Théâtre Port-Royal de la Place des Arts, à Montréal, dans une mise en scène de Gilbert Lepage.

Présentée en lecture publique au Théâtre d'Aujourd'hui, à l'occasion des vingt ans du CEAD, le 27 janvier 1986.

Prix Québec-Paris pour *la Duchesse et le Roturier* et pour *Des nouvelles d'Édouard*.

Prix de la meilleure production pour la saison 1984-1985, décerné par l'Association québécoise des critiques de théâtre, pour *Albertine, en cinq temps*.

1985

Le Gars de Québec
d'après *le Revizor* de [Nicolas] Gogol

Montréal, Leméac, coll. « Traduction et adaptation », n° 11, 1985, 171 p. Adaptation de Michel Tremblay.

L'Impromptu des deux « Presse »

Centre d'essai des auteurs dramatiques, *20 ans*, Montréal, VLB éditeur, 1985, p. 285-297.

CHRONOLOGIE

1986

Créée au Théâtre d'Aujourd'hui, le 13 novembre 1986, dans une mise en scène de Roland Laroche. Télédiffusée à Radio-Canada (CBFT), en 1988, dans une réalisation de Louis-Georges Carrier.

Téléfilm télédiffusé à Radio-Canada (CBFT) le 15 novembre 1987, dans une réalisation de Jean-Yves Laforce.

Chalmers Award pour *Albertine, en cinq temps*.

Créée par le Théâtre Français du Centre national des Arts, à Ottawa, le 2 avril 1987, en coproduction avec le Théâtre du Rideau Vert, dans une mise en scène d'André Brassard.

Télédiffusée à Radio-Canada (CBFT), en 1991, dans une réalisation de Jean-Yves Laforce.

BIBLIOGRAPHIE

1986

Six Heures au plus tard

Montréal, Leméac, coll. « Traduction et adaptation », 1986, 128 p., ill. Adaptation du texte de Marc Perrier par Michel Tremblay.

Le Cœur découvert. Roman d'amours

Montréal, Leméac, coll. « Roman québécois », n° 105, [1986] 1991, 318 p.

Montréal, Bibliothèque québécoise, coll. « Littérature », [1986] 1992, 421 p. [« Introduction », par Irène Oore, p. 9-16 ; Texte : p. 17-405 ; Chronologie et Bibliographie, par Aurélien Boivin, p. 407-421. « La première édition de ce roman parue en 1986 n'avait pas été publiée en intégralité. La présente édition est conforme au manuscrit original. »]

The Heart Laid Bare, Toronto, McClelland & Stewart, 1989, 249 p. Traduction anglaise de Sheila Fischman.

Making Room, London, Serpent's Tail, 1990.

Der Mann in Papis Bett [*L'Homme dans le lit de papa*], Berlin, Bruno Gmünder Verlag, 1990. Traduction allemande de Thomas Plaichinger.

1987

Le Vrai Monde ?

Montréal, Leméac, coll. « Théâtre », n° 161, [1987] 1992, 106 p. [Pièce écrite en 1986.]

Théâtre I, Montréal/Paris, Leméac/Actes Sud-Papiers, 1991, 439 p. [*Le Vrai Monde ?* (1986), p. 389-436.]

The Real World?, Vancouver, Talonbooks, 1988, 75 p. Traduction anglaise de John Van Burek et de Bill Glassco.

CHRONOLOGIE

La première édition de *la Biblio-thèque idéale*, publiée par Bernard Pivot, directeur du mensuel français *Lire* et animateur de la célèbre émission télévisée *Apostrophes*, classait *les Belles-Sœurs* parmi les quarante-neuf pièces de la bibliothèque théâtrale idéale.

1988

Créée au Théâtre du Rideau Vert, à Montréal, le 3 mars 1988, dans une mise en scène de Michèle Magny.

Prix Athanase-David, la plus haute distinction du Gouvernement du Québec, pour l'ensemble de son œuvre.

Télédiffusé à Radio-Canada (CBFT), le 9 octobre 1988, dans une réalisation de Jean-Yves Laforce.

1989

Sélection par le public du *Cœur découvert*, meilleur long métrage au San Francisco Lesbian and Gay Festival.

Chalmers Award pour *le Vrai Monde ?*

Grand Prix du livre de la Ville de Montréal pour *le Premier Quartier de la lune*.

BIBLIOGRAPHIE

Autres traductions : en anglais par Lisa Forrell et Alison Kean ; en écossais par Martin Bowman et William Findlay ; *Overdadeiro Mundo* par Katia Grumberg (en portugais) ; en polonais par Josef Kwaterko ; en allemand par Piet Defraeye.

1988

Qui a peur de Virginia Woolf ?

Traduction et adaptation de Michel Tremblay du texte d'Edward Albee, *Who's Afraid of Virginia Woolf ?* [Montréal, École nationale de théâtre du Canada, 418 p. Trois actes intitulés : « Farces et attrapes » ; « La Nuit de Walpurgis » ; « Exorcismes ».] [non publié]

Le Grand Jour

Téléfilm.

1989

Le Premier Quartier de la lune

Montréal, Leméac, coll. « Roman », 1989, 283 p. « Chroniques du Plateau Mont-Royal »/5.

Montréal, Bibliothèque québécoise, coll. « Littérature », [1989] 1993, 304 p. [« La même âme », introduction de Yolande Villemaire, p. 7-15 ; Texte : p. 17-286 ; Chronologie et Bibliographie, par Aurélien Boivin, p. 287-304.]

CHRONOLOGIE

BIBLIOGRAPHIE

1990

1990

Nelligan

Créé par l'Opéra de Montréal, le 24 février 1990, à la Salle Louis-Fréchette du Grand Théâtre de Québec, dans une mise en scène d'André Brassard.

Montréal, Leméac, coll. « Théâtre », n° 181, 1990, 90 p. Livret d'opéra : Michel Tremblay ; musique : André Gagnon.

La Maison suspendue

Créée par la Compagnie Jean-Duceppe, le 12 septembre 1990, au Théâtre Port-Royal de la Place des Arts, à Montréal, dans une mise en scène d'André Brassard.

Montréal, Leméac, coll. « Théâtre », n° 184, 1990, 119 p. [Pièce écrite en 1989.]

Vancouver, Talonbooks, 1991, 101 p. Traduction anglaise de John Van Burek.

Autre traduction par Martin Bowman et William Findlay (en écossais).

Les Vues animées suivi de *Les loups se mangent entre eux*

Prix du public au Festival de Bruxelles pour *le Cœur découvert*.

Grand Prix du public au Salon du livre de Montréal pour *le Premier Quartier de la lune*.

Reçoit un Doctorat *Honoris causa* de l'Université Concordia (Montréal) pour l'ensemble de son œuvre.

Montréal, Leméac, coll. « Récits », 1990, 187 p. [*Orphée*, p. 11-17 ; *Cendrillon*, p. 19-38 ; *Bambi*, p. 39-41 ; *Blanche-Neige et les sept nains*, p. 43-56 ; *La Fille des marais*, p. 57-76 ; *La Parade des soldats de bois*, p. 77-90 ; *Cœur de maman*, p. 91-100 ; *Vingt mille lieues sous les mers*, p. 101-113 ; *Mister Joe*, p. 115-123 ; *Les films d'horreur des années '50*, p. 125-134 ; *The King and I*, p. 135-145 ; *Les Visiteurs du soir*, p. 147-152 ; *Les loups se mangent entre eux* , p. 153-187. « Ce petit roman, écrit par Michel Tremblay à l'âge de 16 ans, est présenté ici dans sa version intégrale […]. »]

[S. l. n. d.], Éditions du Club Québec Loisirs, 189 p.

1991

1991

Les Trompettes de la mort

Créée au Théâtre du Café de la Place, à la Place des Arts, à Montréal, le 4 septembre 1991, dans une mise en scène de Marie Laberge.

Adaptation de Michel Tremblay du texte de Tilly. [Manuscrit disponible à la Division des manuscrits des Archives nationales du Canada, à Ottawa.]

CHRONOLOGIE

Chalmers Award pour *la Maison suspendue.*

Reçoit un Doctorat *Honoris causa* de l'Université McGill (Montréal) pour l'ensemble de son œuvre.

Est fait Officier de l'Ordre des Arts et des Lettres de France pour l'ensemble de son œuvre.

Est fait Chevalier de l'Ordre national du Québec pour l'ensemble de son œuvre.

Prix Jacques-Cartier, Lyon (France), pour l'ensemble de son œuvre.

BIBLIOGRAPHIE

Théâtre I, Montréal/Paris, Leméac/Actes Sud-Papiers, 1991, 439 p. [« Le Montréal de Michel Tremblay », préface de Pierre Filion, p. 5-6 ; *Les Belles-Sœurs* (1965), p. 7-76 ; *La Duchesse de Langeais* (1968), p. 77-95 ; *À toi, pour toujours, ta Marie-Lou* (1970), p. 97-139 ; *Hosanna* (1971), p. 141-185 ; *Bonjour, là, bonjour* (1974), p. 187-240 ; *Sainte Carmen de la Main* (1975), p. 241-281 ; *Damnée Manon, Sacrée Sandra* (1976), p. 283-306 ; *Les Anciennes Odeurs* (1981), p. 307-339 ; *Albertine, en cinq temps* (1983), p. 341-388 ; *Le Vrai Monde ?* (1986), p. 389-436 ; « Lexique », par Pierre Filion, p. 437-439.]

1992

Créée par la Compagnie des Deux Chaises, le 4 juin 1992, au Théâtre du Nouveau Monde, en collaboration avec les Fêtes du 350ᵉ anniversaire de Montréal, dans une mise en scène d'André Brassard.

Créée au Théâtre de Marjolaine, à Eastman, le 27 juin 1992, dans une mise en scène de René Richard Cyr.

1992

Marcel poursuivi par les chiens

Montréal, Leméac, coll. « Théâtre », n° 195, 1992, 67 p.

Marcel Pursued by the Hounds. Traduction anglaise de John Van Burek.

Premières de classe

Traduction et adaptation de Michel Tremblay du texte de Casey Kurtti, *Catholic School Girls.* [Manuscrit disponible à la Division des manuscrits des Archives nationales du Canada, à Ottawa.]

Douze Coups de théâtre

Montréal, Leméac, coll. « Récits », 1992, 265 p. [*Babar le petit éléphant*, p. 9-37 ; *La Tour Eiffel qui tue*, p. 39-60 ; *Lady Moniaque*, p. 61-88 ; *Le Temps des lilas*, p. 89-108 ; *Un simple soldat*, p. 109-122 ; *Ma Carrière d'acteur*, p. 123-139 ; *Le Cid*, p. 141-151 (une version préliminaire est parue à l'été 1991 dans *Le Devoir* et dans *Avoir 17 ans*, chez

CHRONOLOGIE

Reçoit un doctorat *Honoris causa* de l'Université Stirling (Écosse) pour l'ensemble de son œuvre.

Lauréat du concours « La petite bibliothèque du parfait Montréalais » pour *les Belles-Sœurs*.

Prix « Mon Montréal à moi » pour *La grosse femme d'à côté est enceinte.*

Prix littéraire du *Journal de Montréal* pour *Marcel poursuivi par les chiens.*

1993

Banff National Center Award pour l'ensemble de son œuvre.

Reçoit un doctorat *Honoris causa* de l'Université Windsor (Ontario) pour l'ensemble de son œuvre.

S'apprête à signer sa première mise en scène au Théâtre de Quat'Sous, à l'automne (*Natures mortes* de Serge Boucher).

BIBLIOGRAPHIE

Québec/Amérique, sous la direction de Robert Lévesque) ; *Tristan und Isolde*, p. 153-180 ; *Le Hockey*, p. 181-200 ; *L'Enlèvement au sérail*, p. 201-214 ; *L'Opéra de quat' sous*, p. 215-227 ; *Le Train*, p. 229-265.]

[S. l.], Éditions du Club Québec Loisirs, 1993, 265 p.

1993

Le Cœur éclaté

Montréal, Leméac, coll. « Roman », 1993, 311 p.

NOTICES BIOGRAPHIQUES
DES COLLABORATEURS ET DES COLLABORATRICES

ANDRÉ BROCHU

Professeur à l'Université de Montréal, André Brochu a été membre fondateur de la revue *Parti pris* et, pendant plusieurs années, chroniqueur de poésie à la revue *Voix et Images*. Il a publié quelques ouvrages de critique littéraire (*Hugo : amour/crime/révolution* ; *l'Instance critique* ; *l'Évasion tragique : essai sur les romans d'André Langevin* ; *la Visée critique*), des recueils de poésie et un roman.

MICHELINE CAMBRON

Après avoir obtenu un doctorat en études françaises à l'Université de Montréal, en 1987, elle a publié, aux Éditions de l'Hexagone, *Une société, un récit. Discours culturel au Québec (1967-1976)*. Elle a enseigné le français au cégep de Shawinigan, la philosophie et la sociologie à l'Université du Québec à Trois-Rivières et la littérature à l'Université de Montréal. Après des études postdoctorales, elle poursuit, dans cette dernière université, des travaux sur la prégnance des utopies sociales dans la littérature québécoise du XIXe siècle. Elle a aussi signé des articles dans les Cahiers de théâtre *Jeu*, dans *Possibles* et dans *Littérature*.

LORRAINE CAMERLAIN

Rédactrice en chef des Cahiers de théâtre *Jeu* depuis 1983, Lorraine Camerlain est responsable du Certificat de rédaction française à la Faculté de l'éducation permanente de l'Université de Montréal, où elle enseigne également depuis plus de dix ans. Elle a réalisé, avec Diane Pavlovic, l'exposition itinérante de photographies *Cent Ans de théâtre à Montréal*, dont le catalogue a été publié par les Cahiers de théâtre *Jeu*, en 1989.

JEAN-FRANÇOIS CHASSAY

Professeur au Département d'études littéraires de l'Université du Québec à Montréal, rédacteur et codirecteur de la revue *Spirale* de 1984 à 1992, Jean-François Chassay est actuellement membre du comité de rédaction de *Voix et Images*. En 1989, il a publié *Promenades littéraires dans Montréal* (avec Monique LaRue) ; en 1991, *Obsèques*, un roman (Éditions Leméac), et une *Bibliographie descriptive du roman montréalais* ; en 1992, *le Jeu des coïncidences dans* la Vie mode d'emploi *de Georges Pérec* (chez HMH) et, en 1993, avec Jacques Pelletier et Lucie Robert, *le Littéraire et le social. Une anthologie* (VLB Éditeur). Il collabore régulièrement à « Littératures actuelles », au réseau MF de Radio-Canada.

GILBERT DAVID

Cofondateur, en 1976, des Cahiers de théâtre *Jeu*, dont il assume la direction jusqu'en 1983, Gilbert David est chargé de cours dans différentes universités québécoises, où il enseigne la dramaturgie, l'histoire et la théorie du théâtre. Critique et essayiste, il a fondé, en 1989, une publication annuelle, *Veilleurs de nuit*, et il a dirigé, de 1989 à 1991, une collection de textes dramatiques aux Éditions les Herbes rouges. Il est journaliste et critique dramatique au quotidien *Le Devoir* depuis septembre 1991. Il a également travaillé à titre de conseiller dramaturgique auprès du Théâtre des Deux Mondes, d'André Brassard, de Jean-Luc Denis, d'Alice Ronfard et du Centre des auteurs dramatiques.

LISE GAUVIN

Essayiste, critique et nouvelliste, Lise Gauvin est professeure à l'Université de Montréal, où elle dirige le Programme en études québécoises. Ses principales publications sont : *Parti pris littéraire* (Presses universitaires de Montréal, 1975), *Lettres d'une autre*, essai-fiction (l'Hexagone/le Castor astral, 1984), *Trajectoires : littérature et institutions au Québec et en Belgique francophone* (codirigé avec Jean-Marie Klinkenberg, Labor/P.U.M.,1985) et *Écrivains contemporains du Québec* (anthologie en collaboration avec Gaston Miron, Seghers, 1989). Elle a également participé à l'édition des *Œuvres complètes* de Jean Giraudoux dans « la Pléiade ». Critique des lettres francophones au quotidien *Le Devoir*, elle a publié en 1991 un recueil de nouvelles intitulé *Fugitives* (Boréal).

PIERRE GOBIN

Après une longue carrière à l'Université Queen's de Kingston, où il a travaillé principalement dans les domaines de la dramaturgie québécoise, française et comparée, Pierre Gobin poursuit des recherches sur l'hétérogène et le non canonique au théâtre. Il a publié de nombreux articles ainsi que *le Fou et ses doubles : figures de la dramaturgie québécoise* (Presses de l'Université de Montréal, 1978).

JEAN CLÉO GODIN

Professeur au Département d'études françaises de l'Université de Montréal, Jean Cléo Godin est coauteur, avec Laurent Mailhot, de *Théâtre québécois I* et *Théâtre québécois II*, ouvrages publiés aux Éditions Hurtubise/HMH. En 1992, il a codirigé, avec Denis Salter, la publication d'un dossier sur le théâtre québécois et canadien pour *Theatre Research International*.

MADELEINE GREFFARD

Professeure au Département de théâtre de l'Université du Québec à Montréal, Madeleine Greffard a publié *Alain Grandbois* (Fides, 1975), *Passé dû* et *Pour toi, je changerai le monde* (*La Grande Réplique*, nᵒˢ 8 et 11), pièces respectivement mises en scène par Jean-Guy Sabourin et par André Bédard et Jean-Guy Sabourin, ainsi que *L'histoire de la lutte que quelques-unes ont menée pour obtenir le droit de vote pour toutes*, en collaboration avec J. Beaulieu, J. Couillard et L. Guilbault (VLB, 1990).

YVES JUBINVILLE

Critique dramatique à la revue *Spirale* depuis 1989, Yves Jubinville détient une maîtrise en études françaises de l'Université de Montréal.

DOMINIQUE LAFON

Professeur au Département de lettres françaises et de théâtre à l'Université d'Ottawa, Dominique Lafon est spécialiste du théâtre classique français du XVIIᵉ siècle et a publié *le Chiffre scénique dans la dramaturgie moliéresque* (Presses de l'Université d'Ottawa/Éditions Klincksieck), ainsi que de nombreux articles sur le théâtre québécois.

JÉRÔME LANGEVIN

Critique de théâtre à l'émission « Traces » de Radio Centre-Ville, de 1987 à 1989, Jérôme Langevin a également collaboré à plusieurs revues québécoises. Bachelier en art dramatique de l'Université du Québec à Montréal, il y termine une maîtrise portant sur l'analyse des enjeux politiques et esthétiques du théâtre actuel en tant que phénomène de représentation. Depuis trois ans, il adapte et met en scène des pièces de Shakespeare avec des enfants de l'école primaire.

JEAN-MARC LARRUE

Professeur au Département des langues et littératures du cégep de Valleyfield, Jean-Marc Larrue est cofondateur et directeur de l'*Annuaire théâtral*. Il vient de publier *le Monument inattendu. Le Monument-National 1893-1993*, chez Hurtubise/HMH.

PIERRE LAVOIE

Membre de la rédaction des Cahiers de théâtre *Jeu* depuis 1980, Pierre Lavoie en est l'actuel directeur. Il a été responsable de la Théâtrothèque de l'Université de Montréal, de 1978 à 1986, et a publié le *Répertoire analytique de l'activité théâtrale au Québec 1978-1979* (avec Raymond Laquerre, aux Éditions Leméac), ainsi que *Pour suivre le théâtre au Québec : les ressources documentaires* (Institut québécois de recherche sur la culture, 1985).

ALEXANDRE LAZARIDÈS

Professeur au Département de français du cégep du Vieux Montréal, Alexandre Lazaridès est l'auteur de *Valéry. Pour une poétique du dialogue* (Presses de l'Université de Montréal, 1978). Il collabore régulièrement aux analyses et critiques publiées par les Cahiers de théâtre *Jeu*.

PAUL LEFEBVRE

Metteur en scène et traducteur, Paul Lefebvre est le coordonnateur artistique de la Salle Fred-Barry et le directeur littéraire de la Nouvelle Compagnie Théâtrale. Il enseigne également à l'École nationale de théâtre du Canada et à l'Option-théâtre du cégep Lionel-Groulx.

STÉPHANE LÉPINE

Réalisateur et animateur de l'émission « Littératures actuelles », au réseau MF de Radio-Canada, Stéphane Lépine a signé de nombreux articles sur le théâtre et la littérature. Il anime le Cercle littéraire des « Belles Soirées » de l'Université de Montréal.

LAURENT MAILHOT

Professeur au Département d'études françaises de l'Université de Montréal, Laurent Mailhot a publié une dizaine d'ouvrages sur la littérature québécoise. Entre autres, un choix de *Monologues québécois 1890-1980* (avec Doris-Michel Montpetit) et (avec Jean Cléo Godin) les études de *Théâtre québécois I* et *II* (chez Hurtubise/HMH).

JOSEPH MELANÇON

Professeur de littérature française et québécoise à l'Université Laval, Joseph Melançon a collaboré à plusieurs revues littéraires, au Québec et à l'étranger, ainsi qu'à dix ouvrages collectifs. Ses recherches, avec Clément Moisan et Max Roy, sur l'institution littéraire et l'axiologie, ont donné lieu, en 1988, à un ouvrage sur l'enseignement littéraire classique (1852-1967), *le Discours d'une didactique*. Un autre ouvrage doit paraître sous le titre *le Statut de la littérature dans les cégeps*. Ses travaux en cours portent sur « la contribution des universitaires à la constitution de la littérature québécoise ».

PIERRE POPOVIC

Licencié en philologie romane de l'Université de Liège et docteur ès lettres de l'Université de Montréal, Pierre Popovic est l'auteur de nombreux articles sur les littératures française et québécoise. Membre du comité de rédaction de la revue *Études françaises*, critique aux Cahiers de théâtre *Jeu* et à *Spirale*, membre régulier du Centre interuniversitaire d'analyse du discours et de sociocritique des textes (CIADEST), il enseigne la littérature au Département d'études françaises de l'Université de Montréal. Récemment, il a publié *la Contradiction du poème. Poésie et discours social au Québec de 1948 à 1953* (Éditions Balzac, 1993).

HÉLÈNE RICHARD

Psychanalyste et professeure au Département de psychologie de l'Université du Québec à Montréal, Hélène Richard est rédactrice en chef de la revue psychanalytique *Filigrane* et collaboratrice aux Cahiers de théâtre *Jeu*.

LUCIE ROBERT

Membre, pendant plusieurs années, de l'équipe du *Dictionnaire des œuvres littéraires du Québec* (Université Laval) comme coresponsable du secteur « théâtre », Lucie Robert est professeure au Département d'études littéraires de l'Université du Québec à Montréal. Elle a été directrice de la revue *Voix et Images* pendant quatre ans et est responsable de la chronique sur la dramaturgie québécoise. Avec Jean-François Chassay et Jacques Pelletier, elle a publié *le Littéraire et le social. Une anthologie* (VLB, 1993).

JEAN-PIERRE RYNGAERT

Professeur d'études théâtrales à l'Université de Nantes, Jean-Pierre Ryngaert est également metteur en scène. Il est, par ailleurs, l'auteur d'ouvrages et d'articles portant notamment sur le jeu théâtral, ainsi que sur les dramaturgies baroques et contemporaines. Il fréquente le théâtre québécois à divers titres depuis plus de vingt ans.

GEORGES-ANDRÉ VACHON

Georges-André Vachon est professeur de littérature à l'Université de Montréal, et écrivain. Son dernier ouvrage publié est un roman : *Toute la terre à dévorer* (Éditions du Seuil, 1987). Son plus récent article est consacré à l'auteur de la première Histoire de Montréal : « Dollier de Casson, ou l'écriture à l'état naissant » (*Études françaises*, 1993).

LOUISE VIGEANT

Professeure au Département de français du cégep Édouard-Montpetit, Louise Vigeant est membre de la rédaction des Cahiers de théâtre *Jeu* depuis 1988. Elle a publié de nombreux articles dans *Voix et Images*, *Spirale*, *Canadian Theatre Review* et a publié *la Lecture du spectacle théâtral* (Mondia, 1989).

CRÉDITS PHOTOGRAPHIQUES

1

Michel Tremblay, récipiendaire du Prix Athanase-David en 1988. Photo : Marc Lajoie, ministère des Communications.

2

Première reprise des *Belles-Sœurs* par le Théâtre du Rideau Vert en 1969. Mise en scène : André Brassard ; décor : Réal Ouellette ; costumes : François Barbeau. Comédiennes, de gauche à droite : Sylvie Heppel (Yvette Longpré), Denise de Jaguère (Des-Neiges Verrette), Janine Sutto (Lisette de Courval), Marthe Choquette (Marie-Ange Brouillette), Germaine Giroux (Thérèse Dubuc), Nicole Leblanc (Olivine Dubuc), Anne-Marie Ducharme (Angéline Sauvé), Denise Filiatrault (Rose Ouimet), Lucille Bélair (Gabrielle Jodoin), Denise Proulx (Germaine Lauzon), Germaine Lemire (Rhéauna Bibeau), Josée Beauregard (Ginette Ménard), Odette Gagnon (Linda Lauzon), Rita Lafontaine (Lise Paquette), Luce Guilbault (Pierrette Guérin). Photo : Guy Dubois.

3

Reprise des *Belles-Sœurs* au Théâtre Denise-Pelletier en 1984. Mise en scène : André Brassard. Comédiennes : Nicole Leblanc (Germaine Lauzon, à gauche) et, dans l'ordre habituel, Marthe Turgeon, Anne Caron, Diane Dubeau, Francine Lespérance, Angèle Coutu, Louisette Dussault, Monique Rioux, Josée Beaulieu, Marie-Hélène Gagnon, Mariette Théberge, Chrystiane Drolet et Adèle Reinhardt. Photo : Claude Philippe Benoit.

4

Germaine Giroux, dans le rôle de Germaine Lauzon. Théâtre du Rideau Vert, 1971. Photo : Daniel Kieffer.

5

Version télévisée d'*En pièces détachées*. De gauche à droite : Roger Garand (Gérard), Christine Olivier (Joanne), Hélène Loiselle (Robertine) et Luce Guilbault (Thérèse). Réalisation : Paul Blouin. Photo : André Le Coz.

6

En pièces détachées (version télévisée). Au fond, à droite : Claude Gai, dans le rôle de Marcel. Photo : André Le Coz.

7-8

Claude Gai, dans *la Duchesse de Langeais*. Théâtre de Quat'Sous, 1970. Photos : Daniel Kieffer.

9

Berthe, interprétée par Denise Proulx. Radio-Canada, 1969. Réalisation : Paul Blouin. Photo : André Le Coz.

10

Denise Filiatrault (Carlotta) et Jacques Godin (Johnny) dans *Johnny Mangano and His Astonishing Dogs*. Photo : André Le Coz.

11

Dominique Briand (le régisseur), Denise Pelletier (la femme, agent de Gloria Star) et Luce Guilbault (Laurette), dans *Gloria Star*. Radio-Canada, 1969. Photo : André Le Coz.

12

À l'avant-plan : Denise Proulx (Betty Bird) et Claude Gai (la duchesse de Langeais) dans *Demain matin, Montréal m'attend*. Théâtre Maisonneuve, 1972. Mise en scène : André Brassard. Photo : Daniel Kieffer.

13

À toi, pour toujours, ta Marie-Lou, reprise par la Compagnie des Deux Chaises, dans une mise en scène d'André Brassard, en 1979. De gauche à droite : Gilles Renaud (Léopold), Sophie Clément (Carmen), Rita Lafontaine (Manon) et Monique Mercure (Marie-Louise). Photo : Daniel Kieffer.

14-15-16

Lionel Villeneuve (Léopold), Hélène Loiselle (Marie-Louise), Luce Guilbault (Carmen) et Rita Lafontaine (Manon) dans *À toi, pour toujours, ta Marie-Lou*. Création par le Théâtre de Quat'Sous, en 1971. Mise en scène : André Brassard. Photos : André Cornellier.

17

À toi, pour toujours, ta Marie-Lou. Pierre Dufresne (Léopold) et Nicole Leblanc (Marie-Louise). Mise en scène d'André Montmorency, au Théâtre Populaire du Québec. Photo : André Le Coz.

18

Sylvie Drapeau (Manon) et Élise Guilbault (Carmen), dans la reprise de la pièce au Théâtre d'Aujourd'hui (dans une mise en scène d'André Brassard qui rassemblait, sous le titre : *la Trilogie des Brassard*, trois pièces de Michel Tremblay). Photo : Daniel Kieffer.

19

Jean Archambault dans le rôle titre d'*Hosanna*. Création par le Théâtre de Quat'Sous en 1973, dans une mise en scène d'André Brassard. Photo : André Cornellier.

20

Jean Archambault (Hosanna) et Gilles Renaud (Cuirette) au moment de la création d'*Hosanna*. Photo : André Cornellier.

21

Gilles Renaud (Cuirette) et Jean Archambault (Hosanna). Photo : André Cornellier.

22

À l'arrière-plan, à gauche, les deux tantes : Frédérique Collin (Charlotte) et Rita Lafontaine (Albertine) ; à droite : Amulette Garneau (Denise). À l'avant, Guy Thauvette (Serge) et Denise Pelletier (Lucienne). Création de *Bonjour, là, bonjour*, par la Compagnie des Deux Chaises en 1974. Photo : François Brunelle.

23

Reprise de *Bonjour, là, bonjour*, au Théâtre du Nouveau Monde, dans une mise en scène de René Richard Cyr. Photo : Robert Etcheverry.

24

Carmen Tremblay (Madeleine), Monique Joly (Jeannine) et Denise Morelle (Laurette). Création de *Surprise ! Surprise !*, par le Théâtre du Nouveau Monde, 1975, dans une mise en scène d'André Brassard. Photo : André Le Coz.

25

Création de *Sainte Carmen de la Main* par la Compagnie Jean-Duceppe, en 1976, dans une mise en scène d'André Brassard et une scénographie de Guy Nepveu. Photo : Richard Meilleur.

26

Une scène de *Sainte Carmen de la Main* reprise par le Théâtre d'Aujourd'hui, dans le contexte de *la Trilogie des Brassard*. Photo : Daniel Kieffer.

27

Vue d'ensemble de la scénographie de François Laplante, à la création de *Damnée Manon, Sacrée Sandra* par le Théâtre de Quat'Sous en 1977. Mise en scène : André Brassard. À gauche, l'univers de Sandra ; à droite, celui de Manon. Photo : André Cornellier.

28

Rita Lafontaine (Manon). Photo : André Cornellier.

29

André Montmorency (Sandra). Photo : André Cornellier.

30

Scène finale d'« élévation » de *Damnée Manon, Sacrée Sandra*. Photo : André Cornellier.

31

Albertine, en cinq temps (création), coproduction du Théâtre Français du Centre national des Arts et du Théâtre du Rideau Vert en 1984, dans une mise en scène d'André Brassard. Dans l'ordre habituel : Gisèle Schmidt (Albertine à 60 ans), Huguette Oligny (à 70 ans), Paule Marier (à 30 ans), Amulette Garneau (à 50 ans) et Rita Lafontaine (à 40 ans). Photo : Guy Dubois.

32

À l'extrême gauche, Muriel Dutil, interprète de Madeleine, la sœur d'Albertine, dans *Albertine, en cinq temps*. Le reste de la scène est occupé par les cinq Albertine. Photo : Guy Dubois.

33

Création de la pièce *le Vrai Monde ?*, coproduction du Théâtre Français du Centre national des Arts et du Théâtre du Rideau Vert. Mise en scène : André Brassard, assisté de Lou Fortier ; décor : Martin Ferland ; costumes : François Barbeau. Les personnages de la fiction : Alex II (Raymond Bouchard) et Madeleine II (Angèle Coutu). Photo : René Binet.

34

Le jeune auteur du *Vrai Monde ?*, Claude (Patrice Coquereau) et son père, Alex I (Gilles Renaud). Photo : René Binet.

35

La Maison suspendue, créée par la Compagnie Jean-Duceppe en 1990, dans une mise en scène d'André Brassard, assisté de Lou Fortier ; décor : Michel Crête ; costumes : François Barbeau. À l'avant, la « jeune génération » : Mathieu (Michel Poirier), Jean-Marc (Gilles Renaud) et Sébastien (Hugolin Chevrette-Landesque) ; derrière, les ancêtres : Josaphat (Yves Desgagnés) et Victoire (Élise Guilbault). Photo : Yves Dubé.

36

Albertine (Rita Lafontaine) et Édouard/la duchesse (Jean-Louis Millette) dans *la Maison suspendue*. Photo : Yves Dubé.

37

En haut, Marcel (Hugolin Chevrette-Landesque), le chat invisible, Duplessis, Édouard (Jean-Louis Millette), Albertine (Rita Lafontaine) et Victoire (Élise Guilbault). Photo : Yves Dubé.

38

Marcel (Hugolin Chevrette-Landesque) et Jean-Marc (Gilles Renaud). Photo : Yves Dubé.

39

Les « Parques » de l'univers romanesque de Michel Tremblay investissent son théâtre dans *Marcel, poursuivi par les chiens*. En haut, Mauve (Amulette Garneau), Rose (Rita Lafontaine), Violette (Renée Claude) et Florence (Gisèle Schmidt). En bas, Marcel (Robert Brouillette) et sa sœur Thérèse (Nathalie Gascon). Création par la Compagnie des Deux Chaises au Théâtre du Nouveau Monde, en 1992. Mise en scène : André Brassard ; décor : Richard Lacroix ; costumes : Louise Jobin. Photo : Les Paparazzi.

40

C't à ton tour, Laura Cadieux. Création scénique au Théâtre du Vieux Clocher, à Magog, en 1984. Comédienne : Manon Gauthier. Photo : Renaud Thomas.

41

Création par le Théâtre du Nouveau Monde de *l'Impromptu d'Outremont*, en 1980. Mise en scène : André Brassard ; décor et costumes : François Laplante. Avec Denise Morelle (Yvette Beaugrand), Ève Gagnier (Lorraine Ferzetti), Monique

Mercure (Fernande Beaugrand-Drapeau) et Rita Lafontaine (Lucille Beaugrand). Photo : André Le Coz.

42
Les Héros de mon enfance, création par le Théâtre de Marjolaine en 1976. Livret, dialogues et paroles des chansons : Michel Tremblay ; musique : Sylvain Lelièvre ; mise en scène : Gaétan Labrèche. Photo : André Le Coz.

43
Création par la Compagnie Jean-Duceppe de *la Maison suspendue*, en 1990. Mise en scène : André Brassard, assisté de Lou Fortier ; costumes : François Barbeau ; décor : Michel Crête. Josaphat (Yves Desgagnés) et Victoire (Élise Guilbault), les ancêtres, au clair de lune. Photo : Yves Dubé.

44
La Maison suspendue. De droite à gauche : Hugolin Chevrette-Landesque (Gabriel), Yves Desgagnés (Josaphat-le-Violon), Gilles Renaud (Jean-Marc), Élise Guilbault (Victoire) et Michel Poirier (Mathicu). Photo : Yves Dubé.

45
Rue Fabre, Plateau Mont-Royal, Montréal. Photo : Robert Barzel.

46
Au premier plan : Jean-Marc (Gilles Renaud) et son amant, Mathieu (Michel Poirier). À l'arrière : la mère du premier, la Grosse Femme (Denise Gagnon). *La Maison suspendue*, Compagnie Jean-Duceppe, 1990. Photo : Yves Dubé.

47-48-49
Michel Tremblay enfant.

50
Pierrette Guérin (Michèle Rossignol) dans *les Belles-Sœurs*. Photo : Daniel Kieffer.

51
La Grosse Femme (Denise Gagnon) dans *la Maison suspendue*. Photo : Yves Dubé.

52
La Maison suspendue. Dans l'ordre habituel, les personnages suivants : la Grosse Femme, Albertine, Édouard, Josaphat, Victoire, Jean-Marc et Mathieu. Photo : Yves Dubé.

53
La Grosse Femme (Denise Gagnon) et Victoire (Élise Guilbault) dans *la Maison suspendue*. Photo : Yves Dubé.

54-55
Reprise des *Belles-Sœurs* au Théâtre du Rideau Vert en 1971. Photo : Daniel Kieffer.

56
Rue Fabre. Photo : Robert Barzel.

57-58

Les Belles-Sœurs au Théâtre du Rideau Vert en 1969 et en 1968. Mise en scène : André Brassard ; décor : Réal Ouellette ; costumes : François Barbeau. Photos : Guy Dubois.

59

Albertine à 60 ans (Gisèle Schmidt) et à 50 ans (Amulette Garneau). *Albertine, en cinq temps*. Photo : Guy Dubois.

60

Au centre de l'univers tremblayen : Édouard, la duchesse de Langeais. On le voit ici avec sa belle-sœur (la Grosse Femme), sa sœur (Albertine) et sa mère (Victoire). *La Maison suspendue* (1990). Photo : Yves Dubé.

61

Édouard (Jean-Louis Millette) et Albertine (Rita Lafontaine). *La Maison suspendue*, Compagnie Jean-Duceppe, 1990. Photo : Yves Dubé.

62

Chaperon-rouge, un des personnages des *Héros de mon enfance* (Théâtre de Marjolaine, 1976). Photo : André Le Coz.

63

Serge (Henri Chassé), le personnage central de *Bonjour, là, bonjour*, entouré de ses deux tantes (Janine Sutto et Huguette Oligny). Production du Théâtre du Nouveau Monde ; mise en scène : René Richard Cyr. Photo : Robert Etcheverry.

64-65

Alex I (Gilles Renaud), le jeune Claude (Patrice Coquereau) et sa mère, Madeleine I (Rita Lafontaine) dans *le Vrai Monde ?* Photo : René Binet.

66

Dans le décor de la création des *Belles-Sœurs*, Michel Tremblay et André Brassard, entouré de Luce Guilbault (Pierrette Guérin), Denise Proulx (Germaine Lauzon) et Denise Filiatrault (Rose Ouimet), à l'arrière-plan, et Lucille Bélair (Gabrielle Jodoin). Photo : Guy Dubois.

67

Michel Tremblay et André Brassard, complices depuis plus de vingt-cinq ans. Sur le toit du Théâtre de Quat'Sous en 1973. Photo : André Cornellier.

68

André Brassard et Michel Tremblay dans le décor de *Damnée Manon, Sacrée Sandra*, en 1977. Photo : André Cornellier.

69

André Brassard. Photo : Fernand R. Leclair.

Cet ouvrage a été achevé d'imprimer

en août mille neuf cent quatre-vingt-treize

par l'Imprimerie d'édition Marquis Ltée

Montmagny (Québec)